선비의 멋 규방의 맛

국학자료 심층연구 총서 ❷

선비의 멋
규방의 맛

한국국학진흥원 국학연구실 기획

이숙인
김미영
김종덕
주영하
정혜경

글항아리

책머리에

　음식을 섭취하는 일은 모든 생명체의 본질적인 속성이다. 이런 이유로 음식을 먹는 것을 배고픔을 달래고 영양을 보충해주는 본능적인 행동으로 여기기도 한다. 그래서인지 음식 연구 또한 영양학적인 속성 등과 같이 식재료가 지닌 성분, 곧 물질적 대상에서만 접근해온 경향이 강하다. 그러나 음식의 재료 자체는 고정불변의 속성을 지니지만, 식재료의 유통(수급) 배경이나 조리 방식, 또 섭취 이유나 방법 등은 시간과 공간에 따라 변하는 이른바 문화적 속성을 지니고 있다.

　따라서 문화로서의 음식 연구는 누가, 언제, 어디서, 무엇을, 어떻게, 왜라는 전제 아래 다각도로 접근할 필요가 있다. 이를 위해 2011년 한국국학진흥원에서 5명의 연구자가 한자리에 모였다. 전공도 다양하다. 그동안 음식 연구의 선도적 역할을 담당해온 식품학자와 한의학자, 음식을 둘러싼 문화적 연구를 실천해온 민속학자, 그리고 음식에 담긴 사상적 배경에 관심을 갖고 있는 철학자 등이다.

　연구팀이 대상으로 삼은 자료는 『수운잡방需雲雜方』과 『음식디미방飮食知味方』이다. 『수운잡방』은 16세기 안동 지역에 살던 탁청정濯淸亭 김유金綏(1491~1555)가 저술한 음식조리서며, 『음식디미방』 역시 안동 지역에 세거하던 경당敬堂 장흥효張興孝(1564~1633)의 딸인 장계향張桂香(1598~1680)이 17세기 말엽에 집필한 조리서다. 『수운잡방』은 경북 안동의 광산 김씨 설월당에서 소장하고 있다가 현재 한국국학진흥원에 기탁되어 있으며, 『음식디미방』은 경북 영양의 재령 이씨 갈암종가에서 소장하고 있었으나, 지금은 경북대학교 도서관에 보관되어 있다.

　참고로 우리나라의 음식 관련 고문헌은 고려시대까지는 거의 나타나지 않고 있는 실정이다. 그러다가 조선시대로 접어들면 다양한 조리서가 간행되는데, 지금까지는 1400년대 중반 어의를 지낸 전순의가 저술한 『산가요록山家要錄』이 가장 오래된 것으로 전한다. 그리고 『수운잡방』과 허균이 지은 『도문대작屠門大嚼』 등이 그 뒤를 잇는다. 『음식디미방』은 여성이 집필한 아시아권 최초의 한글조리서로 알려져 있으며, 다음으로는 1800년대 빙허각 이씨가 저술한 『규합총서閨閤叢書』가 있다. 그 외에 1800년대 후반의 조리서로 『시의전서是議全書』가 있으며, 1900년대로 접어들면 방신영의 『조선요리제법朝鮮料理製法』(1917)과 이용기의 『조선무쌍신식요리제법朝鮮無雙新式料理製法』(1924) 등과 같이 다양한 조리서가 등장한다.

　이처럼 『수운잡방』과 『음식디미방』은 조선 중기 경북 북부지역 사대부가의 음식문화를 고스란히 담고 있는 조리서라고 할 수 있다. 이에 연구팀은 이들 자료를 통해 조선시대 반가班家의 음식문화를 각자의 전공 분야에서 조명해보기로 했다. 아울러 본격적인 집필에 앞서 총 4회에 걸친 1박2일의 포럼을 열었는데,

3회까지는 연구팀 중심의 포럼 형식으로 진행되었다. 포럼에서는 주제 선정, 내용 구성, 연구 관점 등에 관한 의견을 교환하면서 각자의 연구 방향을 수정·보완해나갔다. 그런 다음 이튿날에는 안동 목성동의 수운잡방음식연구원, 예천 맛질의 춘우재종가, 영양 두들마을의 석계종가, 안동 서후면의 경당종가 등을 방문해 현지조사를 실시했다.

이런 과정을 거치면서 각자의 연구 결과가 제법 모양새를 갖추게 되었으며, 12월에는 지역 주민 약 150명을 초청하여 공개포럼을 개최하기도 했다. 그리하여 2012년에는 그동안 진행된 4회의 포럼을 통해서 주고받은 의견 등을 바탕으로 본격적인 집필 작업에 착수했고 그러한 끝에 책으로 묶어 세상에 선보이게 되었다.

이숙인의 「음식에 대한 정신문화적 탐색 -『수운잡방』을 통해 본 유선儒仙들의 풍류와 소통」은 『수운잡방』을 정신문화의 측면에서 조명한 글이다. 그러므로 음식 자체를 대상으로 하기보다는 저자인 김유의 지식 실천 행위에 주목하여 조리서를 저술하게 된 배경 등을 규명함으로써 음식에 대한 당대 유교 지식인들의 사유체계를 밝히고자 했다.

김미영의 「한 조리법을 둘러싼 해석의 모험 -『음식디미방』의 '맛질방문'은 어디서 비롯됐는가」 역시 텍스트 자체가 아니라 『음식디미방』을 둘러싼 사회문화적 맥락을 주목한 글이다. 『음식디미방』에는 총 16종의 음식에 특별히 '맛질방문方文'이라고 부기되어 있었는데, 이 글에서는 '맛질'의 실체에 대한 기존의 견해를 다각도로 검증해보는 이른바 『음식디미방』 기원에 대한 미시적 연구를 수행했다.

김종덕의 「잣과 호도, 쑥과 솔잎은 어떻게 약주가 되었나 -『수운잡방』에 효능이 기록된 약주에 대한 문헌적 고찰」은 『수운잡방』에서 약효가 명시되어 있는 7종의 약주를 중심으로 실제 효능 등을 조명한 글이다. 이를 위해 『수운잡방』 집필 이전과 이후에 간행된 고서 등 방대한 관련 자료를 비교·검토하면서 효능의 역사적 근거를 면밀히 밝히고 있다.

주영하의 「한 사대부 집안이 보여준 다채로운 식재료의 인류학 –『음식디미방』과 조선 중기 경상도 북부지역 사대부가의 식재료 수급」은 『음식디미방』에 나타나는 식재료를 중심으로 수급 방식의 배경을 조명한 글이다. 이를 위해 저자인 장계향이 살았던 영양 지역의 생태학적 환경을 비롯하여 당시 한반도에서 재배되었던 식재료 등을 폭넓게 비교·검토하고 있다.

정혜경의 「남녀 저술가의 조리서에 담긴 생물학적·문화적 차이–『수운잡방』『음식디미방』의 조리법과 미각문화」는 『수운잡방』과 『음식디미방』의 조리법을 비교하여 각각의 특징을 조명한 글이다. 아울러 두 조리서와 이전 시대에 간행된 고조리서를 검토하여 공통점과 독창성을 찾아내는 작업도 함께 하고 있다.

'학제간 연구' 혹은 '융합연구'라는 용어가 학계의 트렌드가 된 지 오래다. 그런데 사실 대부분의 학제간 연구는 다양한 전공의 연구자들이 공동 집필을 했다는 것 외에는 이렇다 할 특징을 제대로 보여주지 못해온 터다. 이런 점에서 네 차례에 걸쳐 진행된 포럼 기간 동안 머리를 맞대고 자료의 의미를 해석하며 관점 설정 등에 대한 서로의 견해를 주고받고, 이를 토대로 본격적인 원고를 집필한 이번 시도는 학제간 연구의 또 다른 본보기가 될 것 같다. 이들 모두 바쁜 일정에도 기꺼이 공동연구에 참여해준 연구진들의 무한한 열정이 있었기에 가능했다고 생각한다. 진심으로 감사드린다.

아울러 현장에서 연구팀을 반갑게 맞아주신 설월당 김원동 차종손과 수운잡방음식연구원 김영수 회장과 회원일동, 영양 두들마을의 석계종가 이돈 종손과 조귀분 종부, 예천 맛질의 춘우재종가 권창용 종손과 조동임 종부, 안동 서후면의 경당종가 장성진 종손과 권순 종부, 봉화 소천면의 권병호 주손(장계향 외가), 장계향선양회 김행자 중앙회장께도 고마움의 마음을 전한다.

2012년 12월
한국국학진흥원 국학연구실

차례

책머리에 _005

제1장 음식에 대한 정신문화적 탐색 _013
『수운잡방』을 통해 본 유선儒仙들의 풍류와 소통 **이숙인** 규장각한국학연구원 책임연구원

제2장 한 조리법을 둘러싼 해석의 모험 _083
『음식디미방』의 '맛질방문'은 어디서 비롯됐는가 **김미영** 한국국학진흥원 연구위원

제3장 잣과 호도, 쑥과 솔잎은 어떻게 약주가 되었나 _149
『수운잡방』에 효능이 기록된 약주에 대한 문헌적 고찰 **김종덕** 사당한의원 원장

제4장 한 사대부 집안이 보여준 다채로운 식재료의 인류학 _227
『음식디미방』과 조선 중기 경상도 북부지역 사대부가의 식재료 수급
주영하 고한국학중앙연구원 한국학대학원 문화예술학부 교수

제5장 남녀 저술가의 조리서에 담긴 생물학적 문화적 차이 _343
『수운잡방』『음식디미방』의 조리법과 미각문화 **정혜경** 호서대학교 식품영양학과 교수

주註 _420

제1장

음식에 대한 정신문화적 탐색

『수운잡방』을 통해 본 유선儒仙들의 풍류와 소통

이숙인
규장각한국학연구원 책임연구원

두 번째로 오래된 요리책의 발견

『수운잡방需雲雜方』은 16세기 안동 지역에 살던 김유金綏(1491~1555)가 저술한 음식조리서다. 김유는 자가 유지綏之이고 호가 탁청정濯淸亭인데, 탁청정은 그의 정자 이름이기도 하다. 이 책은 김유의 3남 설월당雪月堂 김부륜金富倫(1531~1598)의 종가에서 약 450년을 보관해오던 중 1986년 세간에 그 모습을 드러냈다. 그로부터 10여 년이 지난 뒤 『수운잡방』에 대한 한글 역주본이 나오기 시작했다.[1] 2011년에는 『수운잡방』에서 28가지 음식을 선별하여 원형대로 복원해 114쪽 분량의 요리책으로 펴냈다.[2] 그리고 2012년 2월에는 광산 김씨 설월당 종택이 보관하고 있던 『수운잡방』이 한국국학진흥원에 기탁됨[3]으로써 중요한 고적 자료의 보존에 신중을 기하게 되었다.

『수운잡방』은 1책 2권으로 된 한문 필사본이다. 서문과 목차 없이 25매의 한지에 행서와 초서, 두 서체로 기록되어 있다. 표제에는 '탁청정공유묵濯淸亭公遺墨'이라 적혀 있는데, 상편과 하편의 필체가 다르다. 그렇다면 2인의 저술이라

할 수 있는데, 상편은 책의 속표지에 적힌 대로 탁청정 김유의 작품으로 보고 있다. 하편이 시작되는 첫 장 표제에는 '계암선조유묵溪巖先祖遺墨'이라고 되어 있다. 계암은 김유의 3남 설월당 김부륜의 아들 김령金坽(1577~1641)을 가리킨다. 그렇다면 『수운잡방』의 상편이 저술된 시기를 볼 때, 15세기의 『산가요록山家要錄』에 이어 국내에서 두 번째로 오래된 요리책이다.[4] 이것은 중국의 『거가필용居家必用』[5]보다 약 200년 뒤이며, 허균의 『도문대작屠門大嚼』보다 약 70년 전이고 안동 장씨(1598~1680)의 『음식디미방』보다는 약 100년 전에 집필된 것으로 추정된다.[6] 『수운잡방』의 하편은 허균의 『도문대작』과 동시대의 작품이라고 할 수 있다. 이 글에서는 주저자라 할 수 있는 김유를 중심으로 다룰 것이다.

상·하 두 권에 담긴 음식은 모두 121항이다. 상편이 86항이고 하편이 35항으로 이루어져 있어 상편의 항목이 하편보다 약 2.5배 많다. 총 121항목 가운데 술 60항, 장류 10항, 김치 15항, 식초 6항, 채소 저장법 2항, 그리고 조과, 탕 및 기타 조리법이 15항목이다. 이것을 상편(1~86항)과 하편(87~121항)으로 나누어보면, 상편에는 술 만드는 법이 41항, 국수 만드는 법이 1항, 식초 만드는 법이 5항, 김치 담그는 법이 14항, 고리 만드는 법이 1항, 장 담는 법이 7항, 메주 담는 법이 2항, 과자 만드는 법이 1항, 장채 2항, 씨에 대한 것이 5항이며 기타 조리법도 7항이 있다. 하편에는 술 만드는 법이 18항, 국수 만드는 법이 1항, 김치 담그는 법이 3항, 과자 만드는 법이 2항, 그리고 기타 조리법 11항이 있다.

술 제조법이 전체의 절반을 차지하는 이 책은 음식보다 가양주를 빚는 데 역점을 두고 있다. 손님 접대의 필요성이 강하게 반영된 것으로 보인다. 또한 『수운잡방』은 부분적으로 중국의 조리서 『거가필용』과 당시 널리 읽혔던 『식경食經』의 내용을 인용했지만, '오천가법' 또는 '현재 엿도가에서 사용하고 있는 법'이라는 부기가 있는 것으로 보아 당시 안동 인근에서 주로 활용한 음식 조리법을

三亥酒

正月初亥日白米一斗百洗作末湯水一斗作粥待
冷麴五升真末五升和納瓮次亥日白米九斗百洗
作末熟蒸湯水十斗和前酒納瓮待冷麴一斗和三
亥日白米十斗百洗作末熟蒸湯水十斗作粥待冷
和前酒納瓮待熟上槽

三午酒

正月初午日真末七升好麴七升冷典盆和納瓮置
不寒不熱處二午日白米五斗百洗沉一宿起蒸不
歇氣納前瓮三午日白米五斗百洗全蒸不歇氣納
前瓮四午日白米五斗如前法待蹈午日用之

典午酒

正月初子日水八盆沸湯待冷先注瓮中好麴一作
細末重篩入瓮真末七升再篩又入瓮白末一斗百

『수운잡방』, 김유, 설월당 종가 기탁, 유교문화박물관.

소개하고 있다. 이 책은 500여 년 전 안동 사림 계층의 식생활을 엿볼 수 있는 귀중한 자료라는 점에서 주목을 받아왔다. 특히 식품학 분야에서 이 책의 존재가 부각되면서 해제와 번역 작업 등이 이뤄졌다.[7]

이 글은 음식의 정신문화적 측면에 주목하여 『수운잡방』의 인문학적 의미를 모색하는 데 있다. 다시 말해 조리서 『수운잡방』을 연구 대상으로 삼지만, 음식의 조리 및 식품 관련 지식 자체를 다루지는 않는다. 음식은 통상 물질문명의 범주로 인식되지만 음식의 활용이나 작용, 조리법 등은 사회적 의미를 생산하는 정신문화의 범주에 들기도 한다. 예컨대 음식과 잔치를 한 쌍으로 한 '음식연락飮食宴樂'이라는 『주역』의 용어가 "음식은 몸을 윤택하게 하는 것이고, 연락은 마음을 화和하게 하는 것"[8]으로 해석되었다. 이것은 물질과 정신, 몸과 마음이 삶의 맥락에서는 서로 연결되어 있음을 말해주는 것이다. 음식에는 분명 그 사회의 역사와 정신이 함축되어 있다. 또한 음식은 여러 행동과 연결되어 있으며 한없는 의미를 지니고 있다. 음식은 많은 문화 현상을 흡수하고 반영하는 프리즘인 셈이다.[9] 그런 섬에서 음식 또는 음식과 관련된 행위를 통해 그 시대 그 사회의 사상과 문화를 읽어내는 것은 가능하다.

『수운잡방』에는 16세기 안동문화권 유학자들의 일상과 교류, 그리고 저자 김유의 인생관 및 그 가족 문화가 반영되었을 것이다. 이에 일상의 실용 정보들을 지식화하여 기록으로 남긴 저자의 지식 실천의 행위를 다각도로 조명하고 그것의 의미를 찾아보고자 한다. 이를 통해 저자를 비롯한 조선의 16세기를 산 유교 지식인의 또 다른 모습을 그려볼 수 있을 것이다. 책의 저자 김유는 한때 과거를 통해 출사 의지를 키우기도 했던, 유학적 지식 및 교양의 자장 안에 있는 향촌의 사족이다. 유학적 남성 지식인과 요리책이라는 조합은 우리에게 매우 생소하다. 그런 점에서 김유가 유학 사대부들의 보편적인 관심이나 글쓰기

와는 다른, 음식조리서 『수운잡방』을 저술한 배경을 규명할 필요가 있다. 요리서를 쓸 정도라면 음식에 지대한 관심이 있어 음식의 맛과 멋을 추구하는 쪽일 것이다. 또한 음식조리서는 관찰과 실험, 분류 등의 과학기술적인 접근이 요구된다. 이에 저자 김유의 경제적 기반을 가능하게 한 집안의 배경을 검토하고, 그에게 과학적 사고 및 글쓰기를 할 수 있게 한 지식의 연원을 추적해볼 필요가 있다.

이 연구는 개념 혹은 이론을 중심으로 유교에 접근하는 방식이 아닌, 일상의 문제를 통해 유교에 접근하고자 한다. 다시 말해 의·식·주의 하나인 음식이라는 일상이 유교문화의 해석과 재구성 그리고 창출에 어떤 의미를 지니는가 하는 것이다. 즉 유교인이 아니라면 달랐을 법한 음식문화의 유교적 특성이 무엇인가를 고민해보고자 한다. 『예기禮記』에는 "군자는 개나 돼지의 창자 요리를 먹지 않는다"[10]고 했다. 이에 대해 『예기』를 주석한 정현鄭玄(127~200)은 개나 돼지는 곡식을 먹어 그 창자가 사람과 비슷하기 때문이라고 이해했다. 인간 존중의 사상인 유교가 음식에 개입하는 하나의 사례다. 이 같은 맥락에서 유학의 지식체계에서 음식 및 음식문화의 이념과 실상을 볼 필요가 있다. 이를 바탕으로 김유 및 『수운잡방』의 유교문화학적인 의미를 전방위적으로 규명하고자 한다.

유교는 어떻게 음식과 그 문화에 관여했는가

윤리를 중시하고 정신 가치를 추구하는 사상 혹은 종교라는 것이 유교에 대한 대중의 인식이다. 이러한 맥락에서 유교는 도덕적으로 '옳고 바른 것'을 주장하는 도덕교과서이고, 공자는 윤리 교사다. 그래서 진정한 의미의 유교인이라 하면 의식주 등 물질적인 것에는 눈길을 주지 않는 '단표누항簞瓢陋巷'[11]의 선비를 그리게 된다. 이러한 대중적인 요구에 부응하는 모습이 『논어』에도 있다. 공자는 말한다.

> 군자는 먹는 것에서 배부름을 추구하지 않고 거처하는 곳에 편안함을 추구하지 않는다.[12] 선비가 도에 뜻을 두고 초라한 옷과 음식을 부끄러워한다면 더불어 뜻을 논할 가치가 없다.[13]

그런데 인정人情을 중시하는 유교의 전반적인 경향에서 음식은 결코 부정될

공자 상. 조선의 유학자들은 먹는 것에 있어서도 군자의 도를 따랐다.

수 없는 것이다. 다만 과도한 추구로 몸과 정신이 손상되거나 재물의 독점으로 인한 사회적 분쟁을 경계하기 위해 조절·절제를 말하는 것이다. 이러한 맥락에서 음식에 대한 유교적 인식이나 태도는 두 가지 측면에서 조명할 수 있다. 하나는 음식은 인간의 기본 욕망으로 생리적인 것이며 좋은 맛을 추구하는 것은 자연스럽다는 입장이고, 다른 하나는 음식은 계급과 문화의 차이를 반영하고 드러내는 핵심 요소라는 것이다. 후자에 대해 유교는 예禮를 통해 그것을 코드화했다.

사실 음식은 인간 생활에서 가장 중요하다. 생물학적인 생존을 위해서도 그렇고 권력과 문화를 창출한다는 면에서도 그렇다. 계절이 바뀌든 해가 바뀌든 아침이나 저녁이나 매일매일 우리는 음식과 함께한다. 그런 가닭에 음식은 상징과 의미를 만들고, 그것으로 사회적 질서와 관계를 만들어가는 유용한 재료가 되는 것이다. 유교를 배태한 고대 중국의 문화에서는 중요한 개념을 설명할 때 음식 은유를 들곤 했다. 노자는 큰 나라를 다스리는 방법을 작은 생선을 굽는 것에 비유했다.[14] 즉 작은 생선은 부서지기 쉽기 때문에 너무 자주 뒤집거나 손으로 만져서는 안 된다는 것인데, 그의 핵심 사상 '무위지치無爲之治'를 설명하기 위한 것으로 보인다. 공자와 동시대를 산 제나라의 정치가 안영晏嬰(기원전 ?~기원전 500)은 음식 비유로 당시 논쟁의 중심에 있던 개념 조화調和를 설명했다.

군주가 물었다. "화和와 동同은 다른가?" 안자晏子가 대답했다. "다릅니다. 화和란 국을 끓이는 것을 예로 들면 물과 불, 식초, 절인 고기, 소금, 매실, 생선을 넣고 끓이는 것입니다. 불을 때서 끓이다가 요리사는 그것을 잘 합해서 맛을 내고, 모자라는 맛은 보태주고 넘치는 것은 덜어내는데, 군자가 그것을 먹고 마음이 흡족해지는 것입니다. 군주와 신하의 관계도 그러한 이치입니다."[15]

그에 따르면 진정한 의미의 조화란 다양한 음식 재료가 각자 자신의 맛을 냄으로써 하나의 멋진 요리가 되듯이, 사회 속의 조화는 다양한 차이를 인정하는 바탕 위에서 가능하다는 것이다. 그렇다면 음식이 지니는 의미 체계를 유교 텍스트를 통해 살펴보되 주제를 좀 더 구체화하여 접근할 필요가 있겠다. 먼저 맛있는 음식을 배부르게 먹고자 하는 것은 사람이라면 누구나 원하는 기본 욕망이라는 맥락의 자료를 살펴볼 것이다. 그리고 음식에 관한 유교적 언어와 문화를 짚어보고 그것의 의미를 논할 것이다.

음식 욕망은 인정人情이다

공자는 음식을 밝히는 사람이나 '거친 음식惡食'을 부끄러워하는 사람을 저급하게 보았다. 즉 음식에 지나친 관심을 보이는 사람과는 함께 도리를 논하기 어렵다는 것이다. 그런데도 그는 까다롭다 할 만큼 음식에 대한 명확한 기호가 있었다. 『논어』「향당」에는 공자가 좋아한 음식, 공자가 싫어한 음식이 나열되어 있다.

공자께서는 밥은 쌀밥을 좋아하셨고, 회는 가는 것을 좋아하셨다. 밥이 상해 쉰 것이나 생선 또는 고기가 상처난 것은 드시지 않았다. 색깔이 좋지 않거나 냄새가 나쁜 것을 드시지 않았고 요리가 잘못된 것을 드시지 않았고 제철 음식이 아닌 것을 드시지 않았다. 자른 것이 바르지 않으면 드시지 않았고 요리에 맞는 조미료가 아니면 드시지 않았다. 고기가 비록 많더라도 식욕을 과하게 하시지 않았고 술은 정해진 양은 없지만 취하게는 마시지 않으셨다. 가게에서 사온 술이나 포는 드시지 않았다. 생강을 늘 드셨으나 많이 드시지는 않았다.[16]

공자가 직접 요리하지는 않았으니, 공자에게 음식을 제공한다는 게 그리 쉬운 일은 아니었을 것이다. 취향이나 기호를 전적으로 개인의 자연스런 성향이라고 보기는 어려울 듯하며 공자의 음식 기호는 권력의 다양한 의미망 속에서 형성된 것으로 보인다. 어쨌든 그는 음식의 맛이나 모양이 자신의 기준에 맞아야 했다. 이러한 공자의 음식 습관은 이후 학자들의 토론 주제가 되기도 했다. 그 가운데 『논어』의 '불시불식不時不食'에서 '때가 아니다不時'를 어떻게 해석하느냐의 문제가 있었다. 공자의 '불시불식'은 일반적으로 '제철 음식이 아니면 먹지 않았다'로 해석되었다. 조선 후기의 정조 임금은 '아직 성숙하지 않은 음식'이라고 한 '정통' 해석의 어색함을 지적했다. 정조가 말했다.

> 불시不時라는 두 글자를 『집주』에서는 '오곡五穀이 익지 않고 과실果實이 익지 않음'이라고 풀이했다. 그러나 익지 않은 곡식과 익지 않은 푸른 과실을 먹을 수 없음은 삼척동자도 아는 사실이고 보통 사람들 또한 잘 안다. 어찌 성인만 홀로 아는 것이 되어 친절하고 정중하게 '불시불식'이라는 넉자를 썼단 말인가?[17]

정조가 보기에 '불시불식'의 불시란 단순히 '아직 익지 않은'의 뜻이라기보다

조석朝夕과 사계四季에 맞는 요리법을 의미하는 것이었다. 그는 『예기』에 나온바 "음식에는 반드시 때가 있다飮食必時"라는 말과 "때에 맞게 맛을 낸다味得其時"라는 말에 착안하여 시時를 다르게 해석한 학자가 있었음을 상기시켰다.[18] 정조는 말했다.

> 이 시時 자는 곧 봄과 가을, 아침과 저녁으로 각기 알맞은 바가 있다는 말이다. 이를테면 봄에는 신맛을 많이 쓰고, 여름에는 쓴맛을 많이 쓰고, 가을에는 매운맛을 많이 쓰고, 겨울에는 짠맛을 많이 쓴다. 봄에는 어린 양과 돼지의 고기가 좋으니 소기름에 요리하고, 여름에는 말린 꿩고기와 말린 물고기가 좋으니 개기름에 요리하고, 가을에는 송아지 고기와 새끼 사슴고기가 좋으니 닭기름에 요리하고, 겨울에는 생선과 기러기 고기가 좋으니 양기름에 요리한다. 이 학설이 맞는 듯한데, 어떤가?[19]

다시 정조는 공자의 음식 기호가 공자의 전반적인 사상에 부합하는가의 문제를 제기했다. 즉 공자가 반듯하게 자른 것이 아니면 먹지 않았다고 한 것을 지적했다.

> 밥이 상하여 맛이 변한 것이나 물고기가 상하고 고기가 부패한 것은 먹으면 사람을 상하게 하니 참으로 먹어서는 안 되는 것이다. 그런데 반듯하게 자르지 않았다고 해서 안 먹고 장醬이 없다고 해서 안 먹는 것은, 좋은 음식과 나쁜 음식을 가리고 맛이 있는지 없는지를 비교하는 듯함이 있다. 이것이 과연 '나쁜 음식을 부끄러워하지 않는다'는 뜻에 어긋남이 없는가?[20]

정조가 공자의 음식 습관을 문제삼은 것은 음식에 비중을 두지 말라던 그의 기본 입장에 어긋난다는 것이다. 다시 말하면 공자가 음식에 대한 실용의 관점에서 벗어나 지나친 미적 기준을 투사한 것이 아닌가 하는 것이다. 정조의 문제제기가 타당한가는 일단 유보시켜두더라도, 이렇듯 공자는 구복口腹의 요구에 응하는 그런 음식이 아니라 음식의 맛과 멋을 추구하는 쪽이었다. 다만 음식의 맛과 멋에 과도하게 집착하여 더 큰 가치를 놓쳐버리는 형태가 되어서는 안 된다는 것이다.

『맹자』에서 고자告子는 "식食과 색色은 본성"[21]이라 했고, 『예기』에서는 "음식과 남녀는 인간의 중요한 욕망"[22]이라고 했다. 이것은 중국 고대 유교사상의 형성기에 식색食色을 어떻게 정위定位시킬 것인가의 문제가 대두되었음을 말해준다. 한편 맹자는 사람이면 더 맛있는 것을 추구하는 것이 당연하다는 논지를 폈다. "나는 생선도 먹고 싶고 곰발바닥도 먹고 싶지만, 둘을 함께 먹을 수 없을 때에는 생선을 버리고 곰발바닥을 취할 것이다"[23]라고 했다. 이것을 허균(1569~1618)은 맛의 구분을 인정하는 것으로 보았다.

> 식욕과 성욕은 사람의 본성이다. 더구나 먹는 것은 생명에 관계되는 것이다. 선현들은 음식을 천하게 여겼지만, 그것은 먹는 것만을 탐하고 자기 이익을 추구하는 자를 지적한 것이지 어떻게 먹지도 말고 말하지도 말라는 것이겠는가. 그렇지 않다면 무엇 때문에 팔진미八珍味의 등급을 『예경禮經』에 제시했으며, 맹자가 생선과 웅장熊掌을 구분했겠는가?[24]

또한 『맹자』에는 '회자膾炙'라고 하여 회 요리나 구운 고기 요리는 누구나 좋아하는 음식임을 인정한 구절이 나온다.[25] 맛있는 음식처럼 사람들의 입에 많

이 오르내리며 칭찬받는 것을 비유한 말 '회자인구膾炙人口'라는 고사성어는 이로부터 비롯되었다. 다시 말해 음식에 대한 유가의 입장은 도가나 묵가처럼 무조건적인 청빈·절제 등을 주장하지는 않는다는 것이다. 묵가는 고대 성인들이 음식의 법을 제정할 때 "음식이란 허기를 채우고 기를 돋우며, 손발과 몸을 건강하게 하고 눈과 귀를 밝게 하면 된다. 오미五味의 균형과 향기의 조화를 추구하지 않고 타지他地의 기이하고 진귀한 음식을 즐기지 않는다"26고 했다. 노자는 "오미는 입을 상하게 한다五味口爽"27고 했다. 도가나 묵가의 기본 입장은 음식의 기능론적 의미에 주목할 뿐 맛의 미학에 대해서는 부정한 것으로 보인다.

한편 유학의 경전『예기』는 음식 재료 및 조리법, 맛에 대한 품평에 이르기까지 음식에 대한 다양한 정보를 주고 있다.

대체로 밥은 봄처럼 따뜻하게 해야 하고 국은 여름처럼 시원하게 해야 하고 장은 가을처럼 시원하게 해야 하고, 마실 것은 겨울처럼 차게 해야 한다. 대체로 조화를 맞추는 양념은 봄에는 신맛을 많게 하고 여름에는 쓴

맛을 많게 하고 가을에는 매운맛을 많게 하고 겨울에는 짠맛을 많게 하고 조리할 때는 조화를 맞추기 위해 부드럽고 단것을 가미해야 한다.[28]

쇠고기에는 쌀밥이 좋고 양고기에는 메기장밥이 좋고 돼지고기에는 기장밥이 좋고 개고기에는 찰기장밥이 좋고 기러기 고기에는 보리밥이 좋고 생선에는 쌀밥이 좋다. 봄에는 어린 염소와 돼지고기가 좋으므로 쇠기름을 사용해서 요리한다. 여름에는 말린 꿩고기와 말린 물고기가 좋으므로 개기름을 사용해서 요리한다. 가을에는 송아지 고기와 새끼 사슴고기가 좋으므로 닭기름을 사용해서 요리한다. 겨울에는 생선과 기러기 고기가 좋으므로 양기름을 사용해서 요리한다.[29]

또한 육포의 종류와 조리 방법, 각종 탕의 재료 및 조리 방법, 음식으로 쓰이는 열매와 잎에 대해 설명하고 있다.[30] 주식으로 삼는 각종 곡식의 이름을 열거했고, 부식으로는 소·양·돼지·개 등의 육류와 젓갈, 생선, 채소 등의 재료 및 조리법을 제시했다.31 『예기』「내칙內則」「소의少義」 등에는 요리책을 방불케 하는 당시의 음식 재료와 조리법이 소개되어 있다.

소나 양 또는 생선의 날고기는 크고 얇게 썰어서 잘게 토막내어 생선회로 한다. 순록이나 사슴의 고기는 소금에 절이고 멧돼지의 고기는 큼직하게 자르지만 이들은 크고 얇게 썰 뿐 잘게 토막내지 않는다. 노루는 벽계辟鷄라는 요리로 만들고 토끼는 완비宛脾를 만드는데 이들은 크고 얇게 썰어서 잘게 토막낸다. 또 파나 염교는 썰어서 식초에 넣어 부드럽게 한다.32

『예기』는 예에 대한 이론과 예의 학설을 집성한 유교의 오경五經 중 하나다. 예의 개념과 실천에 관한 『예기』 주석의 역사를 통해 유교인이 창출되었다고 해도 과언이 아니다. 그런 절대 권위를 지닌 『예기』에 각종 음식에 대한 정보가 소개되고 있다는 점은 우리의 흥미를 끌기에 충분하다. 그것은 곧 인정人情을 부정하지 않으면서 도리를 추구하는, 다시 말해 세속과 초월을 이분화하지 않는 유교사상의 특질에 들어맞는 것 같다. 맛있는 음식을 원하는 것은 사람의 인정이라 당연하다는 전제는 부모 봉양에도 적용된다. 부모가 원하는 음식, 부모가 원하는 맛을 내는 것은 효자라면 당연히 신경 써야 할 부분이다.

음식은 무엇을 드시고 싶은가를 물어 그 원하는 것을 공손히 올리되 얼굴빛을 부드럽게 하여 뜻을 받들어 거행한다. 된 죽과 묽은 죽, 술·단술·나물을 섞어 끓인 고깃국과 통보리·대마 열매·벼·메기장·기장·차조 등 그 어느 것이나 먹고 싶어하는 것을 올린다. 그 맛을 내려면 대추·엿·꿀 등으로 달게 하고 씀바귀나 부추는 햇것과 묵은 것을 섞어 쌀뜨물로 매끄럽

劉氏別錄
屬制度
禮之本

禮記卷第一

曲禮上第一 禮記 鄭氏注

曲禮曰毋不敬 禮主於敬 儼若思 儼矜莊貌人之坐思貌必儼然 安定 辭 審言語也易曰言語者君子之樞機說曲禮者美之云耳 安民哉 此上三句可以安民 敖不

可長欲不可從志不可滿樂不可極 雖有貴戚近習之習

賢者狎而敬之 狎習也近也謂附而近之習 畏而愛之 心服曰畏曾子曰吾先子之所畏 愛而知其惡憎而

知其善 謂凡與人交不可以己之愛憎誣人之善惡 積而能散 積謂見有蓄積當能遷貧窮 安安而能遷 謂己今安此之安圖後有害則當能遷晉舅犯

臨財毋苟得 為傷廉也 臨難毋苟免 為傷

者則當能散以賜之若宋樂氏 與姜氏醉重耳而行近之

『예기』에는 음식의 재료뿐 아니라 조리와 맛에 대한 품평까지 실려 있다.

「채찌효행도」, 허련, 비단에 엷은 색, 23.0×31.7cm, 1869, 개인. 채홍념은 부친이 돼지고기를 즐기셨으므로 아침 저녁으로 반드시 준비하여 올렸는데, 이 장면을 묘사한 것이다.

게 하거나 혹은 유지油脂를 사용해서 입에 맞도록 한다. 그리고 권해 올린 것은 반드시 시부모가 입에 대는 것을 본 후에 물러나도록 한다.33

이것은 곧 개인의 기호나 욕망을 인정하는 바탕 위에서 가능한 것이다. 음식의 좋은 맛에 비유된 '오미五味'의 추구는 유학적 세계관이 작용하는 조선시대 선비들에게도 보편적인 욕망으로 인식되었던 듯하다. 『증보산림경제』에는 이런 비유가 있다.

> 세상에 살면서 사람과 교제하는 것은 마치 오미五味를 맛보는 것과 같다. 내가 단 것을 좋아한다 해서 다른 사람 역시 단 것을 좋아하는 것은 아니다. 나는 쓴 것을 싫어하지만 다른 사람이 또 쓴 것을 좋아한다면 내가 좋아하지 않는다고 해서 다른 사람이 좋아하는 것을 어떻게 버릴 수 있겠는가?34

하지만 유학의 체계에서 음식에의 추구가 아무런 규제 없이 행해질 수는 없는 것이었다. 또한 음식 기호가 인정되는 '개인'의 자격이란 누구에게나 열려 있지는 않았을 것이다. 여기에는 사회적인 권력에 의한 포함과 배제의 논리가 개입될 것이다. 유학은 음식생활을 예제에 들어맞도록 했다. 우리가 순전히 개인 차원에서 좋아하고 싫어하는 것이라 여겼던 것도 사실은 항상 사람들의 계층 관계 및 다른 사회 그룹 간의 관계와 얽혀 있다는 것이다. 높은 사회계층은 낮은 계층과 자신들을 구별하기 위한 많은 수단의 하나로 늘 음식을 사용했던 것이다.35 이것은 음식과 먹는 행위에 대한 방식이나 태도에 반영되었고, 또 표현되어 나왔다. 즉 음식을 먹는 태도와 습관은 사회적 관계를 만드는 데 매우 중요한 역할을 한다. 사람과 사람 사이의 관계나 인간과 신의 상호작용, 그리고 살아 있는 자와 죽은 자 간의 의사소통에 음식은 아주 중요한 역할을 한다.

예제를 통한 음식의 문화정치학

공자의 음식사상은 배고픔을 해결한다는 실용적인 측면보다 무엇을 먹고 무엇은 안 먹으며 어떻게 먹고 누구와 먹을 것인가를 중심으로 구성된다. 여기서 음식 습관은 의미 전달을 위한 주요 수단이 되는데, 먹는다는 것은 절대적이며 반복되는 활동이기 때문이다. 다시 말해 음식은 힘과 억압의 원인이 되기도 한다는 것이다.

음식에 대한 공자의 뚜렷한 기호가 욕망의 조절 및 절제를 주장하는 유교의 전반적인 경향과 어떻게 부합할 수 있는지, 이후 학자들에게는 중요한 토론 거리가 되기도 했다. 어쨌든 그는 '입과 배口腹'를 위해 먹기보다 '거친 음식惡食'에도 초연하고 '한 그릇의 소박한 밥—簞食'으로 인생을 즐길 수 있는 그런 사람을 높이 샀다. 맹자 역시 맛 좋은 생선이나 곰발바닥 요리를 먹고 싶지만, 둘 중 하나만 선택해야 한다면 좀 더 맛난 곰발바닥을 먹겠다고 했다. 여기서 끝났다면 맹자는 인정과 욕망을 중시하는 사상가로 남았을 것이다. 그러나 맹자는 곰발바닥 요리를 선택하겠다 하고는 이어서 "나는 살고 싶기도 하고 의로움도 행하고 싶지만, 둘 다 겸할 수 없을 때에는 삶을 버리고 의로움을 취할 것이다"[36]라고 한다. 이것은 결국 삶에 필수적인 음식도 의義를 위해 희생할 수 있다는 논리다. 같은 맥락에서 맹자는 "사람들은 음식을 밝히는 자를 천하게 여긴다. 작은 것을 기르려고 큰 것을 잃기 때문이다"[37]라고 한다.

공맹孔孟으로 대표되는 유학사상은 음식 역시 사회화된 일정한 규칙 속에서 실천되는 문화라는 점을 전제하고 있다. "예禮의 시초는 음식에서 시작된다"38고 한 『예기』의 말은 음식의 사회화라는 맥락에서 이해될 수 있다. 음식이 '자연스런 욕구'의 차원을 넘어서 사회화되는 양상은 크게 두 가지 측면으로 나뉜다. 하나는 음식 예절의 측면인 에티켓 또는 식탁문화라고 할 수 있고, 다른 하나는 음식으로 상징되는 질서와 권력의 구성 및 재구성의 문제다.

마른 고기는 이빨로 끊지 않는다 – 음식 예절

앞에서 본 『예기』는 음식 재료 및 요리법에 대해 상세하고 풍부하게 제시해 놓았다. 그러고는 음식을 먹는 방법이나 음식에 대한 태도의 문제를 제시했다. 식사 예절이라고 할 수 있는 것들이다. 『예기』는 말한다.

> 남과 음식을 먹을 때는 배부르도록 먹지 않으며 남과 함께 밥을 먹을 때는 음식에 손을 적시지 않도록 한다. 밥을 뭉치지 말며 밥을 크게 뜨지 말며 물 마시듯 마시지 말며, 씹는 소리를 내지 말며 뼈를 깨물어 씹지 않는다. 먹던 생선이나 고기를 다시 그릇에 놓지 말며 뼈다귀를 개에게 던져주지 말며, 먹고 싶은 것을 굳이 먹으려들지 말아야 하며, 밥을 식히기 위해 휘젓지 말며, 기장밥을 먹을 때 젓가락을 사용하지 말아야 한다. 국은 국물만 들이마시지 말아야 하고, 국에 따로 간을 맞춰서는 안 되며, 이를 쑤시지 말며, 젓국을 마시지 말아야 한다. 손님이 국에 간을 맞추면 주인은 잘 끓이지 못했다고 미안해하며 손님이 젓국을 마시면 주인은 가난하여

맛있게 잘 만들지 못했음을 미안해하기 때문이다. 젖은 고기는 이빨로 끊고, 마른 고기는 이빨로 끊지 않으며, 구운 고기를 한입에 넣지 않는다.[39]

음식을 통해 문화적 정체성을 만들어가는 것인데, 이 음식의 예를 관통하는 정신은 사회적 관계를 만드는 것이다. 오늘날의 수준에서 상식에 속하는 것들로 함께 식사하는 사람에 대한 배려라고 할 수 있다.

음식을 올리는 예는, 뼈가 붙은 고기는 손님의 왼쪽에 놓고 크게 저민 고기는 오른쪽에 놓으며 밥은 왼쪽에 놓고 국은 사람의 오른쪽에 놓는다. 회나 구운 고기는 바깥 먼 쪽으로 놓고 식초나 간장은 가까운 안쪽으로 놓으며, 그 왼쪽에 찐 파를 놓고 술과 음료는 오른쪽에 놓는다.[40]

평소 군자와 식사를 할 때, 군자보다 먼저 시작하고 군자보다 먹기를 늦게 끝낸다.(먼저 시작하는 것은 맛보는 예이고 늦게 끝내는 것은 더 먹으라는 뜻이다.) 그때 큰 입으로 쩝쩝 하고 소리를 내며 먹거나 국물을 훌훌 마시거나 해서는 안 된다. 밥은 조금씩 입에 넣고 신속히 삼켜야 하며 언제까지나 씹으며 입을 오물거려서는 안 된다.[41]

접빈객에서 음식 접대는 그 집안의 문화와 품격을 드러낼 수 있는 기회다. 국물 있는 음식을 오른쪽에 두는 것은 오른손을 주로 사용하는 대부분의 사람을 편안하게 하는 것이다. 그런 점에서 『예기』의 음식 차림은 심오한 뜻이 있다기보다 식사를 하는 사람의 편의를 반영한 것이다.

음식의 정치, 음식의 권력

유학사상의 맥락에서 음식문화는 신분과 계급의 문제, 권력의 행사와도 깊은 관련이 있다. 무엇을 어떻게 먹을 것이며, 그것이 지니는 정치문화적 의미가 무엇인가 하는 문제다. 『예기』는 또한 사회적 지위에 따른 예제禮制를 음식으로 차별화하고 있음을 보여준다.

임금이 죽으면 세자·대부·공자公子·중사衆士는 모두 3일 동안 밥을 먹지 않고 죽을 먹는다. 4일째부터 사士는 거친 밥을 먹고 물을 마시되 분량에 대한 규정은 없다. 경대부가 죽으면 상주·가노·아들·손자는 모두 죽을 먹고 가사家士는 거친 밥을 먹고 물을 마신다. 부인들은 거친 밥을 먹고 물을 마신다. 사士가 죽으면 경대부의 경우와 거의 같다.42

전한前漢시대 창읍왕昌邑王은 소제昭帝의 상사喪事에 분상奔喪하면서 도중에 고기반찬을 먹었다는 이유로 제위를 박탈당했다.43 창읍왕이 먹었던 고기반찬은 황제를 중심으로 한 상징 권력을 무시한 것이고, 황제가 구성해온 질서 개념을 체득하지 못한, 반윤리적인 행위와 연결되었다. 어떤 음식을 먹고 어떤 음식을 안 먹는다는 것은 군주에 대한 충심忠心을 측정하는 잣대가 되었다. 또한 음식은 부모에 대한 효심孝心을 표현하거나 측정하는 데도 활용되었다. 다시 말해 음식은 사회적 언어와 질서를 반영하면서 사회관계를 만들어가는 그 중심에 있다.

부모의 상에 빈소를 차리고 나면 죽을 먹는다. 자최일 때는 거친 밥과 물만 마시고 채소와 과실은 먹지 않는다. 부모의 상에서 우제와 졸곡을 마치고 나면 거친 밥과 물만 마시고 채소와 과실은 먹지 않는다. 1년이 되어 소상小祥을 지내고 나면 채소와 과실을 먹고, 또 1년이 지나 대상大祥을 지내고 나면 초와 장을 먹는다. 대상 후 한 달 뒤에 담제를 지내고 단술을 마신다. 술은 단술부터 시작하고 고기는 말린 것부터 먹기 시작한다. 옛사람들은 상중에 있으면서 감히 버젓이 고기 먹고 술 마시는 자가 있을 수 없었다.[44]

진晉의 완적阮籍(210~263)은 부모 상중에 공석에서 술과 고기를 먹은 것이 정적들의 표적이 되어 멀리 내쫓겼는데, 그로 인해 중국 문화가 오염되지 않게 하자는 상소로 이어졌다.[45] 다시 말해 유학의 최고 가치인 효의 실천에서 음식 공양은 중요한 수단이 되었다.

새벽에 어버이에게 아침 문안을 드리고 좋아하는 음식을 올리며, 해가 뜨면 물러나 각자 일에 종사하다가, 해가 지면 저녁 문안을 드리고 좋아하는 음식을 올린다.[46]

효자의 하루는 음식을 올리는 것으로 시작해서 음식을 올리는 것으로 마무리된다. 구복口腹의 만족을 위해 음식을 밝히는 것은 도덕적으로 문제가 되지만, 그것이 부모를 위한 것이라면 문제되지 않는다. 다시 말해 음식은 효 담론의 중심에 놓였다. 『맹자』에는 대추를 좋아하던 아버지가 돌아가시자 자신은 대추를 먹지 않음으로써 아버지에 대한 추모의 정을 표현한 증자의 이야기가 나온다.

증석이 (생전에) 대추를 좋아했는데, (그 아들) 증자(증삼曾參)는 차마 대추를 먹을 수 없었다. 공손추가 물었다. "회와 구운 고기와 대추 중에 어느 것이 더 맛있습니까?" 맹자가 말했다. "당연히 회와 구운 고기가 맛있지." 다시 공손추가 말했다. "그렇다면 증자는 왜 회나 구운 고리 요리는 먹으면서 대추는 안 먹었을까요?" 이에 맹자가 말했다. "회나 구운 고기요리는 모두가 좋아하는 것이지만 대추를 좋아하는 것은 특별한 것이다. 이름 부르기를 꺼리지만 성 부르기를 꺼리지 않는 것은 성은 다 함께 쓰는 것이지만 이름은 그 사람 혼자 쓰는 것이기 때문이다."⁴⁷

『서경書經』「홍범洪範」에는 인간 생활에 필요한 8가지 정사政事라는 뜻의 팔정八政을 제시했는데, 그 첫째 항목이 식食이고 두 번째가 화貨다. 이어서 사祀·사공司空·사도司徒·사구司寇·빈賓·사師가 나온다.⁴⁸ 이는 고대 정치에서 가장 중요한 것이 '식화食貨'라는 것인데, 음식과 재물은 제사·건설·교육·사법·외교·군사의 항목에 앞서 갖춰져야 하는 것으로 보았다. 여기서 '식'이란 단순히 음식飲食이라기보다 재화財貨라는 포괄적인 의미 맥락을 갖는 개념이다. 다시 말해 '식'은 '화'와 연용되어 '먹고 쓰는', 백성들의 재용財用·재물財物을 지시하는 개념인 것이다.

팔정八政은 『예기』「왕제王制」에서도 나오는데, 여기서도 음식이 그 첫째 항목에 위치하고 있다. 『예기』의 팔정은 육례六禮·칠교七敎와 함께 제시된 정치의 중요한 방법이자 목적으로 이해된다.⁴⁹ 여기서 팔정은 음식과 의복을 필두로 사위事爲·이별異別·도度·량量·수數·제制를 말한다.⁵⁰ 『예기』와 『서경』은 모두 인간 생활에 가장 먼저 충족되어야 하는 것으로 음식과 의복을 들고 있다.⁵¹ 음식을 첫 항목으로 한 『예기』의 팔정은 인간 생활이 과도하거나 무질서한 쪽으로 흐르는 것을 막는 데 그 목적이 있다고 했다.

어쨌든 음식은 현실정치가 해결해야 할 가장 중요한 문제인 것이다. 이때의 음식은 인간 생활에 가장 절실한 물질로 사회적 관계 속에서 합리적으로 분배하는 문제를 내포하는, 보다 확장된 의미로 쓰인다. 『서경』과 『예기』가 정치의 가장 중요한 항목으로 '음식'을 제시한 것은 음식으로 대표된, 재물과 욕망의 상관관계를 인지했기 때문이다.

> 천자만큼 귀하고 천하를 가진 것만큼 부유해지고자 하는 것은 사람이면 다 가지고 있는 욕망이다. 사람의 욕망을 따른다면 늘 채울 수 없고, 존재하는 사물로는 다 댈 수 없다. 그러므로 선왕은 예의를 제정하여 그것을 분류했다. 귀천의 등급과 장유의 차별, 지식과 무지에 따라 나누지 않을 수 없었다.[52]

사회적 관계를 만드는 데 중심이 되는 음식은 일상생활에서 일어나는 다양한 권력관계에 개입해 새로운 권력 개념을 창출하기도 한다. 그 가운데 장유長幼의 질서와 남녀의 차별을 만드는 데도 음식은 중요한 역할을 한다.

> 일곱 살이 되면 남녀가 자리를 함께해서는 안 되고 식사를 함께 해서도 안 된다. 여덟 살이 되면 문을 출입하고 자리에 앉고 음식을 먹을 때 반드시 어른보다 나중에 먹게 한다. 이것이 사양하는 것을 가르치는 시작이다.[53]

유가의 이러한 음식의 예제화는 자연스런 인간의 실정과 충돌하기도 했다.

『맹자』에는 이에 대한 문제가 제기되어 있다.

> 임任나라 사람이 옥려자屋廬子에게 물었다. "예와 밥 중에 무엇이 더 중요한가?" 옥려자가 말했다. "예가 더 중요하다." 임나라 사람이 다시 물었다. (…) "예禮대로 하면 굶어 죽고 예대로 하지 않아야 먹을 수 있다고 한다면, 그래도 반드시 예대로 해야 하는가?"⁵⁴

임나라 사람의 질문에 맹자의 제자 옥려자는 대답을 하지 못했고, 다음 날 맹자가 살고 있는 추鄒나라로 가서 그 대답을 구했다. 이에 대해 맹자는 예와 밥을 단순 비교하기보다 둘의 경중輕重을 따져 선택해야 한다는 입장이었다. 즉 어느 것이든 더 중요한 쪽을 택해야 한다는 것이다. 예컨대 "형의 팔을 꼬집어 빼앗아야 먹을 수 있고 꼬집지 않으면 먹을 수 없다고 할지라도 형을 꼬집겠는가?"⁵⁵라고 물었다. 이것은 식색食色의 예를 들어 예禮의 문제를 고민한 것이라고 할 수 있다.

음식의 권력화 또는 음식의 문화정치학적 의미는 다음의 유명한 일화에서 확인할 수 있다. 한漢 무제武帝(기원전 156~기원전 87)는 서역 정벌에 나선 장군 곽거병에게 격려의 술을 하사했다. 곽거병은 황제가 하사한 술 한 병을 오아시스에 부어 3만 대군과 함께 나누었다. 그것은 전쟁을 승리로 이끄는 결과를 낳았다. 또 다산 정약용(1762~1836)의 『목민심서』에는 이런 이야기가 실려 있다.

> 후당 때 유찬의 부친 유비가 현령이 되었다. 식사 때마다 아버지는 고기반찬을 먹으면서 아들은 상 아래에서 나물 반찬을 먹게 했다. "고기는 임금이 주신 녹이다. 너도 고기를 먹고 싶으면 부지런히 공부하여 국록을 받도

록 해라. 내가 먹는 음식을 너는 먹어서는 안 된다." 이로부터 유찬은 열심히 공부하여 진사에 급제했다.[56]

밥상에서 자식에게 세상의 이치를 가르친 이 고사는 음식을 통해 구성되는 복합적인 권력 관계를 보여주는 것이다. 북송의 황정견黃庭堅(1045~1105)이 사군자士君子가 음식을 대하는 다섯 가지 관점 내지는 자세를 제시한 '식시오관食時五觀'[57]도 음식에 내재한 복합성을 말해준다. 황정견의 '식시오관'은 음식을 통한 도덕적 수양의 의미가 강하지만, 유찬이 자식을 가르친 뜻인 권력의 정당한 향유라는 문제가 들어 있는 것이다.

이상에서 본바, 유학사상의 맥락에서 음식이란 기체氣體를 기르고 배고픔을 해결하기 위한 목적 그 이상이었다. 음식에 청빈·절제로 접근한 도가·묵가와 달리 유가의 음식은 사회적인 언어와 정치적인 권력을 담아내는 문명의 코드로 인식되었다. 유학의 음식사상에 대한 이러한 이해를 바탕으로 김유의 『수운잡방』을 여러 차원에서 규명해보고자 한다. 유교 경전 『예기』에 요리책을 방불케 하는 음식·조리·식품에 관한 다양한 정보가 내장되어 있었듯이, 김유의 지식 실천 행위는 유학의 자장 안에서 해석할 수 있기 때문이다.

16세기 한 사족의 세계와 『수운잡방』

　조선시대에 유교의 지식 배경을 지닌 사족 남성이 요리책을 저술했다는 사실은 우리의 통념으로 볼 때 반드시 규명되어야 할 진기한 사건이다. 비록 유교적 이념이 아직 정착되지 않아 사고나 관습이 비교적 유연했던 조선 전기라는 시대적 요인을 감안하더라도 말이다. 요리에 대한 깊은 지식이나 생활의 정보를 기록으로 남긴 것에는 저자 김유의 개인적인 경험이 작용했을 것으로 보인다.

　먼저 『수운잡방』을 가능하게 한 그의 가족 배경이 주목된다. 김유는 조상으로부터 풍부한 물질적 기반을 물려받은 재지사족이었다. 그리고 조리서 저술에 필요한 사물에 대한 관찰과 실험의 태도 또한 일정한 지적 배경 속에서 길러졌을 것이다. 이에 이 장에서는 『수운잡방』을 가능하게 한 저자 김유의 다양한 조건에 주목해보았다.

김유의 가족적 배경

김유金綏는 신해년辛亥年(1491)에 예안현 오천리烏川里[58]에서 아버지 김효로金孝盧(1454~1534)와 어머니 양성 이씨 사이의 2남2녀 중 차남으로 태어났다. 을해년乙卯年(1555)에 향년 65세로 세상을 떴다. 김유의 부인 순천 김씨는 임자년壬子年(1492)에 태어나 17세의 나이인 1508년에 김유와 혼인했고, 임인년壬寅年(1542)에 세상을 떠나니 향년 51세였다.[59] 그들은 부인富仁·부신富信·부륜富倫·부생富生의 네 아들과 진성 이씨 이빙李憑과 혼인한 장녀, 영천 이씨 이경량李慶梁과 혼인한 차녀를 두었다.[60]

광산 김씨가 고양高揚에서 안동의 풍산으로 이거하여 예안파를 이루게 된 것은 김유의 고조부 김무金務가 안동 김씨 딸과 혼인한 것이 계기가 되었다. 또 광산 김씨의 새로운 세거지를 예안현 오천리에 마련하게 된 것은 김무의 아들 김효지金孝之가 오천리 사람 황재黃載의 사위가 된 것이 계기가 되었다. 즉 김무와 그 아들 김효지는 처가의 연고지로 이주해 그곳을 광산 김씨의 세거지로 만든 셈이다. 김유의 선조들뿐 아니라 당시 안동 지역의 대표적인 사족들은 대개 처가의 연고지인 예안 지역으로 이주해온 사람들이었다.[61] 예안으로의 이주는 여말 선초부터 시작되었다고 하는데, 혼인 후 처가 주변妻邊에 거주지를 정하던 방식의 서류부가혼壻留婦家婚이 조선 전기의 관행이었음을 여기서도 확인할 수 있다.

황재의 재산을 물려받은 김효지는 많은 재산을 물려줄 아들이 없었다. 그래서 김효지는 형 김숭지金崇之의 손자를 자신의 양자로 입양했다. 김효지에게 입양되어 그 모든 것을 상속한 자는 김효로金孝盧다. 김효로는 2남2녀를 낳았는데, 장남이 김연金緣(1487~1544)이고 차남이 『수운잡방』을 지은 김유다. 다시 말해 오천리 광산 김씨의 시거자始居者 김효지는 법적으로는 김효로의 아버지이고 김유의 할아버지가 된다. 생물학적으로 따지면 김효지는 김효로의 종조부가 되고 김유의 종증조부가 된다.

김효로의 입양은 당시 정치적으로 중요한 쟁점이 되었다. 손자가 조부의 뒤를 계승하는 것에 대한 논의가 국왕의 조정 회의에서 있었는데, 그 내용이 1484년(성종 15) 5월 26일자 실록 기사에 실려 있다.

> 과거에 김효지는 사촌 손자 김효로를 자신의 뒤를 잇는 아들로 삼았다. 예조에서 아뢰기를, "소昭는 항상 소가 되고 목穆은 항상 목이 되어야지 소와 목이 문란해서는 안 되는데, 김효로는 손자로서 그 할아버지를 계승했으므로 소목이 문란해졌으니, 허락할 수 없습니다. 그런데 전에는 이런 식으로 계승한 자가 많으니 일일이 추급하여 고치기는 곤란합니다. 청컨대 이후로는 법을 만들어 금지시키고 그 조항을 『대전大典』에 첨부하소서" 했다. 왕이 전교하기를, "그것이 잘못된 것이라면 이전에 후계로 세운 자도 마땅히 다 고쳐야 할 것이니, 그것은 영돈녕 이상과 의논하라" 했다. 정창손鄭昌孫·한명회韓明澮·침회沈澮·윤호尹壕가 의논하기를, "조부와 손자, 형과 아우는 서로 뒤를 이을 수 없음은 이미 옛 법에도 있었고, 본조本朝에 들어와서도 또한 이에 의하여 이미 전교를 받아 법을 만들었습니다. 김효로뿐만 아니라 이전에 조부와 손자 사이에 뒤를 계승시킨 자 역시 예제를 어긴 것이니, 이를 후세에 물려줄 수가 없습니다. 아울러 개정함이 어떻겠습니까?" 했다.[62]

이 회의는, 김효로의 경우 1480년에 입양을 허락한다는 예조의 공문을 받았고 또 양어머니의 상까지 치른 상황이기 때문에 그의 입양을 예외적으로 승인하되, 이후부터 손자가 조부를 계승할 아들이 되는 것을 금지시키는 방향으로 결론이 났다. 김효로는 법적 아버지 김효지로부터 많은 재산을 상속받았고, 게다가 본가의 부변父邊·모변母邊으로부터도 자신의 몫을 상속받았다. 김효로가 2명의 아들과 2명의 딸에게 분재한 토지는 밭田 17석石 2두斗, 논畓 14석 5두로 합쳐서 31석 7두에 이르렀다. 그중 김연이 7석 10두, 김유가 5석 1두를 상속했다.63 이에 김효로의 두 아들, 김연과 김유는 비교적 유복한 재정적 기반을 갖게 되었다. 김유가 이른바 '잡기雜記'로 분류되는 요리책을 쓰게 된 배경 중 하나로 가족 단위의 경제적 부를 들 수 있다.

김유의 형 김연은 생원 진사 양과에 합격했고, 식년문과에 급제했다. 그는 예문관과 사헌부 등의 중앙 요직과 강원관찰사와 경주부윤 등 지방관을 두루 역임했는데, 이 과정에서 그의 재산은 더 늘어난 것으로 보인다. 김연이 죽은 뒤 그의 5남매가 작성한 화회문기和會文記에 따르면 노비가 모두 226명에 이르고 있다.64 김연은 김안로를 탄핵하다가 종성판관으로 좌천되기도 했는데, 회재晦齋 이언적李彦迪(1491~1553)과 사헌부에서 함께 근무하며 권신의 척결에 공감대를 형성했고, 도의로서 교유하며 긴밀한 관계를 유지했다. 이언적은 김연을 위한 제문에서 "지존충효, 조수정직志存忠孝, 操守正直"65이라고 썼는데, 그의 성품을 핵심적으로 드러낸 것으로 보인다. 김연은 농암 이현보가 관직에서 물러나 여생을 보낸 고상한 운치를 사모했다고 한다. 그래서 시냇가에 경치가 빼어난 곳을 골라 작은 집을 짓고 '운암雲巖'이라는 편액을 걸었다.66 학자이자 의사義士인 외손 박성朴惺(1549~1606)이 지문誌文을 짓고 영상 채제공이 신도비문을 지었다. 저서에는 『운암일고雲巖逸槁』가 있다.

고향을 떠나 관직생활을 하던 김연은 고향의 풍치를 즐기며 여유로운 그런

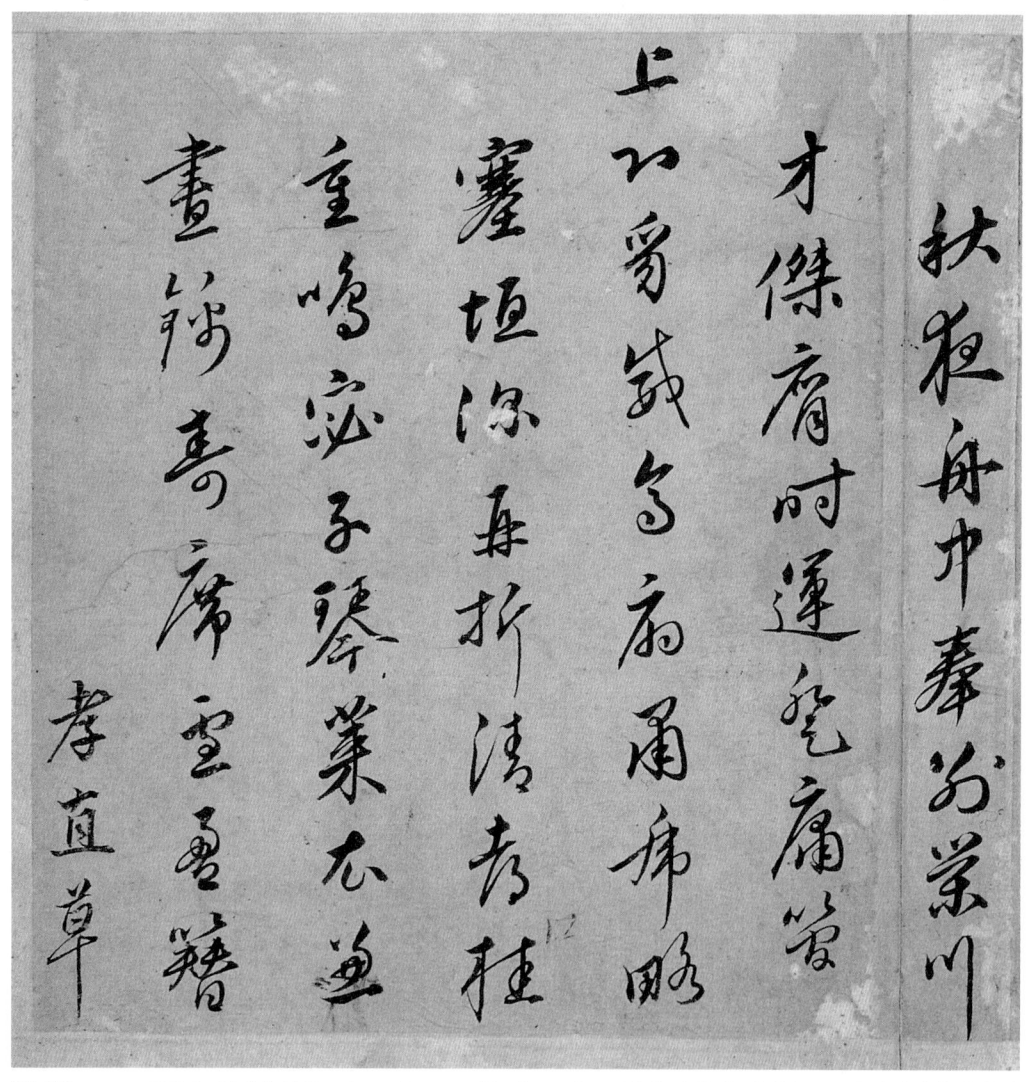

『별시첩別時帖』, 조광조, 종이에 묵서, 34.5×24.0cm, 보물 제1019호, 16세기, 숭원각. 김연이 노모를 봉양하기 위해 서울에서 관직을 사임하고 귀향할 것을 아뢰어 중종이 그를 영천군수로 발령내자, 그를 전별하는 동료 선후배들이 별시를 한데 묶어 엮은 것이다.

생활을 그리워했던 것 같다. 앞서 소개한바, 김유의 아버지 김효로에게는 딸 둘 아들 둘이 있었다. 그의 한 딸이 금재琴梓와 혼인하여 친정 오천리에 자리를 잡고 살았다. 그들은 두 딸과 두 아들을 두었는데, 장녀가 퇴계의 장남 이준과 혼인했고, 두 아들은 금응협琴應夾(1526~1586)과 금응훈琴應壎(1540~1616)이다. 김유의 생질인 두 금씨는 광산 김씨 종형제들과 함께 퇴계 문하에 나아가 수업하며 서로 도의를 나누었다. 오천칠군자烏川七君子 중에는 이 금씨 형제 둘이 포함된다.

김유는 출사하여 훌륭한 업적을 남긴 형 김연과는 다른 길을 걸었다. 그는 을유년(1525)에 생원시에 합격한 것을 마지막으로 과거 보기를 그만뒀다. 사예射藝에 능해 무과에도 응시했는데 모두 실패하자 과거 응시를 아예 포기했던 것이다. 그러면서 "한 번 사는 인생 즐겁게 사는 것이 어떤가? 꼭 세상의 명예를 뒤쫓을 필요가 있을까"[67]라고 했다. 출사한 형의 빈자리를 대신하여 고향에서 부모를 봉양하는 일이 김유에게 부여된 중요한 임무 중 하나이기도 했다.[68]

김유는 비록 관직에 나아가지 않았지만 향촌에서 그에 비견될 수 있는 재지적 기반을 확보했다. 김유는 부친으로부터 재산을 물려받기도 했지만 고모부로부터도 상당한 재산을 물려받았다. 김유가 살던 오천마을에는 단성현감을 지낸 고모부 김만균金萬鈞이 살고 있었다. 김만균은 세종 때 이조판서를 지낸 김담金淡(1416~1464)의 아들이다. 후사가 없던 김만균은 처조카인 김유를 양자로 삼았다. 김유는 김만균의 상속자가 되어 재산과 제사를 물려받았다.[69] 원래 부유하기로 이름난 김만균이었기에 김유의 재산은 그 지역에서 으뜸이었다고 한다.[70] 이러한 기반 위에서 형 김연의 인품과 낙향해 오천리 가까이 살던 이현보의 인생철학, 고모부 김만균의 인생철학으로부터 큰 영향을 받았을 것이다.

설월당 종택.

성품이 호협豪俠하여 빈객을 좋아했다. 옛날 현감공이 우암愚巖 위에 정자를 세워 낙동강을 굽어보게 하므로 침류정枕流亭이라 했다. 집 옆에도 정자가 있었는데 공이 모두 수리하여 확장하고 손님을 맞아 즐기며 크게 술 마시기를 연일 밤을 새면서도 피로한 빛이 없으니 선비들이 이 고을을 지나면 반드시 찾아와서 즐겼다. 비록 남루한 사람이라도 친절히 대접하고 만일 옳지 못한 사람을 보면 준엄하게 꾸짖어 조금도 용서함이 없었다.[71]

음식의 미각을 즐기는 행위는 누구나 할 수 있지만 그 조리법을 자신의 집안, 나아가 더 널리 알리는 것은 지식인의 역할이었다. 대부분의 음식 관련 저자들은 음식에 관심이 있는 미식가일 가능성이 크다는 것이다.[72] 이상에서 음식에 대해 관심을 갖게 된 김유의 물질적 기반에 대해 살펴보았다. 한편 실용의 지식화라는 측면에서 볼 때 김유의『수운잡방』은 과학적 사고의 결실이다. 이 또한 일정한 지식의 연원이 있을 것이다.

과학적 사고와 지식의 연원

유학적 지식을 지닌 김유가 이른바 '잡기'에 속한 음식 관련 책을 쓰게 된 데에는 개인의 특별한 역사가 있을 것이다. 김유의 조리서는 반복되는 일상사적인 일을 일정한 체계를 통해 이해하고 기록한 것인데, 여기에는 사물에 대한 관찰과 실험이라는 과학적 행위가 뒤따른다. 그의 학문적 단계가 비록 생원으로 표상되지만, 문무과의 과거를 준비한 경험으로 보나 문과에 급제한 형을 둔 집안의 배경으로 보나 그는 유학적 지식을 충분히 습득한 사람이다. 그를 유학인이라고 한다면, 그의 지식은 유학의 실용實用·실사實事의 측면에 주목했다고 할 수 있다.

『수운잡방』에는 식초제조법에 대한 소개가 여럿 있는데 식초를 만들 때 기본이 되는 고리제조법과 식초 제조의 과정이 매우 과학적으로 서술되고 있다는 점이 주목되었다. 이는 곧 식초의 촉매제인 효소의 기능을 알고 있었기 때문에 가능한 일이었다.[73]

> 7, 8월에 알맞은 양의 밀을 깨끗이 씻어서 익힌다. (…) 붉나무 잎, 닥나무 잎, 삼잎을 깔고 초석을 깐 다음 그 위에 찐 밀을 펴고 또한 그 위에 앞의 나뭇잎들을 두껍게 덮는다. 열흘이 지나면 꺼내 햇볕에 말린 다음 키질을 하여 저장해둔다. 때에 맞추어 많이 만들어 저장할 것이다.[74]

앞에서 본 것처럼 유교 경전 『예기』는 예禮의 이론 및 형이상학에서 제기祭器 진설陳設이나 손님 접대하기, 인사하기, 밥상 차리기 등 아주 구체적인 일에 이르기까지 매우 폭넓은 영역을 다루고 있다. 그런 구체적인 행위들도 예의 형이상학적 체계 속에서 질서 정연하게 움직이고 있는 것이다. 이 예의 질서 속에서 음식은 모든 사회관계에 개입하는 아주 중요한 물질이자 정신이다. 다시 말해 유학적 지식과 음식에 대한 사상은 별개일 수 없다는 것이다. 그렇다면 유학인 김유의 요리책 저술은 유학적 지식 행위의 하나인 것이다.

그렇더라도 당시 일반적인 사족들의 행보와는 그 성격이 다른 김유의 지식 실천에 대해서는 일정한 규명이 필요하다. 유학적 지식에 기반한 사족 남성 김유의 요리서 저술은 사물에 대한 관찰과 분석 등 일정한 과학적 사고 위에서 가능한 것이고, 그러한 지식 전통에 접근할 수 있었던 계기들이 있었을 것이기 때문이다. 먼저 김유의 요리서 저술에 동원된 지식의 계보 및 연원에 주목할 때 조선 전기 유사한 분야에서 각기 대가大家를 이룬 친족들을 만나게 된다.

첫 번째로 어머니 양성陽城 이씨로부터 내려오는 지식 전통을 생각해볼 수 있다. 어머니 양성 이씨는 조선 전기의 과학자 이순지李純之(1406~1465)의 손녀다.75 이순지는 『칠정산내외편七政山內外篇』을 저술한 조선의 대표적인 과학자다. 그의 "성품은 정밀했고, 산학算學·천문·음양·풍수의 학에 정통했다." 이순지가 죽자 정평靖平이라는 시호를 내렸는데, 그 설명을 보면 "몸을 공손히 하고 말이 드문 것을 정靖이라 하고, 일을 행함에 절제가 있는 것을 평平이라 한다"고

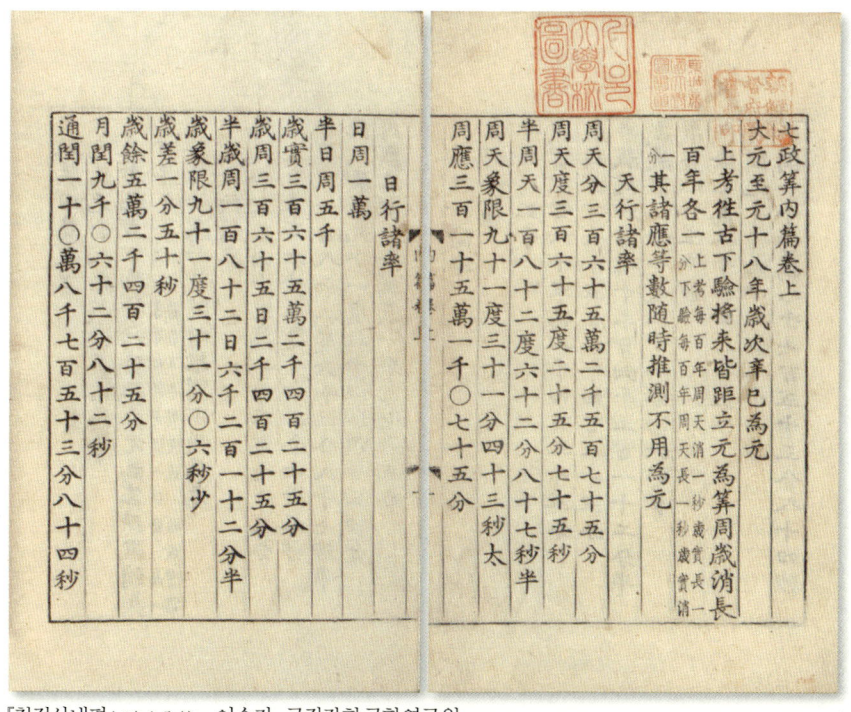

『칠정산내편七政山內篇』, 이순지, 규장각한국학연구원.

했다.⁷⁶ 이순지는 여섯 아들과 딸을 뒀는데, 재령군수를 지낸 둘째 아들 이지李持가 양성 이씨의 부친이자 김유의 외조부다. 조선 전기 최고의 과학자 이순지, 그 손녀 양성 이씨는 안동 오천의 부유한 사족 김효로와 혼인해 김유를 비롯한 2남2녀를 낳았다. 그녀는 아흔이 넘도록 장수했다. 그녀의 아들 김유는 어버이가 계신 오천을 지키며 거의 모든 삶을 어머니 양성 이씨와 함께했는데, 음식을 비롯하여 어머니로부터 많은 영향을 받았을 것으로 보인다.

다음으로 종고조부 김희선金希善(?~1408)의 존재를 주목하게 된다. 김희선은 조선 개국기의 의학을 담당한 대표적인 의학자. 앞에서 안동 예안이 광산 김씨의 세거지가 된 것은 김유의 고조부 김무에서 비롯됐음을 밝혔다. 실제로 여말 선초에는 재경 관인들의 낙향생활이 두드러지는데, 이들은 주로 외가나 처가의 관향을 택해 이주하게 된 것이다. 그 결과 조선 전기부터 안동 지역에는 재경관인이나 다른 지역 사족들이 모여들었다. 이것은 안동이 다른 지역에 비해 이른 시기에 사림 세력을 형성하게 되는 사회적 기반이 되었다.⁷⁷

김유의 5대소이사 김무의 아비지는 김천리金天利(1333~?)다. 김처리는 태조조에 상호군을 지냈으며 두 아들을 뒀는데, 김희선과 김무다.⁷⁸ 다시 말해 김유의 고조인 김무의 형이 김희선이다. 김희선은 1393년 전라도 안렴사로 재직하던 중 "각 도에 의학 교수를 보내 지역마다 의원을 만들고, 양반 자제들을 교육시켜 향약鄕藥으로 백성의 질병을 고치는 경험방을 익히게 하고, 백성 가운데 질병에 걸린 자를 즉시 치료하도록 제도 마련을 청하는 내용"⁷⁹을 건의했다. 그는 권중화權仲和·조준趙浚·김사형金士衡과 함께 『향약제생집성방鄕藥濟生集成方』을 편찬했고, 『향약혜민경험방』을 정리하는 등 향약에 앞장선 인물이다. 식의食醫라는 관직⁸⁰이 있었듯이 전통 시대에 음식과 의학은 불가분의 관계였다. 다시 말해 식의는 영양의학으로 병을 예방하는 의사이자 음식학자인 셈이다. 따라

鄉藥濟生集成方卷之六

二腸風

直指論曰腸胃不虛邪氣無從而入人惟坐臥風濕醉飽房勞
生冷停寒酒麪積熱以致榮血失道滲入大腸此腸風臟毒之
所由作也挾熱下血清而色鮮腹中有痛挾冷下血濁而色黑
腹內略疼清則為腸風濁則臟毒有先便而後血者其來也遠
有先血而後便者其來也近世俗糞前糞後之說非也治法大
要先當解散腸胃風邪然後隨其冷熱而對治之

簡易人參側栢散治腸風下血

人參五兩 側栢葉十兩 飛羅麵三兩

右䃺為末每服二錢米飲調下日三服空心食之間

御醫撮要內補散治大腸風毒下血不止

㳙病

서 종고조부 김희선의 의학과 김유의 음식은 근친성이 있는데, 즉 둘은 과학과 실용을 근간으로 하기 때문이다.

마지막으로 김유의 지적 연원으로 고모부이자 양부인 김만균의 존재를 생각하지 않을 수 없다. 김유에게 재산과 제사를 물려준 김만균은 영천 사람으로 본관이 예안禮安이다. 혼인하고는 처가가 있는 오천리에 살고 있었다. 그는 단성현감을 끝으로 낙동강변의 선성현宣城縣 남쪽 5리 거리에 있는 우암 위에 침류정을 짓고 유유자적하는 삶을 살았다.

김만균의 아버지 김담은 천문·역법에 정통한 과학자로 이순지와 함께 『칠정산내외편』을 지은 인물이다. 김담은 사헌부 장령, 청주목사, 상주목사, 경주부윤, 예조참의, 이조판서를 지냈으며 세종 시대의 과학사업에서 중요한 역할을 했다. 『문종실록』에는 "김담이 역산曆算에 정통하여, 세종과 주상主上이 모두 중하게 여겼다. 이보다 앞서 아비의 상을 당했으나 기복起復하여 역산의 책임을 맡게 했다"[81]는 기록이 있다. 김만균은 아버지 김담으로부터 과학적 사고 및 실용 학문에 대한 감각을 이어받았을 것으로 보인다. 아니면 적어도 자연 현상이나 사회 현상을 관찰하여 기록하고 일정하게 해석하는 작업이 지니는 의미를 충분히 인식하고 있었을 것이다.

김만균은 처조카인 김유를 친아들과 다름없이 양육하고 교육했을 뿐 아니라 그가 가진 재산과 정신을 물려줬다. 김만균은 청렴결백하고 바르며 곧은 성품의 소유자였고, 풍류를 즐길 줄 아는 여유와 품격을 갖춘 인물이었다고 한다.[82] 다시 말해 김만균이 그 아버지로부터 물려받아 그의 어딘가에 내재되어 있을 과학과 실용에 대한 감각 및 풍류와 여유 속에서 맑고 깨끗한 삶을 구가하고자 한 그의 인생철학은 김유가 『수운잡방』을 쓰게 된 중요한 자원이 되었을 것으로 보인다. 요리서는 사대부들의 철학적·문학적인 글쓰기와는 전혀 다른 성격을 지닌다. 관찰과 실험을 기본으로 하면서 경험적이고 과학적인 지식을 요구한다는 점에서 조선 전기의 대표적인 과학자 김담으로부터 그의 아들 김만균, 그리고 김유로 이어지는 일정한 계보를 의식하게 된다.

　김유의 외증조부 이순지와 양조부 김담은 『칠정산내외편』의 공동 저자이자 조선을 대표하는 과학자들이다. 성종은 세종 조에 활약한 이순지·김담과 같은 과학자를 길러내라고 명할[83] 정도로 그들은 비중 있는 학자들이었다. 또한 그들은 인친姻親이 되는데, 이순지의 손녀가 김유의 어머니이고, 김유의 고모가 김담의 며느리가 된 것이다. 김유가 과학적 글쓰기의 한 방식인 요리서를 저술하게 된 데는 의서醫書 및 농서農書를 집필한 친인척의 선조들, 넓은 의미의 가족적 배경이 작용한 것으로 보인다.

『수운잡방』의
유교문학학적 의미

기다리면서 미래를 준비하다

김유는 자신의 음식조리서에 수운잡방需雲雜方이란 이름을 붙였다. 『주역』의 다섯 번째 괘인 수괘需卦에 대해 「서괘전序卦傳」은 "수需는 음식의 도"라고 했다. 이에 대해 정이천은 이렇게 해석한다.

사물의 어린 것은 길러주기를 기다려 이뤄지니, 사물을 기를 때 필요한 것은 음식이다. 그래서 '수需는 음식의 도道'라고 한 것이다. 구름이 하늘로 올라감은 김이 오르고 윤택한 상象이 있으니, 음식은 물건을 윤택하고 유익하게 한다. 그러므로 수괘需卦가 음식의 도가 되는 것이다.[84]

「상전象傳」에서는 "수需는 구름이 하늘에 오르는 격이니, 군자가 음식으로 연락宴樂한다"⁸⁵고 했다. 이에 대한 정이천의 해석을 보자.

> 구름 기운이 증발하여 하늘로 올라가 아직 비를 이루지는 못했다. 그러므로 기다리는 뜻이 된다. 음양의 기운이 서로 감응했으나 아직 우택雨澤을 이루지 못함은 군자가 재덕才德을 쌓았으나 아직 실행하지 못함과 같다. 군자가 구름이 하늘로 올라가 '음양이 화하기를' 기다려서 비가 되는 상象을 관찰해 도덕을 간직하고 편안히 때를 기다려 음식을 먹으면서 기체를 기르고 연락宴樂하여 심지心志를 화하게 하니 「중용中庸」에 이른바 '평이한 데에 거하여 천명天命을 기다린다'는 것이다.⁸⁶

수需는 기다릴 '수須'와 같은 뜻이 있으므로 수괘의 대의大意는 '기다린다'는 뜻이다. 즉 음식을 먹으면서 기체를 양성시키며 큰 뜻이 이루어질 것을 기다린다는 것이다. 따라서 구름의 상태로 기다린다는 뜻의 '수운需雲'은 연회, 화락 등 음식과 관련된 행사를 상징하는 것으로 쓰였다. 그 용례가 조선에서도 보인다. 세조대의 대사헌 김광수 등은 왕이 내려준 잔치에 감사하며 이렇게 말했다.

> 선실宣室과 같이 복을 받아 이에 녹평鹿苹의 잔치를 크게 더하시어, 수운需雲의 은택이 흠뻑 내려서 어조魚藻의 즐거움을 지나치게 받드니, 감격하여 눈물이 흘러내리고 놀라고 두려워하여 땀이 나옵니다.⁸⁷

또 영조가 야대를 행하고 참석한 신하들에게 음식을 하사한 것에 대해 "낮에 수괘需卦를 강講하고 밤에 법온法醞을 하사하는 것은 수괘의 먹고 마시면서 잔치를 베풀어 즐긴다고 한 뜻을 취한 것이다"⁸⁸라고 했다. 따라서 김유가 저서

를 『수운잡방』이라 한 것은 음식에 대한 자신의 관심이 '접빈객接賓客'이나 '음식연락飮食宴樂', 교제, 풍류 등에 있음을 말해주는 것이다.

한편 주역 64괘가 전개되는 순서를 보면 수괘는 송괘訟卦로 받는다. 즉 "수는 음식의 도다. 음식은 반드시 다툼을 불러오므로 송訟으로 받는다"[89]고 했다. 그렇다면 음식이 송사를 불러온다고 본 『주역』의 근거는 무엇인가? 다시 말해 고대인들의 사고가 반영된 『주역』은 음식 속에서 왜 다툼의 가능성을 보게 되었을까? 『예기』에서 그 대답의 실마리를 찾을 수 있을 듯하다.

> 돼지를 잡고 술을 빚는 것은 재앙을 일으키려고 한 것은 아니지만 범죄와 소송이 늘어나는 것은 바로 술로 인한 폐단으로 생긴 재앙이다. 이 때문에 선왕은 술 마시는 예절을 만들어 술 한 잔 주고받는 예절에 손님과 주인이 백 번 절하도록 함으로써 종일 술을 마셔도 취하지 않도록 했다. 이것은 선왕이 술로 인한 화를 대비하고자 한 것이고 술로써 기쁨을 함께하고자 한 것이다.[90]

다시 말해 유교사상의 맥락에서 본 음식은 기쁨과 열락, 즐김의 의미를 함축하고 있지만 한편 그 속에는 다툼이나 소송의 가능성도 안고 있다. 고대인들의 철학이 담긴 『주역』에서 음식 괘인 '수괘'가 '송괘'로 이어진다는 것에서 음식이 지니는 복합적인 의미망을 생각하게 한다.

오천리에 기반을 둔 예안파 대부분의 인물이 학문에 매진하는 모습을 보이는 가운데 김유는 무예에 흥미를 갖고 무과에 응시한 전력을 지닌 사람이다. 그는 문과와 무과에 여러 차례 응시했지만 모두 실패하자 '한 번 사는 인생 즐겁게 살기로' 작정했다. '세속의 명예를 뒤쫓기'보다는 자신에게 어울리는 삶의

『내사보묵첩內賜寶墨帖』, 종이에 색, 37.4×24.4cm, 1760, 국립중앙박물관. 1760년 1월 20일 영조가 기로소 및 충훈부 대신들에게 선찬을 내린 장면이다.

「회혼례첩」, 작가미상, 비단에 엷은 색, 33.5×45.5cm, 18세기, 국립중앙박물관.

방식대로 살기로 한 것이다. 그가 쓴 요리책 『수운잡방』처럼 그것은 빈객을 음식으로 대접하면서 서로 소통하고 여유로우며 풍요로운 삶 속에서 미래를 준비해가는 것이다. 김유가 기다리는 미래란 4남2녀의 자녀들이 아니었을까?

김유는 그의 아들들을 모두 퇴계 문하에 들여보냈다. 김유의 장남 부인(1512~1584)은 자가 백영伯榮이고 호가 산남山南이다. 그는 아버지 김유가 실패한 무과에 합격해 경상도좌병사를 지냈다. 뒷날 김유는 호조참판에 추증되었는데, 장남 부인의 현달로 그 아버지에게 주어진 명예였다. 또한 김유는 농암 이현보의 딸 영천 이씨(1512~1578)를 장남의 아내로 맞이했다. 그의 형제에게 자연과 더불어 사는 삶의 모델이 되었던 이현보와 김유는 사돈을 맺은 것이다.

김유의 차남 부신(1523~1566)은 호가 양정당으로 퇴계 이황의 사랑을 받았다. 그런 그가 일찍 죽자 이황은 이 제자를 위해 시를 지어 애도했다. 김유의 3남 부륜(1531~1598)은 자가 돈서惇敍이고, 호는 설월당雪月堂이다. 김유가 지은 『수운잡방』은 3남 설월당의 종가에서 보존해온 것이다. 김유의 장녀는 진성 이씨 이빙李憑(1520~1585)과 혼인했는데, 이빙은 퇴계의 사촌동생 이수령李壽岺(1502~1539)의 아들이다. 2녀는 영천 이씨 이경량李慶梁과 혼인한 것으로 족보에 나와 있다.

김유는 풍광 좋은 곳에 정자를 지어 인근의 선비들과 풍류를 논하고, 또 안동을 지나던 선비들을 불러 음식을 접대하며 우의를 다졌던바, 그의 삶의 방식은 궁극적으로 자녀와 조카들의 앞날에 긍정적인 힘이 되었을 것으로 보인다. 고래로 음식은 친밀성을 확보하는 데 중요한 수단으로 인식되었다. '음식을 서로 주고받는 사이'라는 것은 친분의 표현이다. 즉 "음식 대접이나 하려고 청한 손이 아니거든, 자리를 펼 때 자리와 자리 사이를 한 길 정도가 되게 한다"[91]는 것이다. 또한 조상 제사에 음식을 올리는 것은 공경과 친밀성을 나타내기 위한

「호조낭관계회도」, 비단에 색, 93.5×58.0cm, 1550, 국립중앙박물관. 친목을 도모하며 음식을 나누는 조선 사람의 모습을 보여준다.

것이다. 그리고 음식은 혈연공동체의 친밀성 확보에도 중요한 수단이 되었다.

> 가례의 경우는, 음식의 예禮로 종족과 형제를 가까이하고, 혼관昏冠의 예로 남녀의 친분을 맺어주고, 빈사賓射의 예로 친구 사이를 가까이하고, 향연饗燕의 예로 사방의 손님들을 가까이하고, 신번脤膰의 예로 형제의 나라를 가까이하고, 하경賀慶의 예로 이성異姓의 나라를 가까이하며, 또 구의九儀의 명命으로 나라 안의 등위를 정하는 것이다.92

김유와 그 형 김연의 영향을 직접 받았을 것으로 보이는 김연의 장남 후조당後凋堂 김부필金富弼은 '계자첩戒子帖'93으로 광산 김문 예안파의 전통을 만들어가고자 했던 것으로 보인다. 총 10항목으로 된 이 계戒는 조선시대 유학인이 추구했던 보편적인 이상과 크게 다르지 않다. 효제충신을 강조한 것이나 수신의 중요성, 그리고 정성과 공경으로 제사를 모실 것, 성색聲色에 빠져 선조의 유업을 무너뜨리지 말 것 등은 보통 가정에서도 중요하게 여기는 항목들이다. 그런데 여기에는 또한 오천의 그들이 주목했던 덕목으로 시선을 끄는 것들이 있다. 제4항의 '인정을 중시하고, 과격한 행동을 하지 말라'는 것, 제7항의 '도량을 키워 화를 내는 일이 없도록 하라'는 것, 제8항의 '시론時論에 동요하지 말라'는 것이다. 김유와 그 자질子姪들이 추구한 삶이란 무언가를 성취하는 데 목표를 두기보다 온화한 가운데 서로를 배려하며, 안정된 생활을 구가하는 것에 있지 않았나 한다. 이러한 삶은 일정한 경제적 바탕 위에서 나올 수 있는 것이다. 이것은 곧 김유가 유학 사대부들의 보편적인 관심이나 그들의 글쓰기와는 다른, 음식조리서 『수운잡방』을 저술한 정신과도 통하는 것이라 할 수 있다.

『수운잡방』에는 서문이나 발문이 없어 저자의 집필 의도나 저작의 동기 등을 파악하기 어렵다. 하지만 첫 장을 열면 탁청정 김유가 쓴 서문 격의 짧은 글이 있는데, 그의 평소 생각을 담은 것으로 보인다.

> 감정에 치우치지 말고 욕심을 줄이자. 성색을 절제하고 쾌락에 빠지지 말자. 이런 네 가지 경우에는 바깥출입을 하지 말자. 바람이 사나운 날, 큰비 내리는 날, 무더운 날, 매섭게 추운 날.[94]

조선시대 유교사회에서는 출사出仕를 했든 향촌에 은거하든, 감정과 욕망을 절제하는 것은 자기 관리에서 가장 기본적인 항목이었다. 그런 점에서 자기관리와 건강, 안전의 욕구가 김유의 음식에 반영되었을 것이다. 즉 '수운需雲'의 뜻 그대로 '음식을 먹으면서 기체를 양성시키고 큰 뜻이 이루어질 것을 기다린다'는 것이다. 김유는 음식으로 반가운 손님을 접대하고, 음식으로 '연락宴樂'을 누리며, 사방의 선비들과 교제함으로써 다음 세대를 준비한 것이 아닌가 한다. 그러면 『수운잡방』에 반영된, 퇴계를 중심으로 한 안동문화권의 학인들이 모여 풍류를 즐기며 담론하던 15세기 중반의 풍경을 따라가보자.

유선儒仙들의 풍류와 소통

김유의 호이면서 정자 이름이기도 한 탁청정濯淸亭에는 인근에 살던 선비들은 물론 예안을 지나던 선비들이 들르는 곳이기도 했다. 탁청이라는 용어는 "창랑滄浪의 물이 맑으면 내 갓끈을 씻고 창랑의 물이 흐리면 내 발을 씻으리라"[95]라고 한 굴원의 「어부사漁父詞」를 떠올리게 한다. 한편 인근에 살던 이현보의 작품에도 「어부사漁父詞」가 있다. 다시 말해 탁청정이라는 이름은 세속의 논리와는 다른, 깨끗하고 맑은 가운데 풍류와 여유를 즐기는 신선의 이미지를 연상시킨다. 퇴계가 쓴 김유의 묘지명에도 그런 모습이 묻어난다.

아! 공은 태어날 때부터 자질이 뛰어났네. 시서詩書를 익혔고 육도삼략六韜三略을 배웠네. 글은 소과小科에 그쳤고 무武는 뜻을 이루지 못했네. 향리에서 덧없이 늙어가니 사람들이 애달프고 아깝게 여겼다. 출세에는 비록 뜻을 접었지만 향리에서 자족하는 삶을 살았네. 풍광 좋은 오천에 밭과 집을 갖추었고, 주방에는 맛있는 음식이 즐비하며 항아리엔 향기로운 술이 넘쳤다네. 그것으로 조상을 섬기고 부모를 봉양하며, 잔치를 즐겼네. 생전에 반갑고 귀한 손님들이 모여드는 것을 크게 기뻐했네. 하늘에서 내린 자손 뜰 앞에 난옥蘭玉이네. 용감한 무신武臣도 나고 아름다운 문사文士도 났네.[96]

특히 '맛있는 음식이 즐비하고 향기로운 술이 넘쳐났다'는 대목이나 '반갑고 귀한 손님 모여들어 연회를 즐겼다'는 대목 등은 『수운잡방』 저술의 배경을 짐작케 한다. 퇴계 이황은 김유의 연회 공간 탁청정이 기다리는 중요한 손님 가운데 한 사람이었다. 기록으로 남겨진 방문[97]뿐 아니라 이황이 탁청정에 놀러 왔다 남긴 몇 편의 시[98]로 볼 때, 그는 종종 초대를 받았던 듯하다. 김유의 자질들은 모두 이황의 문하에서 수업을 받던 학생이었다. 그렇다면 이황의 탁청정 방문은 지금은 없어진 옛날 우리의 '가정 방문'의 성격이 아니었을까? 또 김유의 생질녀 금씨와 혼인한 퇴계의 장남 이준은 혼인 후 10년 동안 오천리 처가에서 살았다고 한다. 그렇다면 퇴계가 그곳을 방문한 데에는 아들 내외를 만나

탁청정.

러 오는 의미도 있었을 것이다. 탁청정을 방문한 퇴계는
그 감회를 시로 읊었다.

산은 안고 내는 돌아 품어 안은 정자 하나
그 주인 서생은 아니라네
　진귀하고 풍성한 음식 나르는 종들 부산하고
　　미주美酒 동이 옮기는 수레는 바퀴 휘네
　　　최고의 풍류가 있는 탁청정
　　　　대자리는 살갗을 얼게 하고 뼛속을 시원하게 하네
　　　하늘과 땅 사이 한 초정草亭
　　두릉杜陵의 시구 내 평생 좋아했네
　호숫가 귤나무 응당 성장했으니
주머닛돈 내어 머무르며 술을 흠뻑 마시리라
　꿈속에서는 매양 산속의 벗 만날 약속하지만
　　속세에서는 야인들의 다툼을 보네
　　　어떻게 하면 맑은 샘가에 집을 짓고
　　　　그대처럼 홀로 깨끗함을 독차지할 수 있는지99

백자청화사자형주병, 높이 26.0cm, 19세기, 경기도박
물관·청화백자국화문각병, 높이 11.2cm, 조선시대, 경
희대박물관. 김유의 탁청정은 맛있는 음식과 향기로운
술로 넘쳐났던 곳이다.

퇴계의 시에 나타난 탁청정 풍경은 진귀하고 풍성한 음식과 향기로운 술이 넘쳐나는 곳이다. 주인 김유는 미각에 뛰어난 능력을 갖고 있었을 것이다. 그런데 비록 탁청정과 퇴계가 같은 시대 같은 공간에 살았지만 그들이 삶을 꾸려나가는 방식은 크게 달랐고, 그럼에도 불구하고 상대방의 삶의 방식을 인정했던 것 같다. 탁청정이 음식의 맛과 멋에 의미를 부여하고 그것을 지식화하는 작업을 한 반면, 퇴계는 음식의 의미를 최소화하는 모습을 보여준다. 퇴계 문인들이 기억하는 퇴계의 음식 습관은 단표누항簞瓢陋巷의 선비 그 자체였다.

학봉鶴峯 김성일金誠一(1538~1593)이 기억하는 퇴계는 "나는 참으로 박복한 사람이다. 좋은 음식을 먹으면 체한 듯하여 속이 편하지 않고, 반드시 담박한 것을 먹어야 위장이 편하다"고 했고, "음식은 끼니마다 세 가지 반찬을 넘지 않았고, 여름에는 다만 건포 한 가지뿐이었다. 일찍이 도산에서 선생을 모시고 식사를 했는데, 밥상에는 가짓잎과 무, 미역뿐이었다"고 했다.[100] 우성전禹性傳(1542~1593)은 또 음식과 관련된 퇴계의 일화를 소개했다.

> 선생이 서울의 서성西城 안에 우거할 때 당시의 좌의정 권철權轍이 찾아왔다. 선생이 식사를 대접했는데, 반찬이 없고 또 맛도 없어 먹을 수가 없었으나 선생은 마치 진미珍味나 먹는 듯 조금도 어려워하는 기색이 없었다. 권공은 결국 젓가락을 대지도 못하고 물러 나와 사람들에게 말하기를, "지금까지 입맛을 잘못 길러서 이렇게 되고 보니 매우 부끄럽다" 했다.[101]

음식의 맛과 멋을 적절하게 추구했던 공자에 비하면 퇴계는 음식의 맛과 멋을 부정하는 쪽에 가깝다. 퇴계는 개인적인 차원에서든 사회적인 차원에서든, 음식을 실천궁행實踐躬行의 중요한 대상으로 삼았던 것 같다. 간재艮齋 이덕홍李

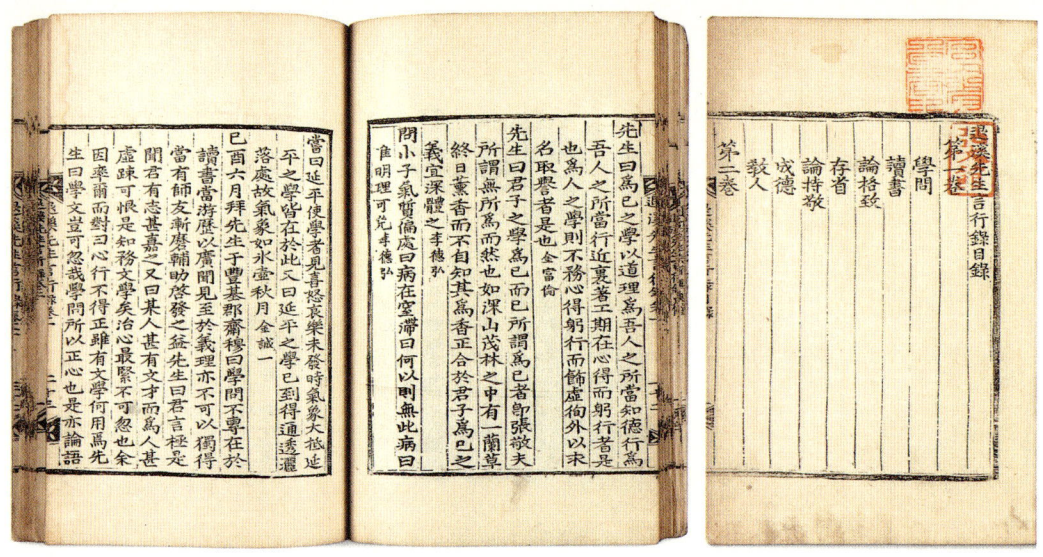

『퇴계선생언행록』, 31.0×21.2cm, 1723.

德弘(1541~1596)이 질문한 것처럼 음식을 주고받는 사이사이마다 결정해야 할 도덕적 문제들이 있었다. 이덕홍이 퇴계에게 질문했다.

"장자를 따라 남의 집에 들어가게 되었을 경우입니다. 장자가 음식을 청하는데 주인은 대접할 마음이 없는 것입니다. 그런데 억지로 음식을 청하면 소자小子의 마음은 같이 있고 싶지 않으나 장자의 마음을 거스르게 할까 두려워 식사를 하고 나와서 후회하게 됩니다. 옛사람이 '그는 먹지만 나는 안 먹겠다'고 한 것은 그렇게 저급한 음식을 먹어야 하는지 모르기 때문이 아닌지요?" 선생이 말씀하셨다. "그 장자가 어떤 사람인지 모르나 만일 그냥 연장자라면 그가 억지로 먹을 것을 요구해도 나는 다른 일을 핑계대고 먼저 나와 그 음식을 먹지 않는 것이 옳다. 그런데 만약 그 장자가 우리 존장 어른이라면 반드시 자세하고 소상하게 그 구하는 것의 부당함을 아뢰어야 한다. 그래도 듣지 않는다면 나 역시 그 음식을 먹지 않을 수 없다."[102]

전통적인 힌두교 법전에는 "네가 먹는 것이 바로 네가 된다"는 문구가 있다고 한다. 무엇은 먹고 무엇은 안 먹으며, 어떻게 먹을 것인가 하는 문제를 중요하게 다루었던 유교인의 뜻도 이 맥락에 있는 것이다. 이것과 맥락은 약간 다르지만 음식이 내포하는 의미를 묻는 하나의 이야기가 있다. 즉 공자는 문왕이 창포 젓갈을 즐겨 먹는다는 말을 듣고는 자신의 구미에 맞지 않지만 이맛살을 찌푸리며 먹었다. 3년이 지나서야 이 이상한 맛에 익숙해졌다.[103] 공자는 주나라 예의 핵심을 경험해보기 위해 3년 동안 노력한 것이다.[104]

김유에게서는 유학적 지식에 기반하면서 풍류를 즐기는 '유선儒仙'의 풍모가 엿보인다. 인근에 살던 농암 이현보는 김유에게 주는 편지에서 초청해준 연회에서 즐겁게 놀다 왔노라고 감사의 뜻을 전한다. 감기 기운이 있어 먼저 나와 미안하다는 말과 함께.[105] 농암은 주인 김유지金綏之가 청한, 「탁청정에 차운함」이라는 시를 지었다.

> 섬돌 바로 아래는 못이고 못 위는 정자인데
> 난간에 봄이 오니 시원도 하다
> 둘러 친 개울 골짜기 맞대어 앞산을 끼고
> 처마는 넓고 하늘은 낮아 북두성이 기울었다.
> 마루에 가득한 술손님을 취하게 하고
> 정자 곁에 활 과녁을 설치하여 이웃을 모아 겨루었다
> 다행히 내가 늙어 물러나 한가로우니

「농암 이현보 초상」, 비단에 채색, 124.0×101.0cm, 1827년 이모본, 경북유형문화재 제63호, 영천 이씨 농암종택 기탁, 유교문화박물관.

언제든 부르면 가서 그 신선한 맛을 나눌까 하네[106]

김유는 퇴계의 오촌질五寸姪 이빙李憑을 사위로 맞이했고, 농암의 딸을 맏며느리로 맞이했다. 그의 탁청정에서 종종 연회를 함께 즐기던 분들과 인연을 맺은 것이다. 한편 김유에게 보이는 '유선'의 이미지는 그의 아들과 조카들, 이른바 '오천칠군자烏川七君子'[107]에게서도 보인다. 퇴계는 김유의 조카 후조당 김부필을 이렇게 평가한다.

후조당 주인께선 본래 절개 굳세어서
임명장이 도착해도 기뻐하는 마음 없네
빙설 속에 피어난 매화 향과 마주앉아
도의 근원 깨닫고는 읊조리길 그치지 않네[108]

예안의 읍지인 『선성지宣城誌』에서는 김유의 아들들과 조카들이 살았던 오천리의 풍경을 이렇게 적고 있다.

집에서는 효도하고 나가서는 공손하며 형은 자애롭고 아우는 공경했다. 시비를 분명히 하여 사람들이 두려워하고 꺼리는 바가 있었다. 악을 미워하고 선을 좋아하며 성품이 엄정하고 열심히 공부하여 글을 잘 지었으니 참으로 군자다운 면이 있었다. 집집마다 사마司馬인 데다 집집마다 시와 술이 있었다. 손님이 찾아오면 온갖 정성을 다했는데 진정한 마음에서 우러나온 것이었다.[109]

학봉은 오천의 여러 어른이 지은 「청량산에서 놀다」라는 시에 차운해서 지은 시 8수를 비롯해 오천의 군자들과 깊은 우정을 나누었던 듯하다. 학봉이 설월당에게 보낸 시 가운데는 음식을 보내온 것을 고마워한 내용이 있다.

> 영재에서 일 끝나자 해 저물어 황혼인데
> 앉은 채로 경치 좋은 성 밖 마을 생각하네
> 감사하네 친구들이 능히 나를 기억하여
> 좋은 생선 보내어서 향긋한 술 권하는 걸[110]

'오천칠군자'로 일컬어진 이들 종형제는 서로 음식을 나누며 우애를 다지고 풍경을 노래하며, 또한 집을 떠나 있는 다른 형제들을 그리워했다. 『오천세고』는 김유의 형인 김연의 후손들이 남긴 글을 담고 있지만, 김유의 아들들이 함께 누리고 느낀 서정적 감흥이 고스란히 배어 있다.

김유의 사후에도 탁청정은 근처를 지나던 선비들이 잠시 들러 벗을 만나고 풍류에 몸을 담고 싶어하는 욕구를 자아냈던 듯하다. 동계桐溪 정온鄭蘊(1569~1641)은 1589년 예안의 도산서원을 방문하여 그곳 유로儒老들을 만났는데, 자신을 예로 대하고 존중해줬다고 기억하고 있다. 돌아올 때 제공諸公이 탁청정에 모여 전별해줬다고 하고, 번갈아가면서 권하며 종일 마셨다고 한다.[111] 권호문權好文은 1570년에 청량산 유람을 가는 길에 오천리에 들렀던 기억을 이렇게 기록했다.

저녁에 오천 후조당에 도착하니 주인이 문밖으로 나와 반겨줬다. 그 동생 신중愼仲(부의)·돈서惇敍(부륜) 및 유응견柳應見(운룡雲龍)[112]이 먼저 와 있어서 만났다. 서로 끌며 침당寢堂에 들어가 술잔을 돌리며 마셨다. 밤 삼고 三鼓 때 달빛을 밟고 설월당雪月堂으로 향하여 또 술잔을 기울였다. 아울러 지필紙筆을 펴 각자 떠오르는 감상을 하나씩 시로 읊도록 했다. 후조 형이 운을 부르며 시를 재촉했다. 내가 먼저 몇 구절의 고풍스러운 시를 지으니 모든 사람이 혹 화답하고 혹은 하지 않았다. 닭이 울 때서야 각기 돌아가 잠을 청했다.[113]

권성구權聖矩(1642~1709)는 「청량산유람기」에서 청량산에 오른 후 발길을 오천으로 돌려 탁청정을 방문한 감회를 기록했다. 그에 따르면 탁청정의 정주亭主 김청원金淸源[114]이 매우 반기면서 술을 사왔는데, 권성구 자신이 농담으로 "자네는 『논어』 「향당」 편을 읽지 않았는가? 시장에서 사온 술과 육포는 먹지 않는다네"라고 하며 서로 껄껄 웃었다고 한다. 여기서 권성구는 예전에 송암 권호문 선생이 지은 「청량산 유람기」를 떠올리며 당시의 자신들을 되돌아본다. 즉 옛날 송암 선생은 오천에 가서 맏형인 후조당에서 막내인 설월당에 이르기까지 그 종형제들이 술잔을 기울이며 시를 읊고 또한 예를 논하며 이야기를 꽃피웠다고 했다. 그런데 지금의 자신들은 그저 농담이나 나누는 데 그치니 부끄러운 일이라고 했다.[115]

김유를 비롯해 김부필, 김령 등의 오천리 군자들은 처사로 일관한 면이 있다. 그러나 이들의 삶은 안빈낙도를 추구하는 현실 도피적 삶을 지향하는 것과는 달랐다.

*

지금까지 사족 남성 김유가 쓴 요리책 『수운잡방』을 정신문화의 측면에서 다각도로 조명해 그 의미를 찾아보고자 했다. 그리하여 이 연구는 121항목에 달하는 음식의 조리 및 식품 관련 지식 그 자체를 대상으로 한 것이 아니라 저자의 지식 실천 행위에 주목했다. 즉 일상의 실용 정보를 지식화하여 기록으로 남겼다는 사실과 과학기술서로 분류될 수 있는 음식조리서를 쓰게 된 계기 등을 규명함으로써 저자를 비롯한 그 시대 유교 지식인의 새로운 모습을 그려보고자 했다.

『수운잡방』의 저술은 음식에 대한 기호와 미각을 전제한 지식 실천의 행위라는 점에서 부富를 겸비한 재지사족으로서의 가족적 토대가 하나의 저술 배경이 될 수 있다. 또 요리서 저술은 사물에 대한 관찰과 분석 등 일정한 과학적 사고 위에서 가능한 것이라는 점에서 그 지식 전통의 연원을 고려하지 않을 수 없다. 이에 김유의 과학적 사고 및 실용 지식에 대한 관심은 유사한 분야에서 각기 대가大家를 이룬 세종대의 과학자 외증조부 이순지 및 양조부 김담 그리고 그의 종고조부인 조선 개국기의 의학자 김희선의 존재에 주목하게 되었다. 다시 말해 실용의 지식화라 할 수 있는 김유의 요리서 저술은 친·외가로부터 내려오는 일정한 지적 전통 속에서 이루어진 것이다.

김유라는 한 인물을 구성하는 지식은 다양할 것이지만 문·무과의 과거를 준비했던 그 개인의 경험이나 출사한 형 김연이 교유한 인물이 회재 이언적을 비롯한 당대 석유碩儒들이었다는 사실, 또 퇴계·농암과 술잔을 기울일 만큼 가까운 사이였다는 사실 등은 그를 유교인으로 호명하기에 충분한 근거들이다. 따라서 김유의 요리서 저술을 이해하기 위해서 음식 및 음식문화를 유학사상의 맥락에서 짚어볼 필요가 있었다. 식색食色을 가장 기본적인 욕망으로 인정한 유교에서 음식은 자연성과 사회성 사이에서 조화를 이루어야 했다. 인정人情을 중시하는 유교의 전반적인 경향에서 음식은 결코 부정될 수 없지만, 과도함으로 인해 몸과 정신이 손상되거나 사회적 분쟁이 일어나는 것을 막기 위해 예제禮制로 조절하고자 했다. 이러한 맥락에서 음식에 대한 유교적 인식이나 유교인의 태도는 크게 두 종류로 나타난다. 하나는 음식이 인간의 기본 욕망으로 생리적인 것이며 좋은 맛을 추구하는 것은 자연스럽다는 입장이고, 다른 하나는 음식으로 계층과 문화, 권력 등의 각종 사회관계를 구상했다는 점이다. 즉 음식은 상징과 의미를 만들고, 그것으로 사회적 질서와 관계를 만들어가는 유용한 재료가 되는 것이다. 이에 김유가 『수운잡방』을 쓰게 된 지적 배경의 측면에서 유교사상의 맥락을 따라 음식 및 음식문화를 살펴볼 필요가 있었다.

『수운잡방』은 '음식의 도를 가리키는 『주역』의 다섯 번째 괘 수괘에서 유래했다. 수需는 기다릴 '수須'와 같은 뜻이 있으므로 음식을 먹으면서 기체를 양성시키는 가운데 큰 뜻이 이루어질 것을 기다린다는 의미다. 그것은 빈객을 불러모아 음식을 대접하면서 소통하고 즐기는 가운데 미래를 준비한 것이 아니었을까? 김유는 장남 김부인의 현달로 호조참판에 추증되었다. 그의 세 아들은 모두 학문과 인품이 드러난 '오천칠군자'의 멤버들이었다. 그리고 장남과 딸을 통해 각각 농암 이현보와 퇴계 이황과 인친姻親이 되었다.

또한 탁청濯淸의 용어가 시사하는바, 김유의 삶은 깨끗하고 맑은 가운데 풍류와 여유를 즐기는 신선의 이미지를 연상시킨다. 퇴계가 본 김유의 모습도 유학에 근거를 두면서 신선의 삶을 추구한, 유선儒仙의 이미지다. 유선이라 함은 세속을 떠나 처사로 살지만 세속의 가치를 부정하지는 않는, 즉 유자와 신선이 한 몸 안에 어우러져 있는 모습이다. 그런 점에서 유선이란 안빈낙도를 추구하는 현실 도피적인 삶과는 거리가 있다. 그의 음식 열락悅樂의 양상을 이해하기 위해서는 동일한 시공간을 살았지만 음식을 '실천궁행'과 결부시켜 극도로 절제한 퇴계의 음식 철학을 함께 볼 필요가 있다.

김유의 『수운잡방』이란 존재를 알 길이 없었을 허균은 자신의 요리서 『도문대작屠門大嚼』 서문에서 이런 견해를 밝혔다. 음식의 맛과 멋을 추구하던 그가 중국의 하씨何氏가 지은 『식경食經』과 서공舒公이 지은 『식단食單』을 보게 되었는데, 모두 천하의 진미를 빠짐없이 기록하여 그 종류가 만萬을 헤아리도록 많았지만 자세히 보면 이름만 현란할 뿐 실제로는 많지 않다는 것이다. 반면에 높은 산에 바다로 둘러싸인 우리나라는 물산이 풍부하여 다양한 요리가 나올 수 있는 배경이 되었다고 했다.116 다시 말해 허균은 우리나라도 중국의 『식경』이나 『식단』처럼 요리에 대한 전문 서적이 나와야 한다고 주장한 것이다.

유교문화의 본고장이라고 하는 안동문화권에는 계녀가류誡女歌類나 음식조리서 등의 기록물이 다른 지역에 비해 월등히 많다. 이는 기록을 중시하는 유교문화의 전통이 구현된 것으로 보인다. 김유가 유학 사대부들의 보편적인 관심과 그 글쓰기와는 다른 음식조리서 『수운잡방』을 저술한 정신과 의미는 계속 새로워질 수 있다. 그 새로운 작업은 김유 및 『수운잡방』과 관련된 새로운 자료의 발굴이나 새로운 관점의 해석을 통해 가능할 것이다.

제2장

한 조리법을
둘러싼
해석의 모험

『음식디미방』의 '맛질방문'은 어디서 비롯됐는가

김미영

한국국학진흥원 연구위원

최초의 한글 조리서, 『음식디미방』

『음식디미방』은 현존하는 한글조리서 중 가장 오래된 책이다. 저자는 경북 안동 서후면에 세거하고 있던 경당敬堂 장흥효張興孝(1564~1633)의 딸인 장계향張桂香(1598~1680)으로, 당시 영해 인량리에 살고 있던 재령 이씨 석계石溪 이시명李時明(1590~1674)에게 출가했다. 『음식디미방』은 여성이 저술했다는 점에서도 주목할 만하다. 실제로 조선시대 조리서의 저자는 대부분 남성이다. 당시의 사회문화적 상황에서 기록을 남기는 일은 주로 남성들이 담당했기 때문이기도 하지만, 조선시대 유학자들은 '식치食治' 곧 음식으로 몸을 다스리는 일에 큰 관심을 가졌기에 다양한 조리서를 집필했던 것이다.

『음식디미방』은 앞뒤 표지 2장을 포함해 전체 30장으로 구성된 필사본으로, 장계향의 친필 그대로 전하고 있다. 명확한 저술 연대는 알 수 없지만 책 마지막 부분에 첨부된 후기를 통해 그 시기를 어느 정도 짐작할 수 있다.

『음식디미방』, 정부인 장씨, 25.5×18.8cm, 17세기, 재령 이씨 석계종가.

이 책을 이렇게 눈이 어두운데 간신히 썼으니. 이 뜻을 잘 알아 이대로 시행하고, 딸자식들은 각각 베껴가되 이 책을 가져갈 생각일랑 하지 말고, 부디 상하지 않게 간수하여 떨어져버리게 하지 말거라.

"이 책을 이렇게 눈이 어두운데 간신히 썼으니"라는 표현으로 볼 때 장계향이 말년에 저술한 것으로 여겨지는데, 대략 1670년 전후가 아닐까 싶다. 또 그녀가 한문이 뛰어났음에도 굳이 한글로 책을 써내려간 것은 후손들이 늘 가까이에 두고 보길 바라는 마음에서였다. 이런 그녀의 심정은 "딸자식들은 각각 베껴가되 이 책을 가져갈 생각일랑 하지 말고, 부디 상하지 않게 간수하여 떨어져버리게 하지 말거라"라는 문장에 고스란히 담겨 있다.

『음식디미방』은 4×6배판 크기(188×224mm)에 한지를 접어 만들었으며, 궁체의 붓글씨로 쓰였다. 경북 영양군 석보면의 재령 이씨 존재종가에서 소장해왔으나 지금은 경북대학교 도서관에 보관되어 있다. 책 표지에는 '규곤시의방閨壼是議方'이라고 적혀 있지만, 원본의 첫머리에는 '음식디미방'이라 씌어 있다. 아마도 '음식디미방'은 장계향이 붙인 원래의 표제명이고, '규곤시의방'은 책의 격식을 갖추기 위해 후대에 자손들이 덧붙인 듯하다. '규곤'은 여성들이 거처하는 안방을 가리키므로 곧 '여성들의 길잡이'라는 뜻이 되는 셈이다. 또 『음식디미방』의 한자 표기는 '음식지미방飮食知未方'으로, '음식의 맛을 아는 방법'이라는 뜻이다. 참고로 이 책이 저술된 17세기만 하더라도 구개음화가 적용되지 않았던 까닭에 '지知'의 한자음이 '디'로 표기되는 것이 보편적이었다.

『음식디미방』에는 총 146종의 음식 조리법이 소개되어 있으며, 구체적으로는 면병류(면과 떡) 18종, 어육류(생선과 고기) 74종, 주류 및 초류(식초) 54종 등이다. 이 책의 가장 큰 특징은 이전의 남성들이 저술한 조리서들과 달리 음식의 조리 과정을 매우 구체적으로 설명해놓았다는 점이다. 아마도 이는 남성과 여성의 일상적 역할 구분 때문이 아닐까 싶다. 즉 남성들은 음식의 효능, 이른바 '식치'에 대한 이론적 지식은 풍부했던 반면, 요리를 해본 경험이 거의 없기에 조리 방식에서는 여성에 비해 뒤떨어졌다. 이런 이유로 남성들이 쓴 조리서는 음식에 대한 간단한 소개나 개략적인 조리법을 제시하는 데 그치고 있다.

그런가 하면 『음식디미방』에는 밥과 죽의 조리법이 나타나지 않는 것도 특징이다. 물론 콩죽이나 율무죽 등의 용어는 등장하지만, 이는 조리법으로서가 아니라 다른 음식을 만들 때 필요한 재료로서다. 아마도 밥과 죽은 조리법이 단순할 뿐만 아니라 극히 일상적 음식인 까닭에 별도로 다루지 않았던 듯하다. 『음식디미방』에 나타나는 주식主食은 국수와 만두류다. 국수는 메밀국수, 녹말

『음식디미방』에 등장하는 난면법을 재현했다.

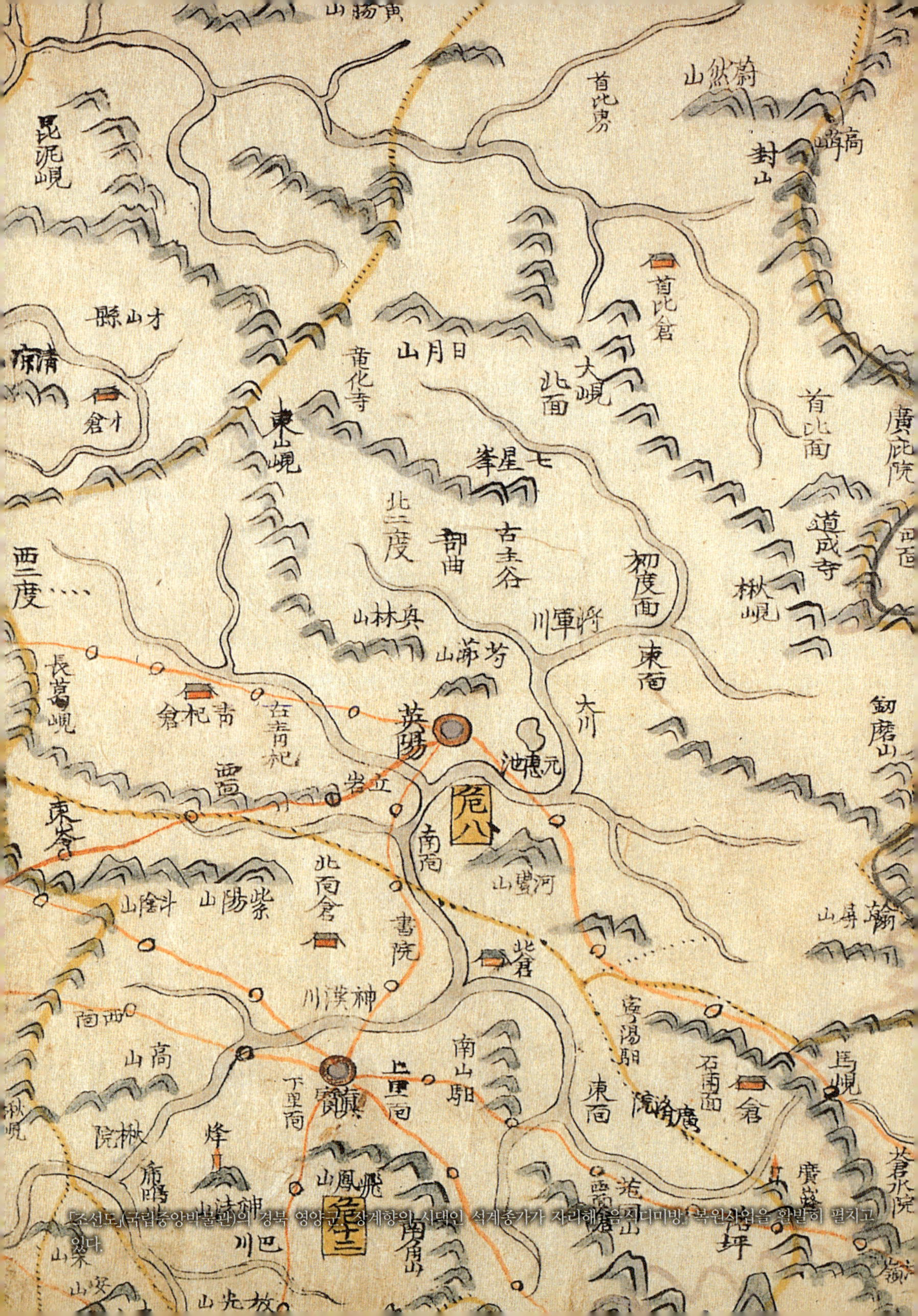

「조선도」(국립중앙박물관)의 경북 영양군. 장계향의 시댁인 석계종가가 자리해 「음식디미방」 복원사업을 활발히 펼치고 있다.

국수, 면, 난면 등 4종류가 등장한다. 국수는 오늘날과 달리 당시에는 제사상과 잔칫상에 올리거나 손님에게 대접하는 귀한 음식이었다. 만두 역시 일상에서는 좀처럼 대하기 힘든 귀한 음식으로 여겨졌는데, 총 6종류가 등장한다. 그 외에 부식이나 후식 등도 간편하게 요리할 수 있는 일상적인 음식이 아니라 조리 과정이나 재료 마련 등이 비교적 번거로운 것들이다. 특히 전체 146항목 가운데 술에 관한 것이 5항목이나 되는데, 술은 봉제사 접빈객奉祭祀接賓客에서 가장 중요하게 취급되었기 때문이다. 따라서 이로써 볼 때『음식디미방』에 수록된 음식들은 손님을 대접하거나 혹은 잔치 등과 같은 특별한 날에 차려지는 것들이었을 가능성이 높다.

　『음식디미방』이 학계에 최초로 알려진 것은 김사엽의 「규곤시의방과 전가팔곡田家八曲」이라는 논문을 통해서다. 이후 손정자와 황혜성이 현대어 해설본을 출간했으며, 1999년에는『음식디미방』에 수록된 음식을 재현한『다시 보고 배우는 음식디미방』이 간행되기도 했다. 그러다가 한식韓食, 웰빙, 지역문화 산업 등에 대한 관심이 높아지면서 새삼 주목받기 시작했는데, 이 과정에서『음식디미방』과 관련 있는 가문(지역)들 역시 복원과 계승에 적극 동참했다. 그 가운데 가장 왕성한 활동을 벌이고 있는 지역은 장계향의 시댁인 재령 이씨 석계종가가 자리하고 있는 경북 영양군이다. 2006년 영양군이 중심이 되어 '음식디미방 보존회'가 결성되었으며, 2007년에는『음식디미방』의 교육·체험 공간인 '전통한옥체험관'이 문을 열었다. 아울러 2010년에는 수원에 거주하고 있던 종손과 종부가 영양 두들마을로 옮겨와서 본격적인 계승에 힘을 쏟고 있다. 또 장계향의 친정인 안동 서후면에 위치한 경당종가 역시 "여성들의 손맛은 친정어머니로부터 물려받는다"는 우리 사회의 전통 담론에 근거하여『음식디미방』을 이어받는 데 적지 않은 관심을 갖고 있다.

이와 관련하여 『음식디미방』 앞부분에 "시집온 지 3일 만에 부엌에 들어서 손을 씻고 국을 끓이지만, 시어머니 식성을 몰라 젊은 아낙을 보내 먼저 맛보시게 하네三日廚下 洗手作羹湯 未諳姑食性 先遣少婦嘗"라는 시가 수록되어 있다. 사실 다른 집에서 태어나 자라온 새댁은 보통 시댁 식구들이 어떤 입맛을 가지고 있는지 잘 모르는데, 이처럼 시댁 어른들의 식성을 파악할 때까지 자연히 자신(친정)의 입맛에 맞춰 음식을 만들게 되었을 것이라는 추측이 가능하다.

한편 『음식디미방』에 수록된 총 146종의 음식 가운데 16종에 '맛질방문方文'이라고 적혀 있다. 여기서 '방문'은 '방법'을 뜻하는 한자어이므로, '맛질의 (조리)방법'으로 풀이할 수 있다. 다만 아쉽게도 『음식디미방』에는 '맛질'에 대한 단서가 전혀 나타나 있지 않기에 실체를 밝히기 힘든 상황인데, 요리학자 황혜성은 1980년 『음식디미방』의 현대어 해설본을 출간하고 나서 '맛질'이란 예천에 위치한 '맛질마을'을 일컬으며, 이곳은 장계향의 외가(안동 권씨) 세거지라고 밝힌 바 있다. 이런 이유로 학계를 비롯한 항간에서도 예천의 맛질을 장계향의 외가로 공공연히 받아들이고 있다.

결국 이렇게 보면 장계향의 『음식디미방』은 시댁인 석계종가와 친정인 경당종가, 그리고 외가인 예천 맛질로부터 영향을 받아 형성된 셈인데, 다만 문제는 시댁과 친정의 정통성은 비교적 쉽게 확인할 수 있으나 외가로 알려져 있는 '맛질'에 대해서는 의견이 분분하다는 점이다. 따라서 이 글에서는 『음식디미방』의 '맛질'을 둘러싸고 전개되어온 논란의 배경을 살펴보고, 이 과정에서 드러난 일련의 문제점을 고찰하고자 한다.

여중군자女中君子, 장계향

열아홉에 시집온 뒤 50여 년 동안 나는 많을 때는 한 끼에 200명이나 되는 식객食客을 치르면서 방간을 돌보았다. 친정에서 익혀온 약간의 솜씨와 시어머님 진성 이씨의 자상한 가르침이 있었으나 반가의 음식 범절이란 워낙 까다롭고 미묘한 것이라 방간에 들어서면 낭패스러울 때가 많았다. 하지만 그렇게 어려움을 겪으며 오랜 세월 먹을거리를 다루다보니 듣고 배운 것 말고도 나름의 터득이 생겼다. 나는 그런 내 견문과 터득을 글로 남겨 며느리와 딸들의 낭패를 덜어주고 싶었다. 비록 하찮은 것이라도 사는 데 유용한 경험은 뒷사람에게 전해주는 게 앞서 산 사람의 도리다. 더구나 먹는 것은 사람에게 중요한 일이니 그걸 다루는 일을 어찌 하찮다 하리.

이문열의 소설 『선택』(1997)에 등장하는 한 구절로, 소설의 주인공은 『음식디미방』을 저술한 장계향張桂香(1598~1680)이다. 이문열은 장계향의 넷째 아들 항재恒齋 이숭일李嵩逸의 12대손으로, 그녀의 삶을 배경으로 『선택』을 집필했다.

장계향은 임진왜란이 끝나갈 무렵인 1598년 11월, 안동 서후면 금계리에서 아버지 경당敬堂 장흥효張興孝(1564~1633)와 어머니 안동 권씨 사이에서 외동딸로 태어났다. 아버지 장흥효는 서른 중반을 넘어 어렵사리 얻은 딸을 무척이나 아꼈다.

어머니는 성품이 총명하고 효심이 지극했으며, 훈계가 되는 말을 듣기 좋아했다. 경당 선생께서는 오직 딸 한 분만 두었기에 애틋하게 여기셔서 『소학』과 『십구사략』을 가르쳤더니 애를 쓰지 않는데도 뜻을 통달하게 되었다. 선생께서 일찍이 제자들과 원회운세元會運勢의 운수에 대해 이야기하고 있을 때 이 학설을 깨달아 아는 사람이 없었다. 조금 뒤 돌아와 안방에 들어와서 어머니(장계향)를 불러서 물으니, 어머니는 나이가 겨우 10세 남짓한데도 잠시 동안 말없이 잠잠히 앉아 있다가 그 수數를 낱낱이 세어서 대답하므로 선생이 아주 기특하게 여겼다. 그래서 아침저녁으로 여가가 날 때마다 면전에서 가르치고 말로써 전해주니, 이들 모두 성현의 격언이 아닌 것이 없었다. 어머니께서 선생의 가르침을 존중하여 믿고 공경히 지켜서 반드시 이것을 일용日用의 행사行事에서 증험하려고 노력했다. 그리하여 시를 짓거나 글씨를 쓸 때도 배워 익히기를 기다리지 않고서도 잘하게 되었다.

장계향의 셋째 아들 갈암葛庵 이현일李玄逸(1627~1704)이 어머니 장계향을 회상하면서 쓴 글이다. 제자들도 미처 이해하지 못한 원회운세를 아버지 앞에서 술술 풀어내는 그녀의 모습에서 총명함이 절로 배어난다. 그러나 무엇보다 딸

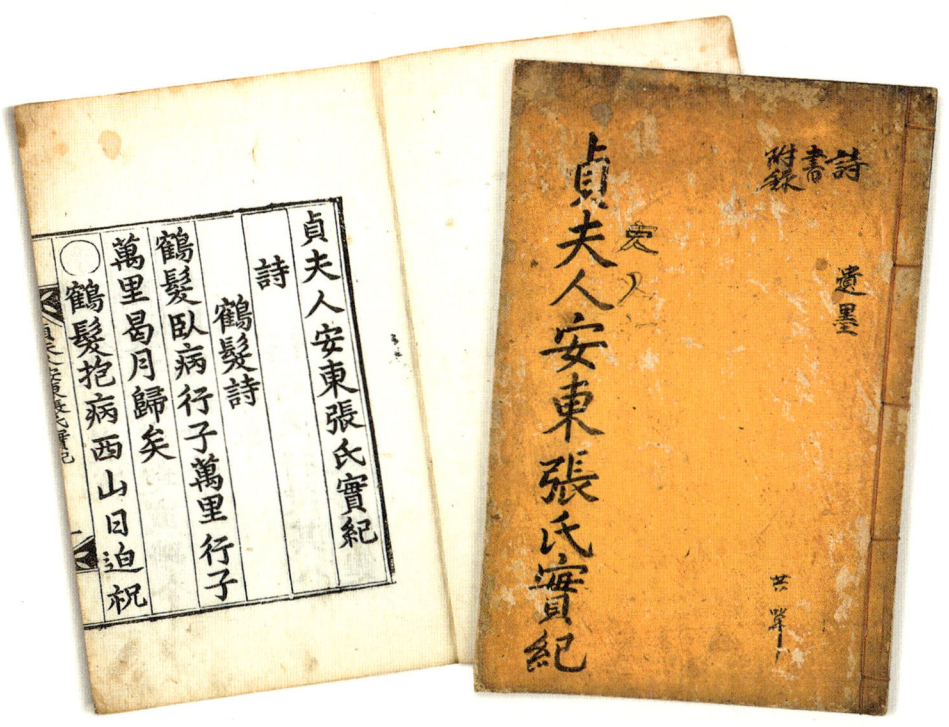

『정부인안동장씨실기』, 32.5×21.5cm, 연대미상, 재령 이씨 우계종택 기탁, 유교문화박물관. 안동 장씨의 시문과 실기 등을 모아놓은 것이다.

에게 자신의 지식을 전수해준 아버지 장흥효의 교육관이야말로 주목되는 대목이다. 뒤늦게 얻은 귀한 외동딸이기는 해도, 당시의 사회문화적 분위기에서 아버지가 딸을 마주하면서 글을 가르친다는 것은 흔한 일이 아니었기 때문이다.

소소음蕭蕭吟

창밖에 소록소록 비 내리는 소리
이 빗소리는 자연의 소리

자연스런 빗소리 듣노라면
내 마음도 자연 되네

경신음敬身吟

이 몸은 바로 어버이 몸이니
어찌 이 몸 조심하지 않으랴
이 몸을 욕되게 한다면
이는 어버이 몸 욕되게 함이네

성인음聖人吟

성인이 살던 때 태어나지 못해
성인의 모습 뵈옵지 못했어도
성인의 말씀 들을 수 있고
성인의 마음도 볼 수 있네

장계향이 12세 무렵에 지은 시다. 「소소음」은 운율적으로 동요의 느낌이 나는 그야말로 소녀다운 정서를 물씬 풍기지만, 내용에서는 자연과의 합일을 추구하는 철학적 사유를 담아냈다. 「경신음」과 「성인음」은 자기 수양의 철학과 성현의 학문인 성리학에 대한 열정이 담긴 시라 할 수 있다.

그런데 장계향이 17세 되던 해에 어머니 안동 권씨가 병이 들어 1년 가까이 거동하지 못하게 된다. 이때 그녀는 하인을 거느리고 날마다 끊이지 않는 아버지의 손님과 제자들을 시중하고, 자리에 누워 계신 어머니 병수발을 하고, 또 아버지를 극진히 모셨다. 이처럼 어린 시절부터 누려온 문자(기록)문화의 향유, 그리고 집안 살림을 도맡아 했던 삶의 이력이 뒷날 『음식디미방』을 저술하는 데 커다란 영향을 미쳤을 것으로 여겨진다.

장계향은 19세 되던 1617년 안동에서 200리 떨어진 영해 나랏골의 재령 이씨 석계 이시명에게 출가했다. 이시명은 아버지 장흥효의 제자로, 초취初娶 광산 김씨와의 사이에 여섯 살 되는 아들과 두 살 된 딸을 둔 27세의 장년이었다. 부인 광산 김씨는 안동 예안 오천리의 근시재近始齋 김해金垓의 딸이었다. 장계향이 계실繼室로 들어간 시댁에는 큰아주버니와 큰동서를 일찍 여읜 시조카 5남매가 있었으며, 또 둘째 아주버니가 세상을 뜨고 나서 둘째 동서가 스스로 목숨을 버리고자 끼니를 거르던 중이었다. 훗날 둘째 동서는 남편의 삼년상을 치르고는 세상을 떴다. 이런 환경에서도 장계향은 전처 소생 정묵재靜默齋 이상일李尙逸(1611~1678)을 남쪽으로 5리 남짓 떨어진 난고蘭皐 남경훈南慶薰의 집에 매일같이 업고 다니면서 5년 동안 공부를 시켰다는 이야기가 나랏골 마을에 전하고 있다. 훗날 상일은 서애西厓 류성룡柳成龍의 손자사위가 되었.

둘째 아들은 존재存齋 이휘일李徽逸(1619~1672)이며, 셋째 아들은 갈암葛庵 이현일李玄逸(1627~1704)이다. 이들 형제는 『홍범연의洪範衍義』라는 정치철학서를 남길 정도로 학문적 깊이가 남달랐는데, 특히 이현일은 퇴계 이황―학봉 김성일―경당 장흥효로 이어지는 영남학파의 적통을 잇는 대학자가 되었다. 넷째 아들은 항재恒齋 이숭일李嵩逸(1631~1698), 다섯째 아들은 정우재定于齋 이정일李靖逸(1635~1704), 여섯째 아들은 평재平齋 이융일李隆逸(1636~1698), 일곱째 아들은 이운일李雲逸이다.

아버지께서 일찍이 조부(운악雲嶽 이함李涵)의 상중에 계실 때 어머니께서

『재령이씨족보』, 32.0×21.7cm, 1958, 재령 이씨 우계종택 기탁, 유교문화박물관. 안동 장씨가 출가했던 재령 이씨 영해파의 족보다.

혼자 집안일을 보살피면서 계획을 세우는 것이 모두 법도가 있었다. 또 여가가 있을 때는 여러 아들과 딸들을 가르치면서 반드시 부모를 잘 섬기고, 형에게 공손하며, 마음이 성실하고 거짓이 없으며, 공경하면 질서가 서고, 태만하면 일이 실패하며, 의리를 따르면 입신하고, 욕심을 따르면 망신亡身하는 방법으로써 타일러 말하고 되풀이하면서 상세히 설명했다.

나는 그때 아직 어렸기 때문에 비록 무슨 말씀인지를 잘 살피지 못했으나 지금에 이르러서도 한없이 자상하게 아직도 내 귀에 남아 있다. 내가 우매하여 비록 지극한 가르침을 실행하지는 못했으나, 평소에 거친 말과 버릇없이 구는 말로써 나의 입에 올려 말하지 않고 또 남에게 함부로 하지 않은 것은 실로 어머니께서 어릴 때부터 금지하고 경계해서 그렇게 된 것이다.

셋째 아들 현일이 회고한 어린 시절 어머니로부터 받은 가정교육 내용이다.

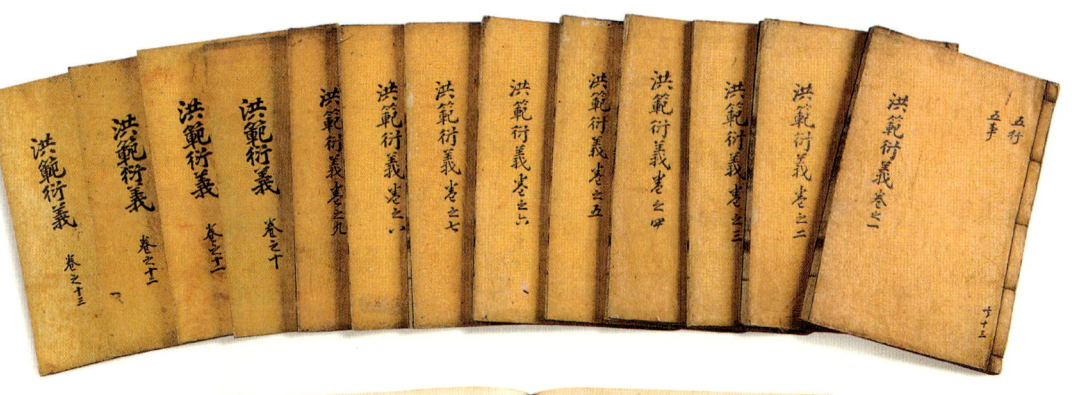
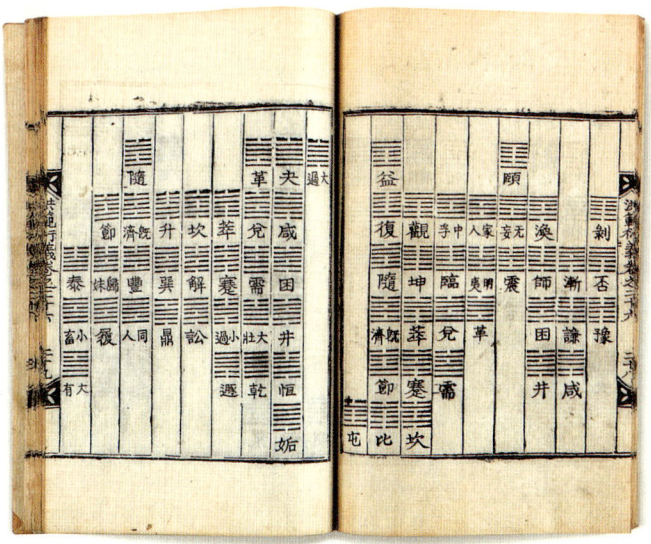

『홍범연의』, 30.9×23.0cm, 연대미상, 재령 이씨 우계종택 기탁, 유교문화박물관. 존재와 갈암 형제가 저술한 정치철학서다.

어머니 장계향의 헌신적인 노력으로 이들 7형제는 '칠현자七賢者'로 불릴 만큼 이름을 크게 날렸다. 흔히 장계향을 '여중군자女中君子'라고 한다. 군자로서의 덕德을 갖춘 여성이라는 뜻인데, 남성들도 불리기 힘든 '군자' 칭호를 받을 정도로 인품이 뛰어났던 것이다.

어머니께서 말하기를 "나는 일찍이 세상 사람들이 물욕物慾으로써 의리를 해치는 일을 근심하고 있었는데, 의리는 소중한 것이 되고 물욕은 가벼운 것이 되니 어찌 소중한 의리를 버리고서 가벼운 물욕을 취할 수 있겠는가"라고 했다. 또 일찍이 여러 아들에게 경계하기를 "너희가 비록 글을 잘 짓는다는 명성은 있지만, 나는 귀중하게 여기지 않는다. 다만 한 가지 선행善行이 있다는 말을 듣는다면, 나는 문득 기뻐하면서 잊지 않고 있을 뿐이다"라고 했다.

아들 현일의 회고담이다. 아울러 훗날 일곱 아들이 '칠현자'라는 칭호를 받을 만큼 훌륭하고 반듯한 인물이 될 수 있었던 것은 어머니의 가르침이 있었기 때문이라고 실기에 적고 있다. 그렇다고 장계향이 자녀를 교육하는 데 엄격함의 잣대만 들이댄 것은 아니었다.

융일(여섯째 아들) 편에 네가 물을 많이 마셔서 모습이 수척하다는 말을 들으니 그 근심을 이루 말할 수 있겠느냐. 너는 부모가 너를 생각하는 마음으로써 너의 마음으로 삼아 마음과 정신을 편안하게 가지고 아무쪼록 병조리를 해야 한다. 부모가 마음으로 기뻐하게 되면 네가 효자가 되는 것이니, 학문에 힘써서 천하의 큰 인물이 되어야 한다.

무신년(1668) 2월 2일, 언문(한글) 편지는 세상에서 신용信用하지 않기 때문에 한문 편지를 써서 보낸다.

일흔한 살의 어머니 장계향이 쉰을 넘긴 아들 휘일에게 보낸 편지다. 당시 휘일은 조갈증을 얻어 물을 계속해서 마셨는데, 이 소식을 전해 듣고 아들의 건강을 염려하는 편지를 보낸 것이다. 노모의 편지를 받은 휘일은 "삼가 어머니께서 손수 쓰신 편지를 받아보니 저에게 부모가 자식을 생각하는 마음을 본받아서 천하의 큰 인물이 되도록 기대하고 계시니, 감히 두 번 절하고 가르침을 받아서 부모에게 욕되는 일이 없기를 기약하지 않을 수가 있겠습니까?" 하는 답장을 보낸다. 고희古稀를 넘긴 어머니가 지명知命의 나이든 자식에게 보낸 편지가 마치 어린 자식 타이르듯 하고, 아들의 답장 역시 열 살 아이가 쓴 것처럼 진솔하기 그지없다.

장계향은 남편 이시명의 든든한 조력자이기도 했다. 이시명은 병자호란 때 청나라에 항복하는 국치國恥를 당했다는 이유로 세상과의 인연을 끊고 영해 나랏골에서 영양 석보로 와서 석계초당을 짓고 은둔생활을 했으며, 1653년에는 영양 일월산 수비 골짜기로 들어갔다. 그러던 중 장계향은 "이렇게 세상에서 숨어만 사시면서 왜 세월을 그냥 보내시나요?"라며 세상에 나올 것을 권유한다. 이에 그녀는 1672년 소유하고 있던 땅을 처분해 친정인 서후면에서 5리 정도 떨어진 안동 풍산읍에 자리를 잡았다. 그러고는 마을 이름을 '클 대'와 '명나라 명'을 따 대명동大明洞이라고 짓고 남편이 이곳으로 옮겨오도록 했다. 현재 대명동에는 이시명이 후학을 길러냈던 단고서당丹皐書堂이 남아 있다.

안동의 친정을 보살피는 일 역시 그녀의 몫이었다. 출가한 지 7년째 되던 해에 어머니 안동 권씨가 세상을 뜨자 후사後嗣를 두지 못한 친정을 염려하여 남

「학발시판」, 정부인 안동 장씨, 52.0×30.0×6.0cm, 조선 후기, 재령 이씨 후계파 기탁, 유교문화박물관.

편 이시명에게 간청한 뒤 친정으로 가서 아버지를 봉양하고, 또 몸소 재취 안동 권씨를 맞이하도록 한 다음 시댁으로 돌아왔다. 이때 장흥효는 회갑을 막 넘긴 나이였다. 그리하여 아버지와 새어머니 사이에 아들 셋과 딸 하나가 태어나면서 비로소 친정의 후사 걱정을 덜 수 있었다. 그러나 아버지가 일흔의 나이로 눈을 감자, 어린 동생들의 장래를 걱정해 새어머니와 8세, 5세, 4세, 2세였던 동생 4남매를 시댁 가까이에 집을 마련하여 돌봐주는가 하면, 친정의 신주神主를 옮겨 모셔다가 조상 제사를 거르지 않도록 배려했다. 이들 4남매 가운데 둘째는 일찍 죽고, 3남매를 잘 돌봐서 시집 장가 보내는 일까지 도맡아 했다. 이처럼 장계향은 시댁과 친정, 곧 영해와 안동의 200리 먼 길을 오가면서 그야말로 전방위적으로 두 집 살림을 거뜬히 꾸려나갔다.

장계향의 활약은 혈족들에게만 국한되지 않았다. 데리고 있던 종이 병으로 앓아누우면 아픈 곳을 물어 몸소 약을 지어주면서 살뜰히 돌봐주었고, 홀아비와 과부가 되어 의지할 곳 없는 사람, 자식 형제 없이 홀로 늙어가는 사람이 있으면 마치 대소가大小家를 챙기듯 도움을 마다하지 않았다. 이웃을 돕다가 부족한 곡식은 도토리나무를 심어 감당하기도 했는데, 지금도 시아버지 운악 이함의 묘소와 영양 두들마을 석계종가 부근에는 장계향이 심은 도토리나무 50여 그루가 남아 있다. 또 어느 해에는 흉년이 들어 많은 사람이 굶주림에 고통받자 대문 밖에 솥을 걸어두고는 도토리죽을 쑤어 300명이나 되는 사람의 배고픔을 달래줬다는 이야기가 시아버지 운악 이함의 문집에 실려 있다.

7남3녀를 낳아 아들 모두 학문적 명성이 높은 인물로 길러 누구에게나 칭송을 받던 다복한 그녀였지만, 딸 둘과 자신이 낳은 큰아들 휘일 그리고 막내 운일을 먼저 보내는 아픔을 겪기도 했다. 한평생을 근신과 공경으로 조용히 살면서 세상으로부터 '여중군자'라 칭송받던 장계향은 73세 되던 해에 생애를 담담

갈암 이현일의 영양군 석보면의 남악정. 부친 석계의 삼년상을 마치고 정부인 장씨를 모셔온 뒤 이곳에 초가를 지어 남악초당이라 하였다.

하게 되돌아보면서 자신의 심정을 「드물고도 드무네」라는 시로 표현했다.

  세상에 나서 칠십까지 사는 것은 예부터 드문 일인데
  칠십하고도 세 살을 더 사니 드물고도 드무네
  드물고도 드문 중에 자식도 많으니
  드물고도 드문 중에 또 드물고도 드무네

 이후 장계향은 1680년 83세의 나이로 자식들이 지켜보는 가운데 영양 석보에서 조용히 눈을 감는다. 그러고는 석보 골짜기에서 안동 풍산읍 수리의 장지까지 180리 먼 길을 와서 남편 이시명의 묘소 뒤편에 영원히 잠들었다.

처사의 아버지 밑에서
깨끗한 삶을 배우다

안동 장씨의 시조 장정필張貞弼(888~?)은 중국 저장성 소흥부에서 태어났다. 기록에 따르면 아버지 장원은 어지러운 병란을 피해 당시 5세였던 아들 정필을 업고 무작정 바다로 향했는데, 그때 다다른 곳이 강원도 강릉 경포였다고 한다. 이후 장정필은 15세 되던 해에 경상북도 노전蘆田(안동의 옛 이름)으로 옮겨왔으며, 고려 930년(태조 13), 태조 왕건과 후백제 견훤이 고창古昌(지금의 안동)에서 전투를 벌일 때 이곳의 성주였던 김선평, 권행과 함께 왕건을 도와 견훤의 군대를 물리친 공으로 고창군에 봉해졌다. 이에 후손들은 그를 시조로 삼아 안동을 본관으로 하면서 오늘날에 이르고 있다.

장정필로부터 시작된 안동 장씨는 15대 장사길張思吉에 이르러 가문의 중흥기를 맞는다. 그는 1390년 밀직부사의 신분으로 이성계의 위화도 회군에 가담하여 공신에 책록되었으며, 1392년에는 조선 개국에 공을 세워 개국 1등공신에 오르기도 했다. 또 1398년의 왕자의 난 때는 이방원을 도와 정사 2등공신에 오르면서 화산군花山君에 봉해졌다. 이후 안동 장씨는 장사길의 현손玄孫 장이강張以綱의 아들 대에 이르러 안동 서후면으로 낙향하는데, 『태사장공실기』에 따르면 장이강의 아들 5형제는 단종 복위에 연루되어 벼슬을 버리고 서후면 성곡리에 정착했다고 한다.

경당종가는 장이강의 둘째 아들 장의張儀의 혈통을 잇고 있으며, 그의 6대손이 장계향의 아버지 경당 장흥효다. 그는 전형적인 처사의 삶을 살았던 것으로 유명하다. 그럼에도 학문적으로는 뚜렷한 족적을 남겼는데, 12세 되던 해에 학봉 김성일(1538~1593)의 문하에 들어갔다. 김성일은 장흥효의 부친인 장팽수와 사촌동서 간으로, 장흥효에게는 당숙堂叔이 되는 셈이다. 이후 김성일이 세상을 뜨고 나서는 서애 류성룡(1542~1607)과 한강 정구(1543~1620)로부터 가르침을 받았다.

그는 평생 대과는 물론 소과(생원시, 진사시)에도 응시하지 않고 오로지 학문에만 전념했다. 실제로 자신이 거처하는 방에 '경敬' 자를 좌우로 써 붙이고 오로지 스스로를 가다듬는 삶을 살았다. 또 집 가까이에 정자를 세워 광풍정光風亭이라 이름 짓고, 그 뒤편에 자리하고 있는 커다란 바위를 '제월대霽月臺'라고 이름붙였다. 당시 장흥효는 친구인 인재訒齋 최현崔晛에게 자신의 서재 '경당敬堂' 기문을 부탁하는 글에서 다음과 같이 밝히고 있다.

나는 일찍이 정자程子의 뜻을 취하여 '경敬' 자로 나의 당堂 이름을 짓고 이것을 호로 삼았습니다. 또 주자周子(주돈이)의 뜻을 취해 나의 정자를 '광풍정光風亭'이라 이름짓고, 나의 대臺 이름을 '제월대霽月臺'라고 했습니다. 스스로 그 실상에 맞게 할 수는 없지만, 고인古人들이 말한 것을 표적標的으로 삼아 그렇게 되기를 바라고자 할 뿐입니다. 무릇 경이 아니면 마음을 주

제월대.

재할 수 없고, 광풍제월이 아니면 도道의 체體와 용用을 드러낼 수 없습니다. 체라는 것은 천하의 대본大本이 되는 것이니 여기에 힘입어 뜻을 세워야 할 것이요, 용이라는 것은 천하의 달도達道(보편적으로 통용되는 도)가 되는 것이니 여기에 힘입어 실천해야 할 것입니다.

'경敬'을 자신의 호로 택함으로써 체로 삼고 광풍제월은 용으로 한다는 뜻이다. 광풍·제월은 송나라 황정견黃庭堅이 주돈이周敦頤의 인품을 형용하여 "가슴속의 맑고 깨끗함이 광풍제월과 같다"고 표현한 구절에서 가져온 말이다. 이처럼 광풍제월이란 '비 갠 뒤의 바람과 달'처럼 '깨끗하고 맑은 마음'을 일컫는다. 장흥효 역시 경을 체로 삼고, 광풍과 제월을 용으로 삼아 마음을 가다듬었다.

그리하여 광풍정에서 강학하고 제자들과 더불어 제월대에 올라 한가로이 노닐면서 자연을 즐기는 생활이 수십 년이나 계속되었는데, 그러다보니 안동 부성府城 안으로 들어간 적이 없고 심지어 이웃 마을에서조차 그의 얼굴을 본 사람이 드물었다고 한다.

이런 그의 주변에는 가르침을 청하는 사람들로 항상 북적거렸다. 실제로 그의 급문록에 등재된 제자만 221명에 이른다. 장흥효는 스승인 학봉 김성일의 학통을 자신의 외손자 이휘일과 이현일 형제에게 물려주었고, 이는 다시 이현일의 아들 밀암密庵 이재李栽에게로, 그리고 밀암의 외손자 대산大山 이상정李象靖과 소산小山 이광정李光靖에게로, 대산의 외증손인 정재定齋 류치명柳致明, 학봉의 후손인 서산西山 김흥락金興洛에게로 이어졌다. 이런 점에서 장흥효는 퇴계학파의 학통 전수에 절대적 역할을 한 흔치 않은 인물이라 할 수 있다. 그는 평생을 학문에만 몰두하는 삶을 보냈지만, 남긴 저작은 그리 많지 않다. 이현일은 외조부의 문집 발문에서 "외할아버지의 학문은 오로지 내면의 마음을 다스림에 치중했고, 문장 저술을 즐겨 하지 않으셨다. 그래서 문집 두 편만이 전해져 온다"고 밝히고 있다. 학문적 업적으로 역학易學 관련 저술인 『일원소장도一元消長圖』가 있다.

1633년 2월 7일, 병으로 자리에 누운 지 한 달이 지났지만 정신은 또렷했다. 저녁이 되자 『맹자』「양심장養心章」을 외우고 제자들에게 일일이 일러주기도 했다. 그러다가 "내, 밤에 꿈을 꾸었는데 하늘로부터 관棺이 주어졌으니, 다시 일어나지 못할 듯하다"고 말하고는 숨을 거두었다. 향년 70세였다.

현재 안동 서후면 성곡리에 위치한 경당종가에는 11대 종손 장성진張晟鎭(1938~)과 종부 안동 권씨가 살고 있다. 얼마 전부터 『음식디미방』을 저술한 장계향의 친정이라는 사실이 알려지면서 전국 각지에서 손님들이 몰려들고 있다.

경당종택.

영양 청기면 산택재山澤齋 권태시權泰時(1635~1719) 종가의 종녀 출신인 종부는 음식 솜씨 좋기로 정평이 나 있다. 친정에서 어머니로부터 손맛을 익혔고, 시집 오고 나서는 시누이들에게 장씨 집안의 손맛을 배웠다. 그중에서도 특히 종부가 만들어내는 구수한 '안동국시'는 일품이다. 또 동글동글 모양 좋게 차려지는 '호박전', 먹음직스런 '육회', 정성 가득한 '명태보푸리' 등 종부의 손끝에서 빚어내는 음식들은 경당종가를 찾는 손님들을 항상 만족시켜준다.

부친의 제자와
부부 인연을 맺다

고려 성종 때 문하시중을 지낸 이우칭李禹稱이 재령군에 봉해지면서 경주 이씨에서 분적해 재령 이씨의 시조가 되었다. 이후 자손들은 황해도 재령 일대에 자리잡고 살았는데, 고려 말 그의 후손인 이대봉이 안릉군安陵君에 봉해짐으로써 안릉 이씨라 불리기도 한다. 그러다가 이대봉의 아우 이소봉李小鳳이 상장군으로 공민왕의 부마가 되었고, 그의 손자 모은茅隱 이오李午는 고려가 망하자 망국의 한을 품고 남녘땅을 떠돌다가 자미수가 아름다운 경남 함안 모곡리로 들어가서 띠풀로 집을 지어 정착함으로써 재령 이씨 낙남조落南祖가 된다.

영남 일대에 거주하는 대부분의 재령 이씨는 이오의 후예다. 그의 손자 이맹현李孟賢은 태종의 아들 함녕군의 외손녀와 혼인하여 아들 7형제를 두었는데, 그중 여섯째 아들 이애李璦가 영해부사로 부임하는 숙부 이중현李仲賢을 따라와서 영해 고을의 만석장자 진성 백씨 백원정白元貞의 무남독녀에게 장가를 들어 많은 재산을 물려받으면서 영해 나랏골에 정착하게 되었다.

나랏골에 자리를 잡은 이애의 손자 운악 이함(1554~1632)은 임진왜란 당시 김천도 찰방을 지냈으며, 47세 되던 해에 과거에 급제했으나 장자의 말을 인용한 것이 빌미가 되어 파직되는 일을 겪는다. 이후 1609년 56세의 나이로 다시 문과에 급제했으나 광해군 난정으로 벼슬을 버리고 낙향하여 마흔 칸 뜰집을 짓고 명나라 신종황제의 글씨를 집자 탁본하여 '충효당'이라는 현판을 내걸고 당호로 삼았다. 현재 영덕군 창수면 인량리에 있는 충효당은 재령 이씨 영해파의 종가로, 삼보컴퓨터 창업주 이용태 회장이 19대 종손이다.

이함은 진성 이씨를 배위로 맞아 이시청李時淸, 이시형李時亨, 이시명, 이시성李時成, 이시진李時震 등 다섯 아들을 두었다. 셋째 아들 석계 이시명은 1590년 영해에서 태어났다. 10대 초반에 아버지의 벼슬 임지를 따라 서울에 살면서 글 읽기에 몰두하기도 했는데, 1607년에는 부친이 의령현감으로 부임하자 다시 그곳으로 따라갔다. 1612년 이시명은 진사시에 합격하고 대과 준비를 위해 성균관에 유학했으나, 북인의 반정으로 과거를 단념하고 스승 장흥효에게서 퇴계 이학을 전수받는 등 학문에 전념했다. 그러다가 1614년 안동 예안의 광산 김씨 근시재近始齋 김해金垓(1555~1593)의 딸인 부인 광산 김씨가 1남1녀를 낳고 세상을 뜨는 바람에 스승인 장흥효의 딸 장계향을 재취로 맞아 아들 여섯을 낳았다.

이후 병자호란 때 국치를 한으로 품어 세상과의 인연을 끊고 명나라 마지막 황제인 숭정제의 연호를 빌려 숭정처사로 자호했으며, 또 영양 일월산을 수양산에 비한다 하여 수비산首比山으로 명명하고 1640년 영해에서 영양 석보로 옮겨와 석계초당을 짓고 은둔생활에 들어갔다.

고요함을 사랑하여 홀로 산에 살고
번거로움이 싫어 손님도 끊었네

살림살이를 못 하니 집이 절로 한가롭고
가르침만 있으니 아이들 때로 글을 읽는구나

이시명의 「산에 살며山居」라는 시로, 당시 그의 삶을 잘 그려 보이고 있다. 또 1653년에는 영양 석보에서 일월산 자락의 수비로 옮겨와 살기도 했는데, 당시의 삶을 묘사한 「복거부卜居賦」가 전한다.

바다집(영해 본가)을 떠나 석계(석보)에서 산 지 10년이나 되었네. 내가 어떤 사람인가 스스로 살피건대, 자주 재앙을 당해 마음이 어지러웠고, 마음이 분란하여 밖이 삐걱거리고 안이 무너져 내 몸 하나도 붙일 데가 없었네. 바탕은 천진하고 우직하나 운이 풀리지 않았으니 무슨 덕이 있어 내 스스로를 새로이 할 수 있었겠는가. 시대는 어둑어둑 바야흐로 쇠하려 하고 밤은 길고 길어 새벽이 오질 아니했네. 때는 계사년(1653), 집을 옮길 때 좋은 날 좋은 때를 잡아 꾸불꾸불 험한 길을 지나느라 산을 넘고 물을 건너 수비首比를 향해 수레를 재촉했네. 수해水害와 한해旱害로 창고는 텅 비었네. 온 식구가 하늘의 도움을 입지 못해 아우성이었지만 그 누굴 의지할 수 있었으랴. 도토리를 주워 곡식을 대신했고, 소나무 껍질 벗겨 삶아 먹었네. 그래도 오히려 죽지 않은 것을 만족하며 오직 분수로 생각하고 가난을 즐겼네. 마음은 어디에 두었는가. 배움에 두었을 뿐이었네. 배움은 반드시 익숙해진 이후라야 빛나는 법이네. 성인들의 가르침은 서적에 담겨 있으니 근실히 배우고 날마다 가르침 따라 공부하며 선생과 제자가 서로 토론했네. 이 즐거움 남에게 말할 수 없는 것임을 아노라.

충효당.

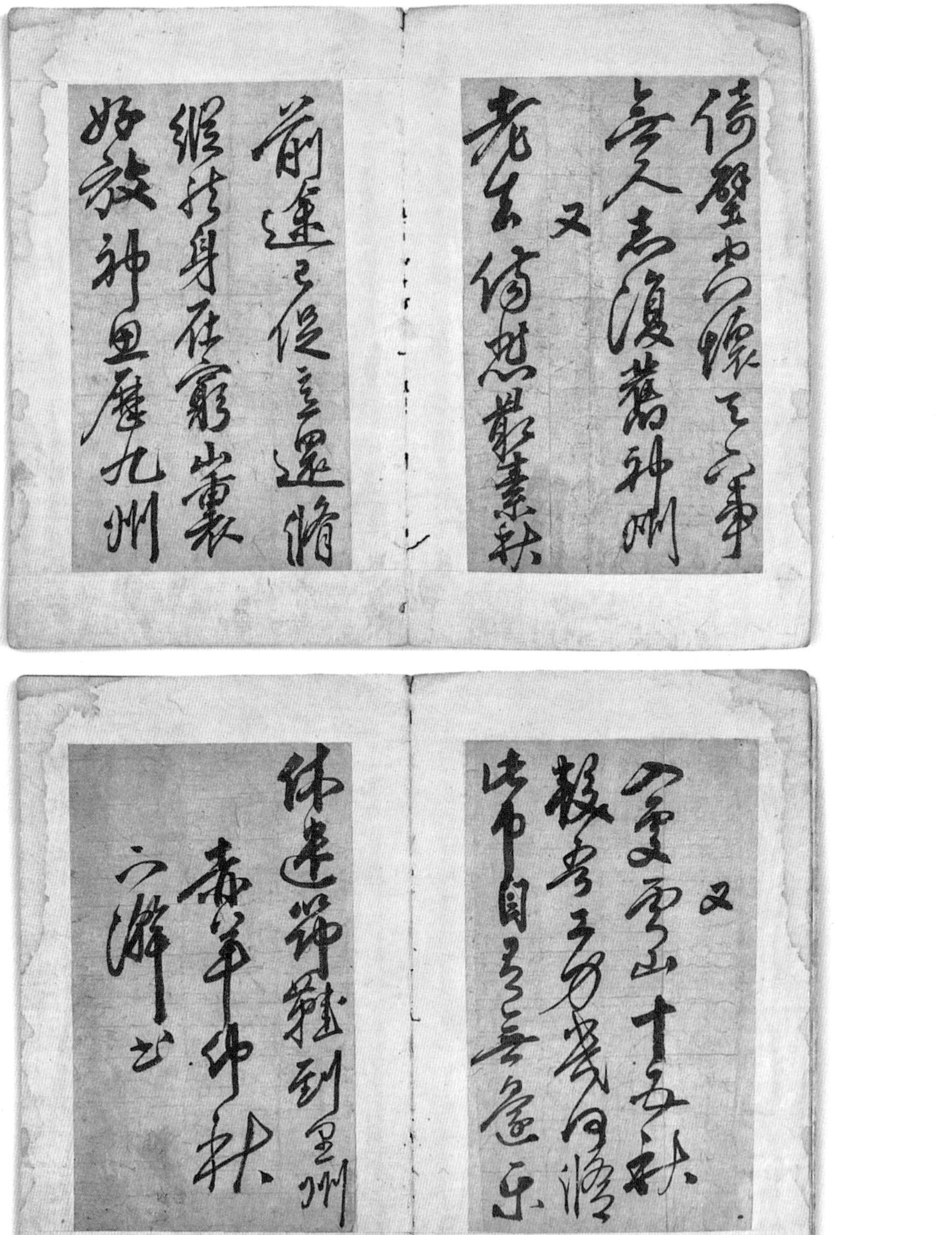

倚壁也應忘世事
愛之亦復舊神州
老去倚然藜藿秋

又

前途已促莫遲留
繼得身在亂山裏
好發神思歷九州

又

夢雲山十五秋
鞍馬三萬歲自驚
時中自己無急患

休連歸鞭到黑州
泰平年中秋
六游書

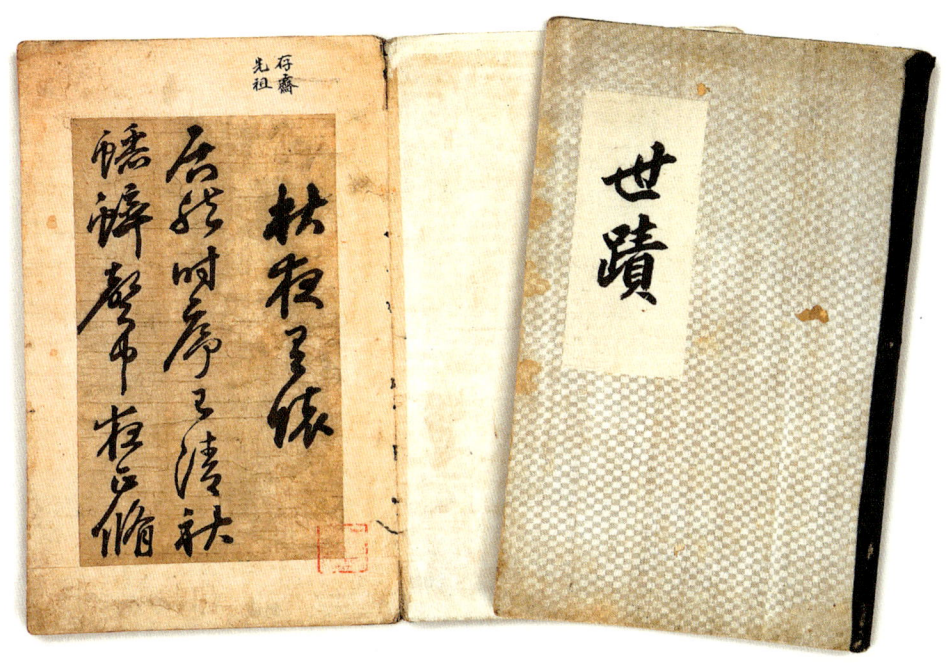

『세적世蹟』, 39.9×24.6cm, 재령 이씨 존재파 간송문고 기탁, 유교문화박물관.

이시명은 수비로 옮겨가서는 더욱더 자기 수양적인 삶을 살았다. 아침 일찍 일어나 세수하고 머리를 빗질한 다음 의관을 차리고서야 아내와 자식을 대했다. 또 자식과 후학들에게 공부에 힘쓰도록 당부하면서 버려진 땅을 개간하는 데도 힘을 쏟았다. 그러다가 1672년 안동 풍산읍 대명동으로 옮기고는 2년 뒤 넷째 아들 숭일이 있는 영양 석보로 돌아와서 눈을 감았다. 향년 85세였다.

　지금의 석계종가 옆에 자리한 석계고택은 이시명이 1676년 안동 대명동에서 세상을 뜨자 그곳에서 장례를 마친 뒤 넷째 아들 숭일이 영양 석보로 돌아와서 지은 가옥으로, 당시에는 '항재恒齋'라고 이름붙였다. 장계향은 1680년 세상을 뜰 때까지 이 집에서 5년 동안 살았다. 현재 13대 종손 이돈李燉(1938~)과 종부 창녕 조씨가 살고 있는 집은 종손이 35년 전에 새로 마련한 가옥이다. 직장 관계로 경기도 수원에 살고 있던 종손과 종부는 2010년 이곳 영양 두들마을로 돌아와『음식디미방』계승사업에 힘을 쏟고 있다. 특히 종부는『음식디미방』을 널리 알리는 데 그야말로 여념이 없다. 2007년 영양군청의 지원 아래 건립된『음식디미방』교육·체험 공간인 '전통한옥체험관'을 직접 운영하면서, 음식조리 체험과『음식디미방』재현 음식을 선보이는 일들을 하고 있다. 이런 가운데 전국 각지로부터 강의 요청도 줄을 잇고 있다. 350여 년 전 장계향이 그랬듯이, 지금의 종부 역시 전방위적인 삶을 그대로 이어받고 있는 것이다.

'맛질마을'의 조리법과 오해의 발단

『음식디미방』에는 총 146종의 음식 가운데 16종에 대해 '맛질방문方文'이라는 별도의 기록이 첨부되어 있다.

셕뉴탕, 슈증계, 질긘 고기 봇는 법, 청어 념혀법, 둙 굽는 법, 양 봇는 법, 계란탕법, 난면법, 별챡면 법, 챠면법, 싀면법, 약과법, 듕박겨, 빙수과, 강졍법, 인졀미 굽는 법.

이 가운데 하나를 예로 들자면 셕뉴탕은 석류탕石榴湯으로 원문에 그 방법이 "잘게 다진 꿩고기나 닭고기를 무, 미나리, 파, 두부, 버섯과 함께 섞어서 버물린 다음 후추를 넣고 기름간장에 볶아 소를 만들어두고, 밀가루를 반죽하여 만두피를 빚듯이 얇게 편 다음 소와 잣가루를 넣어서 석류 모양으로 빚은 뒤 맑은 장국에 넣어 끓인 음식"이라고 나온다. 만둣국의 일종인데 만두피에 소를

『음식디미방』의 석류탕을 재현했다.

넣어 오므릴 때 석류가 막 벌어진 모양을 내는 게 핵심이다. 고기 국물이 아니라 맑은 장국에 끓인다는 것도 이채롭다. 사진에서 보듯 현대에 석류탕을 재현한 모습은 먹음직스럽기보다는 정갈하고 그윽하다.

1980년 『음식디미방』의 현대어 해설본을 출간한 황혜성에 따르면, 당시만 해도 '맛질방문'을 '맛있는 방법方文' 정도의 의미로 이해했다고 한다. 아래는 1999년 황혜성이 방송에서 인터뷰한 내용의 요지다.

'맛질'이 뭐냐, 하고 몇 방으로 생각하다가 '맛있는 방법'이라고 생각했죠. 방문이라는 것은 방법이라는 뜻이거든. 그러니까 이 어른이 맛있는 방법이라고 해서 열 몇 개를 써놓으신 걸로 알았어요. 그런데 나중에 이걸 해석해서 책까지 내놓은 다음에 문제가 생겼어. '맛질'이라는 말을 외갓집(경당 종가)에서 하더라고. "그게 아니고요. '맛질'이라는 동네가 있어요" 하고요.

황혜성은 해설본을 발간하고 나서 예천의 '맛질'이라는 마을의 존재를 비로소 알게 되고, 또 그곳이 안동 권씨 집성촌이라는 사실도 접하게 된다. 그런데 공교롭게도 맛질이라는 지명은 '미도味道'라는 한자어에서 유래하여 '맛길'이 되었는데, 경상도 방언에서 '길'이 '질'로 발음되어 '맛질'로 불리게 되었다는 유래담이 전한다. 이는 그만큼 맛질마을의 음식 맛이 좋았음을 말하는 것이기도 한데, 이러한 지명 유래담은 『음식디미방』과 맛질의 관련성을 더욱 뒷받침하는 근거로 작용했다. 아울러 장계향의 외가 역시 안동 권씨인 터라, 황혜성은 예천의 맛질을 『음식디미방』의 '맛질방문'과 동일시하게 되었고, 나아가 장계향의 외가라고 확신했던 것이다.

이후 백두현은 '맛질'에 대한 종래의 의견을 검토한 다음, 자신이 실시한 현지조사와 문헌조사 등을 통해 다음과 같은 견해를 밝히고 있다.

'맛질방문'이란 '맛질에서 행해지는 방문方文(조리법)'이라는 뜻이다. 이성우에 따르면 "1980년 황혜성이 장씨 부인의 친정집 후손에게 들은 바에 의하면 장씨 부인 친정 마을(경북 봉화)의 강 건너에 '맛질'이라는 마을이 있다"고 한다. 그러나 윤숙경은 별도의 논증 없이 '맛질'을 '안동시 서후면'이라 했는데, 장씨의 친정댁 후손이 현재 이곳에 살고 있기 때문에 '맛질=장씨의 친정 마을'이라는 단순 논리를 적용한 것으로 보인다. 그리고 한복진은 "최근 필자의 조사에 의하면 경상북도 예천군 용문면 저곡리渚谷里는 속칭 맛질로 불린다"고 하며, '맛질'을 예천의 저곡리로 보고 있다.

필자는 '맛질'을 알아내기 위해 문헌조사와 함께 1998년 8월에 안동 서후면의 경당고택, 영양군 석보면의 두들마을 및 영해 오촌마을 등을 답사했다. 장씨 부인의 후손으로 현재 이 집안의 종손이신 이돈李燉 선생은 "장씨 할머니의 외가댁이 권씨인데 '맛질'은 권씨가 거주한 외가 마을일 것이다. '맛질'이라는 마을은 경북 봉화에도 있고 예천에도 있는데, 장씨 조상의 묘소가 있는 곳으로 보아 봉화의 맛질로 짐작된다"라고 했다. 그런데 1998년 8월 29일 필자의 현지조사에서 영양의 두들마을에 살고 있는 지손 이병균李秉鈞 선생에게 '맛질'에 대해 물어보니, 그것은 예천의 맛질이라고 증언하면서, 현재도 이 마을에 택호가 '맛질댁'인 할머니가 계시는데 바로 예천의 맛질에서 시집온 분이라 했다.

필자가 한글학회에서 낸 『한국지명총람』의 '경상북도' 편을 조사해보니 '맛질'이라는 마을 이름이 다음과 같은 곳에서 발견되었다.

경상북도 고령군 고령면 저전동
경상북도 봉화군 법전면 어지리
경상북도 성주군 수륜면 보월동
경상북도 예천군 용문면 저곡리
경상북도 예천군 용문면 대저리

여러 곳의 '맛질' 가운데 장씨 부인과 관련된 곳은 예천의 맛질과 봉화의 맛질이다. 장씨 부인의 직계 종손이신 이돈 선생의 증언과 장씨 부인의 친정 마을인 안동군 서후면 금계리의 경당종택에 사시는 종손의 증언을 종합해보니 다음과 같았다.

장씨 부인의 어머니 권씨는 권사온權士溫의 딸로서 예천의 맛질에 살았다. 권씨가 안동군 서후면 금계리에 살고 있는 장흥효에게 출가한 후 예천의 맛질에 거주하던 권씨의 친정집은 봉화의 맛질로 이주했다. 장씨 부인의 외조부인 권사온의 묘는 현재 봉화의 맛질에 있다.

또한 1999년 12월에 방영된 KBS 「역사스페셜」에서 예천 토박이로 예천 대창고등학교 교감을 지낸 정양수 씨가 예천의 맛질마을에 있는 장씨 부인의 외가댁 집터를 확인해준 바 있다. 영양의 두들마을에 사는 이병균 할아버지의 증언과 예천의 맛질에 있는 장씨 부인 외가댁 집터의 증언 등을 종합할 때 『음식디미방』에 나오는 '맛질방문'의 '맛질'은 예천의 맛질로 판단된다. '맛질방문'이란 장씨 부인이 친정어머니 권씨로부터 전수받은 조리법인 것이다. 결론적으로 '맛질방문'은 '예천의 맛질에서 살고 있던 권씨 집안의 조리법'이라 할 수 있다.

백두현은 현지조사와 문헌 검토를 통해 장계향과 관련된 지역은 예천 맛질과 봉화 맛질이라는 결론을 얻게 된다. 그러나 영양 두들마을에 살고 있는 이병균 옹의 "『음식디미방』에 기재된 맛질은 예천 맛질"이라는 증언과 더불어 1999년 방영된 KBS 「역사스페셜」에서 장계향의 외가 집터가 소개된 점 등을 바탕으로 『음식디미방』의 '맛질'을 예천 맛질로 최종 단정짓게 되는 것이다. 아울러 장계향의 외조부 권사온權士溫(호는 동강東江, 1514~?)의 묘소는 봉화에 자리하고 있지만, 이는 예천 맛질에 살다가 봉화로 이주했기 때문이라는 제보자의 진술도 덧붙이고 있다.

그러는 가운데 최근 새로운 견해가 제시되기도 했다. 오랜 기간 장계향에 대한 연구를 진행해온 정동주는 『장계향 평전』이라는 책에서 장계향의 어머니(안동 권씨)는 "봉화 닭실酉谷의 첨지僉知 권사온의 3남4녀 중 막내딸"이라고 밝혔다. 이런 연유로 사람들은 안동 권씨가 만드는 음식을 '봉화 맛질방문'이라고 부르게 되었으며, 장계향 역시 어머니 안동 권씨로부터 맛질방문 솜씨를 잇는 일에 정성을 기울인 것으로 서술하고 있다. 정동주는 『안동권씨복야공파세보』에 수록된 장계향의 외조부 권사온의 혈통적 내력을 검토한 결과 이들은 봉화에 뿌리를 두는 권시權時에서 갈라진 가문이며 세거지 역시 봉화였다는 사실을 확인했는데, 다만 주목되는 것은 봉화 중에서도 닭실을 장계향의 외가 터전으로 지목했다는 점이다. 그러나 아쉽게도 봉화 닭실에서는 장계향의 외가와의 관련성을 입증해주는 어떤 단서도 나타나지 않았다.

어쨌든 『음식디미방』의 '맛질'은 황혜성이 예천의 맛질로 지목한 이래 백두현에게도 그대로 이어지고 있는데, 다만 백두현은 장계향의 외조부 묘소가 봉화에 자리하고 있다는 제보자들의 진술에 근거하여 "장씨 부인의 어머니 권씨는 권사온의 딸로 예천의 맛질에 살았으나, 권씨가 안동군 서후면 금계리에 사는 장흥효에게 출가한 후 예천의 맛질에 살던 권씨의 친정집은 봉화의 맛질로 이주했으며, 장씨 부인의 외조부인 권사온의 묘는 현재 봉화의 맛질에 있다"고 최종 결론을 내렸다.

한 가지 아쉬운 점은 이들 모두 예천의 맛질을 장계향의 외가 터전으로 여기기까지 논란의 중심에 있는 예천 맛질을 방문해 사실 여부를 확인하는 절차를 거치지 않았다는 사실이다. 특히 「역사스페셜」에서 예천 출신의 고故 정양수 씨가 확인시켜준 장계향의 외가 집터는, 필자가 조사한 바에 따르면 현재 맛질에 살고 있는 안동 권씨를 비롯한 대부분의 주민조차 인지하지 못하는 등 예천 맛질에는 장계향의 외가와 관련된 어떠한 실마리도 없다는 것이 확인되었다. 아울러 장계향의 외가인 안동 권씨를 추적하는 과정에서도 정작 권사온의 직계 후손에 대한 조사 등을 배제시켰다는 것 또한 문제점으로 드러났다.

'혈통'과 '세거지', 오해를 풀 두 실마리

『음식디미방』의 '맛질방문'에 대한 종래의 주장은 대략 다음의 세 가지로 정리된다. 첫째 『음식디미방』에 등장하는 '맛질'은 예천 맛질이며 곧 장계향의 외가라는 견해, 둘째 장계향의 외가는 예천 맛질에서 세거하다가 봉화 맛질로 이주했다는 견해, 셋째 『음식디미방』의 '맛질'은 봉화 닭실을 가리키며, 장계향의 외가 역시 이곳에 뿌리를 두고 있다는 견해 등이다. 그런데 앞서 지적했듯이 이들 주장을 뒷받침해줄 만한 근거가 명확하지 않을 뿐만 아니라 조사 방법에서도 적지 않은 문제점이 드러났다. 이런 연유로 여기서는 족보를 통한 계보적 접근 및 각종 기록에 근거한 문헌적 접근, 장계향의 외조부인 권사온의 직계 후손과의 면담조사, 예천 맛질을 비롯해 봉화 맛질 등에서의 현장조사 등을 통해 기존 견해를 검토해보기로 한다.

예천의 맛질과 봉화의 닭실을 장계향의 외가로 지목해온 기존 주장의 타당성을 검토하기 위해 우선 장계향의 외가, 곧 안동 권씨의 혈통적 계보를 추적

할 필요가 있다. 그런데 흥미롭게도 이 과정에서 새로운 사실이 밝혀졌다. [그림 1]에서 보듯이 장계향의 어머니뿐만 아니라 경당 장흥효(1564~1633)의 후실後室 역시 안동 권씨이고, 또 장계향의 조모와 증조모도 안동 권씨임을 확인할 수 있다. 즉, 장계향으로서는 외가, 진외가, 증외가 모두 안동 권씨가 되는 셈이다.

[그림 1] 경당종가의 가계도

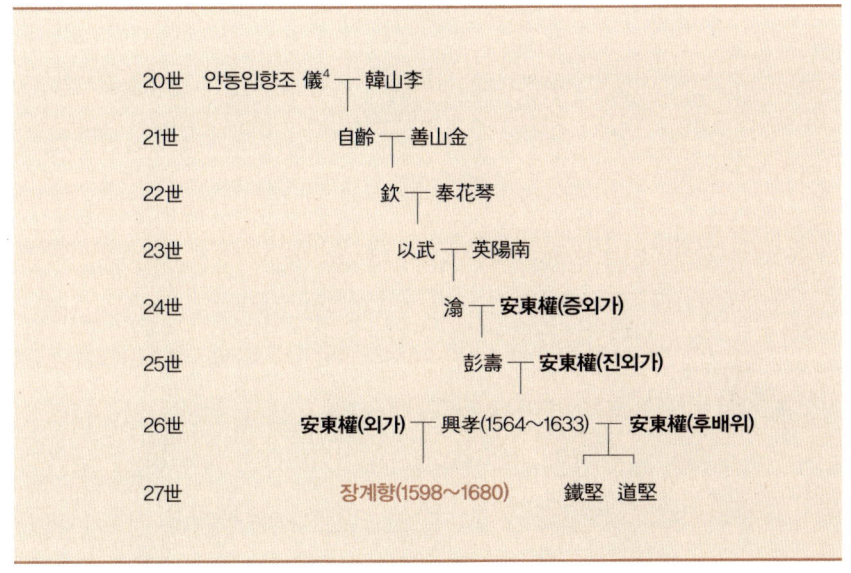

그렇다면 이들 안동 권씨 곧 장계향의 외가, 진외가, 증외가 그리고 장흥효의 후실과 예천 맛질 및 봉화 닭실과의 혈통적 친연성을 파악하기 위해 각각의 계보를 추적해보자. [그림 2]에서 보듯이 장계향의 어머니는 권사온權士溫의 딸로, 이들 가문은 12세世 권조여의 혈통으로 내려왔으며 봉화를 근거지로 삼고

있다. 그리고 장계향의 조모는 권덕기의 딸이며 안동 서후면 출신으로, 12세 권윤평의 혈통을 잇고 있는 가문이다. 특히 권덕기權德麒의 아우 권덕황은 학봉 김성일의 장인이기도 한데, 이로써 장팽수와 김성일은 사촌동서가 된다. 장계향의 증조모는 권숙경權叔經의 딸이며, 이들은 주로 안동 풍산읍 일대를 중심으로 거주해왔다. 9세 권통의 차남 권영정의 혈통으로 내려온 가문이다. 마지막으로 장흥효의 후실인 안동 권씨는 권장權檣의 딸로, 10세 권지정의 혈통을 잇고 있으며 주로 안동시 일대에 거주하고 있다.

이처럼 경당종가와 혼인을 맺은 안동 권씨 네 가문은 이미 선대에서 혈통을 달리하고 있는데, 이를 구체적으로 살펴보면 10세 권지정의 혈통으로 내려온 장흥효의 후배위 가문은 좌윤공파佐尹公派에 속해 있고 차남 권영정 계열인 장계향의 증외가는 별장공파別將公派다. 또한 10세 권수홍 계열로 내려온 장계향의 외가 및 진외가는 복야공파僕射公派에 속해 있지만, 12세에서 권윤평 계열과 권조여 계열로 갈라졌기 때문에 혈통적 친연성은 매우 희박하다.

그렇다면 이번에는 이들 안동 권씨 가문과 예천 맛질 및 봉화 닭실과의 관련성을 살펴보자. [그림 2]에서 보듯이 예천 맛질의 안동 권씨는 안동 북후면 도촌리에 뿌리를 두고 있는 권사빈의 후손들로, 그의 장남 야옹野翁 권의權檥(1475~1558)가 맛질 입향조다. 또 그의 아우인 충재沖齋 권벌權橃(1478~1548)은 외가 파평 윤씨의 터전이었던 봉화 닭실로 옮겨가서 자리를 잡았으며, 이때 부친 권사빈도 함께 간 것으로 전한다. 이처럼 장계향의 외가, 진외가, 증외가는 물론이고 장흥효의 후실 가문은 예천 맛질 및 봉화 닭실의 안동 권씨와는 전혀 다른 계통임을 알 수 있는데, 이로써 혈통적 측면에서는 장계향의 외가와 이들 지역의 연관성은 인정되지 않는 셈이다.

그러나 한편, 예천 맛질이나 봉화 닭실과의 혈통적 친연성은 갖지 않는다 해

[그림 2] 장계향의 3外家 및 장흥효의 후실 가문의 혈통적 내력

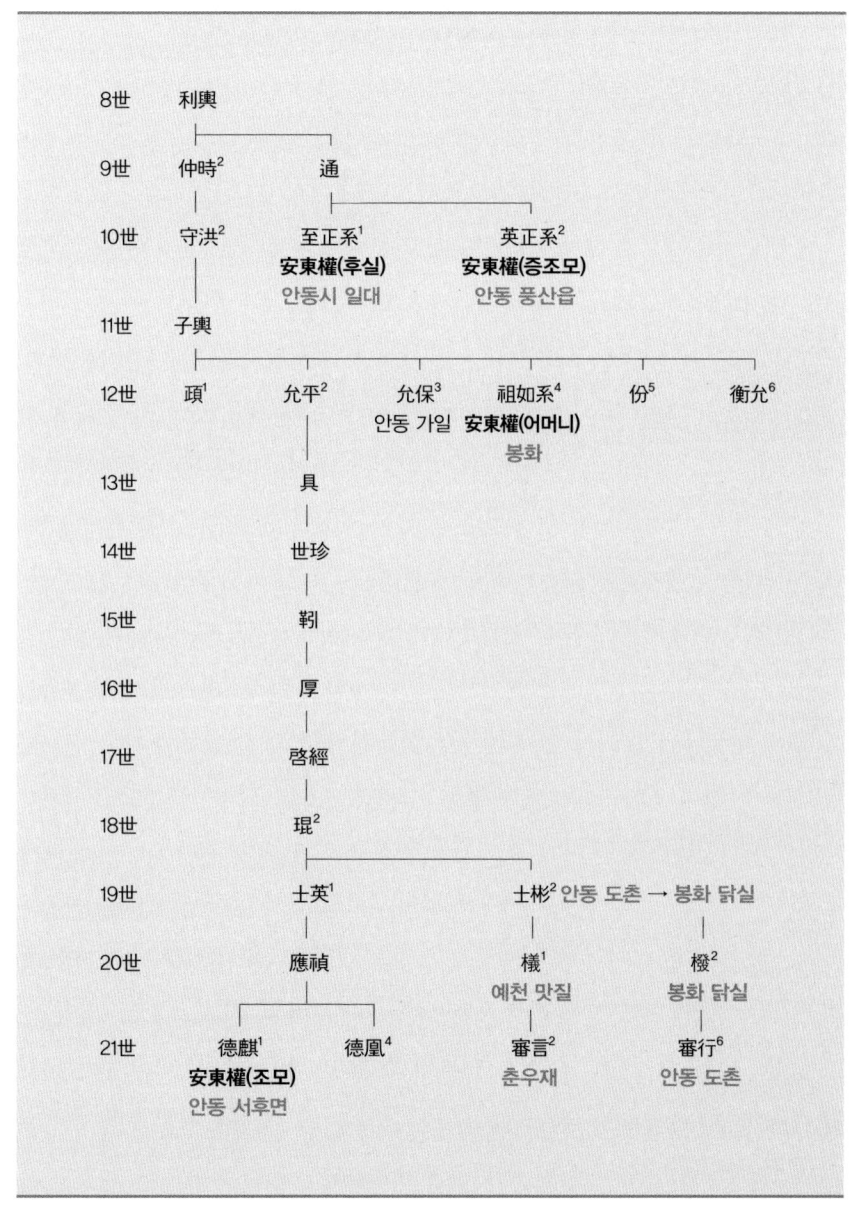

도 장계향의 외가가 그곳에 거주했을 가능성을 완전히 배제할 수는 없다. 따라서 이번에는 이들의 세거지를 추적해보기로 한다. 다만 아쉽게도 세거지 추적 조사란 이에 관련된 문헌 기록이 전하지 않으면 접근하기 쉽지 않은데, 이럴 때 족보에 기재된 조상들의 묘소 위치를 파악함으로써 대략적인 거주지를 추정할 수 있다.

[그림 3]에서 보듯이 장계향의 외가는 안동 권씨 10세 권수홍의 계통으로 내려온 복야공파에 속하는 가문이다. 『안동권씨복야공파세보』(9권)에 따르면 호장동정戶長同正의 관직에 오른 15세 권문칭에 이르러 동정공파로 분파를 하고, 21세 권시부터 봉화에서 세거하기 시작한 것으로 기재되어 있다. 다만 권시 이전의 인물들은 개성에서 낙향했다는 기록과 관직만이 전할 뿐 생졸년이나 묘소 등의 행적에 관한 것은 남아 있지 않아 거주지를 짐작하기 어려운데, 다행히 권시부터는 생졸년과 묘소가 밝혀져 있다.

이에 따르면 중시조인 권시는 "봉화에서 거주를 시작했으며始居奉化 벼슬은 증직으로 전중내급사殿中內給事를 역임했다"는 기록이 전한다. 권시의 아들 권처섭은 봉화 백운봉에 묘소가 있는 것으로 밝혀져 있는데, 지금의 봉화군 법전리다. 그의 아랫대 권치중의 묘소는 봉화 외배곡外裵谷에 위치하며, 봉화현 읍치가 자리했던 봉성면에 속해 있다. 권치중의 셋째 아들인 24세 권안성의 묘소 역시 봉성면에 위치한 봉화 만퇴晩退로 기록되어 있다. 특히 권안성은 왕실의 족보 편찬 업무를 담당하던 종부시주부宗簿寺主簿를 역임했는데, 부인은 안동 하회마을 입향조인 류종혜柳從惠의 손자 류봉수柳鳳壽의 딸이다.

그런가 하면 권안성의 장남 권의형부터는 봉화 명호면에 묘소를 두고 있으며, 그의 아들이면서 장계향의 외조부인 권사온을 비롯해 현주손의 부친인 38세 권영구까지 후대의 인물 모두 봉화 명호면에 묘소를 두고 있는 것으로 확

[그림 3] 장계향의 외가 가계도

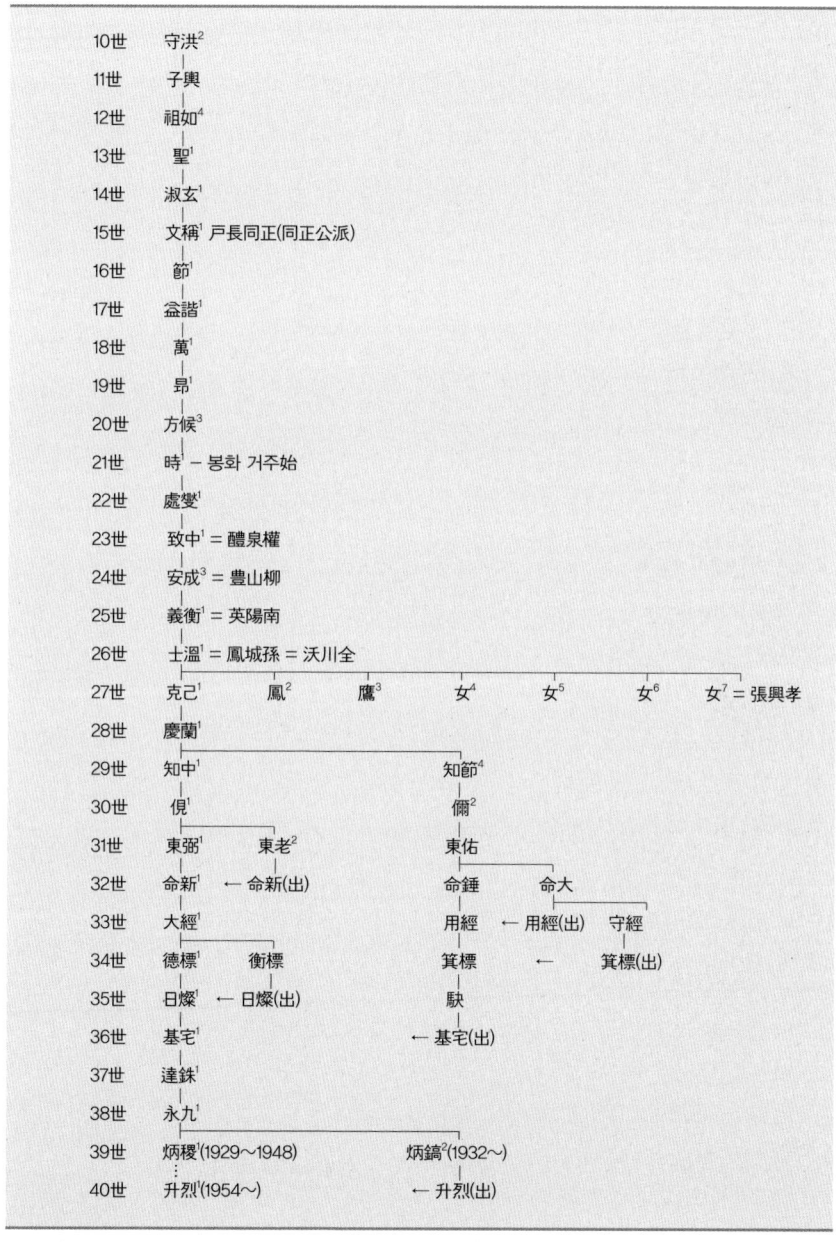

인되었다. 이로써 볼 때 이들 가문이 봉화로 옮겨올 때 가장 먼저 법전리에 자리를 잡았고, 이후 봉성면에서 잠시 살다가 명호면에 정착한 것으로 보인다. 따라서 장계향의 외가가 예천 맛질에 거주하다가 봉화 맛질로 이주했다는 백두현의 지적은 설득력이 떨어진다고 할 수 있다. 결국 이렇게 보면, 장계향의 외가는 혈통적 측면에서는 물론 세거지에서도 예천 맛질과의 연관성은 찾아보기 힘든 것으로 판단된다.

장계향의 외조부,
권사온이 남긴 기록

장계향의 외조부인 동강 권사온은 아버지 권의형과 어머니 영양 남씨 사이에서 장남으로 태어났으며, 차남은 권사양權士良, 셋째 아들은 성암醒庵 권사공權士恭이다. 『봉화군지』에 "동강 권사온과 그의 아우 성암 권사공의 후예들도 명호면 일대에 거주하여"라는 대목이 나오며, 또 기록된 인물에 대한 설명은 아래와 같다.

문장과 도덕이 뛰어났으나 벼슬길에는 오르지 않고 자연 속에서 많은 글을 남겼다. 명호설립주明湖設立主이며 수통정대부 상호군을 제수받고 93세에 가자加資했다. 특히 임진왜란 당시에는 아들과 조카 모두를 의병에 보냈고 서자인 봉鳳은 군공軍功으로 부정副正이었으며 선조대왕으로부터 흑궁黑弓 두 자루를 하사받았다. 문원공 이언적과 문순공 이황과 더불어 서교書交가 빈번했으며 월천 조목 및 학봉 김성일과는 친교가 두터웠다. 수제자로는 화산花山 이장발李長發이 있다. 약간의 유작遺作에 눌은 이광정이 서序하고 정재 류치명이 명銘했다.

'명호설립주明湖設立主'라는 것은 봉화 명호에서 세거하기 시작했다는 뜻인데, 이는 앞서 살펴봤듯이 권사온의 부친 권의형 때부터 묘소를 명호면에 두는 것과 일치한다. 즉, 권사온이 부친을 모시고 명호면에 정착한 것이다. 권사온은 족보에 "『봉화읍지』에는 95세까지 생존한 것으로 되어 있고, 가승家乘에는 105세까지라고 하니, 졸년卒年은 미상이다"라고 기재되어 있듯이, 당시로서는 드물게 장수한 것으로 보인다. 부인은 2명이다. 전실前室인 봉성 손씨는 딸 둘을 낳았는데, 장녀는 영천 이씨 이명홍李命弘에게 출가했고 차녀는 예천 권씨 권학해權學海의 부인이 되었다. 후실인 옥천 전씨는 1남2녀를 두었다. 장남인 권극기權克己(1562~1596)는 영양 남씨와의 사이에 외아들 권경란權慶蘭(1582~?)을 두고 35세의 젊은 나이로 사망했으며, 장녀는 영천 이씨 이현승李顯承에게 출가했고, 차녀가 바로 장계향의 어머니 곧 경당 장흥효의 부인이다. 또 권사온의 서출인 둘째 아들 권봉權鳳은 임진왜란 때 군량을 운반하기 위해 영덕으로 가던 길에 적장의 목을 베는 공을 세워서 판관이 제수되었으며, 셋째 아들인 권응權鷹 역시 임진왜란 때 가감家監(장군의 가신)이 되어 공을 세웠다는 기록이 전한다.

권사온은 『동강시고東江詩稿』라는 시집을 남겼다. 1846년에 작성된 발문에 따르면 집안대대로 필사 원고로 전해져왔는데, 창설蒼雪 권두경權斗經(1654~1725)이 표점을 하고 눌은訥隱 이광정李光庭(1674~1756)이 서문을 작성한 것으로 볼 때 대략 1700년대 전후에 간행을 위한 원고 편집을 한 것으로 보인다. 그러나 결국 발간하지 못하고 1846년 무렵 다시 간행 작업에 착수한다. 그러면서 시고의 간행을 위해 정재定齋 류치명柳致明(1777~1861)으로부터 묘갈명을 받아두기도 했다.

권사온의 시집 『동강시고』.

이처럼 발문과 묘갈명 등 간행에 필요한 원고를 편집해두었지만, 이때도 뜻을 이루지 못하다가 1963년 현 주손인 권병호權炳鎬(1933~)가 마침내 간행한다. 『동강시고』의 발문에 따르면, 당시 권병호는 "조부께서 살아 계셨을 때 이를 꺼내 보시고 술을 드시며 눈물을 흘리셨는데 (…) 조부께서 세상을 떠나신 뒤 형편이 따르지 않아 근근이 살면서 오늘에 이르렀으나 주변에서 간행하기를 바라는 사람이 많았다. 그래서 올해 봄 족제族弟 병도炳道, 문장門丈 도수度銖 씨의 명에 의해 비로소 시고 간행이 이루어졌다"고 밝히고 있다.

책의 대부분은 시詩로 이루어져 있지만, 후손 권일權馹이 지은 가상家狀과 발문跋文, 류치명의 묘갈명 등을 통해 권사온의 행적을 조금이나마 엿볼 수 있다.

그는 "늙어서 죽을 때까지 호산湖山에서 한가롭고 느긋하게 지냈다"고 하듯이, 실직實職의 벼슬에는 오르지 않은 듯하다. 다만 임진왜란 당시 79세의 고령에도 말을 타고 전장에 나가려고 했을 만큼 기백이 웅장했으며, 자신의 아들 1명과 서자 3명, 족인 5명을 모두 의병으로 보내고 사재를 털어 군량을 보내는 등의 활약을 펼친 것으로 전한다. 이후 82세 때 통정호군 겸 첨중추에 제수되었고, 93세에는 노인 우대제도에 따라 승자陞資되기도 했다.

그는 평소 회재晦齋 이언적李彦迪(1491~1553)과 퇴계退溪 이황李滉(1501~1570)의 학문을 숭모하여 편지와 시를 주고받았는데, 『동강시고』에 「근차퇴계이선생운謹次退溪李先生韻」 등과 같이 이언적·이황과 주고받은 시가 실려 있다. 또 월천月川 조목趙穆(1524~1606) 및 학봉 김성일 등과도 친밀한 교류를 한 것으로 알려져 있으며, 이들과 주고받은 시도 여러 편 수록되어 있다.

만년에 이르러서는 집에서 약 20리 떨어진 낙동강 상류 미천渼川(명호면 도천리 소재)이라는 곳에 계송정溪松亭을 세우고는 자신의 호를 '동강東江'이라 불렀다. 이런 연유로 그는 「동강십경東江十景」과 「동강팔경東江八景」이라는 시를 짓기도 했다. 이후 계송정은 화재로 소실되어 현재는 집터만 남아 있고, 봉화현감 박시원朴時源이 지은 「계송정중건상량문」만이 전한다. 내용에 따르면 계송정은 동강이 내려다보이고 남쪽으로 우뚝 솟은 산들이 줄지어 있는 곳에 자리하고 있었다. 정면 4칸 측면 6칸의 ㅁ자형으로 비교적 규모가 큰 건물이었으며, 좌우로는 책을 보관해두는 수장고를 갖추고 있었다. 이와 관련하여 가상家狀에 전하기를 "살림은 넉넉해 세입歲入이 수천 석에 이르고, 항상 친지 사이에 둘러싸여 있었고, 가난한 사람의 자루에 쌀과 소금을 가득 채워주었다. 또 찾아오는 손님을 위해서 항상 술을 준비했다"라고 하듯이, 권사온의 집안 형편은 비교적 풍족했던 것으로 보인다.

권사온은 사위 장흥효와 자신의 딸(장계향의 어머니)을 위해 여러 편의 시를 짓기도 했다. 『동강시고』에 수록된 시를 살펴보면, 사위인 장흥효를 위해 지은 것은 「차장서행원흥효운次張壻行原興孝韻」 「증장행원贈張行原」 「증장행원贈張行原」 「증장행원贈張行原」 「기장행원寄張行原」 「한식우중차장행원운寒食雨中次張行原韻」 「송장행원보환금계送張行原步還金溪」 「송장행원환가送張行原還家」 「송장행원모설환향送張行原冒雪還鄉」 「증장행원贈張行原」 「차장행원운억次張行原韻憶」 「증장행원贈張行原」 등 12편이고, 딸을 위해 지은 시는 「송우귀녀送于歸女」 「억장씨녀憶張氏女」 「송우귀녀送于歸女」 「송여식送女息」 「송여식送女息」 「금계별장씨녀金溪別張氏女」 「몽견장씨녀夢見張氏女」 등 7편이다.

집으로 돌아가는 사위를 보내며送張行原還家

만릿길 걸어서 돌아가는 저 모습
문에 기대어 동쪽을 돌아다보니
내 마음 얼마나 슬픈가
저녁노을 속에서 늙은이 홀로 서서
그대를 보내는
이 마음 견디지 못하네

딸을 그리워하며憶張氏女

너의 나이 서른일곱이고
내 나이 일흔을 넘겼네

지팡이 없이는 살아갈 수 없듯이
춥고 배고픈 것을 자식에게 의지하네
밥상을 마주하니 이가 빠진 것이 근심스럽고
거울을 보니 서리 같은 백발이 서럽기만 하구나
네가 있는 검제金溪로 고개를 돌리니
언제쯤이나 돌아와서 나에게 문안할까

사위를 위해 지은 시의 대부분은 장흥효가 봉화 처가를 방문하고 안동의 서후 검제로 돌아갈 때의 모습을 담은 내용이 주를 이루고, 딸에게는 그리움과 애절함을 담은 아버지의 마음을 전하고 있다. 주목되는 점은 『동강시고』에 수록된 가족 관련 작품 가운데 장계향의 어머니, 그리고 사위 곧 장계향의 아버지인 장흥효를 위해 지은 시가 유일하다는 사실이다. 이는 그만큼 이들과 각별한 관계를 유지했음을 말해주는데, 이 때문인지 장흥효의 『경당일기敬堂日記』에도 장인 권사온으로부터 받은 '증장행원贈張行原'이라는 같은 제목의 시 두 편이 실려 있다. 뿐만 아니라 『경당일기』에는 처가와 관련된 내용이 수록되어 있는데, 다음과 같다.

> 1616년 2월 26일
> 장모의 기제를 지냈다. 권경란權慶蘭이 와서 참석했다.
> 1618년 4월 15일
> 노비가 달아나 흩어질 조짐이 있어 봉화 처질妻姪의 집에 가서 연유를 묻고, 그대로 유숙했다.
> 1618년 4월 16일

처질과 함께 검천劒川에 가서 유숙했다. 이날 장인, 장모의 묘소에 가서 절을 올렸다.

1619년 2월 25일

인질姻姪 권경란權慶蘭이 선성宣城(예안)에서 왔다.

1619년 2월 26일

장모의 기제를 집에서 지냈다.

1619년 2월 27일

봉성鳳城(봉화)으로 돌아가는 인질姻姪을 전송했다.

1619년 3월 13일

장인의 기제를 집에서 지냈다.

내용에서 보듯이 처가(장계향의 외가)와 봉화의 관련성을 엿볼 수 있는 대목이 곳곳에 나타난다. 그런가 하면 1616년과 1619년 2월 26일에 장모의 기제사를 지냈으며, 1619년 3월 13일에는 장인 권사온의 기제사를 모신 것으로 되어 있다. 장모의 기제사에 참석한 권경란(1582~?)은 장계향의 어머니 안동 권씨의 장조카다. 당시 그는 작고한 아버지 권극기(1562~1596) 대신 자신의 조부 제사에 참석한 것으로 보이는데, 그렇다 하더라도 장인과 장모의 기제사를 왜 장흥효가 모시고 있었는지에 대해서는 의문이다. 물론 17세기 초만 하더라도 남성(부계) 중심의 유교적 가족 이념이 본격적으로 정착하지 않았던 터라 이전에 행해지던 외손봉사外孫奉祀의 연장선상에서 생각할 수도 있겠으나, 장조카 권경란이 이미 혼인하여 자식을 둔 터이므로 다소 이치에 맞지 않는다.

그러는 가운데 1619년 9월 25일 장계향의 어머니 안동 권씨가 숨을 거둔다. 장흥효는 당시의 상황을 "이날 술시戌時에 아내의 병을 구하지 못했으니, 애통

「조선도」에 그려진 경북 봉화군

봉화 맛질.

한 슬픔을 어찌하리요! 망극함을 어찌하리요! 하늘에 하소연해도 아득히 멀기만 하여 나의 간청을 들어주지 않네. 외로운 딸과 더불어 가슴을 치며 곡을 하니, 오장五臟이 끊어지는 듯하다. 꿈인가? 생시인가?"라고 적어두었다. 이런 연유로 『경당일기』에도 1619년 3월 13일에 거행한 장인의 제사를 마지막으로 더 이상 기록이 나타나지 않는다. 아울러 장흥효는 1621년 1월 10일에 후실 안동 권씨를 맞이한다.

이처럼 족보를 비롯한 관련 문헌 기록 등을 살펴볼 때 장계향의 외가인 안동 권씨의 터전은 봉화 명호면 일대라는 사실에는 의심의 여지가 없을 듯하다. 그렇다면 현재 이들 후손은 어디에 살고 있을까? 권사온의 직계 후손인 권병호(1932~)는 현재 봉화군 소천면에 살고 있다. 조상 대대로 봉화 명호면 도천리에서 세거하다가 그곳에서 진성 이씨와 혼인하고 자녀들을 낳은 다음 40세 되던 해에 현재의 거주지로 옮겨왔다. 당시 도천리에는 20여 가구의 족친들이 모

둠살이를 이루고 있었다. 원래 그에게는 형님 권병직權炳襪(1929~1948)이 있었으나, 17세에 봉화 금씨와 혼인하여 두 딸을 남겨두고 스무 살에 요절했다. 이런 이유로 족보에는 권병호의 장남 권승렬權升烈(1954~)이 양자로 올려져 있는데, 그 역시 객지에서 바쁘게 지내다보니 조상 제사를 비롯해 소소한 집안일은 권병호가 도맡아 하고 있는 형편이다. 앞서 소개한 『동강시고』 역시 권병호가 넉넉지 않은 살림에 어렵사리 간행한 것이다. 슬하에 아들 6형제를 두었으며, 부인 진성 이씨는 몸이 불편한 탓에 인근 요양원에서 장기입원 중이다. 현재 소천면 자택에서 혼자 지내고 있다.

결국 족보에 근거한 계보적 접근, 기록 자료를 이용한 문헌적 접근, 제보자 및 직계 후손과의 면담조사 등을 종합해볼 때 장계향의 외가는 예천의 맛질이라는 종래의 견해와 달리 봉화군 명호면 일대라는 사실이 새롭게 밝혀졌다. 그렇다 하더라도 『음식디미방』에 등장하는 '맛질'에 대해서는 여전히 결론을 내리기가 모호한 상태다. 즉, 외가의 세거지가 밝혀졌다고 해서 '봉화 명호면'이 곧 맛질'이 될 수는 없다. 왜냐하면 이들은 엄연히 별개의 지역이기 때문이다.

'맛질방문'은 예천 맛질인가?

『음식디미방』을 접한 연구자들은 '맛질방문'이라는 대목에서 '맛질'이란 과연 무엇인가 하는 의문을 품던 중 우연히 경북 예천에 있는 맛질 마을의 존재를 알게 되고 또 그곳이 안동 권씨 세거지라는 사실을 접하면서, 맛질방문의 '맛질'은 예천의 맛질이면서 동시에 장계향의 외가(안동 권씨) 터전이라는 결론을 내리게 된다.

이후 『음식디미방』과 더불어 종가 음식이 세간의 주목을 받으면서 '맛질방문'이 수면 위로 다시 떠오르는데, 이때에도 여전히 예천의 맛질이 지목되었다. 그러다가 2009년 종가 음식을 재현하는 모 행사에서 느닷없이 장계향의 외가 후손 가문이 등장한다. 당시 행사에서 영양 두들마을의 석계종가는 '음식디미방 재현음식'이라는 주제로 참석했으며, 예천 맛질에 자리한 춘우재春雨齋에서는 '음식디미방 맛질방문 재현음식'이라는 주제 아래 '어만두' '국화주' '집장'을 선보였다. 이어 2010년에 개최된 같은 행사에서도 춘우재는 '음식디미방 맛질방문 재현음식' 코너를 통해 '석류탕' 등의 음식을 재현했는데, 이를 계기로 춘우재는 장계향의 외가로 자리잡아갔다.

그렇다면 여기서 예천 맛질에 세거하고 있는 안동 권씨의 혈통적 내력을 살펴보자. 안동 권씨를 대표하는 상대파上代派는 총 15개로, 이는 9세世 6형제의 자손 15명을 중심으로 형성되었다. 맛질의 안동 권씨는 9세 권중시權仲時의 차남 권수홍權守洪의 후손들로, 권수홍이 고려시대 상서좌복야 상장군을 지냈기 때문에 복야공파僕射公派라고 하며, 흔히 '저곡 권씨' 또는 '맛질 권씨'로 불린다.

'맛질 권씨'의 18세 권곤權琨에게는 아들 4형제가 있었는데, 차남 권사빈權士彬(1449~1535)은 외가 서원 정씨西原鄭氏의 별서別墅가 자리하고 있는 안동 북후면 도촌리에 정착하며, 이후 둘째 아들 권벌을 따라 봉화 닭실로 옮겨간다. 권사빈의 장남 야옹野翁 권의權檥(1475~1558)가 바로 맛질 입향조다. 원래 맛질은 문경 송씨가 개척하여 살고 있었으나 후손을 두지 못해 사위인 밀양 손씨에게 터전을 물려주었다. 그런데 밀양 손씨에게도 후손이 없어 사위 권의가 외손봉사를 하며 들어오게 된 것이다. 현재 문경 송씨와 밀양 손씨의 후손들은 살고 있지 않으며, 안동 권씨 문중에서 밀양 손씨 외손봉사를 하고 있다. 이처럼 권사빈의 아들 4형제는 북후면 도촌리에서 태어나 장남 권의는 맛질로, 차남 권벌權橃은 처가 파평 윤씨의 터전인 봉화 닭실로, 셋째 아들 권예權橸도 닭실에 자리를 잡았으나 현재 후손이 남아 있지 않고, 넷째 아들 권장權檣은 맛질에 정착하여 살았으나 후손들은 전라도로 이주해갔다.

맛질 입향조 권의에게는 아들 7형제가 있었는데, 장남 권심기權審己는 부친 권의가 태어난 안동 도촌리에 자리를 잡았으며, 차남 권심언權審言이 맛질을 세거지로 삼았다. 따라서 맛질의 안동 권씨는 권심언의 후손인 셈이다. 그는 1566년 부친 권의의 덕을 기리기 위하여 야옹정野翁亭을 세워 후학 양성에 힘쓰기도 했는데, 야옹정은 경상북도 유형문화재 제230호로 지정되어 있다.

권심언의 아들 4형제 중 장남 권시(1552~1612)는 용궁 전씨龍宮全氏 부인을 얻어 맛질에 살면서 첨정공僉正公 종가를 이루었으나, 이미 오래전에 후손들이 뿔뿔이 흩어지고 종택도 남아 있지 않다. 차남인 매당梅堂 권욱權旭(1556~1612)은 안동 임하면 신덕리의 의성 김씨 입향조 운암 김명일의 사위다. 그러나 맛질에 살고 있는 권욱의 후손들은 크게 번창하지 못한 듯하며, 종손과 종부는 오래전에 대구로 옮겨갔다. 셋째 아들 함계咸溪 권담權曇(1558~1631)은 영순 태씨 부인을 얻어 맛질에 살았으나, 후손은 크게 현달하지 못했다. 이에 비해 넷째 아들 춘우재春雨齋 권진權晋(1568~1620)의 후손들은 크게 번창하여 그야말로 번듯한 종가를 이루었으며 지금까지 유지하고 있다. 이런 이유로 춘우재는 현재 맛질을 대표하는 가문으로 인식되고 있기도 하다. 한편 권진의 아버지 권심언은 음직으로 사옹원司饔院 참봉을 지냈는데, 사옹원이란 임금과 대궐의 식품 공급을 담당하는 부서다. 따라서 이러한 사실 역시 장계향의 외가 후손으로 춘우재를 지목하게 된 이유가 되었을 것으로 생각한다.

어쨌든 '맛질방문=예천 맛질=장계향의 외가'에서 출발한 오해는 시간이 지나면서 특정 가문을 후손으로 등장시키게 되었는데, 이는 다소 불안정한 역사적 사실에 정통성을 담보받고자 하는 목적에서 비롯되었다. 즉, 현재의 상황과 과거를 연결시켜주는 명확한 역사적 연속감이야말로 불안정한 전통에 확고한 아이덴티티를 부여하는 가장 효과적인 방법이기 때문이다. 그리하여 예천 맛질이 장계향의 외가라는 사실을 확고히 뒷받침해줄 만한 '일종의 관련성a kind of link'을 찾기 시작했으며, 이 과정에서 특정 가문을 후손으로 탈바꿈시켜놓은 것이다.

'맛질방문', 봉화 맛질인가?

　봉화 맛질은 행정구역상 봉화면 법전리 어지2리에 속해 있는 자연촌락이다. 『봉화군지』에 따르면 "조선시대 울진에서 춘양으로 통하는 길목에 자리하고 있던 이곳에 주막이 있었는데, 행인들로부터 음식 맛이 좋다 하여 맛질, 미곡味谷이라 불리게 되었다"고 한다. 예천 맛질이 '미도味道'라는 한자에서 유래하고 있듯이, 봉화의 맛질 역시 맛味과 관련되어 있는 것이다.

　그런가 하면 "관석의 쌀 한 가마니를 맛질의 논흙 한 가마니와 바꾸지 않는다"는 말이 전하듯이, 예로부터 맛질의 쌀 맛은 유명했다. 관석은 봉화 춘양면 소로리에 속한 마을로, 토양이 그리 좋지 않았고 물도 귀했다고 한다. 반면 맛질은 산촌임에도 마을 앞으로 드넓은 들이 펼쳐져 있고, 물 또한 풍부해 인근에서 토양이 좋기로 소문났다. 이런 연유로 "맛질 쌀로 밥을 지으면 반찬 없이도 두 그릇을 먹는다"는 말이 생겨났는데, 그만큼 밥알에 윤기가 흐르고 기름졌다.

　봉화 맛질은 지형학적으로 밀집된 형태를 이루기에는 상당히 불리한 여건을 갖추고 있는 마을이다. 아울러 동성마을에서 흔히 볼 수 있는 고색창연한 기와집이나 정자 등과 같은 이른바 유교문화의 조형물도 이곳에서는 찾아볼 수 없다. 그야말로 골골마다 한두 채의 집이 자리하고 있는 전형적인 산촌마을의 모습을 하고 있다. 그렇다보니 예전부터 30가구 남짓으로 마을을 구성해왔는데, 그나마도 최근에는 13가구로 줄어들었다. 처한 환경이 열악한 이곳에서는 벼농사 외에 별다른 생업을 꾸려나갈 수 없기 때문이다. 특히 청장년층의 정착을 유도하기 위해서는 특수 작물 재배 등에 필요한 경작지를 구비하고 있어야 하는데, 봉화 맛질에서는 이를 충족시킬 만한 토지를 확보하기 힘든 것이다.

그런데 지금의 봉화 맛질에는 안동 권씨들이 살고 있지 않다. 주민들의 기억에 따르면 예전에는 안동 권씨들이 더러 있었으나, 수십 년 전에 모두 타지로 떠났다고 한다. 현재 봉화 맛질에는 영천 이씨를 비롯한 각 성이 세거하고 있으며, 이들 역시 60여 년 전에 입향한 비교적 짧은 역사를 지니고 있다. 이처럼 지금으로선 장계향의 외가와 이곳 봉화 맛질의 직접적인 관련성을 찾기 힘든 실정인데, 특히 현 주손인 권병호 또한 '봉화 맛질'의 존재 자체를 알지 못할 뿐만 아니라 선대 조상들과 이곳의 인연에 대해서도 들은 바가 없다고 하니 더더욱 그러하다.

물론 장계향의 외가가 예천이 아니라 봉화라는 사실이 명확히 밝혀졌고, 게다가 봉화에도 '맛질'이라는 마을이 있으며, 또 이곳에 안동 권씨가 세거하고 있었고, 나아가 맛질이라는 지명은 음식 맛이 좋은 고을이라는 뜻을 가진 '미곡味谷'에 유래를 두고 있다는 점 등으로 미루어볼 때 『음식디미방』의 '맛질'이 봉화의 맛질일 가능성도 없지는 않다. 그렇다 해도 장계향의 외가와의 관련성이 보다 명확히 드러나기 전까지는 조심스럽게 접근할 필요가 있다.

진실은 봉화와
예천 사이에 있다

　예천 맛질을 장계향의 외가로 오해하게 된 출발점은 『음식디미방』의 '맛질방문'이라는 기록 때문이었다. 즉 '맛질방문'에서 '맛질'이란 과연 무엇인가 하는 의문을 품던 중 예천의 맛질마을이 있다는 것을 알게 되었고 또 그곳이 안동 권씨 세거지라는 사실을 접하게 되었다. 그런데 공교롭게도 장계향의 어머니, 곧 외가 역시 안동 권씨였던 것이다. 그러고는 "여성의 음식 솜씨는 친정어머니로부터 이어받는다"라는 우리 사회의 전통 담론에 근거하여 '맛질방문'의 맛질은 자연스럽게 장계향의 외가로 탈바꿈하게 되었다.

　사실 당시 황혜성을 비롯한 연구자들에게 장계향의 외가는 크게 주목할 만한 관심거리가 아니었고, '맛질의 요리 방법(맛질방문)'으로 분류된 16가지 음식의 조리법을 제공한 근원지가 보다 중요했을 것이다. 그런 과정에서 '맛질'이란 실제의 지역을 일컬으며 게다가 안동 권씨 세거지라는 사실을 확인하게 되는데, 이때 우리 사회의 "여성의 음식 솜씨는 친정어머니로부터 이어받는다"는 담론이 더해져 '맛질(방문)=예천 맛질=장계향의 외가'라는 오해를 초래하게 된 듯하다.

아울러 예천 맛질을 장계향의 외가로 여긴 데에는 '맛질(방문)=예천 맛질'이라는 주장에 정통성을 부여하기 위함이라는 목적도 자리하고 있다. 사실 '맛질(방문)=예천 맛질'에는 지명의 공통성 외에는 이렇다 할 관련성을 찾기 힘들다. 이때 '예천 맛질=장계향의 외가'라는 요소를 추가함으로써 '맛질(방문)=예천 맛질'은 강한 설득력을 지니게 되는데, 이에 따라 '예천 맛질=장계향의 외가'는 '맛질(방문)=예천 맛질'이라는 주장을 확고히 뒷받침해주는 주된 요소로 인식되었을 것이다.

이런 연유로 '예천 맛질=장계향의 외가'에 대한 의혹이야말로 '맛질(방문)=예천 맛질'이라는 정통성에 흠집을 내는 것으로 여겨졌을 가능성이 높다. 그리하여 결국에는 '맛질(방문)=예천 맛질=장계향의 외가'라는 구도를 입증할 만한 강력한 역사적 사실을 동원하게 된다. 즉 음식과 관련된 예천 맛질의 지명 유래담과 안동 권씨 세거지라는 요소만으로는 설득력을 확보할 수 없기 때문이다. 따라서 KBS 「역사스페셜」에서 예천 출신의 고故 정양수 씨가 장계향의 외가 집터를 확인시켜주고, 또 특정 가문을 외가 후손으로 등장시킨 일련의 과정들 모두 이런 맥락에서 이해할 수 있을 것이다.

제3장

잣과 호도, 쑥과 솔잎은 어떻게 약주가 되었나

『수운잡방』에 효능이 기록된 약주에 대한 문헌적 고찰

김종덕
사당한의원 원장

잣으로 담근
우리 고유의 술 백자주

　　1540년경 저술된 것으로 알려진 『수운잡방需雲雜方』은 안동군 와룡면 오천동에 살았던 김유金綏(1481~1555)의 저서로 경상북도 안동문화권 유학자들의 음식문화를 정리해 기록한 책이다. 『수운잡방』은 술과 안주 및 음식에 관한 내용으로서 1500년대 음식문화를 이해하는 데 매우 중요한 자료다. 김유는 책에서 121항의 음식 가운데 술을 59항 다룰 정도로 술을 중시했으며, 그 가운데 효능이 명시된 약주는 백자주栢子酒, 호도주胡桃酒, 상실주橡實酒, 오정주五精酒, 송엽주松葉酒, 애주艾酒, 지황주地黃酒 7종이다. 이 글에서는 약효가 분명히 드러난 약주를 중심으로 전대와 후대에 나온 고서 등을 서로 비교하면서 그 특징을 살펴보려 한다. 이러한 과정에서 기존 번역서의 한문 원문과 해석의 오류를 바로잡을 수 있었다. 참고로 약주의 서술 순서는 『수운잡방』의 목차에 맞췄다.

　　백자주栢子酒(잣술)는 신장의 냉기와 방광의 냉기를 치료한다. 두풍頭風(두통

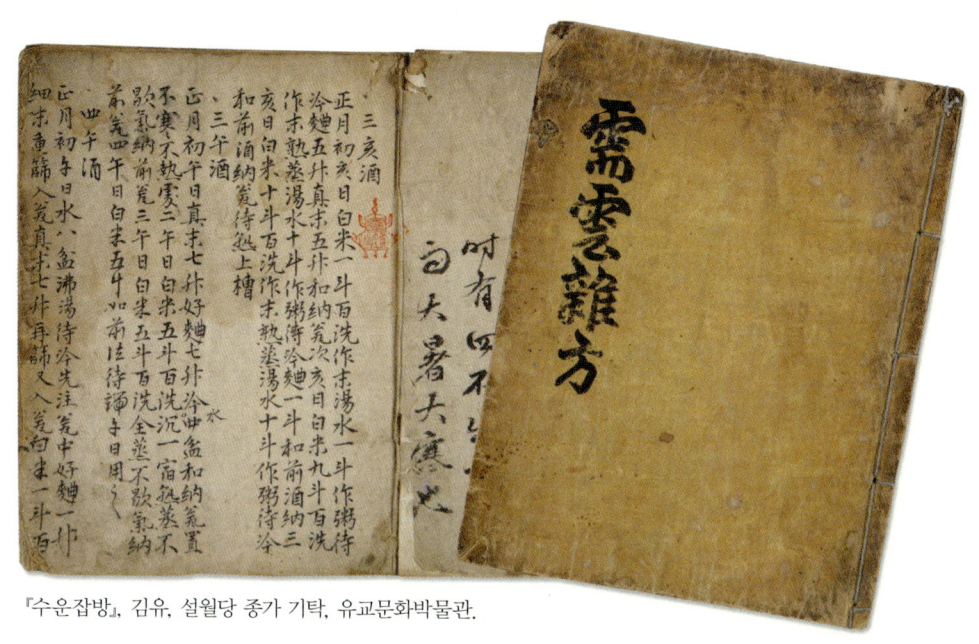

『수운잡방』, 김유, 설월당 종가 기탁, 유교문화박물관.

이 오랫동안 치유되지 않고 수시로 발작하는 증상)과 백사百邪(여러 가지 사기邪氣로 질병을 일으키는 나쁜 기운을 총칭), 귀매鬼魅(귀신에 흘려 나타난 정신이상)를 없앤다. 백자栢子(잣) 1말을 깨끗이 씻고 곱게 찧은 다음 물 4말을 넣고 체로 걸러 껍질과 찌꺼기를 제거하고 끓인다. 백미白米(흰쌀) 1말5되, 찹쌀粘米 1말5되를 깨끗이 씻은 다음 곱게 분말로 내고 쪄서 익힌다. 전에 끓인 물 4말과 섞어 배醅(술을 빚고 거르지 않은 상태의 술덧)[1]를 만들고 식기를 기다린 다음 누룩가루 3되를 섞어 항아리에 넣는다. 맑아지기를 기다린 다음 '용수篘'를 박아 술을 내린다.[2]

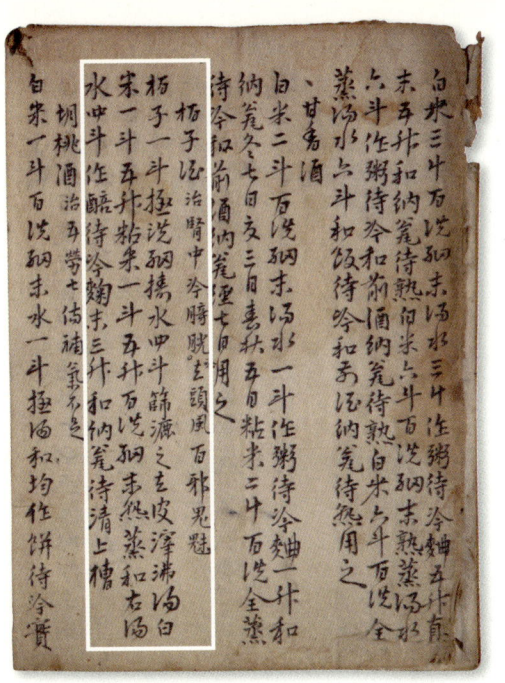

『수운잡방』「백자주」

백자를 어떻게 볼 것인가

결론부터 말하면 백자는 잣, 백자인栢子仁은 측백나무의 열매로 봐야 한다. 하지만 많은 고서에서 이를 혼동해서 썼기에 후대 사람들은 더욱 혼란스러울 수밖에 없다. 그렇다면 왜 이러한 실수가 일어났을지 살펴보자.

현재 소나무는 송松, 측백나무는 백栢, 잣나무는 해송海松 또는 백栢으로 표기하고 있는데, 문헌에 따라 백栢이 측백나무 또는 잣나무로 해석되고 있어 오해의 소지가 있다. 우리나라 한문사전에서 백栢을 찾아보면 측백나무와 잣나무라는 뜻이 모두 있다. 따라서 백자栢子를 잣으로 봐야 할지, 측백나무 열매인 백자인栢子仁으로 봐야 할지 혼동되는데, 국내 문헌을 중심으로 살펴보자.

『지봉유설芝峰類說』(1614)에 따르면 "우리나라에서 말하는 백栢은 중국에서 말하는 해송海松(잣)으로 측백나무栢가 아니다. 패사稗史에 신라의 사신들이 올 때마다 송자松子를 많이 팔았는데 옥각향玉角香 또는 용아자龍牙子라 이름지었다. 이것을 공경公卿들의 집에 뇌물로 바쳤다고 했는데, 이것이 지금의 백자栢子로 잣을 의미한다"3라며 백栢은 곧 송자로 해송(잣)이라고 했다.

『산림경제山林經濟』(1715)에서는 "해송자海松子(잣=백자栢子)를 찧어 고膏로 만들고 계란 크기로 환丸을 지어 술에 타 하루 세 번씩 먹는다"4라며 잣海松子과 백자栢子가 서로 같은 것이라고 했다. 즉 우리나라에서는 백자를 잣으로 이해했음이 분명하다.

중국에서는 백栢을 측백나무로 인식하는 경향이 강한 반면 우리나라에서는 측백나무 또는 잣으로 인식했는데, 왜 이런 차이가 생겨났을까? 그 까닭은 중국에서는 잣나무가 잘 자라지 않기 때문에 굳이 별도의 단어를 만들지 않고 잣나무를 소나무의 일종으로 생각했기 때문이다. 그런데 우리가 잣나무를 의미하는 단어로 '백栢'을 써서 서로 오해가 일어나기 시작했다. 이러한 과정을 거쳐 백자栢子가 잣을 의미하게 되었다. 하지만 우리나라 최초의 국어사전인 『훈몽자회訓蒙字會』(1527)에서는 "백栢은 측백나무의 의미만 있다"5고 했으므로, 언제부터 백栢을 잣나무로 썼는지에 대해서는 좀 더 연구가 필요하다.

한편 백栢을 잣나무의 의미로 쓰는 것을 잘못이라고 지적하는 문헌도 있었다. 이덕무李德懋(1741~1793)는 『청장관전서靑莊館全書』(1795)에서 "우리나라에서 해송자海松子(잣)를 백자栢子라 하는데 이는 대부분 잘못된 것이다. 『통아通雅』에 소병蕭炳이 다섯 개粒가 한 다발인데 다섯 잎이 비녀처럼 나와 있다고 했다. 이것이 신라의 잣海松子으로 작은 밤小栗만 하고 3각이며 그 씨는 향기롭고 맛이 좋다. 입粒은 엽鬣을 잘못 쓴 것이라고 했다. 『계신잡지癸辛雜識』에 괄송栝松은 잎이 한 꼭지에 3잎씩인데 고려에서 나는 것은 5잎이 1다발이라고 했다. 『신라국기新羅國記』에 아름드리 소나무 다섯 주가 있는데 그 열매의 알맹이 모양이 도인桃仁과 같지만 조금 작고 표피가 단단하며 맛은 호도胡桃와 같다고 했다. 『청이록清異錄』에 신라의 사신이 올 때마다 송자松子를 팔면서 이름을 옥각향屋角香 또는 용아자龍牙子라 했는데, 이것을 공경의 집에 뇌물로 바쳤다고 했다. 중국에서 해송자는 잣을 의미하고 유송油松 또는 과송果松이라 한다"6며 백자栢子를 잣으로 쓰는 것은 잘못된 것이라고 지적했다.

서유구徐有榘(1764~1845)도 『임원경제지林園經濟志』(1827)에서 "잣은 대개 우리나라에서 나오는 것으로 곳곳에 있다. 잣을 백자栢子라고 한 것은 잘못된 것이다"7라고 설명하고 있다.

잣[海松子, 油松, 果松, 五鬣松, 五粒松]을 측백[柏, 汁柏, 側葉子, 柏子仁]으로 잘못 인식해 나타난 오류에 대해 정약용丁若鏞(1762~1836)은 『아언각비雅言覺非』에서 다음과 같이 설명하고 있다.

『훈몽치훈訓蒙穉訓』에 '백柏은 잣果松'이라고 설명하면서 '사투리로 잔戔의 꺾인 소리와 같다고 했기 때문에 나타난 잘못이다'라고 지적하고 있다. 따라서 잣을 백자栢子로 잘못 알아 '백자가 몇 말인가?'라고 하는 것은 잘못이다. 그리고 백柏(측백)이 귀신의 벼슬이라는 말이 있듯이, 우리나라에서는 측백나무가 귀신을 피하기 때문에 송장體魄이 불안하다고 여겼다. 그런데 잣나무를 측백나무로 착각했기 때문에 잣나무로 관을 사용하지 않으니 이는 매우 어리석은 일이다. 잣나무는 재질이 치밀하고 결이 고와 관을 만드는 재목으로는 상품인데, 이런 거짓된 이름 때문에 잣나무를 사용하지 않고 있으니 매우 안타깝다.8

한편 정약용은 오립송五粒松도 잣나무로 보았는데 『본초강목本草綱目』에 따르면 오립은 오렵五鬣이 와전된 것으로 봐야 한다고 했다.[9] 따라서 『수운잡방』의 백자주는 백자인栢子仁(측백나무 열매)으로 만든 술이 아니라 백자栢子(잣)로 만든 술로 번역해야 한다.

백자栢子를 잘못 이해한 고서

『증보산림경제』의 오류

『증보산림경제增補山林經濟』는 1776년(영조 42)에 저술된 종합 농서다. 여기에 백자주 빚는 방법으로 "쌀 1말로 술을 빚으려면 백자인栢子仁 1되를 진흙같이 갈고 찧어 방문주方文酒(술 빚는 방법대로 빚는 술)의 밑술에 섞어 술을 빚는다. 백자주를 마시면 사람에게 매우 유익하다"[10]라고 나온다. 그런데 옆의 자료에서 보듯 분명 백자栢子(잣)가 아니라 백자인栢子仁(측백나무 열매)으로 나온다. 이는 분명 잘못된 것으로 저술 당시에 백자栢子와 백자인栢子仁을 혼동한 것이라 할 수 있다.

『농정회요』와 『군학회등』의 오류

순조 30년에 저술된 『농정회요農政會要』(1830)는 최한기崔漢綺(1803~1842)의 농서인데 여기서도 『증보산림경제』와 똑같은 실수를 범하고 있다.[11] 자료에서 보듯

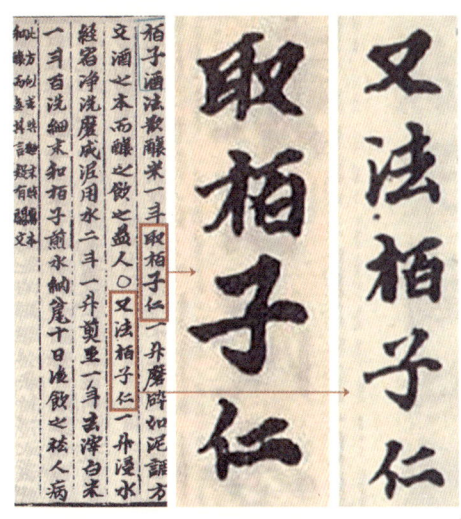

백자주栢子酒(잣술) 빚는 방법을 소개하는 글이 『증보산림경제』와 같고 여기에 쓰이는 재료가 분명 백자가 아니라 백자인으로 나온다. 잘못된 것을 바로잡지 못하고 그대로 인용하는 실수를 범한 것이다.

그리고 최한기는 백자주를 만드는 또 다른 방법을 소개하고 있는데, 이 또한 백자가 아닌 백자인으로 잘못 이해하고 있다.[12]

1800년대 중반에 저술된 것으로 알려진 『군학회등群學會騰』에서도 아래의 자료와 같이 『농정회요』와 동일하게 백자주 만드는 법을 설명하고 있다.[13] 그러나 여기서도 백자주에 백자가 아닌 백자인을 사용하는 실수를 범하고 있다.

비슷한 시기에 저술된 『임원경제지』(1827)의 송자주방松子酒方(잣술)에서 유사한 문장을 찾아볼 수 있다.

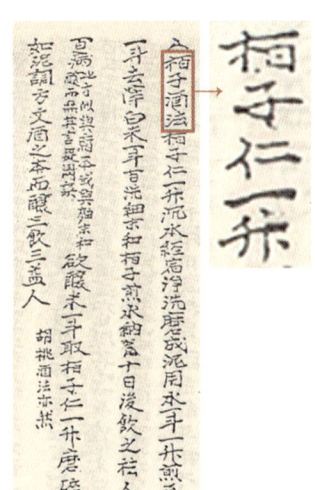

해송자(잣) 1되를 물에 하룻밤 담근 다음 깨끗이 씻고 갈아 진흙 같은 상태로 만든다. 물 1말1되를 넣고 1말이 되도록 끓인 다음 찌꺼기는 제거한다. 흰쌀 1말을 깨

끊이 씻고 가는 분말로 만든 다음 송자(잣) 달였던 물을 넣어 섞고 항아리에 넣는다. 10일이 지난 후에 마시면 백병百病(모든 병)을 없앨 수 있다. 이 처방에 부본腐本(술밑)이나 누룩가루에 섞어 술을 빚는다는 문장이 없는 것으로 미루어 보면 아마 궐오闕誤(누락된 문장이나 잘못된 문장)가 있지 않을까 한다.[14]

여기서 잣술을 만드는 데 잣을 이용했음을 알 수 있다. [표 1]에서 보듯『임원경제지』의 송자주방과『농정회요』와『군학회등』의 백자주법을 비교해보면 모든 문장의 내용은 같지만 오직『임원경제지』의 해송자와『농정회요』및『군학회등』의 백자인 두 단어만 차이가 난다. 따라서『농정회요』와『군학회등』은 백자栢子를 백자인栢子仁으로 잘못 이해하고 있음이 분명하다.

[표 1] 『임원경제지』의 '송자주방'과 『농정회요』『군학회등』의 '백자주법' 비교

林園經濟志	松子酒方	海松子一升	和松子煎水
農政會要	栢子酒法	栢子仁一升	和栢子煎水
群學會騰	栢子酒法	栢子仁一升	和栢子煎水
비고	松子 = 栢子(잣)	海松子(잣) ≠ 栢子仁(측백나무 열매)	松子 = 栢子(잣)

『고사십이집』과『고사신서』의 오류

『고사십이집攷事十二集』(1787)은 서명응徐命膺(1716~1787)이 관리들의 업무 참고서로 편찬한 책이다. 다음의 그림 자료에도 나오듯이 백자주에 대해 "술을 빚는 방법은 향온법香醞法과 같다. 다만 실백자實栢子(잣) 2말과 원래 들어가는 누룩가루 1말을 같이 문드러지도록 찧어 주본酒本(고두밥에 누룩을 섞어 버무린 술

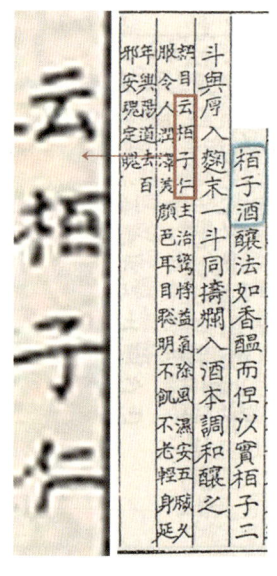

밑)에 넣고 섞어서 술을 빚는다"[15]라고 설명한다. 또한 잔주를 달아 『본초강목』에 말하기를 백자인은 경계驚悸(놀라서 가슴이 두근거리거나 불안해하는 병증)를 치료하고 익기益氣(기운을 북돋음)한다. 풍습風濕(풍사風邪와 습사濕邪로 몸이 아프고 무거우며 관절이 아파 제대로 굽히고 펴지 못하는 병증)을 없애며 오장五臟을 편히 한다. 오래 복용하면 사람이 윤택해지고 아름다워지며 이목이 총명해지고 배가 고프지 않으며 늙지 않고 몸이 가벼워지며 오래 산다. 양도陽道(남성의 생식능력)를 일으키고 '백가지 나쁜 기운百邪'을 없애고 혼을 안정시킨다安魂定魄"[16]고 부연 설명했다. 위의 그림에서 보듯 분명 백자인을 사용한다고 했다.

즉 본문에는 백자주라 명기하고 실백자 2말을 사용한다고 하면서, 잔주에서는 백자가 아닌 백자인의 효능을 적고 있다. 이 효능은 『본초강목』에서 언급한 백자인의 내용을 전부 옮겼고,[17] 견권甄權이 백자인의 효능으로 언급한 "두풍頭風, 허리와 신장의 냉한 것, 방광이 냉한 것, 농축된 숙수宿水(마신 물이 흡수되지 않고 몸 안의 일정한 곳에 몰려 있는 것)를 치료한다. 양도를 일으키고 수명을 연장시킨다. 백사百邪와 귀매鬼魅를 없애고 어린아이의 경간驚癎을 치료한다"[18]고 한 것에서 일부 발췌했으며, 이시진이 백자인의 효능으로 언급한 "심기心氣(심장의 정기)를 기르고 신조腎燥(신장)를 윤택하게 한다. 혼을 안정시킨다. 백자인을 불에 태우고 그 즙을 떨어뜨리면 머리털이 윤택해지고 개선疥癬(옴)을 치료한다"[19]고 한 것에서 일부 발췌한 것이다.

따라서 서명응은 백자주의 제조 방법을 적으면서 여기에 언급된 백자栢子와 실백자實柏子를 잣이 아닌 백자인(측백나무 열매)으로 오인한 것임이 분명하다.

서명응의 또 다른 저서인 『고사신서攷事新書』(1771)에서 설명한 백자주도[20] [표 2]에서 보듯 『고사십이집』(1787)의 본문과 같다. 이를 어떻게 해석해야 할까?

[표 2] 『고사신서』와 『고사십이집』의 백자주 비교

攷事新書	栢子酒	釀法如香醞 而但以實栢子二斗 與原入麴末一斗 同搗爛 入酒本 調和釀之.
攷事十二集	栢子酒	釀法如香醞 而但以實栢子二斗 與原入麴末一斗 同搗爛 入酒本 調和釀之.
비고		내용이 동일함.

첫째, 저자가 같고 『고사신서』와 『고사십이집』의 백자주에 대한 설명이 같으므로, 『고사십이집』의 잔주에서 백자를 잣이 아닌 백자인으로 잘못 이해했듯이 『고사신서』의 백자를 백자인으로 잘못 이해했을 가능성이 있다.

둘째, 『고사신서』를 저술할 당시에는 백자주를 만드는 백자를 잣으로 제대로 이해했으나, 뒷날 저술된 『고사십이집』에서 백자를 백자인으로 잘못 이해했을 가능성이 있다. 하지만 일반적으로 후대에 저술된 것이 더 정확할 때가 많은 것을 감안하면 『고사신서』의 백자주에서 백자를 잣으로 이해했을 가능성은 희박하다.

백자주 제조 방법 비교

잣은 우리나라 특산품이므로 잣술은 우리 고유의 술로 볼 수 있다. 이러한 잣술의 제조 방법은 여러 문헌에 등장한다. 『고사촬요攷事撮要』(1554),[21] 『의림촬요醫林撮要』,²² 『의방합편醫方合編』,²³ 『산림경제』(1715),²⁴ 『민천집설民天集說』(1752),²⁵ 『해동농서海東農書』(1799),²⁶ 『주찬酒饌』,²⁷ 『임원경제지』,²⁸ 『의휘宜彙』(1871)²⁹ 등에서는 백자주에 대해 "술을 빚는 방법은 향온법香醞法과 같다. 다만 잣 2말과 원래 들어가는 누룩가루 1말을 같이 문드러지도록 찧어 주본에 넣고 섞어서 술을 빚는다"고 했다.

여기서 언급된 향온법은 무엇일까? 『산림경제』,³⁰ 『의휘』³¹ 등에 따르면 "내국內局(조선시대 궁중의 의약을 맡은 내의원)에서 향온을 만드는 방법은 다음과 같다. 보리를 갈아 누룩을 만들지만 체로 치지 않는다. 한 덩이一圓에 1말을 넣고, 녹두 1홉을 갈아 섞어서 만든다. 백미 10말, 찹쌀 1말을 잘 씻고 찐다. 끓는 물 15병甁을 부어 섞는데, 물이 고두밥蒸飯에 모두 스며든 뒤에 대자리 위에 펴서 오래도록 식힌다. 누룩가루 1말, 술밑腐本 1병과 고루 섞어 술을 빚는다"고 설명했다.

이처럼 많은 고서에서 언급된 백자주와 『수운잡방』의 백자주 제조 방법은 상당 부분 다르다. 따라서 『수운잡방』의 백자주는 이것이 저술되기 이전의 고서나 저술된 이후의 고서와 서로 영향을 주고받지 않은 것으로 보인다.

『수운잡방』 백자주의 효능 분석

『수운잡방』에는 백자주의 효능으로 "신장의 냉기와 방광의 냉기를 치료한다. 두풍과 백사, 귀매를 없앤다"고 나온다. 여기서 언급된 백자주의 효능을 다른 고서와 비교해보자.

『증류본초證類本草』(1108),³² 『향약집성방鄕藥集成方』(1433),³³ 『식물본초食物本草』

(1521),³⁴ 『본초강목』³⁵ 『본초정화本草精華』³⁶ 『신농본초경소神農本草經疏』(1625)³⁷ 등에 따르면 『개보본초開寶本草』에 "잣은 골절풍骨節風(산후에 관절에 바람이 들어오는 것 같고 시린 증상)과 두현頭眩(정신이 아찔아찔하여 어지러운 증상인 현훈眩暈)을 치료한다. 죽은 피부死肌를 없애고 희게 만든다. 수기水氣(부종)를 흩어주며 오장五臟을 윤택하게 하고, 배고프지 않게 한다"고 했다.

『증류본초』³⁸ 『본초강목』³⁹ 『본초정화』⁴⁰ 등에 따르면 『명의별록名醫別錄』에서는 잣에 대하여 "풍비風痺, 한기寒氣, 허리虛羸(허하고 여윔), 소기少氣(기가 허하고 부족하여 말소리에 힘이 없거나 숨을 쉬는 것이 약하며, 쉽게 피곤해지는 증상) 등을 몰아내며 부족한 것을 보충하고 피부를 윤택하게 하며 오장을 살찌게 한다"고 했다.

『동의보감』에서도 잣에 대하여 "골절풍, 풍비, 두현을 다스리고 피부를 윤택하게 하며 오장을 살찌게 한다. 허리와 소기가 있을 때 몸을 보한다"⁴¹며 『개보본초』와 『명의별록』에서 언급한 잣의 효능을 아울러 설명했다.

『향약집성방』⁴² 『본초강목』⁴³ 『본초정화』⁴⁴ 등에 따르면 이순李珣은 "모든 풍을 치료하고 장위腸胃(창자와 위장의 소화기관)를 따뜻하게 한다. 오래 먹으면 몸이 가벼워지고 오래 살며 늙지 않는다"고 했다.

이시진은 잣에 대해 "폐를 윤택하게 하는潤肺 작용이 있으며 조결燥結(진액이 부족하여 위장이 건조해지고 변비가 됨)과 해수咳嗽(기침은 하나 가래가 없는 것이 해咳이고, 가래로 인해 기침하는 증상이 소嗽다)를 치료한다"⁴⁵고 했다.

종석宗奭은 "백자인栢子仁과 같이 허비虛秘(정혈精血과 진액津液이 부족하여 생긴 변비)를 치료한다"⁴⁶고 했다.

이처럼 잣의 효능을 역대 의서를 중심으로 살펴봐도 『수운잡방』에서 언급된 백자주의 효능을 찾아보기 어렵다. 하지만 [표 3]에 정리된 것처럼 『증류본초』⁴⁷

『탕액본초』⁴⁸ 『향약집성방』⁴⁹ 『의학십서』⁵⁰ 『본초강목』⁵¹ 『본초정화』⁵² 『본초부방편람本草附方便覽』(1855)⁵³ 등의 고서에서 공통으로 언급한 측백나무 씨柏實(백자인)의 효능과 100퍼센트 일치하고 있다. 따라서 『수운잡방』에서 언급된 백자주의 효능은 잣으로 만든 술의 효능이 아니라 백자인(측백나무 열매)의 효능을 기록한 것으로 보인다. 이는 김유가 백자인의 효능을 백자의 효능으로 잘못 인식한 실수로 보인다.

[표 3] 백자인의 효능과 『수운잡방』의 백자주 효능과의 비교

고서								
證類本草 (1108)	腰腎中冷	膿宿水	興陽道	膀胱冷	益壽	去頭風	百邪鬼魅	小兒驚癎
湯液本草 (1289)	腰腎中冷	膿宿水	興陽道	膀胱冷	益壽	去頭風	百邪鬼魅	
鄕藥集成方 (1433)	腰身中冷	膿宿水	興陽道	膀胱冷	益壽	去頭風	百邪鬼魅	小兒驚癎
醫學十書 (1529)	腰腎中冷	膿宿水	興陽道	膀胱冷	益壽	去頭風	百邪鬼魅	
需雲雜方 (1552)	腎中冷			膀胱冷		去頭風	百邪鬼魅	
本草綱目 (1596)	腰腎中冷	濃宿水	興陽道	膀胱冷	益壽	治頭風	百邪鬼魅	小兒驚癎
本草精華	腰腎冷		興陽道	膀胱冷		治頭風	百邪鬼魅	小兒驚癎
本草附方便覽(1855)	腰中重痛腎中寒	膿宿水		膀胱冷				

『수운잡방』의 백자주에 대한 문헌 고찰을 통해 다음과 같은 결론을 도출할 수 있다. 첫째, 예전부터 백栢에 대해 측백나무인가 잣나무인가 하는 논쟁이 있어왔으나 『수운잡방』 백자주의 백자栢子는 잣으로 봐야 하고, 백자주는 잣으로

만든 술로 보는 것이 타당하다. 둘째, 『증보산림경』『고사십이집』『농정회요』『군학회등』 등에 나오는 백자주에서 백자를 잣이 아닌 백자인으로 잘못 이해하고 있다. 셋째, 『수운잡방』의 백자주 제조 방법은 저술되기 이전이나 이후의 고서와 서로 영향을 주고받지 않은 것으로 보인다. 따라서 김유는 매우 독창적인 백자주 제조 방법을 서술한 것으로 보인다. 넷째, 『수운잡방』에서 언급된 백자주의 효능은 잣으로 만든 술의 효능이 아니라 측백나무 씨의 효능을 잘못 기록한 것이다.

허약한 기운이 들 때는 호도주

호도주胡桃酒는 오로칠상五勞七傷(오장이 허약해서 생긴 허로를 오로五勞라 하고, 몸이 허약해서 생기는 7가지 허로증을 칠상七傷이라 한다)을 치료하고 기가 부족한 것을 보충한다. 흰쌀 1말을 여러 번 씻고 곱게 분말로 만든 다음 물 1말을 팔팔 끓인 후 고르게 섞어 떡을 만든다. 식은 다음 호두알 5홉合(0.18리터)을 곱게 갈고, 누룩 5되를 잘 섞어 항아리에 넣고 익기를 기다린다. 흰쌀 3말을 여러 번 씻어 고두밥을 만들고 물 3말을 잘 섞어 식기를 기다린다. 누룩 3말, 호두알 1되5홉을 잘게 갈아 전에 만든 술과 잘 섞어 항아리에 넣고 익기를 기다렸다가 사용한다.[54]

『수운잡방』「호도주」

『수운잡방』 호도주 제조 방법의 비교

호도주는 핵도주核桃酒라고도 하는데,『고사촬요』[55]『의림촬요』[56]『산림경제』[57]『민천집설民天集說』(1752),[58]『고사신서』[59]『해동농서海東農書』(1799),[60]『의휘』[61] 등에 따르면 "호도주 빚는 방법은 백자주와 같다. 다만 잣이 아닌 호도로 대신할 뿐이다"라고 했다.『증보산림경제』[62]『농정회요』[63] 등에서는 바로 앞 단락에서 백자주 만드는 방법을 소개하고 '상동上同'이라고 했다. 또한『임원경제지』에서도 호도주는 송자주松子酒(잣술)와 제조 방법이 같다고 했다.[64]

이처럼 많은 고서에서 호도주와 백자주의 제조 방법이 같다고 했으나,『수운잡방』의 호도주는『수운잡방』의 백자주와 다르고 다른 고서의 백자주와도 다르다. 즉 『수운잡방』의 호도주 제조 방법은 다른 고서와 영향을 주고받지 않은 독창적인 제법으로 보인다.

술에 호도를 타 먹는 호도주

일반적으로 약재와 곡류 그리고 누룩을 넣어 술을 담그나, 기존에 있는 술에 약재를 담가 약술을 만든다. 그러나 『보제방普濟方』에 나오는 호도주는 "변옹便癰(가래톳이 서서 멍울이 생기는 병)을 치료한다. 호도 7개를 불에 태운 다음 그늘에서 말린다. 갈아 분말로 만든 다음 술과 함께 복용한다. 3번 복용하지 않아도 치료된다"[65]라고 하여 호도와 술을 같이 먹는 것이 호도주라고 했다. 같은 내용이 『본초강목』[66] 『신농본초경소』[67] 등에 보인다.

그리고 또 다른 호도주가 『보제방』에 나온다. "호도주는 소장기小腸氣(기체로 오는 산증)와 부인의 외옹外癰(신체 외부에 생기는 부스럼)을 치료한다. 좋은 호도 1개를 불에 태워 재를 만들고 잘게 갈아 뜨겁게 데운 박주薄酒(투박한 술)에 타서 먹으면 절묘하다"[68]고 했는데, 여기서도 불에 태운 호도를 분말로 만들어 술에 타 먹는 방법이다.

『수운잡방』의 호도주 효능 비교

『수운잡방』은 호도주의 효능으로 "오로칠상을 치료하고 기가 부족한 것을 보충한다"고 했는데, 다른 고서에서 언급된 효능과 비교 검토하고자 한다.

『개보본초』에 따르면 "호도를 먹으면 살찌고 건강해지며, 피부가 윤택해지고 수염과 머리털鬚髮을 검게 한다. 많이 먹으면 소변을 잘 나가게 하고 오치五痔(5종류의 치질)를 없앤다. 호도를 찧어 호분胡粉(분)에 갠 다음, 흰 수발鬚髮을 뽑아내고, 그 모공에 바르면 검은 털이 나온다. 호도를 태운 재를 송진松脂에 개어 나력창瘰癧瘡에 바른다"고 했는데, 같은 내용이 『본초강목』[69] 『본초정화』[70] 등에 보인다.

맹선孟詵(621~713)은 "호도를 먹으면 음식을 잘 먹게 되고, 혈맥을 통하고 윤택하게 하며 골육骨肉을 매끄럽고 윤이 나게 한다"고 했다. 같은 내용이 『본초강목』[71]『본초정화』[72] 등에 보인다.

소송蘇頌(1019~1101)은 호도에 대해 "손상損傷과 석림石淋(배뇨가 잘 안 되며 소변에 모래알 같은 것이 섞여 나오는 임증)을 치료한다. 파고지破故紙와 같이 섞고 꿀로 환을 만들어 복용하면 하초下焦를 보한다"[73]고 했다.

이시진은 "호도는 기운을 북돋고 양혈養血하며, 조증을 치료潤燥하고 화담化痰(담을 삭힘)하며, 명문命門을 보하고, 삼초三焦를 이롭게 하며, 온폐溫肺(폐를 따뜻하게 하여 한기를 퍼뜨리는 것)하고 윤장潤腸(장을 적셔줌)한다. 허한虛寒으로 인한 천식과 기침, 허리와 다리가 몹시 아픈 것, 가슴과 배의 격렬한 통증, 열독으로 인하여 피가 섞여 나오는 이질과 장풍腸風(치질로 인한 출혈) 등을 치료한다. 종기에서 나오는 독을 흩어주며, 두창痘瘡(천연두)을 터트리고 구리독銅毒을 제어한다"[74]고 했다.

『동의보감』에서도 "호도는 경맥을 통하게 하며 혈맥을 윤택하게 한다. 귀밑머리鬚髮를 검게 하며 살찌고 건강해지게 한다"[75]고 했다.

지금까지 여러 의서에서 밝혀놓은 호도의 효능을 살펴보았지만, 『수운잡방』

에서 언급한 효능과 일치하지 않고 있다. 이를 어떻게 해석해야 할까?

첫째, 『수운잡방』 호도주의 효능은 다른 고서의 효능을 참고하지 않고 독창적인 경험방을 적었을 가능성이 있다. 오로칠상의 경우 의서에서 언급된 호도의 효능으로 미루어 보면, 절대로 이러한 효능이 없다고 할 수도 없기 때문에 넓은 의미에서 호도의 효능으로 볼 수도 있다. 또한 기가 부족한 것을 보충한다고 했는데, 이시진이 언급한 것처럼 호도는 보기補氣 작용이 있으므로 틀렸다고 볼 수도 없다. 따라서 『수운잡방』 호도주의 효능은 기존 의서를 참고해 자신의 경험을 적은 것으로 볼 수 있다. 둘째, 『수운잡방』에서 호도주의 효능이라고 적었지만 호도가 아닌 다른 약재의 효능을 잘못 적었을 수도 있다. 백자주 항목에서 잣이 아닌 백자인의 효능을 잘못 적은 것으로 미루어 보면 이러한 가능성을 배제할 수 없다. 오로칠상에 좋은 약재나 부족한 기를 보충하는 약재는 여러 가지이므로 특정한 어느 것을 참조했다고 추론하기 어렵다. 따라서 어느 약재의 효능을 참고했다는 증거를 제시하지 못하는 단점이 있다.

이처럼 두 가지 가능성이 있으나 『수운잡방』 호도주의 효능 연구는 새로운 사료가 발견되지 않는 한 깊이 있는 연구는 어려울 듯하다.

『수운잡방』의 호도주에 대한 문헌 고찰을 통해 다음과 같은 결론을 도출할 수 있다. 첫째, 『수운잡방』 호도주의 제조 방법은 저술되기 이전이나 이후의 고서와 영향을 주고받지 않은 것으로 보인다. 따라서 김유는 매우 독창적인 호도주 제조 방법을 서술한 것으로 볼 수 있다. 둘째, 『수운잡방』 호도주의 효능은 기존 의서의 영향을 받아 독창적인 효능을 적었을 수도 있고, 전혀 다른 약재의 효능을 잘못 적었을 수도 있다. 좀 더 연구가 필요한 부분이다.

씁쓸하고 따뜻한 상실주

껍질을 깐 상수리橡實米 1석(120근)을 흐르는 물에 오래도록 우려내고, 그 굵은 가루麤末를 햇볕에 말려 곱게 빻는다. 찹쌀 6말을 많이 씻고 고운 분말로 만든 다음 이를 서로 섞고 푹 쪄어 식힌다. 두 가지를 합해 2말을 만들고 좋은 누룩 3되를 잘 섞어 항아리에 넣고 익기를 기다린다. 고운 찹쌀가루로 죽 1동이를 만들어 항아리에 넣는다. 징청澄淸(맑은 웃물)이 바닥까지 내려가면 청주淸酒(맑은 술)를 떠서 사용하고, 묽은 찰죽에 용수를 박아 술을 뜬 다음 술지게미를 햇볕에 말려 저장한다. 먼 길을 갈 때 복용하면 좋다. 3~4월 매사냥放鷹할 때 오후에 하인들이 허갈虛渴이 나면 냉수에 타서 마시게 하면 몸이 가벼워지고 다리의 힘을 튼튼하게 한다.[76]

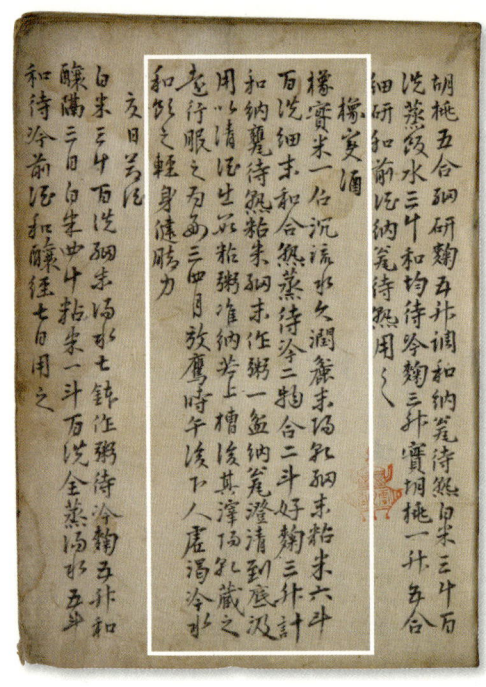

『수운잡방』「상실주」

상실은 상수리인가 도토리인가?

『수운잡방』에 나오는 상실주橡實酒는 당연히 상실이 들어간 술이라는 뜻인데, 여기서 말한 상실을 상수리로 번역할 것인가, 아니면 도토리로 번역할 것인가가 처음부터 문제가 된다. 즉 상실주를 '상수리술'로 볼 것이냐 '도토리술'로 볼 것이냐다. 사전에는 도토리를 참나무속에 속하는 나무열매의 총칭으로 정의하고 너도밤나뭇과의 신갈나무·떡갈나무·갈참나무·졸참나무, 그리고 이들 사이에서 생긴 많은 변종의 열매를 모두 도토리라 한다고 했고, 상수리는 상수리나무의 열매로 한문으로 상실橡實로 표기한다고 했다. 이에 상수리나무인 상橡과 떡갈나무인 곡槲을 중심으로 고문헌을 살펴보자.

상실을 우리말로 표현한 것으로 현존하는 문헌 가운데 가장 오래된 것은 『향약구급방鄕藥救急方』(1236)으로 보인다. 여기에 "상실橡實을 세속에서는 '저의율猪矣栗'이라 한다. 쓴맛苦味이 있으며 온성溫性이 있고 무독하다. 본초에서 말하기를 잎이 가는 것이 바로 이것이다"[77]라고 설명하고 있다. 그런데 여기에 나오는 저의율을 어떻게 발음하고 뜻을 이해하느냐가 문제가 된다. 猪(돈 데)[78]+矣(의)+栗(밤 율)[79]이 되어 '돈의 밤'으로 발음되고 '돼지의 밤'이라는 뜻이 된다. 이에 남풍현南豊鉉은 저의율이 '도퇴밤 → 도퇴밥 → 도퇴왐'으로 변해 '도톨밤'과 '도톨왐'으로 된 것이라고 보았다.[80]

조선 초기에 쓰인 『향약집성방』에서는 상실을 "加邑可乙木實"[81]이라고 했는데, 이를 어떻게 읽고 이해해야 할까? 加(더할 가)+邑(고을 읍)+可(가)+乙(을)+木(나모 목)+實(열매 실)이 되어 '덥갈나모여름'으로 발음되고 '떡갈나무 열매'의 의미가 된다. 그리고 곡槲을 '所理眞木'이라고 했는데,[82] 이는 所(소)+理(리)+眞(참 진)+木(나모 목)이 되어 '소리참나모'로 발음되고 '소리참나무'의 의미가 된다.

상橡 또는 상실橡實을 '도토리'로 표현한 고서는 『훈몽자회』[83] 『언해구급방諺解救急方』(1607),[84] 『임원경제지』[85] 『물명고物名考』(1830),[86] 『자류주석字類註釋』(1856),[87] 『의본』[88] 『구급단방救急單方』[89] 『양방금단良方金丹』[90] 『훈몽배운訓蒙排韻』(1901)[91] 등이 있다. 그리고 『동의보감』[92] 『조선증보朝鮮增補』 『구황촬요救荒撮要』(1940)[93] 등에서는 상실을 "굴근 도토리"라고 했으나 위에서 언급한 고서에서처럼 상을 도토리로 인식했다는 면에서는 같다.

한편 『물명고』에서는 상실을 '조리참나모열음'과 '굴근도토리' 두 가지로 표현하고 있는데, 이는 조리참나무 열매가 굵은 도토리라는 뜻으로 다른 고서에서 곡槲을 소리츰나모, 조리츰나모, 죠리참나모 등으로 표기하고 있는 것과 차이가 난다. 그러므로 좀 더 연구가 필요하다.

반면 상 또는 상실을 상수리로 표현된 고서를 찾아보면 『물보物譜』(1802)에서 '샹실이',[94] 『광재물보廣才物譜』[95]와 『물명괄物名括』[96]에서 '샹슈리', 『훈몽자략訓蒙字略』(1901)에서 '상슈리'[97], 『해혹변의解惑辨疑』[98]와 『자전석요字典釋要』(1909)[99]에서의 '상수리'로 변화를 거쳐 오늘날의 상수리라는 표기가 형성된 것으로 보인다. 특히 『물명괄』에서는 "서芧(상수리나무)는 역櫟으로 춤나무 또는 샹슈리다. 상실과 서로 같은 것이다. 상은 참나무다"라고 서술하고 있는 것을 보면 상橡은 참나무로, 참나무의 열매인 상실은 상수리로 인식했음을 알 수 있다.

곡槲을 상수리나 도토리로 보기도 했다. 『자류주석字類註釋』(1856)에 따르면 "곡은 샹실이(상수리)로 '혹'이나 '곡'으로 읽는다. 역櫟의 열매로 깍정이斗가 있다. 곡속槲樕(떡갈나무)은 습기가 많은 강이나 냇물에 다리 기둥으로 사용할 수 있다"[100]고 설명했는데, 곡의 열매를 상수리로 인식했다. 반면 『광재물보』에서는 곡의 열매를 도토리라고 하여 서로 차이를 보인다.[101]

한편 역의 열매를 『역어유해譯語類解』(1690)[102]에서는 도토리로 보았다. 지석영池錫永(1855~1935)은 역에 대하여 『훈몽자략』에서는 참나무라고 했으며,[103] 『자전석요』에서는 도토리라고 해[104] 저자는 같지만 저술 연대에 따라 설명을 달리하고 있어 흥미롭다.

이상의 내용은 [표 4]와 같이 정리되는데, 조선 중기까지는 상橡 또는 상실橡實을 도토리로 인식했으나 『물보』에서 상수리로 인식한 이후 조선 후기까지 상수리와 도토리를 혼용하여 표기했고, 점차 상수리로 정리된 것으로 보인다. 그리고 역은 참나무 또는 떡갈나무로 인식했으며 그 열매를 도토리라고 했다. 한편 곡은 조리참나무(소리참나무) 또는 떡갈나무로 보았으며 그 열매는 상수리로 혹은 도토리로 인식했다.

[표 4] 상橡과 역櫟 그리고 곡槲에 대한 표기 변화

	橡	櫟	槲
鄕藥救急方(1236)	橡實 俗云猪矣栗		
鄕藥集成方(1433)	橡實 加邑可乙木實		槲若 所理眞木
訓蒙字會(1527)[105]	橡 도토리 샹		槲 소리춤나모 곡 靑杠樹
諺解救急方(1607)	橡實 도토리		
東醫寶鑑(1613)	橡實 굴근도토리		槲若 조리춤나모닙
譯語類解(1690)		櫟實 도토리	
物譜(1802)[106]	橡實 상실이	櫟 춤남우	槲 靑江(紅을 교정)木 갈
林園經濟志(1827)	橡實 도토리		槲 소리춤나무
物名考(1830)[107]	橡實 조리참나모열음 굴근도토리		槲橉 덤가나모. 槲若 갈닙. 赤龍皮 갈피
字類註釋(1856)	橡 도토리 샹	櫟 덥갈나무 력[108]	槲 상실이 혹 俗곡
廣才物譜(미상)	橡實 샹슈리 橡斗 샹슈리싹지		槲實 도토리
醫本(미상)	橡實 도토리		
解惑辨疑(순조말)	橡斗 俗상수리		
救急單方(미상)	橡斗 도토리		
物名括(미상)	橡 참나무 芧 춤나무 샹슈리 橡實		槲 갈 곡. 靑江木 청강목[109]
良方金丹(미상)[110]	橡實 굴근도토리 櫟木子	櫟樹皮 덥갈나모겁질	槲若 죠리참나모닙
訓蒙排韻(1901)	橡 도토리 샹		
訓蒙字略(1901)[111]	橡 상슈리 샹	櫟 참나무 력	槲 썩갈나무 곡
字典釋要(1909)[112]	橡 상수리 샹	櫟 도토리 력	槲 썩갈나무 곡

그러면 본론으로 돌아와서 『수운잡방』에 나오는 상실을 어떻게 인식해야 할까? 고서의 표기에 따르면 조선 중기 이전에는 상수리라는 단어가 없었으므로 참나무류의 열매를 모두 도토리로 번역하는 것이 맞고, 조선 중기 이후에는 도토리 또는 상수리를 혼용해서 썼으므로 앞뒤 문맥에 따라 달리 해석해야 하며, 현대어에 따르면 상실을 상수리로 번역하는 것이 옳다. 따라서 『수운잡방』은

1552년 이전에 저술된 것으로 보이므로 저술 당시에 상수리라는 단어가 없었기에 고어의 해석으로는 도토리가 맞고, 현대의 해석으로는 상수리로 보는 것이 합당하다.

기존의 번역서에는 상실을 도토리로 보았으나,[113] 이 글에서는 현대의 해석에 따라 상실을 상수리로 번역했음을 밝힌다.

건굉력이 아니라 건각력

『수운잡방』에 나오는 상실주의 효능에 대해 기존의 번역서를 기준으로 살펴보면 "3~4월에 매사냥을 할 때, 오후에 하인들이 허갈져하면 이것(술지게미)을 냉수에 타 마시게 하면 몸도 가벼워지고 팔에 힘肱力이 난다"[114]고 했다. 그러나 이효지는 "오후 하인들이 허갈지면 이것을 냉수에 타 마시면 몸도 가벼워지고 다리에 힘脚力도 난다"[115]고 하여 원문을 다르게 이해하고 해석했다.

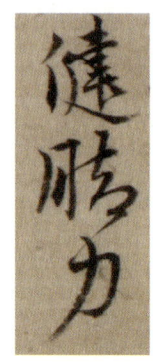

먼저 원서의 한문을 보면 '건굉력健肱力'이 아니라 '건각력健脚力'임을 알 수 있다. 따라서 앞서의 번역은 한자 원문을 잘못 파악한 것이다. 그리고 매사냥을 할 때 하인들은 이리저리 뛰어다니며 동물들을 몰거나 사냥한 동물을 거두고 주인을 시봉하곤 한다. 따라서 문맥으로 보면 팔肱이 아니라 다리脚의 힘이 좋아야 한다.

『수운잡방』 이전의 상실주

『수운잡방』이 나오기 이전의 문헌 가운데 하나인 『산가요록』(1450)에 실린 상실주에 대해 살펴보자. 원문인 옆 자료를 번역하면 아래와 같다.

쌀 5되와 찰기장쌀黍米을 준비한다. 온전하고 좋은 상수리를 많이 모아 쪄서 푹 익힌다. 소쿠리에 담아 우물가에 놓고 단맛이 날 때까지 그 위에 물을 붓는다. 상수리 3말, 쌀 5되, 누룩 7되의 비율로 준비한다. 고두밥을 지어 식힌 다음 상수리와 누룩 두 가지를 같이 넣어 섞은 다음 항아리에 넣고 익기를 기다린다. 또한 찰기장쌀 1말로 쑨 죽과 누룩 2되를 전에 만든 술에 섞어 다시 항아리에 넣고 깨끗한 곳에 두면 맑은 웃물이 바다와 같고 향기가 강렬한 것이 특이하다. 청주를 사용하는 집에서는 지게미를 모아 진흙같이 찧어 싸놓았다가 술이 없을 때 물에 타서 복용하면 취성醉性

전순의, 『산가요록』 「상실주」

(취기)이 진짜 술에 뒤지지 않는다. 또한 지게미와 쌀가루 1말, 누룩 7~8되를 섞어 항아리에 담그면 다시 좋은 술이 된다. 또 청주를 이용하여 소주 燒酒(증류한 술)를 만들면 향열한 것이 매우 뛰어나다. 또 다른 방법으로 상수리를 찌지 않고 단맛이 날 때까지 물에 담근 뒤에 분말로 만들어 술을 빚어도 역시 가능하다.[116]

　　상실주를 만드는 데『수운잡방』에서 상수리, 찹쌀, 누룩 세 가지를 이용한 것과 달리『산가요록』에서는 상수리, 쌀, 누룩, 찰기장쌀 네 가지를 재료로 쓰고 있다. 즉 찰기장쌀이 추가됐는데, 그 이유가 맛 때문인지 아니면 쌀이 부족해서인지는 좀 더 연구해야 할 것이다. 또한『산가요록』에서는 지게미를『수운잡방』보다 더욱 다양하게 이용했음을 알 수 있다.

　　참고로 일부 번역서[117]에서『산가요록』에 나오는 상실주의 '증령숙蒸令熟'인 원문을 '증합숙蒸合熟'으로 잘못 입력하는 오류가 있으므로 바로잡아야 한다. 그림 자료에서 보듯 '증령숙蒸令熟'이 분명하므로 "쪄서 푹 익힌다"로 번역된다.

『수운잡방』이후의 상실주

　　『수운잡방』이후에 나온『임원경제지』의 상실주를 살펴보자. "푹 찐 다음 단맛이 날 때까지 물에 담근 상수리 3말, 흰쌀 5되, 누룩 7되를 준비한다. 고두밥을 만든 다음 상수리와 누룩을 섞어 술을 빚는다. 술이 익으면 찰기장쌀 1말로 쑨 죽과 누룩 2되를 술에 첨가한다. 맑은 웃물을 마신다."[118] 내용이나 문맥으로 보면 『임원경제지』의 상실주는 『수운잡방』이 아닌 『산가요록』의 내용을 압축하여 설명한 것으로 보인다. 이에 대해서는 다음과 같은 가설을 제시할 수 있는데, 좀 더 연구가 필요하다.

첫째, 상실주에 있어서 『수운잡방』의 내용이 후대에 잘 전달되지 않았을 수도 있다. 여러 고서를 찾아봐도 『수운잡방』의 상실주가 언급되지 않은 것으로 보아 후대에 영향을 주지 않았을 가능성이 있다. 둘째, 쌀을 절약하기 위해 찰기장쌀을 이용하는 상실주를 후대에 더 애용했을 가능성이 있다. 하지만 맛을 더 좋게 하기 위해 찰기장쌀을 이용했을 가능성도 있다. 셋째, 『수운잡방』보다는 『산가요록』이 더 많이 보급되어 후대에 영향을 주었을 가능성도 있다.

상수리의 효능에 대한 이해

우리나라 최초의 식이요법서인 『식료찬요食療纂要』(1460)에 따르면 "설사와 적백리赤白痢(피가 섞여 나오는 이질인 적리赤痢와 흰 곱이 섞여 나오는 이질인 백리白痢가 모두 나타나는 증상)를 치료하려면 상수리를 푹 삶고 물에 담가 떫은맛을 제거한 다음 말려서 분말로 만들고 싸라기碎米와 같은 분량으로 나눈다. 먼저 쌀을 삶아 익으려고 할 때 상수리 분말을 넣어 죽을 만들고 졸인 꿀熟蜜을 넣어 공복에 복용한다"[119]고 하여 상수리로 죽을 만들어 설사와 이질을 치료하는 데 이용했다. 상수리에 꿀을 넣어 설사를 치료하는 방법은 『주촌신방舟村新方』(1687)에도 이어져 "설사에 상수리로 분말을 만들고 꿀에 섞어 공복에 복용한다. 합곡혈合谷六(엄지손가락과 집게손가락 사이에서 약간 위쪽 손등 부위에 있는 경혈)에 자침하면 신효하다"[120]고 설명하고 있다.

『식료찬요』에서 나타나는 상수리의 효능에 대한 시각은 소공蘇恭이 "설사와 이질을 치료하고, 창자와 위장을 두텁게 하여 그 기능을 좋게 하며, 사람을 살찌우고 건강하게 한다"[121]고 한 것, 대명大明이 "장을 수렴시켜 설사를 그치게 하고, 상수리를 삶아 먹으면 허기를 면하여 흉년을 견딜 수 있게 한다"[122]고 한 것과 관련이 있다. 『동의보감』에서도 소공과 대명의 주장을 모두 모아서 상수리의 효능을 설명한 것으로 보아[123] 상수리가 설사에 좋고 배를 든든하게 하여 구황식품으로 이용된다는 것이 널리 퍼진 듯하다. 한편 『보제방』에서는 위와 같은 효능을 설명하면서 '상수리의 깍정이橡實殼'로 분말을 만들거나 달인 물을 복용한다고 했는데,[124] 상실각橡實殼이 아니라 상실橡實을 잘못 쓴 것으로 보인다.

이러한 상수리의 효능으로 인해 『구황본초救荒本草』(1406)에서는 기근으로 굶주리는 백성을 구제하는 방법으로 "상수리를 모아 물을 갈아가며 삶기를 15번 하여 떫은맛을 없애고 푹 쪄서 익혀 먹는다. 창자와 위장을 두텁게 하여 그 기능을 좋게 하며 사람을 살찌우고 건강하게 한다. 그리고 배고픔을 없게 한다"[125]고 했다. 같은 내용이 『본초강목』,[126] 『야채박록野菜博錄』(1622),[127] 『농정전서農政全書』(1639),[128] 『본초정화』,[129] 『임원경제지』[130] 등에 보여 상수리를 매우 널리 이용했던 듯하다.

1943년경에 저술된 것으로 여겨지는 『구황지남救荒指南』에서는 "상실의 껍질을 제거하고 푹 삶은 다음 물에 담가 떫은맛을 없앤다. 소금을 약간 섞어서 먹는다. 볶은 콩가루를 섞으면 더욱 좋다. 설사와 이질을 치료하고 위장을 튼튼하게 하며 사람을 살찌게 하고 튼튼하게 한다. 삽장지사澁腸止瀉(장을 수렴시켜 설사를 치료함)하며 삶아 먹으면 기근을 면한다. 사람을 강건하게 하여 흉년을 이길 수 있다"[131]고 했다. 『조선증보 구황촬요』에서는 상수리를 물에 담가 떫은맛을 없애고 햇빛에 말려 곱게 빻아 떡이나 죽으로 만들어 먹는다고 했다.[132]

이러한 상수리의 효능 때문에 이시진은 "일반적으로 나무의 열매는 과果가 되는데 상수리는 개과蓋果(열매가 익으면 열매의 껍질이 저절로 떨어져 속에 있는 씨를 흩어지게 하는 열매)다. 흉년에 사람들이 상수리를 채취해 굶주림에 대비한다. 예전에 (진晉나라) 지우摯虞가 남산南山에 들어갔을 때 굶주림이 심해지자 상수리를 주워서 먹었다는 것과 당나라 두보杜甫가 진주秦州에 의탁해 있을 때 상수리와 밤을 채취해 혼자 힘으로 살아갔다는 것이 바로 이것이다"[133]라며 상수리로 굶주림을 이긴 예를 구체적으로 설명했다.

『신농본초경소』에서는 상수리가 이러한 효능을 내는 이유에 대해 "상수리는 천지의 미약한 양기微陽를 받고 가을의 수렴收斂(펼쳐진 기운을 거두어들임)하는 성품을 얻었다. 따라서 맛味은 쓰고 기氣는 약간 따뜻하며 무독하므로 기는 박薄하고 미味는 후厚해 양중음陽中陰이 된다. 상수리는 수양명대장경手陽明大腸經·족양명위경足陽明胃經·족태음비경足太陰脾經·족소음신경足少陰腎經 등으로 기운이 들어간다. 비장과 위장은 오장의 근본으로 신체에서 온난함을 가장 좋아하고 한습寒濕을 싫어한다. 비위가 한습해지면 그 본래의 성품과 어긋나므로 급히 쓴맛苦味이 있는 것을 먹어 건조시켜야 한다. 상수리의 쓴맛은 나쁜 기운을 제거할 수 있으며, 상수리의 따뜻한 기운은 비위가 좋아하는 것을 이룰 수 있으므로 창자와 위장을 두텁게 하여 그 기능을 좋게 하고 사람을 살찌우고 건강하게 한다는 것이다. 수렴하는 성품을 얻었으므로 설사와 이질을 다스리고 일화자日華子가 말한 삽장지사澁腸止瀉 등의 모든 치료와 함께 능히 삽정澁精(수삽收澁하는 약으로 정액이 새는 증상遺精을 치료하는 방법)을 겸비한다. 삶아 먹으면 굶주림을 그치게 하여 흉년을 이길 수 있게 한다"[134]고 설명하고 있다.

이제 『수운잡방』에서 말하는 상실주에 대한 효능을 살펴보자. 『수운잡방』에서는 "3~4월 매사냥放鷹할 때 오후에 하인들이 허갈이 나면 냉수에 타서 마시게 하면 몸이 가벼워지고 다리의 힘을 튼튼하게 한다"고 했는데, 엄밀히 말하면 이는 상실주가 아니고 상실주를 만들고 난 이후 남은 술지게미의 효능을 설명한 것이다. 하지만 넓은 범주로 보면 상실주에 속한다고 할 수 있다.

『수운잡방』에서 허갈이 날 때 상실주 지게미를 냉수에 타 먹는다고 했는데, 이는 상수리의 "후장위厚腸胃하며, 사람을 살찌우고 건강하게 한다"는 효능과 연관시켜보면 매우 타당하다. 일반적으로 많이 뛰어다니면 배가 고프고 힘들며 허열이 뜨고 갈증이 심해진다. 이때 속을 든든히 하는 상실주 지게미를 먹으면 허갈이 없어지고 기운이 나므로 다리에 힘도 난다. 그러나 『수운잡방』에서의 상실주 효능은 매우 독특한 표현으로 기존 의서의 효능을 그대로 베낀 것이 아닌 자신 또는 선조의 경험방을 적은 것으로 여겨지기에 더욱 가치가 있다.

『수운잡방』의 상실주에 대한 문헌 고찰을 통해 다음과 같은 결론을 도출할 수 있다. 첫째, 상실주에 쓰이는 상실은 도토리가 아닌 상수리로 봐야 한다. 조선 초기에는 상橡과 곡槲의 열매를 모두 도토리로 인식했으며, 『물보』에서 상을 상수리로 본 이후 조선 후기까지 상을 상수리와 도토리를 혼동하여 쓰는 과정을 거쳐 점차 상수리로 인식했기 때문이다. 둘째, 『수운잡방』의 상실주 원문은 '건굉력健肱力'이 아니라 '건각력健脚力'이다. 따라서 기존 번역서에서 상실주의 효능을 들어 '팔에 힘肱力이 난다'고 한 것은 '다리에 힘脚力도 난다'로 고쳐야 한다. 셋째, 『수운잡방』의 상실주는 상수리 찹쌀 누룩 3가지 재료로 만들었으나, 이전에 나온 『산가요록』과 후대에 나온 『임원경제지』의 상실주는 찰기장쌀을 추가로 넣었으며 상실주의 효능이 기록되어 있지 않다. 넷째, 상수리가 후장위厚腸胃하며 설사를 그치게 하고 허기를 면하게 하는 효능이 있으므로 『수운잡방』에서 상실주의 지게미를 허갈에 먹으면 기운이 나고 다리에 힘이 난다고 한 것이다.

검은 머리 만들어주는 오정주

만병을 다스리고 허한 것을 보하고, 오래 살게 하며 백발을 흑발로 돌아가게 하며, 빠진 치아가 다시 나게 한다. 황정黃精 4근, 껍질을 벗긴 천문동 天門冬 3근, 송엽松葉 6근, 백출白朮 4근, 구기枸杞 5근 등을 썰고, 물 3석石을 붓고 달여 1석으로 졸인다. 쌀 5말을 깨끗이 씻고 가는 분말로 만든 다음 죽을 만들고 식힌다. 누룩 7되5홉, 밀가루眞末 1되5홉 등을 합해 만든다. 여름에는 시원한 곳에, 겨울에는 따뜻한 곳에 둔다. 3일 뒤에 백미 10말을 깨끗이 씻고 하룻밤 물에 담근 다음 고두밥을 만들어 앞에 만든 술과 합쳐 항아리에 넣는다. 익기를 기다렸다가 사용한다.[135]

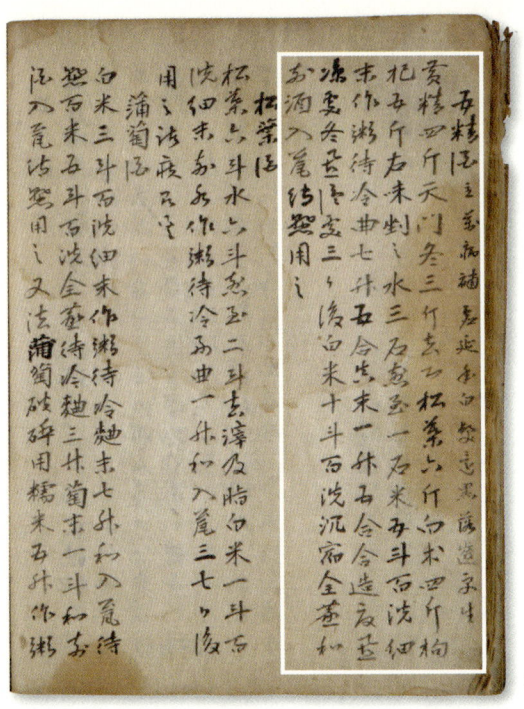

『수운잡방』「오정주」

오정주의 이름과 처방 분석

오정주와 황정주는 같다

『수운잡방』에서 언급된 것과 같은 오정주五精酒는 『외대비요방外臺秘要方』(752),[136] 『보제방』,[137] 『의방유취醫方類聚』(1445),[138] 『요록要錄』(1680년경)[139] 등의 고서에서 보인다. 그리고 『성제총록찬요聖濟總錄纂要』,[140] 『보제방』,[141] 『향약집성방』,[142] 『의방유취』,[143] 『준생팔전遵生八牋』,[144] 『본초강목』,[145] 『임원경제지』,[146] 『본초휘영本草彙英』,[147] 『농정회요』,[148] 『본초부방편람本草附方便覽』(1855),[149] 『수세비결壽世秘訣』(1929)[150] 등의 고서에 황정주黃精酒가 나오는데, [표 5]에서 확인할 수 있듯이 처방 구성이나 술 제조 방법이 같아 오정주와 황정주는 이름만 다를 뿐 같은 술로 볼 수 있다.

특이한 점은 『보제방』 『의방유취』 등에서 오정주와 황정주가 동시에 기록되어 있는 점이다. 그리고 『보제방』은 일반 처방의 황정주와 성혜방聖惠方 처방인 황정주 두 종이 동시에 기록되어 있다. 따라서 『보제방』에서는 3가지 처방이 나오지만 사실상 모두 같은 것이다. 일부 민속주 관련 책에서 오정주와 황정주를 다른 술로 인식하여 분류하고 있으나,[151] 같은 술로 보는 것이 옳을 듯하다.

[표 5] 고서별 처방 구성 비교

고서	酒名	黃精	天門冬	松葉 柏葉	朮	枸杞
外臺秘要方 (752)	五精酒	四斤	五斤去心	松葉六斤	白朮四斤	五斤洗
聖濟總錄纂要	黃精酒	五斤	去心三斤	松葉五斤		根 五斤
普濟方	五精酒	四兩	三斤去心	松葉六斤	白朮四斤	子 五斤洗
普濟方	黃精酒-聖惠方	去皮三斤	去皮三斤	松葉五斤		根 五斤
普濟方	黃精酒	四斤	三斤去心	松葉六斤	朮四斤	根 五斤
鄕藥集成方 (1433)	黃精酒	四斤	三斤去心	松葉六斤	朮四斤	根 五斤
醫方類聚(1445)	五精酒	四斤	參斤	松葉六斤	白朮四斤	五斤
醫方類聚(1445)	黃精酒	四斤	三斤去心	松葉六斤	朮四斤	根 五斤
需雲雜方(1552)	五精酒	四斤	三斤去皮	松葉六斤	白朮四斤	五斤
遵生八牋	黃精酒	四斤	去心三斤	松針六斤	白朮四斤	五斤
本草綱目(1596)	黃精酒	四斤	三斤	柏葉五斤	蒼朮四斤	根 五斤
要錄	五精酒	四斤	三斤去心	松葉六斤	白朮四斤	五斤
林園經濟志 (1827)	黃精酒	四斤	三斤	柏葉五斤	蒼朮四斤	根 五斤
農政會要(1830)	黃精酒	四斤	去心三斤	松針六斤	白朮四斤	五斤
本草彙英	黃精酒	四斤	三斤	柏葉五斤	蒼朮四斤	根 五斤
本草附方便覽 (1855)	黃精酒	四斤	三斤	柏葉五斤	蒼朮四斤	根皮 五斤
壽世秘訣(1929)	黃精酒	四斤	三斤	柏葉五斤	蒼朮四斤	根皮 五斤

황정과 천문동

『수운잡방』에서 황정黃精을 4근 쓴다고 했다. [표 5]에서 보듯 대부분의 고서에서 황정을 4근으로 동일하게 사용하고 있다. 다만 『성제총록찬요』에서 5근으로 나오고, 『보제방-황정주(성혜방)』에서 껍질을 벗긴 황정 3근으로 나오나 이는 오기일 가능성이 높다.

또한 『수운잡방』에서 천문동天門冬 3근을 껍질을 벗겨 사용한다고 했다. 다른 고서에서는 『수운잡방』과 같이 껍질을 벗겨 쓰기도 하고, 심心을 제거하기도 하며, 그냥 천문동을 쓴다고도 했다. 일반적으로 천문동은 껍질과 심을 제거하고 사용하니 수치하는 방법을 자세히 표현했느냐 아니냐의 차이일 뿐 사실상 같은 의미로 해석된다. 다만 『외대비요방』에서만 천문동 5근을 쓴다고 했으나, 3근을 잘못 기록한 것으로 보인다.

송엽

『수운잡방』에서 송엽松葉(솔잎) 6근을 사용한다고 했다. [표 5]에 보듯 조선 중기 이전의 고서에서는 송엽으로 나오나, 『본초강목』 이후에는 송엽 또는 백엽柏葉(측백나무 잎)으로 나오고, 조선 후기에는 대부분 백엽으로 나온다. 체질별로 약재를 달리 사용하는 것을 원칙으로 삼는 사상의학에서 송엽은 태양인 약재로 쓰이는 반면 백엽은 태음인 약재로 쓰이므로 이를 구분하는 것은 매우 중요한 문제다. 왜 이렇게 정반대의 약재로 바뀌었을까? 다음과 같은 추론이 가능하다.

첫째, 초기에는 송엽을 썼지만 『본초강목』에서 백엽을 쓰니 이를 참고해 후대에 백엽을 썼을 가능성이 있다. 『성제총록찬요』와 『보제방-황정주(성혜방)』을 제외하고 대부분 송엽 6근을 사용했지만, 『본초강목』에서 백엽 5근으로 기록된 이후 백엽을 사용한 『임원경제지』『본초휘영』『본초부방편람』『수세비결』 등의 고서에서 5근으로 기록되어 있는 것도 『본초강목』의 내용을 참고한 것으로 보인다. 둘째, 현재 소나무는 송松, 측백나무는 백柏, 잣나무는 해송海松 또는 백栢으로 표기되고 있지만, 예전에는 같은 소나무류라는 의미로 아울러 송松이라고도 했기에 혼동이 있었다. 따라서 처음에는 송엽이라 했지만 후대에 자세히 보니 백엽을 의미한 것으로 해석했을 가능성도 있다. 하지만 예전에 혼동해서 썼다 해도 송엽은 분명 솔잎이므로 이러한 가능성은 매우 희박하다. 셋째, 『본초강목』의 백엽은 송엽을 잘못 적었을 가능성도 있다. 즉 원래는 송엽이었는데 저술 당시 실수로 송엽으로 적었고 후대에 이를 따져보지 않고 참고했을 가능성이 있다. 넷째, 그러면 『수운잡방』의 송엽은 솔잎으로 봐야 할까, 아니면 후대에 백엽柏葉으로 보았으니 백나무 잎으로 봐야 할까? 새로운 사료가 발견되지 않는 한 『수운잡방』 오정주의 송엽松葉은 솔잎으로 보는 것이 옳다.

백출

『수운잡방』에서 백출白朮을 사용한다고 했는데, 다른 고서에서는 초기에 백출 또는 출을 쓰다가 『본초강목』에서 창출蒼朮을 쓴 이래 점차 창출을 쓰게 되었다. 백출과 창출이 구별되기 전에는 출이 백출과 창출을 포함하는 개념이었으나, 둘을 구별한 뒤로 출은 백출을 뜻할 때가 많았다. 따라서 『본초강목』이전에는 백출을 사용했고, 그 이후부터는 창출을 사용했음을 알 수 있다.

일반적으로 백출과 창출은 같은 기원식물로 보아 신근新根의 껍질을 벗겨내면 백출이고, 구근舊根을 껍질째 사용하면 창출이라고 알려져왔으나 기원이 서로 다른 식물이다. 『대한약전』 2002년판과 『중국약전』 2000년판에서 백출과 창출이 기원식물을 달리하고 있듯이 백출은 비위를 보하여 습濕을 없애고, 창출은 습을 없애 비위를 보한다. 따라서 백출과 창출은 서로 다르므로 이를 구분하는 것이 중요하다.

구기

『수운잡방』에서는 구기枸杞를 쓴다고 했는데, [표 5]에서 보듯 고서에 따라 자子(구기자 열매), 근根(뿌리), 근피根皮(지골피) 등 사용 부위를 달리했다. 하지만 뿌리를 쓸 때에는 일반적으로 껍질을 쓰므로 구기근과 구기근피는 사실상 같은 것이라 할 수 있다.

구종석寇宗奭은 "줄기의 껍질을 구기라 하고, 뿌리의 껍질을 지골地骨이라 하고, 붉은 열매를 구기자라 하는데, 껍질은 차갑고 뿌리는 대한大寒하고 열매는 미한微寒하다. 사람들이 열매만 신장을 보하는 약으로 사용하고 있는데 이는 본초경의 의미를 제대로 고찰하지 않은 것이다. 당연히 허실냉열虛實冷熱을 헤아려 사용해야 한다"[152]라고 했듯이, 구기자나무 줄기의 껍질, 열매, 뿌리를 구분하여 사용했다.

그렇다면『수운잡방』에서 언급한 구기는 무엇을 의미하는지 의문이 든다. 줄기의 껍질인지, 열매인 구기자인지, 뿌리인 지골피인지 알기 어렵다. 더 많은 연구가 이뤄져야 하지만 일단 구기枸杞로만 번역했다.

양주 방법 비교

『수운잡방』에서는 오정주의 양주 방법에 대해 "물 3석을 붓고 달여 1석으로 졸인다. 쌀 5말을 깨끗이 씻고 가는 분말로 만든 다음 죽을 만들고 식힌다. 누룩 7되5홉, 밀가루 1되5홉 등을 합해 만든다. 여름에는 시원한 곳에, 겨울에는 따뜻한 곳에 둔다. 3일 후에 백미 10말을 깨끗이 씻고 하룻밤 물에 담근 다음 고두밥을 만들어 앞에 만든 술과 합쳐 항아리에 넣는다. 익기를 기다렸다가 사용한다"라고 했다. [표 6]에서 다른 고서와의 상관성을 살펴보았다.

[표 6] 고서별 술 빚는 방법 비교

고서	酒名	水		米		누룩		고두밥
外臺秘要方	五精酒	三石	煮之一日			麴		
聖濟總錄纂要	黃精酒		煮二石			麴 半秤	細麴	糯米一石
普濟方	五精酒	三石	煑之一日			麴		
普濟方	黃精酒-聖惠方	三石	煮取二石			細麴半斤		米
普濟方	黃精酒	三石	煮取汁一石			麴十斤		米一石
鄕藥集成方	黃精酒	三石	煮取汁一石			麴十斤		米一石
醫方類聚	五精酒	參石	煮之壹日			麴		
醫方類聚	黃精酒	三碩	煮取汁一碩			麴十斤		米一碩
需雲雜方	五精酒	三石	煎至一石	五斗	作粥	曲七升五合	眞末一升五合	白米十斗
遵生八牋	黃精酒	三石	煑之一日			麴		
本草綱目	黃精酒		煮汁一石			麴十斤		糯米一石
要錄	五精酒	三石	煎至一石			麴七升	眞末一升	米十斗
林園經濟志	黃精酒		煮汁一石			麴十斤		糯米一石
農政會要	黃精酒	三石	煑之一日			麴		
本草彙英	黃精酒		煮汁一石			麴十斤		糯米一石
本草附方便覽	黃精酒		煮汁一石			麴十斤		糯米一石
壽世秘訣	黃精酒		煮汁一石			麴十斤		糯米一石

물

『수운잡방』에서 5가지 약재에 물 3석을 붓고 달여 1석으로 졸인다고 했다. [표 6]에서 보듯 다른 고서에서도 대체로 『수운잡방』의 기준과 동일하다. 그러나 『본초강목』에서 "끓여서 즙이 1석이 되게 한다"고만 나오고 처음에 어느 정도의 물을 넣는지에 대해서는 언급하지 않는 오류를 범했다. 후대에 간행된 『임원경제지』 『본초휘영』 『본초부방편람』 『수세비결』 등에서도 『본초강목』의 오류를 비판 없이 그대로 인용했다. 따라서 이를 교정한다면 "물 3석을 붓는다"는 말이 들어가야 한다.

죽

『수운잡방』에서는 쌀 5말로 죽을 만들어 사용하고 있다. [표 6]에서 보듯 다른 어떤 고서에서도 이러한 내용은 보이지 않는다. 새로운 사료가 발견되지 않는 한 『수운잡방』만의 독창적인 처방이라고 할 수 있다.

누룩

『수운잡방』에서 누룩의 사용량은 7되5홉이라고 하여 다른 고서에서 10근이라고 한 것과 분량에서 차이가 난다. 한편 『보제방-황정주(성혜방)』에서 "가는 누룩 반근細麴半斤"이라고 나오나 '반半'은 '십十'의 오기로 보인다. 또한 『성제총록찬요』에 '누룩 반 칭秤'이라고 나오는데 이를 어떻게 해석할 것인가가 논란이 된다. 상고시대에 칭 단위가 쓰였다고 하나 정확한 무게는 알기 어렵다. 일반적으로 소칭小秤(1근 또는 3근), 중칭中秤(7근 또는 30근), 대칭大秤(100근)으로 구분하기도 하는데, 1칭을 소칭으로 해석하면 분량이 무척 적고, 대칭으로 해석하면 지나치게 많으므로 7근이 아닌 30근의 중칭으로 볼 수 있다. 따라서 다른 고서에 언급된 분량을 고려하면 대략 반 칭은 30근의 반인 15근으로 보는 것이 타당할 듯하다.

밀가루

『수운잡방』에 밀가루 1되5홉을 첨가한다고 했다.『성제총록찬요』에서 가는 국수細麵를 넣고,『요록』에서 밀가루 1되를 넣는다고 하고 다른 고서에서는 보이지 않는다. 따라서『수운잡방』의 오정주가 다른 고서와 서로 영향을 주고받지 않았으며 그 내용이 매우 독창적임을 알 수 있다.

고두밥

『수운잡방』에서는 백미로 고두밥을 만든다고 했다. 대부분의 고서에서 쌀米로 고두밥을 만든다고 했는데, 여기서의 쌀은 멥쌀(흰쌀)을 의미하는 것으로 해석된다. 하지만『성제총록찬요』『본초강목』『임원경제지』『본초휘영』『본초부방편람』『수세비결』등에서는 멥쌀이 아닌 찹쌀糯米로 고두밥을 만든다고 해『수운잡방』과 차별성을 보인다.

효능 비교

『수운잡방』에서 오정주의 효능으로 "만병을 다스리고 허한 것을 보하고, 오래 살게 하며 백발을 흑발로 돌아가게 하며, 빠진 치아가 다시 나게 한다"고 했다. 이에 [표 7]과 같이 다른 고서와의 관계를 비교하면서 살펴보자.

[표 7] 오정주(황정주)의 효능 비교

고서	酒名						비고
外臺秘要方	五精酒	主萬病	補養	長年	髮白反黑	齒落更生	忌鯉魚桃李雀肉
聖濟總錄纂要	黃精酒	除萬病		延年益壽 返老還童			
普濟方	五精酒	治萬病	補養		髮白返黑	齒去更生	忌鯉魚桃李雀肉
普濟方	黃精酒-聖惠方	主萬病 除萬病	補養	延年益壽 反老還童	髮白再黑	齒落更生	
普濟方	黃精酒	主萬病	補養	延年	髮白再黑	齒落更生	忌桃李雀肉
鄕藥集成方	黃精酒	主萬病	補養	延年	髮白再黑	齒落更生	
醫方類聚	五精酒	主萬病		年長	髮白反黑	齒落更生	
醫方類聚	黃精酒	主萬病	補養	延年	髮白再黑	齒落更生	忌桃李雀肉
需雲雜方	五精酒	主萬病	補虛	延年	白髮還黑	落齒更生	
遵生八牋	黃精酒	主除百病		延年	變鬚髮	生齒牙	
本草綱目	黃精酒	治百病			變白髮		壯筋骨 益精髓
要錄	五精酒		治氣虛	延年	白髮還黑		
林園經濟志	黃精酒	治百病			變白髮		壯筋骨 益精髓
農政會要	黃精酒	主除百病		延年	變鬚髮	生齒牙	
本草彙英	黃精酒	治百病			變白髮		壯筋骨 益精髓
本草附方便覽	黃精酒				變白		壯筋 益精
壽世秘訣	黃精酒	治百病			變白髮		壯筋骨 益精髓

만병을 다스림

『수운잡방』에서 만병을 다스린다고 했는데, 이는 대부분의 문헌에 보이고 있다. '만병을 없앰除萬病' '백병을 없앰除百病' '백병을 치료함治百病' 등 표현의 차이는 있지만 내용은 같다.

허한 것을 보한다

『수운잡방』에서 허한 것을 보한다補虛고 했는데, 조선 초기 이전의 문헌에서는 '보양補養'으로 나온다. 표현은 다르지만 넓은 의미에서 같다. 『본초강목』에서는 "근골을 튼튼히 하고 정수精髓를 북돋운다"고 하여 좀 더 구체적으로 적고 있으며, 『임원경제지』『본초휘영』『본초부방편람』『수세비결』 등에서도 이를 그대로 인용하고 있다.

오래 살게 한다

『수운잡방』에서 오래 살게 한다延年고 했는데 대부분의 문헌에서는 '장년長年' '연장年長'이라고 했다. 모두 오래 산다는 뜻이다. 『성제총록찬요』『보제방-황정주』 등에서는 이를 더욱 강조해 반로환동返老還童(노인이 다시 어린아이의 모습으로 돌아가는 것)한다고 했다. 한편 『본초강목』에는 이 표현이 없고, 『임원경제지』『본초휘영』『본초부방편람』『수세비결』 등에도 나오지 않는다.

백발을 흑발로

『수운잡방』에서 백발을 흑발로 돌아가게 한다고 했는데, 거의 모든 문헌에서 같은 내용이 보인다.

빠진 치아가 다시 나게 한다

『수운잡방』에서 빠진 치아가 다시 나게 한다落齒更生고 했는데, 대부분의 문헌에 같은 내용이 보인다. 그러나 『본초강목』을 비롯해 『임원경제지』『본초휘영』『본초부방편람』『수세비결』 등에는 나타나지 않는다.

『수운잡방』의 오정주에 대한 문헌 고찰을 통해 다음과 같은 결론을 도출할 수 있었다. 첫째, 오정주와 황정주는 같기 때문에 이를 나누어 분류하는 것은 옳지 않다. 둘째, 『수운잡방』 오정주에서 사용한 송엽은 솔잎인 반면 『본초강목』에서는 백엽으로 바꾸어 서술했고 그 이후 여러 고서에서 백엽이라고 했다. 또한 『수운잡방』에서 백출을 쓰고 있으나 『본초강목』 이후의 고서에서는 창출이라 하고 있다. 그리고 『수운잡방』에서 사용한 구기는 줄기의 껍질인지, 열매인 구기자인지, 뿌리인 지골피인지 알기 어렵다. 셋째, 『수운잡방』 오정주의 양주 방법에 있어서 쌀 5말로 죽을 만들어 사용한 것이나, 누룩의 분량을 7되5홉 쓴 것이나, 밀가루 1되5홉을 사용한 것은 다른 고서에 영향을 받거나 주지 않은 매우 독창적인 방법이다. 넷째, 『수운잡방』 오정주의 효능은 다른 고서의 오정주, 황정주의 효능과 비슷하다고 할 수 있다.

모든 질환에 즉시 차도가 있는 송엽주

솔잎 6말과 물 6말을 2말이 되도록 달이고 찌꺼기와 송진을 제거한다. 백미 1말을 깨끗이 씻어 곱게 가루로 만들고, 앞의 물로 죽을 만든 다음 식힌다. 좋은 누룩 1되를 섞어 항아리에 넣고 21일 뒤에 사용한다. 모든 질환에 즉시 차도가 있다.[153]

『수운잡방』「송엽주」

기존 번역서의 오류

'去滓 及脂白米一斗'이 아니라 '去滓及脂 白米一斗'

일부 번역서에서는 『수운잡방』의 송엽주松葉酒에 대해 '찌꺼기는 버린다. 기름진 멥쌀 1말을'154이라고 설명하는데, 이는 잘못 해석한 것이다. "찌꺼기와 송진을 제거한다. 백미 1말을'로 수정되어야 한다. 원문을 해석하면서 방점을 '去滓及脂, 白米一斗'로 찍어야 하는데, 잘못하여 '去滓 及脂白米一斗'로 했기 때문이다.

그 이유에 대하여 첫째, '及'이 있으면 앞뒤 같은 내용을 의미하기 때문에 찌꺼기滓와 송진脂을 제거한다고 해석해야 옳으며, 둘째, 솔잎을 물에 넣고 달이면 송진이 나오기 때문에 이를 제거하는 것이 좋기 때문이다.

'諸疾卽治'가 아니라 '諸疾卽差'

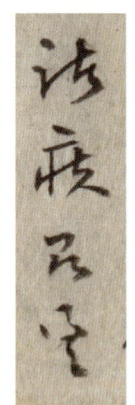

『수운잡방』의 송엽주 원문을 일부 번역서에서 '諸疾卽治'로 이해하고 번역을 '민병을 다스린다'로 하고 있으나,155 '諸疾卽差'로 바로잡고 '모든 질환에 즉시 차도가 있다'로 번역해야 한다. 옆의 자료에서 보듯 '治'가 아닌 '差'로 보는 것이 타당하고, 모든 질환이 즉시 치료되는 것은 아니며 차도를 보인다고 번역하는 것이 타당하다.

『수운잡방』 송엽주과 같은 내용의 고서

1680년경 저술된 것으로 추정되는 『요록』에 다음의 그림 자료와 같이 "솔잎

6말과 물 6말을 2말이 되도록 달이고 찌꺼기와 송진을 제거한다. 백미 1말을 깨끗이 씻어 곱게 가루로 만들고, 솔잎 달인 물을 넣고 죽을 만든 다음 식힌다. 좋은 누룩 1되를 섞어 항아리에 넣고 21일 후에 사용한다. 공복에 복용한다"[156]라며 송엽주 만드는 방법이 나온다. 이 내용은 『수운잡방』의 송엽주와 거의 같으며 차이는 [표 8]에서 제시했듯이 아주 미미하다. 따라서 『수운잡방』의 송엽주 내용이 120여 년의 시차를 두고 『요록』에 영향을 주었거나, 『수운잡방』과 『요록』이 같은 고서를 참고해 저술했을 가능성이 있다.

[표 8] 『수운잡방』과 『요록』의 송엽주 차이점

	차이점 1	차이점 2
需雲雜方(1552?)	前水作粥	三七日後 用之 諸疾卽差
要錄(1680?)	以其水作粥	三七日後用 空心服
비고	표현은 다르나 같은 내용임	『수운잡방』에는 효능이 있고, 『요록』에는 복용 방법으로 공복에 복용하라고 함

『수운잡방』 송엽주와 다른 내용의 고서

다음 쪽의 문서 자료(왼쪽)에서 보듯 『주찬酒饌』의 송엽주를 보면 "찹쌀 1말을 고두밥으로 만들어 식힌 다음 누룩가루 1되와 송엽 1되를 섞되 물은 사용하지 않고 술을 빚는다. 3일 후에 좋은 술 1되를 더 넣는다. 또 3일이 지나면 충분히 익는데, 처음에는 약간 맵고 쓴맛이 있지만, 뒤에는 그 맛이 매우 맑고 달다"157고 하여 『수운잡방』과는 달리 물을 쓰지 않았다. 한편 『치생요람治生要覽』(1691)에서의 송엽주158는 옆 문서 자료와(오른쪽) [표 9]에서 보듯 『주찬』의 내용과 흡사하고 극히 일부만 차이를 보이는데, 즉 『주찬』에 비해 『치생요람』에서 일부 글자가 생략되거나 대체된 것이 특징이다.

이는 첫째, 『주찬』과 『치생요람』의 송엽주는 『수운잡방』의 영향을 받지 않은 것으로 보인다. 둘째, 『주찬』은 1800년대에 저술된 것으로 추정되고,159 『치생요람』은 1691년에 저술된 것으로 알려져 있다.160 『주찬』의 송엽주가 『치생요람』을 인용한 것이라면 『주찬』의 저술 연대에 의문이 든다. 반대로 『치생요람』의 송엽주를 『주찬』에서 인용하면서 일부 글자를 넣었을 가능성도 있다. 셋째, 만약 『주찬』의 저술 연대가 1800년대라면 『주찬』과 『치생요람』에 영향을 준 또 다른 고서가 있을 수 있지만 아직까지 새로운 사료가 발견되지는 않았다.

[표 9] 『주찬』과 『치생요람』의 송엽주 비교

酒饌	釀之 第三日後	添入	少有辛苦	後味極其清甘
治生要覽(1691)	入甕三日	入	少有苦	後極清甘
비고	표현은 다르지만 술을 빚는다는 의미	添이 없지만 같은 의미	辛이 누락됨	'味'와 '其'가 없지만 같은 의미

한편 1800년대 중반에 저술된 것으로 알려져 있는 『역주 방문曆酒方文』의 송엽주를 살펴보면 옆의 그림 자료와 같이 "봄 3개월에는 동쪽으로 뻗은 가지와 잎을 채취하고, 여름 3개월에는 남쪽으로 뻗은 가지와 잎을 채취하며, 가을 3개월 동안은 서쪽으로 뻗은 가지와 잎을 채취하고, 겨울 3개월 동안은 북쪽으로 뻗은 가지와 잎을 채취해 꼭지를 제거한 다음 그늘에서 말려 보관한다. 별도로 솔잎을 찧어 술에 타서 매일 공복에 복용한다. 늙어서 희어졌던 머리털이 다시 꺼멓게 되고 백병을 없앤다. 몸을 능히 가볍게 하며 씩씩하게 걷게 하고 배고프지 않게 한다"[161]고 하여 술에 솔잎가루를 타 먹는 방식이다. 이는 『수운잡방』의 송엽주와는 완전히 다르다.

조선 후기의 지식을 모은 백과사전이라 할 수 있는 『오주연문장전산고五洲衍文長箋散稿』(1850)에서는 송엽주에 대해 다음과 같이 3가지로 분류하여 설명하고 있다.

눈송엽주嫩松葉酒(어린 솔잎으로 만든 술)를 만드는 방법은 다음과 같다. 중춘仲春(음력 2월)에 새로 나온 송순松筍의 연한 잎을 채취한다. 많고 적음에 상관없이 여러 개의 돌을 캐 솔잎을 찧어 조각으로 낸 다음 햇볕에 말리고 다시 찧어 분말로 만든다. 솔잎가루 1말이 있다고 가정하면 백미 3홉과 물 1동이를 넣고 죽을 만든 다음 누룩가루 1~2홉을 넣는데 이와 같은 비율을 기준으로 삼는다. 죽이 식으면 솔잎가루를 넣고 술을 빚어 술을 만드는데 21일 후에 맑은 술을 따라 마신다. 맛이 매우 청렬淸冽(산뜻하고 시원함)하여 고픈 배를 채울 수 있고 기근의 굶주림에서 벗어날 수도 있다. 만약 봄철이 아니면 어린잎이든 큰 잎이든 가리지 않고 사용한다. 본방本方(처음 그대로의 처방)의 누룩은 적당량을 짐작酬酌하여 넣어도 좋다. 또 다른 처방으로 솔잎 3말을 채취하여 큰 항아리 안에 넣고 물 6말을 끓여서 뜨거울 때 항아리에 붓는다. 항아리 입구를 단단히 봉한다. 여름에는 4일, 겨울에는 6일 후에 체에 걸러 찌꺼기를 제거한다. 백미 3되로 밥을 지어 항아리에 넣고 입구를 견봉堅封하고 3일이 지난 후에 마신다. 습기를 다스려 근골을 강하고 튼튼하게 하고 굶주림을 이겨 오래 살게 한다. 혹 고운 누룩細麴가루 1되를 넣으면 더욱 좋다. 쌀이 부족하면 쌀 1말 들어갈 곳에 쌀 5~6홉을 넣고 밥을 해도 좋다. 다른 처방으로 솔잎 3말을 돌로 찧어 조각으로 만들고 햇볕에 말린 다음 다시 찧어 분말로 만든다. 백미 3되에 물 6말을 넣어 죽을 만들고 유말油末 3홉을 넣는다. 이것이 바로 송료松醪(솔을 넣고 빚은 탁주)인데 산승山僧의 휴량休糧(곡식을 먹지 않음)인 송죽松粥과 송다松茶인 것이다.[162]

송엽주의 효능

각약과 풍비에 좋은 송엽주

송엽주는 다리가 약하거나 손발 저림에 좋은데 이를 이용한 임상 사례를 다음과 같이 기록했다. 당나라 때 저술된 『비급천금요방備急千金要方』에 "송엽주는 각약脚弱(다리에 힘이 없어 서거나 걷지 못함)과 12가지 풍비風痺로 인해 걷지 못하는 것을 치료한다. 갱생산更生散 여러 제를 복용하고 여러 방법으로 치료를 했어도 다리에 힘이 생기지 않았을 때 송엽주 1제를 복용하면 멀리 걸을 수 있으며 2제를 다 복용하지 않아도 모두 치유되었다. 처방은 물 40말(480근)에 솔잎 60근을 씹어 잘게 잘라 넣고 끓여 4말9되로 만든 다음 쌀 5말을 넣고 보통 술 만드는 방법으로 빚는다. 별도로 솔잎 끓인 물에 쌀을 담가 고두밥을 만든다. 이를 항아리에 넣고 진흙으로 밀봉해 7일이 지난 다음 맑은 술을 취하도록 먹으면 되는데 이 술을 먹고 힘을 얻은 자가 매우 많았다. 신효하다"[163]라고 했다. 전통적인 누룩 양조 방법으로 송엽주를 만들었다.

이후에 나온 『외대비요방』[164] 『보제방』[165] 『의방유취』[166] 등에 같은 내용이 기록되어 있다. 한편 『증류본초』[167] 『적수원주赤水元珠』(1584),[168] 『본초강목』[169] 『동의보감』[170] 『본초부방편람』(1855)[171] 등에서는 같은 내용을 언급하면서 각기脚氣(다리 힘이 약해지고 저리거나 나무처럼 뻣뻣해지는 병증)와 풍비에 좋다고 했는데, 넓게 보면 각약과 각기는 서로 같은 개념으로 해석된다.

중풍과 구안와사에 좋은 송엽주

풍風에 맞아 구안와사가 되었을 때 송엽주를 쓰기도 했다. 『보제방』에서는 출전을 『비급천금요방』이라고 밝히면서 "송엽주는 중풍으로 인한 구안와사를 치료한다. 또한 중풍에 걸린 지 3년이 지나도 효험을 보지 못하는 사람을 치료한다. 푸른 솔잎 1근을 콩과 같은 크기로 잘게 자르고, 나무절구나 돌절구에 넣고 즙이 나도록 찧는다. 삶지 않은 명주 자루에 넣고 청주 1말에 담가 2일 밤을 지내며 따뜻한 잿불火煨 옆에서 하룻밤을 보낸다. 처음에는 반근을 복용하고 점차 1근이 되도록 늘린다. 머리와 얼굴에서 땀이 나면 즉시 중지한다. 혹 술이 없으면 물에 담갔다가 사용해도 가능하다"[172]라고 했다. 『비급천금요방』에서는 더욱 자세하게 "중풍으로 얼굴이 서로 끌어당기고面目相引 입이 삐뚤어져

귀에 붙고口偏著耳 아래턱 뼈牙車가 긴급緊急(강직성 경련이 일어나 입을 벌리지 못하는 증상)해지고 혀를 움직이지 못하는 증상에 사용한다"173고 했다.

같은 내용이 『외대비요방』174 『의심방醫心方』(984),175 『성제총록찬요』176 『증류본초』177 『의방유취』178 『본초강목』179 『의림촬요』180 『구급단방』181 『본초부방편람』182 『수세비결』183 『양무신편兩無神編』(1931)184 등 여러 고서에 보여, 구안와사에 대한 송엽주의 효능이 아주 널리 알려졌음을 알 수 있다. 이상을 정리한 것이 [표 10]인데, 솔잎으로 즙을 낸 다음 청주에 담가 송엽주를 만들어 중풍 구안와사에 사용한다는 면에서는 비슷하지만 청주의 분량은 1되升와 1말斗로 차이가 난다. 10되가 모여야 1말이 되므로 10배의 차이인데 무엇이 오류인지는 좀 더 연구해봐야 한다.

[표 10] 구안와사에 사용되는 송엽주

고서	靑松葉	淸酒	효능
外臺秘要方(752)	一斤		止汗
醫心方(984)	一斤	淸酒一升	治中風 口喎
備急千金要方	一斤	淸酒一斗	治中風 面目相引 口偏著耳 牙車急 舌不得轉
聖濟總錄纂要	一斤	淸酒一斗	治中風 口面喎斜
證類本草(1108)	一斤	淸酒一升	治口喎
普濟方	一斤	酒一斗	治中風 口面喎斜 亦治三年中風不效者
醫方類聚(1445)	一斤	淸酒一斗	治中風 面目相 引口偏著耳 牙車急 舌不得
本草綱目(1596)	一斤	淸酒一斗	中風 口喎
醫林撮要	一斤	淸酒一升	治中風 喎斜口噤
救急單方	一升	淸酒一斗	中風 喎斜口噤
本草附方便覽(1855)	一升	淸酒一升	口喎 半身不遂
壽世秘訣(1929)	一斤	淸酒	口眼喎斜
兩無神編(1931)	一斤	靑酒一斤	中風 口眼喎斜 面目相引 舌不可轉者

『향약집성방』 송엽주에서의 우리나라 경험방

『향약집성방』은 조선 초기 우리나라 의학을 집대성한 것 가운데 하나인데, 위에서 언급한 내용 외에 송엽주에 대한 경험방이 다음과 같이 기록되어 있다. "송엽주는 일체의 풍습과 한열寒熱, 족통足痛과 슬통膝痛(무릎 통증) 혹은 붉은 종기赤腫 혹은 다리뼈에서 열통熱痛을 느끼고 걷기가 힘들 때, 일체의 각기병 등을 치료하는 데 백발백중 효험이 있다. 또한 허리, 무릎, 엉덩이뼈, 넓적다리뼈 등의 동통疼痛과 위벽痿躄(근맥에 긴장이 풀어지고 힘이 없어져, 손으로 물건을 잡지 못하고 다리는 몸을 지탱하지 못하며 점차 근육이 위축되어 뜻대로 움직일 수 없는 병증) 등을 모두 치료할 수 있다"[185]라며 더욱 자세하게 우리나라 경험방을 적고 있다.

『수운잡방』의 효능

위에서도 언급했지만 『수운잡방』 송엽주의 효능은 "모든 질환에 즉시 차도가 있다"고 했다. 이는 『수운잡방』 이전이나 이후의 고서에 같은 표현이 보이지 않는 것으로 보아 매우 독창적인 것으로 여겨진다.

『향약집성방』의 송엽주에서 언급한 것처럼 송엽주는 다리가 허약하거나 힘이 없을 때 좋은 효과를 낸다. 공부하는 선비가 하루 종일 앉아서 책을 읽다보면 하체가 약해지고 저리기 쉽다. 이때 쉽게 복용할 수 있는 것이 송엽주이고 하체 운동이 부족하기 쉬운 선비에게 더욱 좋은 효과를 낼 수 있다. 따라서 『수운잡방』에서는 기존의 의서에 언급되지 않았지만 독창적인 자신의 경험이나 선조의 경험방을 적은 것으로 보인다.

또한 예로부터 송진을 먹으면 신선이 된다고 여겼던 까닭에 선비들이 송엽주를 매우 좋게 인식했으므로 김유는 송엽주가 모든 질환에 차도가 있다고 서술한 것으로 보인다. 이는 이시진이 "솔잎과 솔씨를 먹으려면 때를 기다려야 한다. 소나무 마디와 소나무속은 오래되어도 썩지 않는다. 송진은 소나무 진액의 정화精華로 땅속에 있어도 썩지 않고 흘러나온 송진이 오래되면 호박琥珀으로 변하므로, 음식을 먹지 않고서도 수명을 연장시키는 데 사용한다"[186]고 한 것에서도 확인할 수 있다.

송엽침주는 솔잎이 아니라 잣잎을 이용하기도

송엽침주松葉浸酒는 말 그대로 송엽을 술에 담가 우려 먹는 방법이다. 그런데 여기에 사용되는 송엽松葉이 솔잎이 아니라 잣잎일 때가 있으므로 혼동하지 말아야 한다.

『보제방』[187] 『향약집성방』[188] 『의방유취』[189] 등에서 송엽침주에 대해 "대풍大風(문둥병)을 제거하고 골절동통骨節疼痛(뼈마디가 쑤시고 아픔)을 치료한다. 잣잎五粒松葉 20근을 자르고 깨끗이 씻어 말린 다음 청주 1석을 준비해 새지 않는 항아리에 넣고 밀봉한다. 49일이 지나 익으면 주량에 맞게 마신다"고 했다. 여기서는 솔잎이 아니라 잣잎五粒松葉이라고 분명히 적고 있다.

이처럼 예전에도 소나무와 잣나무를 혼용한 흔적이 곳곳에 보인다. 이시진은 소송蘇頌의 글을 인용하면서 소나무의 잎은 2개이고 잣나무의 잎은 5개이므로 확연히 구분되지만, 소나무의 일종으로만 이해해 잣나무에 해당되는 문장을 소나무 단원에 넣어 설명하고 있다.[190] 이는 예전의 본초가들이 소나무와 잣나무를 엄격하게 구분하지 않고 사용했던 흔적이라 할 수 있다. 하지만 이시진도 잘못 인용된 것을 인식했는지 "잎이 3개인 것은 괄자송栝子松이고 5개인 것은 송자송松子松이다. 씨앗의 크기는 측백나무 열매 정도다. 요동 지역과 운남 지역에서 나온 것은 크기가 파두巴豆 정도로 사람이 먹을 수 있기 때문에 잣으로 봐야 한다"[191]며 소나무와 잣나무를 정확하게 분류해 다시 설명했다. 여기서 말하는 송자송은 잣나무다.

『수운잡방』의 송엽주에 대한 문헌고찰을 통해 다음과 같은 결론을 도출할 수 있다. 첫째, 원문을 잘못 판독한 번역의 오류 두 가지를 바로잡았다. 둘째, 『수운잡방』의 송엽주와 『요록』의 송엽주 설명이 같아 『요록』이 『수운잡방』의 영향을 받았거나, 『수운잡방』과 『요록』이 같은 고서를 참고했을 가능성이 있다. 셋째, 『수운잡방』의 송엽주와 전혀 다른 내용이 『주찬』에 보인다. 『주찬』의 송엽주 내용이 일부 글자가 생략되면서 『치생요람』에 있어, 『치생요람』이 『주찬』의 영향을 받은 것으로 보이지만 저술 연대에 대한 논란이 있을 수 있다. 또한 『역주방문』의 송엽주는 『수운잡방』의 양주법과는 다르게 술에 솔잎을 타 먹는 방법을 이용했으며, 『오주연문장전산고』에서는 송엽주의 제조 방법을 3가지 소개하고 있다. 넷째, 송엽주는 각약과 풍비에 좋으며, 중풍과 구안와사에 좋은 것으로 기존의 고서에 기록되어 있다. 『향약집성방』의 송엽주에서 우리나라 고유의 경험방을 기록했듯이, 『수운잡방』에서 "모든 질환에 즉시 차도가 있다"며 송엽주의 효능을 독창적인 경험방으로 설명했다. 이는 공부하는 선비에게 하체가 약해지기 쉬운 단점을 극복하는 데 송엽주가 많은 도움을 주었기 때문이며, 군자의 절개가 있는 소나무에 대하여 좋은 인식이 있었기 때문으로 보인다. 다섯째, 송엽침주는 일반적으로 솔잎을 쓰지만 고서에 따라 잣나무 잎을 사용하기도 하니 이를 혼동하지 말아야 한다.

하루 세 번씩 마시는 애주

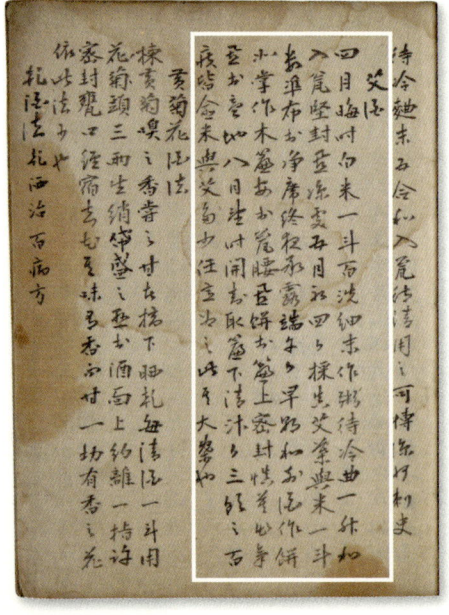

『수운잡방』「애주」

음력 4월 그믐 때 백미 1말을 많이 씻고 가늘 분말로 만든 다음 죽을 만들고 식힌다. 누룩 1되를 섞어 항아리에 넣고 단단히 봉한 다음 시원한 곳에 둔다. 음력 5월 초4일 채취한 참쑥眞艾과 쌀 1말을 기준으로 깨끗한 자리에 평평하게 펼친 다음 밤새도록 이슬을 맞힌다. 단오일(5월 5일) 이른 아침 전에 만든 술에 반죽하여 손바닥 크기의 떡을 만든다. 나무 발木簾을 만들어 항아리 중간에 걸쳐놓고 발 위에 떡을 놓고 밀봉하여 김이 새지 않도록 한 다음 차가운 곳에 항아리를 놓아둔다. 음력

8월 보름에 개봉해 발 밑의 맑은 즙을 취해 하루 3번씩 마시면 모든 병을 낫게 한다. 쌀과 쑥은 적당량을 임의대로 할 것이며 이것은 대체적인 줄거리다.192

기존 번역서의 오류

일부 번역서193에 '置於寒地'가 되어야 하나 옆의 자료에서 보듯 '於'가 빠져 있으므로 바로잡아야 한다.

다양한 애주의 효능

부스럼에 좋다

『매사방梅師方』에 따르면 '애주艾酒는 악질 창惡瘡과 문둥병癩疾에 쓰는데, 이 병이 온몸에 나고 얼굴과 눈에 부스럼瘡이 있을 때 사용한다. 흰 쑥白艾蒿 10묶음을 취해 1되 정도 되도록 끓여 즙을 얻는다. 누룩과 쌀을 보통 술 만드는 방법과 같이 빚고 술이 익기를 기다렸다가 조금씩 마신다고 하여 심한 부스럼에 애주를 사용했다. 이 내용은 『외대비요방』194 『증류본초』195 『보제방』196 『의방유취』197 『본초강목』198 『의방합편』199 『본초부방편람』(1855),200 『임원경제지』201 등에 기록되어 있다. 이를 정리한 것이 [표 11]인데, 『보제방』에서는 쌀(멥쌀)이 아닌 찹쌀糯米을 쓰고 있어 차별성을 보인다. 아마 『보제방』의 찹쌀은 '糯'를 삭제하고 '米'로 수정되어야 할 것이다.

[표 11] 애주의 효능과 구성

고서				白艾蒿	누룩과 쌀
外臺秘要方(752)	療癩身體		面目有瘡 必死	十束 如升大	麴 米七斗
證類本草(1108)		惡疾偏體	面目有瘡者	十束 如升大	麴 及米
普濟方	治癩疾	惡疾遍身	面目有瘡者	十束 如升大	麴 糯米
醫方類聚(1445)		惡疾遍體	面目有瘡者	十束 如升大	麴 及米
本草綱目(1596)	惡瘡癩疾	惡疾遍體	面目有瘡者	十束 如升大	麴 及米
醫方合編		惡疾遍體	面目有瘡者	十束 如升大	麴 米
本草附方便覽(1855)	惡瘡癩疾	惡疾遍體	面目有瘡者	十束 如升大	麴 及米
林園經濟志(1827)		惡瘡遍體	面目有瘡者	十束 如升大	麴 及米

저린 증상에도 좋다

『보제방』에서 "애엽주艾葉酒는 백라白癩(결핵형 문둥병)를 치료하고 또한 대풍라大風癩(팔꿈치와 무릎에 혹이 생기는 문둥병)도 치료한다. 마른 쑥잎을 진하게 달인 즙과 쌀과 누룩 1말을 준비한다. 쑥잎 5량 정도와 누룩과 쌀을 적당량 섞고 진하게 달인 즙을 넣어 섞어 보통의 방법과 같이 술을 빚는다. 술이 익으면 때를 가리지 않고 조금씩 마시되, 술기운이 떨어지지 않도록 계속 취해야 한다"[202]고 설명하고 있다. 기존 고서와 달리 백라白癩와 대풍라大風癩도 치료된다고 했다. 그리고 『임원경제지』에서도 비슷한 내용을 언급하면서 애주를 마시면 비증痺證(저린 증상)에 즉시 차도를 보인다고 했다.[203]

복통에 좋다

『요록』에 따르면 "애주는 복통을 치료한다. 음력 5월 초4일 쑥잎 1말을 채취하고 자리에 펴서 이슬을 맞힌다. 다음 날 정화수를 넣고 끓인 다음 쑥의 가지와 잎을 제거한다. 백미 1말을 하룻밤 동안 물에 담갔다가 불을 때 밥을 짓고 쑥을 달인 물에 섞어 고루 저어 식힌다. 누룩가루 2말을 섞어 넣고 술이 익으면 사용한다"204고 하여 복통에 좋다고 했다. 주로 배가 냉해서 생긴 복통으로 이해된다.

부인 질환에 널리 쓰였다

애주의 효능은 이외에도 여럿 있다. 『의림촬요』에서는 "요혈溺血(소아의 피오줌)이 있으면 애엽주에 생지황과 속단을 끓여 먹으면 역시 좋다"205고 했고, 『본초휘영』206『본초부방편람』207 등에서는 "태동胎動(낙태의 우려가 있음)으로 가슴과 명치가 아픈 증상, 허리의 팽만감 혹은 하혈下血(자궁출혈) 혹은 자사복중子死腹中(자궁 안에서 태아가 죽는 것)이 있으면 애엽주를 달여서 복용한다"라며 부인과 질환에 널리 이용했음을 알려준다.

쑥의 효능

모든 병을 다스리는 쑥

이른 봄에 나오는 쑥에 대해 『명의별록』에서는 "쑥은 쓴맛이 있으며 미온微溫하고 무독하다. 쑥으로 뜸을 떠 모든 병을 다스린다. 달여 먹을 수도 있으며 토혈吐血과 설사와 이질을 그치게 하고, 음부陰部의 기생충과 부스럼을 치료하고, 부인의 누혈漏血(비정상적 자궁출혈)을 그치게 한다. 음기陰氣를 이롭게 하며, 피부와 근육을 생성케 한다. 풍한을 물리치고 자식이 생겨나게 한다. 달여 먹을 때는 바람에 노출되지 않도록 한다"고 했다. 이는 『본초강목』208과 『본초정화』209에서 확인할 수 있다.

또한 도홍경陶弘景은 "쑥을 찧어 즙을 내어 복용하면 외상으로 인한 출혈을 그치게 하고 회충을 죽일 수 있다"210고 했다. 그리고 소공蘇恭은 "코피와 하혈 그리고 농혈리膿血痢(피고름이 섞인 이질)를 다스리는데 물에 삶거나, 환 또는 산제로 만들어 먹는다"211고 했다.

설사에 좋은 쑥

이러한 쑥은 몸이 냉해서 생긴 설사에 좋다고 여겨졌다. 쑥을 먹어보면 쓴맛이 나나 성질이 따뜻해 몸이 훈훈해진다. 생쑥은 차가운 기운이 있지만 오래된 쑥은 뜨겁다고 한다.212

이시진은 "쑥은 쓴맛과 매운맛이 있으며 생것은 온성溫性이 있고 익힌 것은 열성熱性이 있으며 기운을 올릴 수도 있고 내릴 수도 있어 양陽에 속한다. 족태음비경·족궐음간경·족소음신경으로 기운이 들어가고 고주苦酒(식초)와 향부자香附子는 사약使藥(군약君藥을 도와 약성을 조화롭게 하는 약)이 된다"213고 했다. 이에 쑥의 효능을 "속을 따뜻하게 하여 냉기를 물리치고 습사濕邪를 제거한다"214고 했다.

쑥의 이러한 성질을 이용해 "봄에 어린 쑥을 채취해 국을 끓여 먹거나 밀가루를 넣어 떡을 구슬같이 만들어 3~5개씩 삼키고 밥을 먹으면 모든 나쁜 기운을 다스리게 되니 장복하면 몸이 냉해서 생긴 설사가 그친다. 또한 어린 쑥으로 떡을 만들어 생강차와 함께 먹으면 설사가 그치고 산후에 출혈이 그치지 않을 때 매우 좋다"215고 했다.

쑥은 지혈제

예전부터 쑥은 지혈제로 쓰이기도 했다. 견권甄權에 따르면 "쑥은 붕혈崩血(비정상적인 자궁출혈), 장출혈, 치질로 인한 출혈을 그치게 하고 금속에 의한 상처를 아물게 하며 복통을 그치게 한다. 유산의 기미를 진정시키고 태아를 편안하게 해주는 작용을 한다. 식초에 달여 옴癬을 치료하면 매우 좋다. 쑥을 찧어 즙을 마시면 심복心腹의 일체 냉기와 귀기鬼氣(소름이 끼칠 만큼 무시무시한 기운)를 다스린다"216고 했다.

쑥은 부인병의 요약

쑥은 예전부터 부인병의 요약으로 인식했다. 『본초강목』에 따르면 "대하를 치료하고 곽란으로 인해 근육이 뒤틀리는 것과 이질 후의 한열을 그치게 한다"217고 했으며 "대맥帶脈으로 인한 병과 복창만腹脹滿을 치료하고 물속에 앉았을 때와 같이 허리가 아픈 것을 치료한다"218고 했다. 즉 속이 냉하여 생긴 냉대하를 치료하는 데 쑥을 사용한 것이다. 『연감유함淵鑑類函』(1710)에 따르면 음의 정령인 서왕모西王母가 사용하던 약 가운데 최상은 아니지만 이에 버금가는 약으로 영총애靈藢艾가 있다고 했다.219 이는 쑥을 지칭하는 것으로 보이는데 예전부터 쑥이 여자들에게 특히 더 좋았음을 뜻하는 것으로 받아들여진다.

열이 많은 사람은 금기

열이 많은 사람은 쑥을 삼가야 한다. 소송은 "근래 쑥 한 종류만 먹는 사람도 있고 찐 모과와 같이 환을 만들거나 탕을 끓여 공복에 마시기도 하는데 모두 허하고 야윈 것을 크게 보한다. 그러나 또한 독성이 나타나면 열기가 위로 올라가고 미쳐서 날뛰는 증상이 그치지 않고 심하면 눈에서 출혈되기도 하니 함부로 쑥을 먹지 말아야 한다"220고 했다. 이에 주진형朱震亨(1281~1358)은 "부인에게 자식이 없는 것은 대부분 피가 적어서 능히 섭정攝精(정액이 나가지 않도록 잡음)하지 못하기 때문이다. 속의俗醫는 자궁이 허하고 냉한 것으로 보아 신열辛熱한 약을 투여한다. 혹은 쑥을 복용시키나 쑥이 매우 뜨거운 것을 알지 못한다. 쑥으로 뜸을 뜨면 기가 하행하나 약으로 복용하면 기氣가 상행한다. 본초에 쑥이 따뜻하다고 하고 뜨겁다고 말하지 않았다. 세인들이 따뜻한 것을 좋아하여 쑥을 많이 복용하게 되었지만 장기간 복용하면 독성이 나타나니 어찌 쑥에만 허물이 있다고 하겠는가? 내가 생각하기에 소송의 도경圖經을 보고 묵묵히 감동을 받는 바다"221라고 했다. 쑥이 매우 뜨거우며 열이 많은 사람이 쑥을 많이 먹으면 독성이 발현된다는 것이다.

이에 이시진은 "쑥 가운데 생것은 약간의 쓴맛과 매우 매운맛이 있지만, 익은 쑥은 약간의 매운맛과 매우 쓴맛이 있다. 생것은 따뜻하고 익은 쑥은 뜨거우니 쑥은 순양純陽으로 태양의 진화眞火를 취할 수 있어 원양元陽을 회복시킬 수 있다. 쑥을 복용하면 삼음경三陰經으로 들어가 모든 한습을 물리치고 숙살지기肅殺之氣를 변화시켜 융화시킨다. 뜸을 뜨면 모든 경락을 뚫어줘 온갖 병사病邪를 다스려 병자를 건강하게 일으키게 하니 그 공이 매우 크다. 소공蘇恭이 '생쑥이 차갑다'고 하고 소송이 '쑥에는 독이 있다'고 했는데 하나는 쑥의 지혈 작용을 본 것이고 다른 하나는 쑥의 열기가 상충上衝한 것을 본 것으로, 쑥이 차가운 성질과 독성이 있다고 말한 것은 오류다. 대개 혈은 기를 수반하여 움직이고 기가 움직이면 혈이 흩어지고 뜨거운 것을 오랫동안 복용하면 화기가 상충하는 것을 알지 못하기 때문이다"222라고 보충 설명했다.

감기에도 사용

쑥을 감기에 걸렸을 때 쓰기도 했다. "감기에 걸려 온역溫疫(급성열성전염병)과 두통이 있으면서 열이 심하고 맥이 왕성할 때 말린 쑥 3되와 물 1말을 달여 1되로 하여 단숨에 마셔서 땀을 낸다"²²³고 했다. 그리고 "임신 중에 감기에 걸려 중풍과 같이 졸도하여 인사불성일 때 오래된 쑥 3량을 쌀식초에 뜨겁게 볶아 명주자루에 넣고 배꼽 아래를 오래도록 따뜻이 하면 즉시 살아난다"²²⁴고 했다. 이는 쑥의 따뜻한 기운으로써 차가운 기운을 몰아내는 기전으로 이해된다.

중풍에도 사용

쑥을 중풍에 쓰기도 했다. "중풍으로 구안와사가 있을 때 5촌 정도의 대롱의 한끝을 귓속에 넣고 사면四面을 밀가루로 밀봉해 바람이 들어가지 않게 한다. 다른 한쪽에 쑥으로 뜸을 7장씩 뜬다. 우측이 아프면 좌측에 뜸을 뜨고 좌측이 아프면 우측에 뜸을 뜬다"²²⁵고 했다. 또한 "중풍으로 인해 입을 벌리지 못하는 증상에 오래된 쑥으로 승장承漿혈 1곳과 협거頰車혈 2곳을 각각 5장씩 뜸을 뜬다"²²⁶고 했다.

"중풍으로 통증이 있으면서 불인不仁(피부의 감각이상) 불수不隨(수족을 제대로 쓰지 못함)가 있으면 마른 쑥을 10말 정도를 주물러 덩어리로 만들고 시루 안에 넣고 아랫구멍을 모두 막고 1개의 구멍만을 남겨놓는다. 아픈 부위를 시루의 구멍에 대고 쑥을 불살라 그 연기를 쐬면 일시에 감각이 돌아오게 된다"²²⁷고 했다. 더 나아가 "설축구금舌縮口噤(혀가 축소되면서 입을 벌리지 못하는 증상)에 생쑥을 빻아 붙여도 좋고 마른 쑥을 물에 담갔다가 붙여도 역시 좋다"²²⁸고도 했다.

사기邪氣를 물리치는 쑥

『형초세시기荊楚歲時記』에 따르면 "음력 5월 5일 단오는 욕란절浴蘭節이라 하는데, 닭이 울기 전 새벽에 쑥을 채취하여 사람 모양으로 만든 다음 대문 위에 걸어놓아 독기毒氣를 물리친다"²²⁹고 했다. 이는 양기가 극성한 단오에 양기가 많은 쑥 인형을 이용해 나쁜 기운을 물리쳤다는 것이다.

『수운잡방』 애주의 효능

『수운잡방』에서는 애주의 효능에 대해 "하루 3번씩 마시면 모든 병을 낫게 한다"고 했지만, 위에서 언급한 고서의 애주 및 쑥의 효능과는 차이를 보인다. 애주와 쑥은 위에서 언급했듯 만병통치약처럼 광범위한 치료에 사용했다. 특히 부인과 질환에 매우 좋은 효험을 보이기 때문에『수운잡방』에서 모든 병을 낫게 한다고 표현한 것으로 보인다.

참고로 사상의학에서는 "따뜻한 기운이 있는 쑥은 사기와 귀신을 물리치며, 자궁출혈을 치료해 안태시키고 심통을 낫게 해준다"[230]고 하여 소음인 여자에게 사용했으므로 애주는 소음인에게 좋은 것으로 이해하고 있다.

『수운잡방』의 애주에 대한 문헌고찰을 통하여 다음과 같은 결론을 도출할 수 있다. 첫째, 일부 번역서에 '置於寒地'가 되어야 하나 '於'가 빠져 있다. 둘째, 다른 고서에서는 애주의 효능을 부스럼·문둥병·비증 등에 좋은 것으로 인식했고, 복통·태동·심통·하혈 등에 응용하기도 했다. 셋째, 따뜻한 기운이 있는 쑥은 속을 따뜻하게 하여 설사·혈붕·장혈·냉대하 등을 치료했고 부인과 질환의 요약으로 인식했다. 또한 감기나 중풍에서 사용했으며 사기를 물리치는 기능이 있는 것으로 인식했으므로『수운잡방』에서 애주가 모든 병을 낫게 한다고 표현한 것으로 보인다.

백발을 흑발로 바꿔주는 지황주

『수운잡방』「지황주」

지황주地黃酒는 백발이 된 것을 빨리 치료하는 처방이다. 통통한 지황 1대두(10되)를 찧어 부수고, 푹 익힌 찹쌀 5되, 누룩 1큰되大升(당나라 때 단위로 1대승은 약 713밀리리터) 3가지를 동이盆에 넣고 잘 주무른 다음 새지 않는 그릇에 같이 넣고 진흙으로 봉한다. 봄여름에는 21일, 가을 겨울에는 35일 동안 날수를 채운 다음 개봉하면 1잔 정도의 진액이 있는데 이것이 바로 지황주의 정화精華다. 마땅히 먼저 이를 마시고 나머지는 잿물에 삶지 않은 생베로 짜서 저장하는데 조청稀飴과 같이 매우 감미롭다. 위의 처방을 3번 반복함을 넘지 않아 머리털이 옻漆과 같이 검게 된다. 만약 우슬牛膝즙을 섞어 불을 때고 죽을 만들어 먹으면 더욱 묘한 효과가 있어 절대로 희어지지 않는다.[231]

기존 번역서의 오류

대두大斗는 콩大豆이 아니라 10되 단위다

일부 번역서에 '굵은 지황 썬 것과 대두大斗 1말을 찧어 부수고'[232]라고 나오는데 문맥상 지황과 대두大斗 2가지를 언급한 것으로 보인다. 또 다른 번역서에서는 대두大斗가 아닌 대두大豆로 이해하여 지황주를 만들 때 콩을 넣는 오류를 범하고 있다.[233]

그러나 옆의 자료에서 보듯 '大斗'로 봐야 하며, 이는 10되를 의미하는 단위다. 『수운잡방』 원문에 '右件三味'라고 나오는데 이는 '오른쪽의 3가지 재료'를 의미하며 지황과 찹쌀 그리고 누룩이다. 만약 대두大斗를 대두大豆로 해석한다면 3가지가 아닌 4가지가 되므로 이는 분명 잘못이다.

'有一盞液'에 대한 해석

『수운잡방』의 지황주에서 '日滿開 有一盞液 是其精華 宜先飮之'를 해석하는데 있어서 일부 번역서[234]에서는 '날이 채워져서 익으면 한 잔씩 한다. 그 액은 진국이니 우선 이것을 마시고'로 번역하고 있는데, 이는 '날수를 채운 다음 개봉하면 1잔 정도의 진액이 있는데 이것이 바로 지황주의 정화精華다. 마땅히 먼저 이를 마시고'로 번역되어야 한다. 이는 '有一盞液'을 뒤에 연결되는 문장인데, 앞으로 연결하는 문장으로 잘못 보았기 때문이다.

'熟蹂 和入納'가 아니라 '熟揉 相入納'

일부 번역서[235]에서 『수운잡방』의 원문을 옮겨 적는 과정에서 '熟揉 相入納'을 '熟蹂 和入納'로 잘못 쓰는 오류를 범하고 있다. 옆의 자료에서 보듯 '熟揉 相入納'으로 봐야 하며, 『사시찬요四時纂要』에 '熟揉 相入內', 『의방유취』에 '熟揉 內於不津瓮中', 『농정회요』에 '熟揉 相勻傾入'으로 나오기 때문이다.

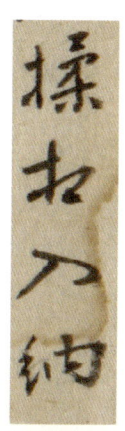

'極甘味'가 아니라 '極甘美'

일부 번역서[236]에서 『수운잡방』의 원문을 옮겨 적는 과정에서 '極甘美'를 '極甘味'로 잘못 쓰는 오류를 범했다. 하지만 번역문에서는 '매우 달다'로 하고 있어 '매우 감미롭다'와 의미에 있어서 큰 차이가 없기에 그동안 발견되지 않은 듯하다. 옆에 제시했듯이 '極甘美'이며, 『사시찬요』에 '極甘美', 『농정회요』에도 '味極甘美'로 나온다.

'不過三宿 熟黑如漆'이 아니라 '不過三劑 髮黑如漆'

일부 번역서[237]에서 '不過三宿 熟黑如漆'로 잘못 적고 해석을 '불과 3일이 지나면 칠漆과 같이 검게 익는다'로 풀이하고 있으나 이는 '不過三劑 髮黑如漆'로 바로잡아야 하므로

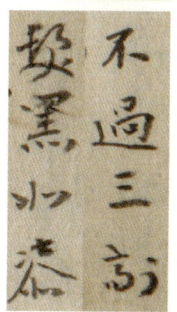

번역은 '3제를 넘지 않아(위 처방을 3번 반복함) 머리털이 옻漆과 같이 검게 된다'로 고쳐야 한다. 그리고 『보제방』과 『의방유취』에서도 '不過三劑 髮黑'라고 했다.

'若牛膝汁'이 아니라 '若以牛膝汁'

일부 번역서238에서 『수운잡방』의 원문을 옮겨 적는 과정에서 '若以牛膝汁'에서 '以'를 누락시키는 오류를 범했다. 그러나 옆의 자료에서 보듯 '以'가 선명하게 있으므로 바로잡아야 한다.

'切忌切白'의 해석에 대한 오류

일부 번역서239에서 '切忌切白'을 '꺼리고 싫어하는 백발을 없앤다' 또는 '꺼리는 것을 없애고 백발을 없앤다'로 잘못 번역하고 있다. 이는 앞의 문장과 연결시키면 '若以牛膝汁拌炊餌 更妙 切忌切白'이 되고 해석은 '만약 우슬牛膝즙을 섞어 불을 때 죽을 만들어 먹으면 더욱 묘한 효과가 있어 절대로 희어지지 않는다'로 되어야 한다. 또한 『보제방』240과 『의방유취』241 등에서도 "만약 신선한 우슬을 찧어 짜낸 즙 3근을 같이 술을 빚어 먹으면 백발이 된 것을 매우 빨리 치료할 수 있다'고 했다.

『수운잡방』에 영향을 주고받은 고서

『사시찬요』

당나라 말기에 저술된 것으로 알려진 『사시찬요』의 지황주(옆쪽의 자료)242는

『수운잡방』에 직접적인 영향을 준 것으로 보인다. 이를 정리한 것이 [표 12]인데, 『사시찬요』와 『수운잡방』의 저술 내용이 거의 일치하고, 『수운잡방』에 '不過三劑 髮黑如漆 若以牛膝汁拌炊飰 更妙 切忌切白'라는 문장이 추가되어 있을 뿐이다. 추가된 문장은 앞에서 언급했듯이 『보제방』과 『의방유취』의 영향을 받았고, 독창적으로 '切忌切白'이 더 추가되어 있음을 알 수 있다.

[표 12] 『사시찬요』와 『수운잡방』의 지황주 비교

四時纂要	需雲雜方(1552)	비고
相入内不津器中	相入納不津器中	内과 納은 같은 글자임
有一盞渌捻	有一盞液	'渌'이 누락
	不過三劑 髮黑如漆 若以牛膝汁拌炊飰 更妙 切忌切白	새로운 내용 추가

『농정회요』

1830년(순조 30)에 저술된 최한기의 『농정회요』에 나오는 지황주[243]는 『수운잡방』과 표현은 다르지만 내용은 같다. [표 13]에서 보듯이 『수운잡방』에서 언급한 '不過三劑 髮黑如漆 若以牛膝汁拌炊飰 更妙 切忌切白'의 내용이 『농정회요』에 보이지 않고, 『수운잡방』에 '一盞液'으로 서술되어 있지만 『농정회요』에는 '一盞綠液'으로 되어 있는 것으로 보면, 『농정회요』를 저술할 때 『수운잡방』을 참고하지 않고 『사시찬요』 등을 참고한 듯하다.

[표 13] 『수운잡방』과 『농정회요』의 지황주 비교

需雲雜方(1552)	農政會要(1830)	비고
變白速效方		農政會要에 없음
肥地黃	用肥大地黃	같은 의미
爛炊	作飯	같은 의미
右件三味 於盆中	三物于盆中	같은 의미
相入納不津器中 封泥	相勻傾入甕中 泥封	같은 의미
春夏三七日 秋冬五七日 日滿開	春夏二十一日 秋冬須三十五日 開看上	같은 의미
有一盞液	一盞綠液	綠이 첨가
宜先飮之 餘用生布絞貯之 如稀飴 極甘美	先取飮之 餘以生布絞汁 如飴 收貯 味極甘美	같은 의미
	功效同前	需雲雜方에 없음
不過三劑 髮黑如漆 若以牛膝汁 拌炊 更妙 切忌切白		農政會要에 없음

이상의 내용을 정리하면 김유는 『수운잡방』의 지황주를 저술하면서 『사시찬요』의 내용을 참고한 듯하고, 이러한 과정에서 그는 지황주의 효능에 있어서 우슬즙을 같이 먹으면 백발이 검어지고 다시는 백발이 되지 않음을 강조했다. 『농정회요』의 지황주는 『수운잡방』의 서술 내용과 비슷하지만 『수운잡방』의 영향을 받기보다는 『사시찬요』나 그와 유사한 고서의 영향을 받은 것으로 보인다.

비슷한 내용의 고서

『수운잡방』이 나오기 전에 저술된 『보제방』[244]과 『의방유취』(1445)[245], 그리고 『수운잡방』 이후에 저술된 『의림촬요』[246] 같은 의서에서도 『수운잡방』의 지황주와 내용은 비슷하지만 단위와 표현 방식이 다른 서술이 나온다. 또한 효능에 있어 『보제방』『의방유취』『의림촬요』 등에서는 백발을 치료한다고 한 것 외에 보익補益하는 효능을 추가로 언급하고 있다. 고서별로 차이점을 정리한 것이 [표 14]다.

[표 14] 지황주의 서술 변화 과정

고서	효능	생지황	찹쌀	누룩	진액	우슬즙
四時纂要(唐)		變白速效	一大斗	五升	一大升	一盞漉捻
普濟方(明)	補益	變白	一斤	五斗	五斤	一盞綠汁	拌釀
醫方類聚 (1445)	補益	變白	壹秤	五斗	五斤	一盞綠汁	拌饋
需雲雜方 (1552)		變白速效	一大斗	五升	一大升	一盞液	拌炊飰
醫林撮要	補益	變白	二斤	五斗	五斤	一盞綠汁	
農政會要 (1830)			一大斗	五升	一大升	一盞綠液	

다양한 지황주 제조법

생지황, 누룩 두 가지로 만든 지황주

『수운잡방』과 달리 찹쌀이 빠지고 생지황과 누룩 2가지로 만든 지황주가 있었다. 『본초강목』에서는 "지황주는 허약한 것을 보강하고 근골을 튼튼하게 하며 혈맥을 통하게 한다. 복통과 백발이 된 것을 치료한다. 신선하고 통통한 지황을 즙을 내고 누룩가루와 같이 그릇에 밀봉한다. 35일 후에 열면 녹즙이 있는데 이것이 진짜 정영精英이다. 이를 먼저 마신 다음 걸러서 저장하되 우슬즙을 더 넣으면 효과가 더욱 좋다. 또한 여러 한약을 넣으면 더욱 빨리 치유된다"[247]라며 생지황과 누룩 두 가지로 지황주를 만든다고 했다. 이는 『수운잡방』에서 지황주 만드는 방법에서 찹쌀만 빼고 나머지 방법이 흡사하고, 지황주의 효능이 추가되었음을 알 수 있다. 같은 내용이 『주찬』248 『임원경제지』249 『본초휘영』250 『본초부방편람』251 『수세비결』252 등에 보이는데, 『수운잡방』의 영향을 받은 것이 아니고 『본초강목』의 내용을 그대로 인용한 듯하다.

생지황, 찹쌀, 누룩 3가지로 만든 지황주

『수운잡방』과 같이 생지황, 찹쌀, 누룩 세 가지로 지황주를 만드는 방법이 있다. 이러한 방법은 매우 일반적인 것으로 인식했던 듯한데, 양예수楊禮壽(?~1597)의 『의림촬요』에서는 "지황주는 찹쌀 1말에 생지황 3근을 잘게 썰어서 함께 푹 익도록 찐 다음 백국白麴(밀가루에 찹쌀가루를 더 넣어 빚은 누룩)을 보통의 방법과 같이 넣어 섞어 술을 빚는다. 익은 다음 임의로 마시면 크게 화혈和血하고 얼굴이 아름다워진다"253고 하여 『수운잡방』의 내용과 비슷하다. 하지만 생지황과 누룩의 사용량에 있어서 분량 차이가 나고, 일반적인 누룩 대신 백국白麴을 쓴 것이 특징이며, 효능으로 크게 화혈하고 얼굴을 아름답게 한다고 강조하고 있다. 이후에 나오는 『동의보감』254 『주촌신방舟村新方』(1687),255 『산림경제』256 『민천집설民天集說』(1752),257 『고사신서』258 『주찬』259 『임원경제지』260 등에도 같은 내용이 인용되고 있어 생지황, 찹쌀, 누룩 3가지로 지황주를 만드는 방법이 조선시대에 널리 이용되었음을 알 수 있다.

1700년대 말에 저술된 것으로 추정되는 『온주법蘊酒法』은 한글로 쓰여 있어 식문화사에 있어서 귀중한 자료 중 하나다. 여기서도 지황주에 대해 "생지황 3근을 잘게 뜯어 찹쌀秥米 1말을 깨끗이 씻어 함께 무르게 찐 다음 누룩麴과 같이 섞고 술을 빚어 먹으면 낯빛을 좋게 한다"261고 한 것을 보면 지황주의 제법이 널리 알려진 듯하다. 참고로 『온주법』의 '국화흐고'를 일부 번역서에서 "국화菊花하고"라는 뜻으로 봤으나, 다른 고서의 지황주 설명과 일치하지 않는다. 따라서 이 문장을 "국麴 화和ᄒᆞ고"로 보아 "누룩과 같이 섞고"로 번역했다.

그러나 『의림촬요』에서 언급된 지황주는 『수운잡방』의 영향을 받은 것이 아니고 『향약집성방』262과 『활인심방活人心法』(1550)263의 "지황은 단맛과 쓴맛이 있으며 성질은 서늘하고 무독하다. 오래 먹으면 몸을 가볍게 하고 늙지 않는다. 일명 지수地髓라고도 하며, 오장이 내상을 입어 기가 부족한 것을 보하고, 혈맥을 뚫고, 기력을 북돋아주며, 눈과 귀를 부드럽게 한다. 쌀 1말에 생지황 3근을 넣고 같이 찌고 백국을 섞는다. 익기를 기다려 임의대로 사용한다. 능히 화혈하고 얼굴을 아름답게 한다"고 설명한 것에서 유래된 것으로 보인다.

생지황, 누룩, 차좁쌀 3가지로 만든 지황주

『부인대전양방婦人大全良方』(1237)에 따르면 "지황주는 산후의 모든 병을 치료한다. 출산하기 한 달 전에 미리 술을 빚고 출산 후에 복용한다. 지황즙, 좋은 누룩, 잘 씻은 차좁쌀秫米 각 2되를 준비한다. 먼저 지황즙에 누룩을 담가 발효시키고 가법家法에 준거하여 술을 빚는데, 술이 익을 때까지 7일간 밀봉한다. 맑은 술을 떠서 복용하는데 술이 떨어지지 않도록 상복한다. 마늘, 날것과 찬 것, 젓갈鮓, 매끄러운 물고기滑肉, 닭고기, 돼지고기, 일체 독이 있는 것들은 먹지 말아야 한다. 부인婦人은 모두 지황주를 복용할 수 있으나 여름 3개월 동안은 합당하지 않고 봄가을이 합당하다. 지황즙과 지게미를 쌀에 넣고 밥을 지어 먹는다. 1섬이나 10섬을 만들어도 1되를 만들 때의 비율로 만든다. 먼저 당귀탕當歸湯을 복용한 다음 지황주를 복용하면 묘한 효과가 있다"264라고 하여 산후에 지황주를 이용한다고 했다.

같은 내용이 『비급천금요방』265 『향약집성방』266 『의방유취』267 『의림촬요』268

『본초강목』[269] 『증치준승證治準繩』(1602),[270] 『본초부방편람』[271] 『수세비결』[272] 등에 실려 있어 산후 질환을 치료하기 위해 출산 전에 위와 같은 지황주를 준비하는 것이 일반화되었던 것으로 보인다.

생지황, 콩, 우엉뿌리, 술 네 가지로 만든 지황주

지황주를 만드는 데 앞에서 언급한 것처럼 생지황과 누룩을 넣어 발효시키는 방법도 있지만, 이미 만들어진 술에 생지황이나 기타 약재를 넣어 만든 지황주도 있었다. 『수친양로신서壽親養老新書』(1307)에 나오는 보신지황주補腎地黃酒를 살펴보면 "노인의 오래된 풍습비風濕痺(뼈마디가 저리고 아프며 감각이 없어지는 증상), 근련筋攣(한습寒濕이나 진액의 부족으로 근맥이 오그라들고 펴지 못하는 증상)과 골통骨痛을 치료한다. 피모皮毛를 윤택하게 하고 기력을 북돋우며, 허한 것을 보하고, 풍독을 제거하며 얼굴의 기미를 없앤다. 절단한 생지황 1되, 볶은 콩 2되, 절단한 생우엉뿌리 1되를 명주자루絹袋에 넣고 술 1말에 5~6일간 담갔다가 임의대로 공복에 2~3잔 복용한다. 항상 만들어서 먹으면 더욱 좋다"[273]고 나온다. 누룩으로 술을 담그는 기간보다 이미 만들어진 술에 생지황 등을 넣기 때문에 숙성 기간이 매우 짧아졌음을 알 수 있다.

이러한 내용이 『의방유취』[274] 『수양총서유집壽養叢書類輯』(1620),[275] 『사의경험방』[276] 등에 그대로 나오는 것으로 보아 술에 담가 만드는 지황주가 노인의 풍습비나 근련을 풀어주는 데 일반적으로 사용되었던 듯하다. 한편 『임원경제지』에서는 보신지황주에 대해 지황주가 보신 효능이 있다고 서술하고 있다.[277] 내용상 틀린 것은 아니지만 술 이름을 해석하는 오류를 범하고 있다.

생지황, 사시나무 껍질, 생강, 콩, 술 다섯 가지로 만든 지황주

술에 지황을 담가 만든 지황주에 사시나무(백양나무) 껍질, 생강, 콩 등을 넣어 만들기도 했다.『보제방』에 나오는 지황주를 살펴보면 "지황주는 허리와 다리가 아픈 증상을 치료한다. 잘게 절단한 생지황 1근, 절단한 백양수피 반근, 찧어서 볶아 익힌 생강 2량, 볶아 익힌 콩 반 되 등을 명주자루에 넣고 청주 1말이 들어 있는 항아리에 담그고 밀봉한다. 7일이 지난 다음 개봉하여 식전마다 따뜻하게 작은 잔으로 1잔씩 복용한다"[278]고 했다. 이러한 내용이『향약집성방』[279] 『의방유취』[280] 등 조선 초기의 의서에 보이나 조선 중후기의 고서에서는 같은 내용을 찾기 어려워, 널리 알려지지는 않은 듯하다.

생지황 지골피 국화 백미 누룩 다섯 가지로 만든 지황주

『주찬』에 따르면 "납일臘日(동지 이후 셋째 미未일) 이전에 백미 1말을 깨끗이 씻은 다음 가루로 만든다. 익힌 다음 펼쳐 충분히 식힌다. 누룩가루 5되를 섞어 술을 빚은 뒤 말린 국화 5근을 분말로 만들고, 생지황 5근을 찧어 포대에 넣어 즙을 짠다. 지골피 5근을 물 10말을 붓고 5말이 되도록 달인 다음 지황즙을 넣고 달인다. 납일 내에 쌀 5말을 깨끗이 씻고 찐 다음 생지황즙과 지골피에 물을 약간 뿌리고 쪄서 식힌다. 비로소 납일이 되면 밑술에 섞어 술을 빚는데 생지황즙, 지골피 달인 물, 국화가루 등을 고루 섞고 술을 빚어 가장 시원한 곳에 둔다. 술독을 싸지 않는 것은 다만 시원하게 하기 위함이며 35일 뒤에 술을 내린다. 이 술은 즉 서왕모가 한 무제에게 바친 술이다"[281]라고 하여 생지황·지골피·국화·백미·누룩 다섯 가지를 이용한 지황주를 소개하고 있다. 더욱이 특정 시기인 납일에 술을 빚는 점이 특징이다.

『수운잡방』의 지황주에 대한 문헌고찰을 통해 다음과 같은 결론을 도출할 수 있다. 첫째, 기존 번역서에 있는 여러 오역과 오기를 바로잡았다. 둘째, 『사시찬요』의 지황주는 『수운잡방』에 직접적인 영향을 줬고, 『농정회요』는 『수운잡방』의 영향을 받지 않고 『사시찬요』를 참고한 것으로 보인다. 셋째, 지황주를 만드는 방법은 매우 다양했으며, 『수운잡방』과 같이 생지황, 찹쌀, 누룩 3가지로 만든 지황주를 만드는 방법은 『의림촬요』『동의보감』『주촌신방』『산림경제』『온주법』『민천집설』『고사신서』『주찬』『임원경제지』 등에 있듯이 조선시대에 널리 알려진 것으로 보이며, 화혈하고 얼굴이 아름다워진다는 효능으로 인식했다. 다섯째, 『수운잡방』 지황주에서는 기존 설명과는 달리 우슬즙과 같이 먹으면 절대로 백발이 되지 않는다고 강조하고 있으나 다른 고서에 영향을 끼치지는 않은 듯하다.

지금까지 언급된 백자주, 호도주, 상실주, 오정주, 송엽주, 애주, 지황주 등을 사상체질의학의 입장에서 보면 오정주를 제외한 나머지 약술을 [표 15]와 같이 체질별로 분류할 수 있다.

[표 15] 사상체질별 약주 배속

사상체질	약주	保命之主	비고
태양인	松葉酒	吸聚之氣	기운이 모아지지 않고 발산되는 경우
소양인	地黃酒	陰淸之氣	열이 많은 경우
태음인	橡實酒 梔子酒 胡桃酒	呼散之氣	몸이 울결된 경우
소음인	艾酒	陽煖之氣	몸이 냉한 경우

일반적으로 사상체질별 분포와 지역의 환경적 특징은 상관관계가 있는 것으로 알려졌다. 지평선이 보이는 평야지역에서는 호탕하고 시원한 성격의 소양인

이 다른 체질에 비해 상대적으로 살기 편하게 느끼고, 오밀조밀하여 답답히게 보이기도 하지만 아늑하고 조용한 산골에서는 보수적이고 조용한 성격의 태음인이나 소음인이 살기 편하게 느낀다. 그 지역에 맞지 않는 체질이라면 자신의 성격에 맞는 지역으로 이사를 가거나 혹은 그대로 살더라도 그 지역의 특성에 동화되어 본래의 체질 특성이 감춰지고 주변 환경의 영향을 받아 성격이 달리 표현되기도 한다. 예를 들면 평야지역에 사는 음인은 호방한 지역적 영향을 받아 양인같이 행동해 새로운 사상이나 주장을 잘 받아주기도 하고, 조용한 산골 지역에 사는 양인은 마치 음인같이 신중하고 조신하게 행동하기도 하는 것과 비슷하다.

『수운잡방』의 저자 김유는 태어나서 활동한 지역이 경상북도 안동이다. 경북지역은 태음인이 상대적으로 많은 것으로 알려져 있고, 『수운잡방』에 효능이 적혀 있는 약주 가운데 태음인에게 좋은 술이 상대적으로 더 많이 서술된 것은 매우 흥미롭다. 좀 더 심도 있는 연구가 필요한 부분이다.

참고로 오정주는 [표 16]에서 보듯 다섯 가지 약재가 네 가지 체질별로 고루 분포되어 있으며, 소화력을 좋게 하는 약재 황정黃精과 백출白朮 두 가지가 있는 것으로 보아 체질에 상관없이 고루 즐길 수 있는 술이라 할 수 있다.

[표 16] 오정주의 체질별 약재분석

사상체질	체질별 약재	비고
태양인	松葉	
소양인	枸杞	
태음인	天門冬	
소음인	黃精, 白朮	소화력을 좋게 하는 약재

지금까지의 논의를 정리하면 첫째, 『수운잡방』에 서술된 약주의 효능은 기존 의서의 효능을 참고한 것도 있고 독창적인 경험방을 적은 것도 있다. 오정주와 지황주는 다른 고서에 언급된 효능과 동일하게 서술되어 있고, 호도주·상실주·송엽주·애주 등은 매우 독창적인 김유의 경험방을 적고 있으며 다른 고서에 영향을 주거나 받지 않았다. 둘째, 『수운잡방』에 서술된 백자주(잣술)의 효능은 측백나무 씨의 효능을 잘못 기록한 것이다. 셋째, 『수운잡방』에 효능이 서술된 약주 가운데 송엽주는 태양인, 지황주는 소양인, 상실주·백자주·호도주 세 가지는 태음인, 애주는 소음인에게 더 좋은 약술로 분류할 수 있다.

제4장

한 사대부 집안이 보여준 다채로운 식재료의 인류학

『음식디미방』과 조선 중기 경상도 북부지역 사대부가의 식재료 수급

주영하
한국학중앙연구원 한국학대학원 문화예술학부 교수

17세기 조선 중기 생활사를 밝히는 명저, 『음식디미방』

1999년 10월 문화관광부는 11월의 문화인물로 '정부인貞夫人 안동 장씨'를 선정했다. 여기서 안동 장씨는 바로 장계향張桂香(1598~1680)이란 분이다.[1] 조선 숙종 때의 남인계 학자인 이휘일李徽逸(1619~1672)과 이현일李玄逸(1627~1704) 형제의 어머니다. 같은 해 11월 1일자 『경향신문』에서는 이와 관련하여 "일반인들에겐 그리 알려지지 않은 인물이란 점이 눈길을 끈다"면서 장계향의 인물평을 다음과 같이 했다. "경북 안동에서 태어난 장씨는 부모 공경, 남편과 자식에 대한 극진한 사랑, 아랫사람들에 대해 덕행을 몸소 실천했던 여인이다. 또 호방하고 강한 글씨로도 높은 평가를 받았으며 말년에 쓴 요리책 『음식디미방』은 17세기 조선 중기 생활사를 밝히는 명저로 남아 있다."

사실 『음식디미방』이란 책을 세상에 처음 알린 사람은 경북대 국문과 김사엽金思燁(1912~1992) 교수였다. 1960년에 출간된 논문집에서 그는 「규곤시의방閨壼是議方과 전가팔곡田家八曲」이란 자료를 소개하는 글을 실었다.[2] 그는 이 책의 출

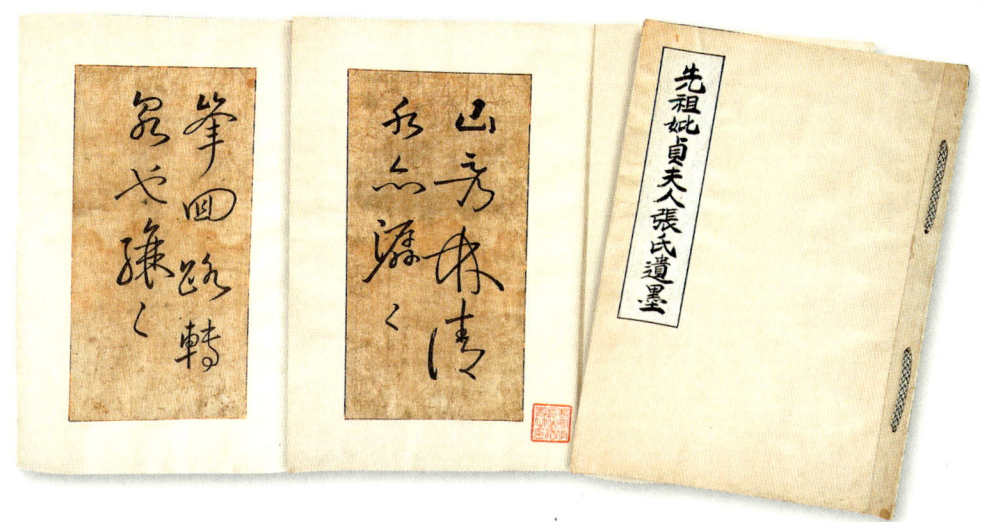

『선조비정부인장씨유묵』, 38.0×26.6cm, 연대미상, 재령 이씨 존재판 간송문고 기탁, 유교문화박물관. 『음식디미방』의 저자 정부인 장씨의 시를 첩으로 엮은 것이다.

저로 "효종조 영남의 거유였던 존재存齋 이휘일의 종가에서 소장하고 있는 진본이다. 존재 가는 경북 영양군 석보면石保面 원리동院里洞에 있다"고 했다. 알다시피 이휘일은 안동 장씨의 첫째 아들이다. 김사엽이 『규곤시의방』과 함께 소개한 『전가팔곡』 역시 존재종가에서 소장하던 필첩으로 당시 경북대 농과대학 전임강사였던 이병욱 교수가 제공해주었다고 적었다.[3] 김사엽 교수가 이 두 고서를 논문집에서 소개한 이후 존재종가에서 소장하던 고문헌은 경북대 도서관 원지재遠志齋 문고로 들어갔다. 이런 이유로 『음식디미방』의 원본 역시 원지재 문고에 소장되어 있다.

앞의 신문 기사에서는 『음식디미방』을 두고 '17세기 조선 중기 생활사를 밝히는 명저'라고 소개했다. 실제로 『음식디미방』은 현재 알려진 조선시대 조리서 가운데 세조 때 어의御醫를 지냈던 전순의全循義(?~?)가 1450년경에 썼다고 전하는 『산가요록山家要錄』과 김유金綏(1481~1555)가 쓴 『수운잡방需雲雜方』 다음으로 오래

『음식디미방』, 정부인 장씨, 25.5×18.8cm, 17세기, 재령 이씨 석계종가.

된 조리서다. 특히 앞의 두 조리서의 저자가 남자이고 또 한문으로 쓰인 데 비해 『음식디미방』은 여성이 당시의 한글로 쓴 조리서라는 데 커다란 의의가 있다.[4] 그러니 국어사적 측면[5]에서도 17세기 경상도 북부지역에서 사용한 한글 음식명과 식재료명, 그리고 조리법을 파악할 수 있다는 면에서 매우 중요한 의미를 지니는 책이다. 그와 함께 한국 음식사의 측면에서도 이 책은 커다란 의의를 지닌다.[6] 아울러 민속학에서도 이 책의 술에 대한 의의를 밝힌 글[7]이 있다.

한복려 궁중음식연구원장은 『음식디미방』에 나온 음식법의 전체적인 특징으로 다음과 같이 몇 가지를 꼽았다.[8] 첫째 1600년대 경상도 지방 가정에서 실제로 만들던 음식의 조리법과 저장발효식품 및 식품수장법을 총망라했다. 둘째, 어법과 정차 등도 비교적 정확하고 능란하게 표현했으나 일반적으로 알고 있으리라 여겨지는 사항에 대한 자세한 설명은 생략되어 있다. 셋째, 146조목 가운데 술 만드는 법이 51조로 35퍼센트에 달하는 점으로 미루어 상류층 가정주부의 일 중 술빚기의 비중이 상당히 컸음을 알 수 있다. 넷째, 고추에 대한 내용이 전혀 나오지 않는 점으로 보아 당시 아직 고추가 전파되지 않았음을 알 수 있다. 다섯째, 매운맛을 내는 조미료로 천초와 후추, 겨자를 많이 썼다. 파를 사용한 것이 많이 나오고, 생강의 사용 빈도가 마늘보다 훨씬 높다. 여섯째, 육류, 해산물, 채소 등을 활용한 느르미가 많이 나오는데 모두 일차적으로 재료를 지지거나 쪄서 익힌 것에 걸쭉한 밀가루 즙을 끼얹는 조리법이다. 일곱째, 육류 중에는 개고기 음식이 많이 나오고, 멧돼지고기와 꿩으로 만든 음식도 나오며, 웅장 삶는 법도 나온다. 여덟째, 채소 가운데 동아와 외로 만든 음식이 많은 것으로 보아 당시 보편적인 채소였다고 추측된다. 아홉째, 계란 음식은 난탕과 계란탕 두 가지로 끓는 물이나 장국에 계란을 반숙하고 초를 치는 것이 특색이다. 열 번째, 조리 기구는 비교적 간단하지만 증기나 중탕으로 장시간 찌는 조리법이 많다.

한복려 원장의 정리 글에서 주목해야 할 점은『음식디미방』의 조리법에서 고추를 사용한 사례가 없다는 점이다. 알다시피 아메리카 대륙이 원산지인 고추가 대서양과 지중해, 그리고 동남아시아를 거쳐서 한반도에 알려진 때는 임진왜란(1592~1598) 전후다. 현재까지 가장 오래된 고추에 대한 문헌 기록은 이수광李睟光(1563~1628)이 1613년에 펴낸『지봉유설芝峯類說』이다. 이 책에서 "남만초는 센 독이 있는데 처음에 왜국에서 들어왔다. 그래서 속칭 왜개자라 하였다. 때로 이것을 심고는 술집에서 그 맹렬한 맛을 이용하여 간혹 소주에 타서

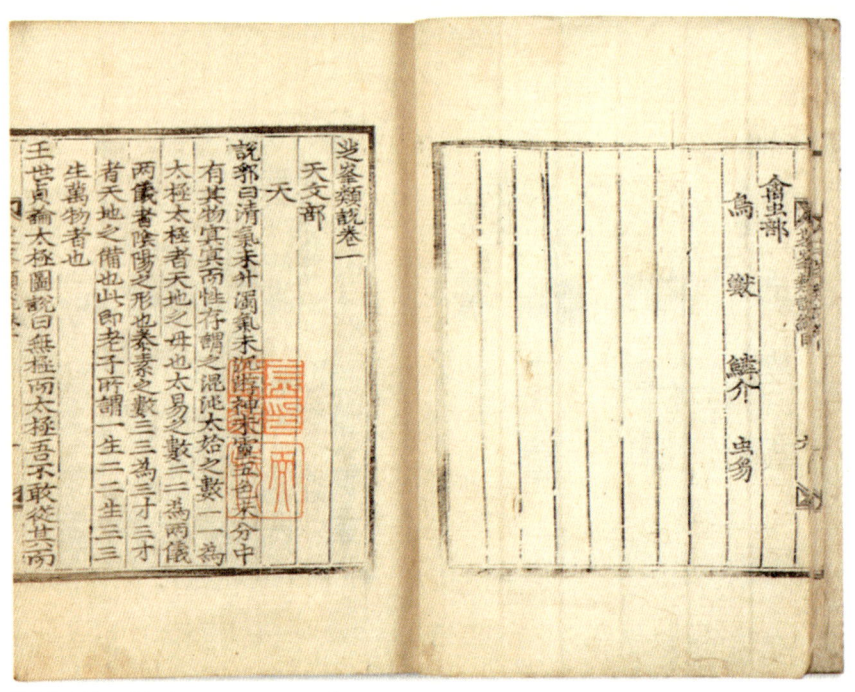

『지봉유설』, 이수광, 20.9×19.8cm, 1691.

팔고 있는데 이를 마신 자는 대부분 죽었다고 한다"[9]고 적었다. 나는 1592년부터 7년간 한반도에서 일어났던 불행한 전쟁 임진왜란을 전후로 하여 고추가 조선에 들어왔다고 본다.[10] 최근 한국 고추의 원산지가 한반도라는 주장이 있지만, 그것은 한자 초椒와 고초苦草(苦椒)에 대한 잘못된 해석에서 빚어진 오류다.[11]

장계향은 임진왜란이 막 끝난 해에 태어났고, 병자호란(1636~1637)도 비록 직접 겪지는 않았지만 전란 중을 살았다. 오늘날의 관점에서 보면 정치·문화적 격변기를 살았다고 해도 과언이 아니다. 하지만 장계향은 이수광보다 무려 52년 뒤에 세상을 떠났다. 이렇게 보면 장계향은 임진왜란 이후 한반도의 남부

지역에서 일어나기 시작했던 새로운 작물의 유입 시기에 살았다. 그러나 이수광과 마찬가지로 장계향 역시 고추를 식재료로 쓸 수 있다는 사실을 알지 못했다. 이러한 사실은 『음식디미방』이란 조리서가 '17세기 생활사'를 파악하는 데 매우 중요한 의의를 제공해주는 점이다. 왜냐하면 이수광도 밝혔듯이 처음 한반도에 들어온 고추는 결코 식재료인 향신료로 쓰이지 않았기 때문이다. 다만 그 매운맛을 이용해서 술의 도수를 올리는 데 쓰였을 뿐이다. 어떤 새로운 식재료가 들어왔을 때 사람들은 그것을 전해준 이들이 음식 조리법도 함께 알려주면 곧장 음식을 조리하는 데 썼다. 하지만 그렇지 않을 경우 일정한 시간이 지나야 비로소 음식 조리에 재료로 쓰인다. 고추 역시 장계향 이후 100여 년이 지나서야 식재료로 사용되기 시작했다.

나는 고추의 문제뿐만 아니라 『음식디미방』에 나오는 식재료가 지금과는 상당히 다를 수도 있고, 같을 수도 있다고 생각한다. 그 같고 다름을 밝히는 일은 『음식디미방』이 지닌 '17세기 음식생활사'의 현상을 파악하는 데도 매우 중요한 점이다. 이를 위해서 나는 『음식디미방』에 나오는 식재료를 모두 정리해보았다. 더불어 『음식디미방』에 나오는 사용 빈도도 함께 정리했다. 이러한 과정에서 장계향이 제시한 조리법에 자주 등장하는 식재료를 파악할 수 있었다. 그리고 이를 통해서 조선 중기인 17세기 경상도 안동과 영양 일대의 사대부 종부가 주로 사용했던 식재료의 상황을 파악할 수 있다고 본다. 기왕에 통시적 시간 축을 중심에 두고 조리법의 변화 양상을 연구한 것은 식품학계에서 많이 나왔다. 하지만 하나의 조리서를 중심에 두고 식재료의 존재 방식을 정리한 연구는 그다지 많지 않다. 더욱이 식재료의 양상을 통해서 당대의 사회문화적 특징을 도출하는 작업은 거의 이루어지지 않았다.

나는 조선시대 조리법이 적힌 고문헌을 살필 때 유의해야 할 몇 가지 점이 있다고 본다. 특히 고문헌에 등장하는 조리법을 통해서 음식의 역사를 살필 때는 다음과 같은 점을 미리 살펴야 한다.

첫째, 상고주의上古主義의 인식이 강력했던 조선의 지식인들이 글을 쓰는 방식은 지금과 달랐다. 반드시 중국과 조선의 문헌에 언급된 내용을 정리하는 데 목표를 둔 글이 많다. 간혹 조선의 정황을 덧붙인 글도 있지만, 인용 문헌을 밝히지 않은 것도 있으므로 조심해야 한다. 이것은 조선시대 사대부의 '문자적 관행'과 관련이 있다. 조선시대 사대부의 글쓰기는 남녀를 가리지 않고 그 이전의 유학 고전에 근거를 둘 때가 많다. 이 점을 제대로 살피지 않으면 그것이 마치 당시의 실제 생활을 기록한 것처럼 오해할 소지가 생긴다.[12]

둘째, 한자로 서술된 조리법과 관련된 고문헌을 살필 때는 한자로 표기된 식재료 명칭에 대해 매우 자세한 비정을 해야 한다는 점이다. 왜냐하면 같은 한자라고 해도 각기 다른 의미를 내포할 때가 많기 때문이다.[13] 더욱이 오늘날의 자전에 나오는 한자의 뜻과 조선시대 특정 시기의 그것은 다를 수 있다. 한자의 의미는 작성된 시기에 따라 달라질 수 있다는 점에 유의해야 한다. 가령 중국 한나라 때의 문헌에서 병餠과 면麵은 밀가루를 비롯해 곡물 가루로 만든 모든 음식을 가리키는 말이었다. 송나라 이후가 되어서야 비로소 밀가루로 만든 음식만을 면麵이라고 불렀다. 더욱이 식재료는 18세기 이후 시간이 갈수록 품종 개량이 이뤄졌다. 이 점을 염두에 두지 않으면 실제 음식 상태를 오해하는 오류를 범할 수 있다.

셋째, 왕실이나 한양의 음식 풍조에 따르려는 경향에 대해 살펴야 한다. 비록 집안마다 '가가례'가 있고 지역적 기반의 동질성이 있다. 하지만 서원을 중심으로 하는 문중의 연대, 혼반의 범위, 그리고 한양과 지방의 직접적인 연결고리 등이 음식조리서에 나타나기도 한다는 점을 유의해야 한다.[14] 고문헌에 나오는 조리법이 그것을 집필한 필자가 살았던 지역과 직접적인 관련이 없을 수도 있다.

넷째, 아무리 당대의 실제 식생활을 반영한 고문헌이지만 그 속에는 건강에 대한 지향이 담겨 있을 가능성도 많다. 즉 식치食治의 관점이 조선시대 고조리서에 개입되었을 수 있다. '식치'는 음식으로 질병을 예방하고 다스리는 중국 의학에서 유래한 개념이다. 조선시대 선비들이 양생에 관심을 갖게 된 데에는 '수기치인修己治人'을 실현하는 것을 이상으로 삼던 성리학자의 도학道學에 대한 태도와 깊은 관련이 있다. 이러한 인식이 조선시대 조리법과 관련된 고문헌에 담겨 있을 가능성이 높다.

특정한 음식물의 역사를 살피기 위해서는 '역사상의 조리법historical recipe'에 대한 기록을 통해서 그것의 물질적 특성을 먼저 파악해야 한다.[15] 나는 조리법이 담긴 고문헌을 연구할 때 식품학자들이 조리법에 대해 매우 세밀한 연구를 수행하기를 권고한다.[16] 최근 국어학자와 식품학자가 공동으로 조리서의 텍스트언어학적 연구[17]를 시도한 것은 중요한 성과라고 생각한다. 하지만 보다 시급한 연구는 식재료에 대한 분석이다. 나는 조리법이 담긴 고문헌에서 식재료에 대한 연구는 다음과 같은 방법으로 진행되어야 한다고 본다. ① 연구 대상 고조리서에 등장하는 식재료의 목록을 만들고, 그것이 각각 쓰인 조리법 등을 정리한다. ② 비슷한 시기에 간행된 고문헌에서 각각의 식재료에 대한 설명을 비교한다. ③ 중국과 일본의 식재료 관련 자료를 찾아서 비교한다. ④ 식물학과 동물학의 연구 성과를 참고하여 식재료의 현황을 파악하고 각 식재료의 학술적 명명nomenclature, 원예학적 역사horicultural history 등을 정리한다. 다만 이러한 연구는 특정 시기의 특정 식재료에 대한 역사를 분석하는 데는 유용하지만, 조리법이 담긴 고문헌 자체의 특징을 분석하는 데는 적합하지 않을 수도 있다. 그래서 나는 『음식디미방』을 대상으로 하여 앞의 연구 방법 중 ①과 ②를 주로 택해 작업을 했다.

　나는 이 글에서 이러한 연구 방법으로 『음식디미방』에 나타난 조선 중기 경상도 북부지역 사대부가의 식재료 수급에 대해 살펴볼 것이다. 식재료를 어떻게 확보했는가의 문제는 조리법보다 훨씬 더 중요하다. 왜냐하면 식재료를 확보하지 않으면 어떤 음식도 만들 수 없기 때문이다. 전근대 시기나 근대 이후를 막론하고 식재료 확보는 한 가정의 경제적 위상을 알 수 있는 중요한 기준이다. 자급하는 경우도 있었겠지만, 먼 거리에 있는 생산지로부터 식재료를 구입하기도 했다. 장계향 역시 이러한 과정을 통해서 식재료를 확보했을 것이다. 하지만 장계향은 어떤 글에서도 식재료 확보 과정을 밝히지 않았다. 결국 『음식디미방』에 나오는 여러 식재료의 생산지를 파악하고 그것을 통해서 종부 장계향의 살림살이와 그 면모를 살필 수밖에 없다. 비록 직접 자료는 아니지만, 이를 통해서 조선 중기 경상도 북부지역의 사대부가에서 실천했던 식재료 수급 현황을 파악할 수 있을 것이라 생각한다.

토장가루부터 곰발바닥까지 다양한 식재료

『음식디미방』의 본문이 시작되는 첫 장의 오른쪽, 즉 표지 뒷면에는 한시가 하나 적혀 있다. "삼일 만에 부엌에 들어가서, 손을 씻고 갱탕羹湯을 만들었네. 아직 시어머니의 식성을 알지 못해, 먼저 젊은 아낙에게 맛을 보이네."[18] 백두현 교수의 글[19]에 의하면, 이 한시는 중국 당나라 때의 왕건王建(768~830)이 지은 「신가낭사新嫁娘詞」의 세 번째 글이라고 한다. '음식의 좋은 맛을 내는 방법'이란 뜻의 '음식디미방'이 지닌 목표가 결국 시집온 며느리가 시댁의 음식 맛을 미리 익히도록 배려한다는 의미로 이 한시를 책의 표지 뒷면에 적어둔 듯하다. 책의 권말에는 이 책을 작성한 사연이 적혀 있다. 지금의 한글로 옮기면 다음과 같다. "이 책을 이리 눈 어두운데 간신히 썼으니 이 뜻을 알아 이대로 시행하고 딸자식들은 각각 베껴가되 이 책을 가져갈 생각을 안 생심 말며 부디 상치 말게 간수하여 쉬 떨어져버리지 말라."

사실 이 책은 인쇄를 하지 않고 붓으로 직접 써서 만들었다. 당연히 한 권밖

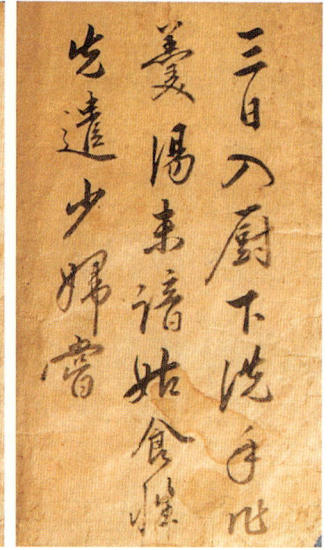
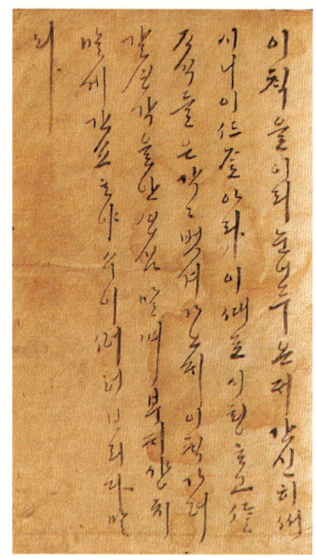

『음식디미방』에 실린 당부의 글(왼쪽)과 왕건의 시.

에 없는 책이다. 그러니 필요한 사람은 베낄 수밖에 없었다. 특히 원본을 반드시 본가에서 보관하라고 부탁한 결과, 지금까지 온전히 전해졌다. 시어머니로서는 며느리들에게, 친정어머니로서는 딸들에게 자신이 터득한 조리법을 대대로 전해주려는 마음에서, 눈이 어둡게 된 노년의 장계향이 이 책을 썼을 것이라고 여겨진다.『음식미디방』에는 모두 146가지나 되는 음식의 조리법이 적혀 있다. 그 조리법의 가짓수만 보아도 이 책은 대단한 조리서라고 할 수 있다. 장계향의 남편 이시명 李時明(1590~1674)은 원래 부인이 있었지만, 병으로 일찍 죽었기 때문에 다시 장씨를 부인으로 맞아들였다. 원래의 부인이 낳은 아들 하나와 딸 하나, 그리고 장씨 부인이 낳은 여섯 명의 아들과 두 명의 딸이 있었다. 이로 미루어 장계향이 『음식디미방』을 집필할 당시에는 상당히 많은 식구를 둔 대가족의 주부였음을 짐작할 수 있다. 그만큼 매일같이 수많은 음식을 만들 수밖에 없었을 것이다. 그 생활이 바로 『음식디미방』에 담겨 있는 셈이다.

장계향은 『음식디미방』의 구성을 크게 면병류, 어육류, 주국방문의 세 가지로 나누었다. 면병류에는 국수와 만두, 그리고 떡 만드는 법 18가지가 서술되어 있다. 어육류에는 74가지가 적혔다. 여기에는 어육뿐만 아니라 채소를 이용한 조리법이 함께 들어가 있다. 주국방문에는 54가지의 조리법이 서술되었다. 초를 담그는 법 3가지를 제외하면 51가지가 모두 술을 빚는 방법이다. 끊이지 않고 찾아오는 남편 이시명의 손님들과 1년에 수십 차례나 되었을 차례와 기제사를 위해서 이렇게 많은 술이 필요했을 것으로 여겨진다.[20] 동시에 사대부가에서 다양한 술을 담글 수 있다는 점은 경제적 부를 보여주는 상징체일 수 있다.

그런데 『음식디미방』에는 음식명 옆에 별도로 '맛질방문'이라 적은 것이 있다. 석류탕, 숭어만두, 수증계, 질긴 고기 삶는 법, 청어젓갈법, 닭 굽는 법, 양 볶는 법, 계란탕법, 난면법, 별착면법, 차면법, 세면법, 약과법, 중박겨, 빙사과, 강정법, 인절미 굽는 법 등이 그것이다. 대체로 선행 연구[21]에서는 '맛질'을 지명으로 보고 그곳의 음식 만드는 법을 장계향이 별도로 적었다고 판단했다. 하지만 최근 이에 대한 논의는 새롭게 전개되고 있다. 나는 맛질방문으로 표기된 조리법의 식재료를 통해서 이 문제에 새로운 의견을 제시하려 한다. 이어지는 글에서 곧 다룰 것이다.

『음식디미방』에 나오는 식재료의 종류를 파악하기 위해서 나는 먼저 조리법별로 식재료의 구성을 정리했다. 그 결과를 크게 곡물류, 채소류, 육류·가금류, 생선류, 장류·기름류·주류, 향신료, 버섯·열매·꿀 등의 7가지로 분류했다. 이 분류는 『음식디미방』에 표기된 식재료를 종류별로 나열하고 같은 것을 합산해 정리한 결과를 근거로 했다. 그 결과 곡물류는 15종, 채소류는 26종, 육류·가금류는 11종, 생선류는 19종, 장류·향신료·기름류·주류는 22종, 향신료는 믈과 쟝믈이 시서 쳥쟝 호야 받춤 기름과 춤을 빠쳐 걸 쿰나다 아게 빠 용 흉 춤즁 호지여 훌 무로 아 떡이 되도록 범거나 아쳑으로 나치되도록 밧 마초지졍 마춤 호야 먹으라

개쟝 꿋는 법

개를 까 아가리와 안 것과 슬 헐 애 블 라 본 리 고 쟝 믈 이 샌 라 노 쳐 뎌 고 지졍 춘 쳐 기름 즁 죵 즁 쎼 호 되 븟 가 지 허 녀 고 소 곰 븟 고 소 두 끼 를 두 의 허 겁 고 물 복 어 답 거든 가 은 물 굴 기 돌 떨 별 이 소 호 멸 고 기 쟝 무 릇 거 든 까 리 란 솟 고 안 거 서 라 싸 흐 다 쓰 느 니 라

슉뉴탕

섕치나 둙기나 기름진 고기를 빠라 두드리고 무이나 미나리나 파 조차 두부 표고 섬이 춘쳐 두드려 기름지졍의 후쵸 그른 허붓가 만도마지 쳔어진 그른 정히 노외여 물의 믄라 지저 덥게 만도 빗굿 호더 그 고기 붓그러로 밝죠차 녀허 접 기를 효곤 뎍뉴엿 굴그치 증구려 비접고 물 곤 쟝국을 안쳐 구 쟝슬 거든 쟈로뻐 춘그 소 셔너 셕어 술 안쥬의 쓰나 맛질방문

슈어만도

경션 춘 슈어를 엷게 쳐뎌 거쳑 잠샌 소곰 기름지고 연춘 고기를 녀허 출게 두드려 두부 섕강 후츄를 엇거 기름지졍의 무이 붓가 졈인 고기 빠든 므나 허구부시 만도 형샹으로 면 맛질방문

『음식디미방』에 표기된 맛질방문.

3종, 버섯·열매·꿀 등은 40종이었다. 식재료의 총 종수는 133종으로 파악되었다. 자세한 내용은 [표 1]에서 확인할 수 있다. 다만 술을 담글 때 사용되는 식재료는 별도로 밑줄을 그어 표시했다. 그 이유는 음식과 술의 식재료를 구분해야 식재료의 현황을 더욱 분명하게 분석할 수 있기 때문이다.

[표 1] 『음식디미방』에 나오는 식재료(밑줄은 술 재료)

구분	식재료 종류(괄호 안은 나오는 회수)
곡물류	**밀**(19, 밀가루) / **밀가루**(34, 밀,진가루, 진가루즙) / **밀누룩**(1) / **누룩**(48, 누룩가루) **백미**(44, 쌀, 멥쌀(4)) / **쌀**(6, 밋다니쌀(1) 낭경자쌀(1) 백미(1) 오려쌀) **찹쌀**(19) / **찹쌀**(8, 찹쌀가루) 녹두(7, 녹두가루) / **세면가루**(2, 녹말가루) / **토장가루**(3, 녹말가루, 녹두가루)/ **녹두**(1) 메밀(5, 겉메밀 모밀 모밀가루 메밀쌀) 두부(2) 거피팥(1) 팥(1) 무거리(1)
채소류	파(19, 파즙 골파(5)) 생강(18, 생강즙 건강) 초강(1) 외(10) 외채 외지히(2) 동아(8) 무(7, 쉰무우 댓무우 참무우) 가지(5) 마늘(4) 고사리(2) 박(2, 박고지) 도라지(2) 도라지(1)/ 거여목(1) 산갓(2) 승검초(2) 염교(2, 부추) 나물(1) 냉이(1) 녹도기름(1, 숙주나물) 더덕(1) 두릅(1) 미나리(1) 순채(1)

채소류	쑥(1) 연근(1) 토란알(1)
육류·가금류	생치(15, 생치즙) 개(10, 황백견 황육 허파·폐장·부화(1) 갈비(2)) 닭(8, 암탉 연계 황계) / 달걀(5, 계란 황백계란) 돼지고기(2, 가제육 멧돼지고기(1)) 쇠고기(2) / 양(2) / 쇠족(1) 오리알(1) 웅장(1) 참새(1)
생선·조개류	대구(3, 대구껍질) 생선(3, 천어(민물생선)) 게(2) 새우젓국(2, 새우젓) 전복(2, 생포生鮑) 청어(2, 비웃) 해삼(2) 고기(2) 방어(1) 가막조개(1) 대합(1) 모시조개(1) 붕어(1) 숭어(1) 알(1) 연어알(1) 염초(1) 자라(1) 젓국(1) 이리(수컷 정액 덩어리)(1)
장류 향신류 기름류 주류	간장(38, 지렁 전지렁 지렁국 청장) 기름(36) 후추(26, 후춧가루) 천초(19) 참기름(13) 초(11) / 초지렁(7, 초간장) 청주(5) / 술(3) 술(2) 기름지렁(5, 기름간장)

장류 향신류 기름류 주류	된장(4, 걸쭉한 장) 겨자(3, 계자) 누룩(2) 들기름(1) 술지게미(1) 전국장(1) 초간장(1) 토장국(1) 탁주(1) 소주(1) 독한초(1)
버섯·열매· 꿀 등	꿀(15, 백청 청밀) 석이(11) 소금(11, 소금물) 표고(10, 표고버섯) 잣(8, 백자 백자가루) 송이(4) 오미자(4, 오미자국, 오미자차) 참깨(4) 엿(3) 진이(3, 참버섯) / 참버섯(2) 정화수(1) / 정화수(2) 깨(2, 깨소금) 밤(2) 살구씨(2) 석회(2) 얼음(2, 얼음물) 즙청(2, 조청) 곶감(1) 깻국(1) 수박(1) 대추(1) 두견화(1) 떡갈잎(1) 맨드라미(1) 밀랍(1) 복숭아(1) 분가루(1) 뽕나모닙(1) 상화가루(1) 앵두(1)

버섯·열매· 꿀 등	이스랏나무(1) 장미해(1) 차조기잎(1) 옻(1) 잣(1) 오매烏梅(1) 오가피(1) 송화(1) 대추(1) 닥나무 잎(1)

『음식디미방』에 나오는 식재료 수급에 대해서 살피려면 장계향이 83년의 생애 동안 살았던 장소를 파악하는 일이 매우 중요하다. 장계향은 경상도 북부 지역의 세 군데 지점에서 살았다. 가장 먼저 살았던 곳은 장계향이 출생한 지금의 경상북도 안동시 서후면 금계리다. 19세 때인 1616년 음력 11월 23일에 이시명과 혼인을 하고 영해寧海의 운악雲嶽(오늘날 경상북도 영덕군 창수면 인량리)[22]으로 시집갔다.[23] 이곳에서 병자호란이 일어난 1636년(인조 14)까지 살다가 그해 음력 12월 병자호란이 일어나자 장계향은 남편과 함께 시어머니를 모시고 운악의 한밭골로 이사했다.[24] 하지만 그것도 잠시 이시명은 1640년 장계향이 43세가 되던 해에 당시 영해현에 속했던 석보石保(현재의 경상북도 영양군 석보면 원리)로 이사를 했다. 그 이후 1680년 음력 7월 7일 세상을 떠날 때까지 석보에서 살았다.

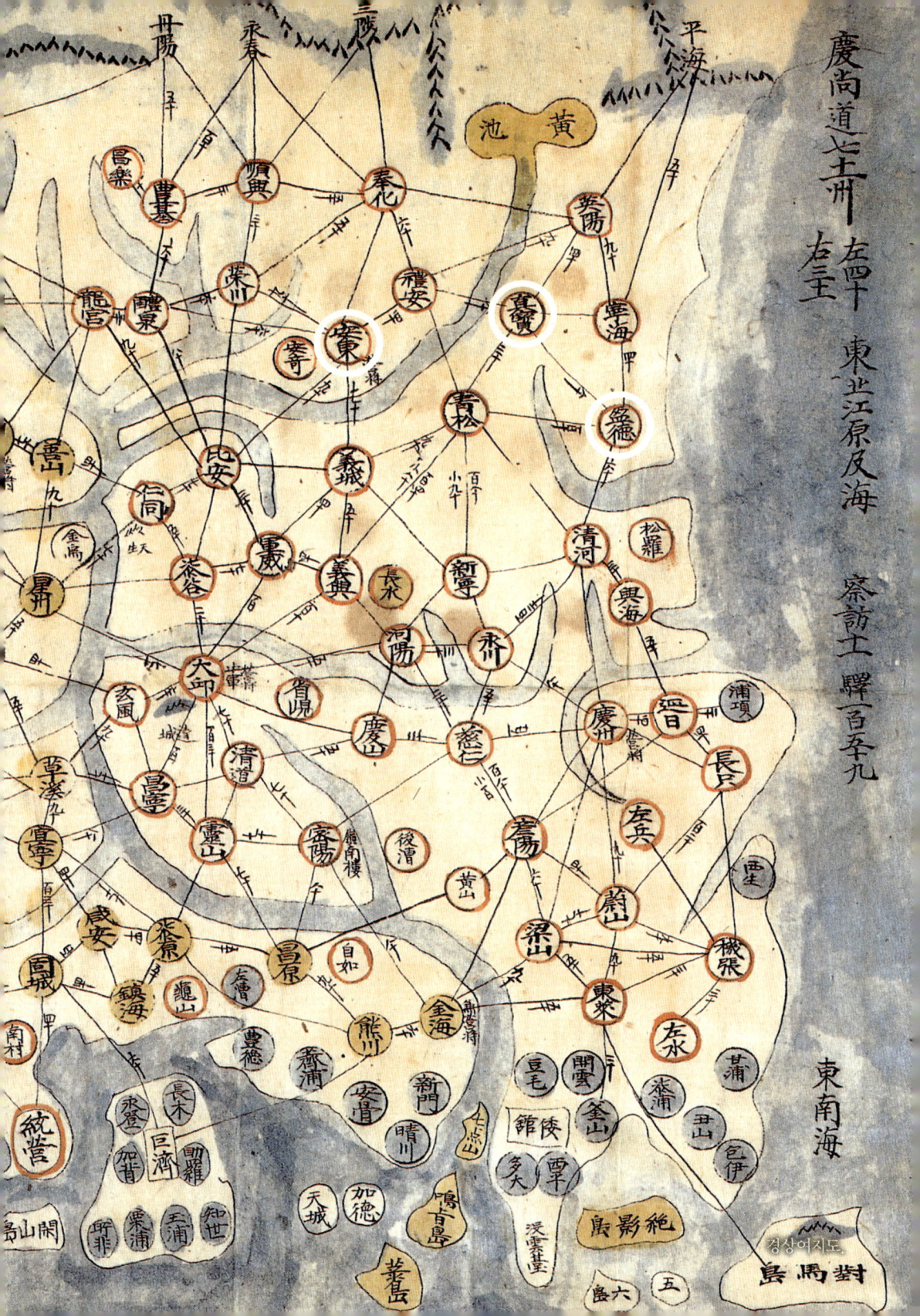

[표 2] 장계향이 살았던 세 장소의 『세종실록지리지』 식재료 현황

부군현府郡縣	토질土質·농사農事	토의土宜	토공土貢	약재藥材	토산土産
안동 대도호부 (장계향의 출신지, 금계)	땅 메마르고, 풍속 근검勤儉, 농상農桑에 힘씀. 간전墾田이 1만 1283결【논 2/7】	벼·기장·조·메밀·콩·뽕나무·삼麻·왕골莞	꿀·밀黃蠟·칠·설면자雪綿子·송이버섯·잣·지초·은구어銀口魚·종이·자리·여우가죽·삵가죽·노루가죽	황금黃芩·오미자·백복령白茯苓·원지遠志·인삼人蔘	사철沙鐵
영해도호부 (장계향의 시집, 운악과 석보)	땅 기름지고, 메마른 것이 서로 반반씩, 기후는 따뜻하고, 간전墾田이 2720결【논 1/7】	벼·기장·조·콩·보리·삼麻·닥나무楮·왕골莞·뽕나무	꿀·밀黃蠟·칠·종이·자단향紫檀香·가는 대篠·지초·인삼·송이버섯·우모牛毛·세모細毛·김·미역·대구·모래무지·전포全鮑·마른 조개·노루가죽·사슴가죽·삵가죽	방풍防風·백복령白茯苓·백급白芨	은구어銀口魚·문어·신감초辛甘草·청각靑角·연어年魚·염소鹽所
예안현 禮安縣(지금의 안동시) (장계향의 출신지, 금계의 북부)	땅 메마르고, 기후는 추우며, 간전墾田이 908결【논 1/8】	벼·기장·보리·콩·조·뽕나무·삼麻	꿀·밀黃蠟·잣·배·송이버섯·지초芝草·칠·종이·자리석·노루가죽·은구어	인삼·황금黃芩·백복령白茯苓	신감초辛甘草
영덕현 盈德縣 (장계향의 시집, 운악의 남부)	땅 기름지고 메마른 것이 서로 반반씩이며, 간전墾田이 1246결【논 1/7】	벼·기장·조·콩·보리	꿀·밀黃蠟·칠·종이·여우가죽·삵가죽·산달피山獺皮·돼지털·지초芝草·미역·대구어大口魚·모래무지·전포全鮑·홍합紅蛤	방풍防風·맥문동麥門冬·인삼	김海衣·조곽早藿·송이버섯·신감초辛甘草·은구어銀口魚·연어年魚, 염소鹽所, 사철沙鐵, 도기소陶器所

| 진보현 眞寶縣(지금의 청송군·영양군 일대 (장계향의 석보 북부) | 땅 메마르고, 기후는 추우며, 간전墾田이 877결【논 겨우 82결】 | 벼·기장·콩·조·메밀·뽕나무·삼麻 | 꿀·밀黃蠟·노루가죽·여우가죽·칠·지초·송이버섯 | 백복령 | |

*밑줄은 『음식디미방』에 나오는 식재료.

    따라서 장계향은 19년을 안동 금계에서, 시집가서 24년을 영해 운악에서, 그리고 영해 석보에서 40년을 살았다. 알다시피 가장 오래 살았던 지금의 영양군 석보면 두들마을도 장계향이 살았던 때는 영해부에 속해 있었다. 이런 까닭에 들과 산, 천川과 바다에 접한 곳에서 살았던 셈이다. 이러한 사실은 『음식디미방』에 등장하는 식재료가 들과 산, 천과 바다에서 나는 것들로 구성되어 있는 점과 일맥상통한다. 이 점을 염두에 두고 나는 『세종실록지리』에서 금계·운악·석보의 세 지점과 함께 운악의 남부인 영덕현과 석보의 북부인 진보현의 물산에 관한 기록을 [표 2]로 정리했다. [표 2]에서 밑줄 친 부분은 『음식디미방』에 등장하는 식재료를 표시한 것이다. 이 자료만 봐도 『음식디미방』에 나오는 식재료 대부분이 장계향이 살았던 세 장소와 그 인근에서 확보할 수 있었던 것으로 보인다. 이러한 기본 자료를 염두에 두고, 『음식디미방』의 식재료를 종류별로 살핀 뒤 그것의 수급 경로를 밝혀보고자 한다.

온갖 음식에 다 들어간 곡물류 식재료

곡물류 식재료의 종류는 모두 16종이다. 술에 쓰인 7종을 제외하면 일반 음식에는 9종만 사용되었다. 하지만 그 회수는 다른 식재료에 비해 많아서 총 205회가 쓰였다. 술에 쓰인 133회를 제외해도 72회에 이른다. 주로 만두·국수·떡을 만드는 데 이들 곡물류 식재료가 주재료로 사용되었다. 특히 술의 주재료로 백미는 으뜸에 들었다. 『음식디미방』에서 사용된 곡물류의 종류를 사용 빈도에 근거해 나열하면 밀·백미·찹쌀·녹두·메밀·팥·무거리 등이 된다. 아래에서는 각각의 식재료가 지닌 역사적 맥락과 장계향의 수급 정황에 대해서 살펴보겠다.

상화법

그 장 머 믈 훈 보 리 누 룩 지 허 머 려 고 돌 엿 시 이 기 서 조 훈 명 셕 의 너 더 물 러
지 말 고 알 마 초 믈 뢰 여 두 불 지 허 면 녕 이 것 자 치 츠 고 세 불 쳐 부 터 초 훈 굼 글 로
히 부 어 낫 빗 시 셜 허 고 기 울 셕 희 고 기 울 물 근 세 비 쳐 보 려 고 초 훈 말
 전 콩 즁 자 지 슈 어 초 계 혀 여 두 고 기 울 을 만 고 만 의 뜨 믈 의 담 가 누 룩
을 꼿 더 나 거 든 그 물 을 화 반 되 고 자 참 효 초 술 훈 술 만 드 지 셔 셔 겸 여
분 한 불 떨 친 지 노 아 못 가 이 든 홀 도 구 울 울 덩 을 의 본 려 마 치 육 쑤 어 더 거 사 들 만 간
세 백 그 술 울 바 라 마 훈 쓰 지 안 커 에 스 기 충 쳐 에 가 시 만 나 비 즈 며 비 에
분 무 손 설 노 화 누 며 믄 비 호 나 치 잡 간 듯 호 거 든 어 편 마 자 너 라 축 소 쥐
기 울 을 너 흐 면 비 치 누 울 거 시 모 도 근 세 감 고 쥭 을 여 못 노 너 나 속 이 너 나 박 이 나 화 쳬
싸 르 나 무 두 숨 고 셩 이 우 표 러 나 춤 머 슈 납 누 더 쓰 거 든 지 경 기 음 의 붓 가 락 거 시 나 호
호 그 군 약 뭄 여 가 상 화 외 뭄 의 맛 보 면 거 러 춘 곳 을 여 연 경 이 로 허
청 망 의 믄 니 코 총 용 희 미 니 즉 불 근 뭇 가 치 쥬 근 쑤 는 믓 다 여 달 문 흰 거 부 러 씨 불 에
오 드 세 를 노 하 붓 주 모 르 거 든 세 허 쳬 로 쳐 청 밀 의 녹 게 면 나 믜 후 련 여 날 의 라 도 쉬
지 안 여 쵸 고 고 미 호 못 흔 이 튼 날 이 면 뫼 치 너 나 씨 기 는 실 쳬 게 를 둔 지 허 고 든 든
드 문 머 덕 거 지 아 너 게 안 쳐 밥 자 로 설 제 만 훈 소 래 로 덥 고 져 집 의 셔 섞 유 건 으
로 지 졍 을 두 로 고 문 장 쓸 이 려 쿡 믜 허 블 을 쏜 희 사 마 루 거 든 거 두 어 녹
허 온 후 버 면 잘 너 여 맛 고 불 을 드 게 녀 즉 먹 고 오 래 셔 면 누 룩 너 라

음식을 부드럽게 만들어준 밀

밀은 곡물류 식재료 중에서 술을 제외한 음식에서 가장 많이 쓰였다. 알다시피 밀은 조선시대 구곡九穀[25]에 들 정도로 중요한 곡물이었다. 『태종실록』에서는 1415년 음력 10월 16일에 "처음으로 맥전 조세법麥田租稅法을 정하였다. 가을에 심은 대맥大麥과 소맥小麥을 이듬해 초여름에 이르러 수확하고, 또 콩을 심으나, 예전 예에 다만 1년의 조租만 거두었는데, 호조戶曹에서 세를 두 번 거두기를 청하였다"[26]고 했다. 곧 늦가을에 파종해 초여름에 수확했다. 알다시피 밀은 연간 평균 기온이 섭씨 3.8도, 여름철 평균 기온이 섭씨 14도 이상인 지대에서 경제적인 재배가 가능하다. 조선시대의 한반도는 밀 재배에 적합하지 않았지만, 주로 전라도에서 겨울 밀을 재배하는 편이었다.[27]

그런데 『세종실록지리지』 「경상도·안동대도호부」의 모든 내용에서 밀은 토의土宜로 나오지 않는다. 아마도 그 생산량이 매우 적었기 때문이 아닌가 한다. 그럼에도 불구하고 『음식디미방』에 밀 혹은 밀가루가 들어간 것은 무려 34회나 되며, 심지어 술에 들어간 밀가루도 19회가 되어 모두 53회나 언급되었다. 구하기 힘든 밀을 식재료로 이용한 음식 조리법이 이렇게 많이 나오는 이유는 무엇일까? 이 점은 중국 고대의 예서에 밀에 대한 중요성이 매우 강력하게 서술된 데서 찾을 수 있다. 가령 사대부가의 가례家禮 절차에 대해서 주자朱子가 지은 것으로 알려지는 『가례』 「매위설찬지도每位設饌之圖」에서는 면식麪食이 미식米食과 함께 배치되어 있다. 이 점은 그 책을 조선의 사정에 맞도록 보완한 『사례편람四禮便覽』에서도 마찬가지다. 다만 면식을 '면麵'으로, 미식을 '병餠'으로 하여 조선의 사정에 맞도록 명확히 했을 뿐이다.

그래서 조선 후기의 세시기인 『동국세시기』에서는 음력 6월 15일 유두流頭가

麥小

糗食延年不饑充肌膚體可以頤養昔
陳平食糠而肥秕米即精米上細糠也

小麥味甘微寒無毒除熱止燥渴咽乾利
小便養肝氣止漏血唾血秋種冬長春

『식물본초』에 실린 소맥.

되면 밀가루로 상화병이나 연병, 그리고 유두누룩을 만든다고 했다. 그 자세한 내용은 다음과 같다.

> 밀가루를 반죽하여 콩이나 깨와 꿀을 버무려 그 속에 넣어 찐 것을 상화병霜花餠이라고 한다. 또 밀을 갈아서 반죽하여 기름에 지진 다음 볏과의 여러해살이풀인 줄菰로 만든 소를 넣는다. 혹은 콩과 깨에 꿀을 섞은 소를 넣어 여러 모양으로 오므려 만든 것을 연병連餠이라고 부른다. 또 나뭇잎 모양으로 주름을 잡아 줄로 만든 소를 넣고 대나무로 만든 채롱에 쪄서 초장에 찍어 먹기도 한다. 이것들이 모두 유둣날의 세시 음식이면서 동시에 제사에 올리기도 한다. 육방옹陸放翁(중국 남송의 시인인 육유陸游[1125~1209]를 가리킨다)의 시에 '쟁반을 씻고 연전連展을 쌓아놓는다'는 구절이 있다. 그 주석에서 '회수淮水(중국 장쑤성江蘇省 북부를 흐르는 강) 지방 사람들은 보리떡을 연전이라고 한다'고 했으니 그것이 바로 연병과 비슷한 것이다. 밀가루를 반죽해 구슬 모양의 누룩을 만드는데 이것을 유두누룩流頭麯이라고 한다. 여기에다 오색 물감을 들여 세 개를 이어서 색실로 꿰어 차고 다니거나 아니면 문 위에 걸어 액을 막기도 한다.[28]

비록 20세기 문헌자료이지만, 1931년에 발간된 『조선총독부농업시험장 25주년기념지』에 따르면, 조선의 재래종 밀은 황해도·평안남도·강원도에서 주로 많이 생산된다[29]고 했다. 특히 황해도에서 그 생산량이 가장 많다고 기록되어 있다. 재래종 밀 가운데 그 품종이 가장 좋은 것 역시 황해도에서 재배되는 것이었다. 하지만 20세기 이후 러시아나 중국에서 수입한 밀에 비해서 조선 재래종 밀은 그 품질이 몹시 나빴다. 탈곡하면 수입 종에 비해 알갱이가 쉽게 뭉개졌다. 그럼에도 불구하고 조선시대 사대부 농가에서는 밀농사를 쌀농사를 짓고 나서 밭에서 지었다. 여러 이유가 있었겠지만, 으뜸가는 이유는 바로 성리학자들이 지녔던 옛것을 숭상하는 상고尙古의 정신 때문이었다.

『음식디미방』의 조리법에서 밀이 들어간 음식은 다음과 같다. 수교애법·다식법·약과·중배끼 등에서는 밀가루가 주된 식재료로 쓰였다. 이에 비해 대구껍질채·족탕·연계찜·집돼지고기볶음·개장국느름이·석류탕·수증계·해삼전복·가지느르미·가지외찜·연근채·잡채 등에서는 밀가루가 부재료 혹은 조리에서 맛을 내는 데 약간씩 쓰였다. 순향주법·삼해주·삼오주·죽엽주·사시주·백화주·남성주·벽향주·별주·행화춘주·시급주 등에서도 밀은 주재료가 아닌 부재료에 지나지 않는다. 결국 『음식디미방』의 조리법에서 밀을 사용한 조리법은 많은 편이지만, 그 양은 많지 않았다. 가령 밀이 주재료로 쓰인 상화법에서는 "가장 여문 밀을 보리 느무다시(애벌) 찧어 퍼 버리고 돌 없이 이매 씻어 깨끗한 명석에 널어 알맞게 말린다. 두 번 찧어 거친 겉가루를 키로 까부르고 세 번째부터 깨끗한 가루를 가는 체에 한번 치고 가는 모시에 쳐둔다"고 했다.

결국 『음식디미방』의 조리법에 나오는 밀은 반드시 그 양을 많이 갖추어야 하는 음식으로 다식과 약과 등에만 주로 쓰였다. 그러니 장계향의 조리법에 근거하여 밀을 사용한 음식을 만들 경우, 결코 대량의 밀을 확보할 필요는 없을 것으로 보인다. 다만 밀가루를 이용한 음식의 종류가 많다는 점은 사대부가의 체통을 지키는 일이었다. 아울러 밀가루는 음식의 맛을 부드럽게 하는 데도 한 못했다. 생선이나 고기의 냄새를 제거하는 데 효과적이었기 때문에 밀가루를 물에 풀어서 재료로 묻히는 방법이 쓰였다. 술을 빚을 때 밀 누룩은 가장 효과적인 발효 매개물이었다. 가양주를 담기 위해서도 사대부가에서 밀농사는 빠뜨릴 수 없는 일이었다.

식재료이자 세금이었던 찹쌀과 멥쌀

밀 다음으로 많이 언급된 곡물류는 찹쌀이다. 찹쌀은 찰벼를 도정한 알곡이다. 조선시대 문헌에서는 나미糯米 또는 점미黏米라고 적었다. 찰벼는 벼과에 딸린 벼의 한 가지로 종자의 알곡 색은 불투명한 흰빛이다. 열매의 껍데기는 흔히 검은빛을 띤 자줏빛이며 그 성질이 차다. 아열대성 작물이기 때문에 한반도에서 찰벼를 재배하기는 쉽지 않다. 『음식디미방』의 조리법에서 찹쌀이 재료로 쓰인 음식은 8가지에 지나지 않는다. 그중에서도 석이편법·더덕절임·전화법·잡과변법·밥설기법에는 찹쌀이 부재료 기능을 했고, 박산법·빙사과·강정법에서는 주재료로 사용되었다. 알다시피 후자의 3가지 음식은 찹쌀을 주재료로 하여 부풀려 올리는 방법으로 만드는 것이다. 술 재료로 찹쌀은 19회 쓰였다.

『세종실록지리지』「경상도」에서는 "부세賦稅는 쌀稻米[흰쌀白米·조미糙米·찹쌀糯米·좁쌀이 있다]"30이라고 했다. 그러니 장계향이 살았던 곳에서는 그 양은 적었지만 찹쌀을 직접 생산했을 가능성이 높다. 『음식디미방』의 조리법을 보면 찹쌀은 당시에 귀한 식재료였을 듯하다. 귀한 만큼 찹쌀이 들어간 음식은 상당히 고급에 속했을 것으로 여겨진다. 찹쌀이 지닌 점성은 박산이나 빙사과, 그리고 강정처럼 부풀리는 조리법에 아주 적절했다.

여기서 주목해야 할 점은 쌀이 식재료로 사용된 조리법이 6가지에 지나지 않는다는 점이다. 상화법에서 밀과 쌀이 쓰였다. 특히 증편에서는 밋다니쌀·오려쌀·낭경자쌀 등이 재료로 적혀 있다. "좋은 밋다니쌀이나 오려쌀이나 낭경자쌀이나 축축한 쌀로 가루를 내어 보드라운 체로 치고 다시 체로 친다"고 했다. 백두현은 오려쌀은 올벼 쌀, 즉 보통 벼보다 철 이르게 익는 벼로 추정된다면서, 나머지 두 쌀은 당시의 품종이 아닌가 하고 판단하였다.31 나 역시 이 이

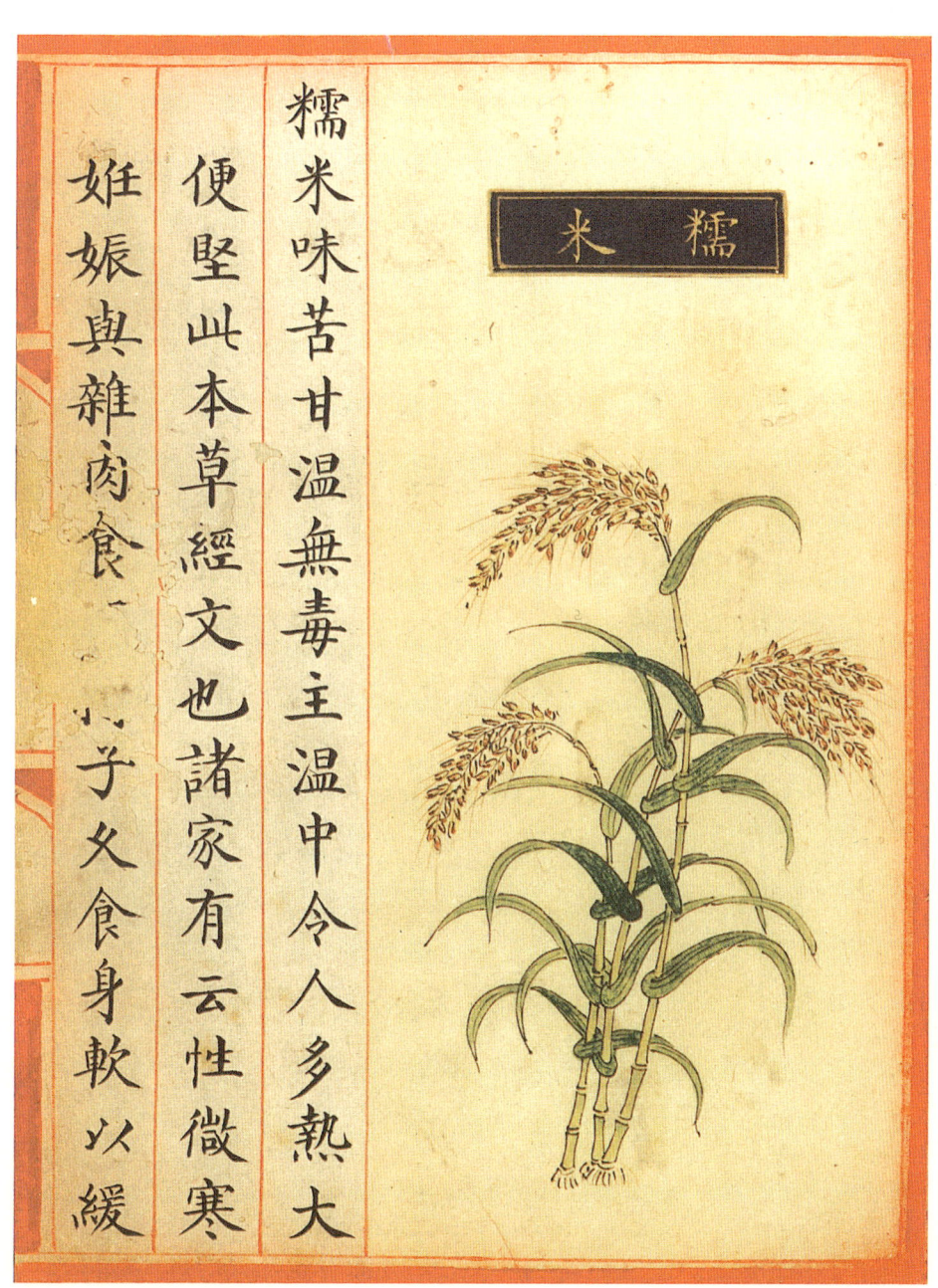

『식물본초』에 실린 나미糯米.

빙사과.

상의 추정을 할 수는 없다. 1906년 권업모범장이 설립된 뒤 1911~1913년 전국의 벼 품종을 수집했다. 당시의 자료에 의하면,³² 조선시대부터 내려온 재래종은 논벼 중 메벼는 876품종, 논벼 중 찰벼는 383품종, 밭벼 중 메벼는 117품종, 밭벼 중 찰벼는 75종이었다.

하지만 조선시대 문헌에서 각각의 품종명을 밝힌 자료는 아직까지 찾지 못했다. 아마도 경상도 북부지역에서 재배된 밭벼 중 메벼가 아닌가 추정해본다. 이에 비해 술의 재료로는 44회에 이를 정도로 대부분 백미가 사용되었다. 그냥 쌀이라고 적기도 했고, 멥쌀이라고도 했으며, 백미라고도 적었다. 조선시대 쌀의 종류에 대해 연구한 정연식 교수의 주장에 따르면 문헌에 나오는 쌀의 명칭은 여러 가지다.³³ 쌀의 도정 정도에 백미白米·조미糙米·중미中米 등이 나온다. 백미는 밥을 지을 수 있도록 현미를 쓿어서 속겨까지 제거한 쌀이다. 또 정미精米와 정미正米라는 명칭도 있는데, 이 둘은 같은 뜻으로 정백미精白米 곧 백미를 가리킨다. 조미는 왕겨만 벗겨내고 쌀겨는 아직 제거하지 않은 지금의 현미를 말한다. 알다시피 현미玄米란 말은 일본어이고, 문헌에서는 조미와 함께 조미造米·조미粗米·추미麤米 등으로 기록되었다. 중미中米는 백미와 조미의 중간 정도로 속겨를 벗겨낸 쌀이다.

결국 조선시대 문헌에서 미는 대부분 백미를 가리키는 말로 쓰였다. 이로 미루어 『음식디미방』에서 그냥 쌀이라고 적은 것이나 멥쌀이나 백미 모두 백미를 가리키는 말로 보아야 할 듯하다. 장계향이 왜 그것들을 각각 다른 이름으로 적었는지는 알 수 없지만, 전체적으로는 멥쌀인 백미로 판단된다. 왜냐하면 찹쌀은 별도로 표기했기 때문이다. 알다시피 백미는 조선시대에 가장 중요한 주식의 식재료이면서 동시에 세금을 바치는 매개물이었다. 그렇다고 지금의 백미와 장계향 생존시의 백미가 같은 품질일 거라고 볼 수는 없다. 정연식은 품종도

증편.

다를 뿐만 아니라 도정의 정도에서도 지금의 것과 조선시대 것은 차이가 난다고 보았다. "조선시대의 백미는 쌀겨(속겨)를 완전히 제거한 10분도 쌀이 아니라 5~7분도 정도의 쌀이었을 것으로 짐작된다. 또한 조미는 평균적으로는 현미와 같은 상태의 것으로 생각되지만 왕겨(겉겨)를 완전히 제거한 균질한 현미가 아니라 겉겨가 완전히 벗겨지지 않은 것들이 뒤섞여 있는 상태의 쌀이었다."[34]

그렇다면 장계향이 살았던 시절 백미는 어느 정도로 생산되었을까? 비록 지금과는 그 생산 정도가 달랐겠지만, 그래도 주식이었기에 생산량이 다른 곡물에 비해서는 많았을 것으로 여겨진다. 장계향이 살았던 안동의 금계, 영해의 운악과 석보는 벼농사를 지을 수 있는 좋은 지리적 환경을 갖추지는 않았다. 하지만 40년을 살았던 석보는 화매천花梅川이 마을 남쪽으로 흐르기 때문에 물을 공급받는 데 큰 어려움을 없었을 것으로 보인다. 이로 인해서 논농사를 지을 수 있었고 그로부터 백미를 확보했을 것으로 여겨진다. 더욱이 조선시대 밭벼의 생산은 장계향이 살았던 세 곳에서 비교적 수월하게 이루어졌을 듯하기 때문에 주식인 백미의 확보는 찹쌀이나 밀에 비해서 쉬웠을 것으로 보인다. 그래서 『음식디미방』의 조리법에서도 쌀이나 백미라는 명칭이 자주 보일 수밖에 없다.

만두와 수제비를 만들어 먹은 메밀과 녹두

이외에 메밀과 녹두가 많이 쓰였다. 알다시피 메밀은 쌍떡잎식물 마디풀목 마디풀과의 한해살이풀이다. 메밀의 원산지는 동부 아시아의 북부 및 중앙아시아로 추정된다. 한반도 역시 메밀의 원산지와 인접해 있기 때문에 전국에서 골고루 재배해왔다. 특히 메밀의 특성으로 인해 그 생산은 다른 어떤 곡물에 비해 산골짜기에서 잘 재배되었다. 알다시피 메밀은 건조한 땅에서도 싹이 잘 트고 생육 기간이 60~100일로 짧으며 불량 환경에 적응하는 힘이 특히 강하고, 서늘하며 알맞게 비가 내리는 지역에서 잘 자란다.[35]

이러한 메밀의 특성으로 인해 장계향이 살았던 세 장소에서도 이를 확보하는 것은 다른 곡물에 비해 수월했을 것으로 여겨진다. 『세종실록지리지』에서도 안동대도호부와 지금의 청송군·영양군 일대인 석보의 북부지역에 해당되는 진보현眞寶縣의 토산으로 메밀이 나온다. 이 정도로 장계향이 살았던 지역과 그 가까운 지역에서 메밀이 많이 생산되었음을 알 수 있다.

『음식디미방』의 조리법 가운데 메밀은 겉메밀·모밀·모밀가루·모밀쌀 등으로 표기되었다. 면병류 부분에서 가장 먼저 나오는 것이 바로 메밀을 주재료로 해서 만든 면麵이다. 메밀을 도정하는 방법에 대한 『음식디미방』의 서술을 오늘날의 말로 옮기면 다음과 같다. "겉모밀을 씻어서 지나치게 말리지 말고 알맞게 말리어 쌀을 깨끗이 하여 찧기 전에 미리 물을 뿜어 축축이 해두었다가, 녹두 거피한 쌀 깨끗이 씻어 건져 물이 빠지거든 모밀쌀 다섯 되에 물에 불은 녹두를 한 복자[36]씩 섞어 찧되 방아를 가만가만 찧어 겉가루는 쳐 버리고 키로 퍼 버리고 키 끝에 흰쌀이 나오거든 그를 모아 다시 하면 그 가루 가장 희거든 면 말 때 더운 물에 눅게 말아 누르면 빛이 희고 깨끗한 면이 되나리라. 교태(고명)

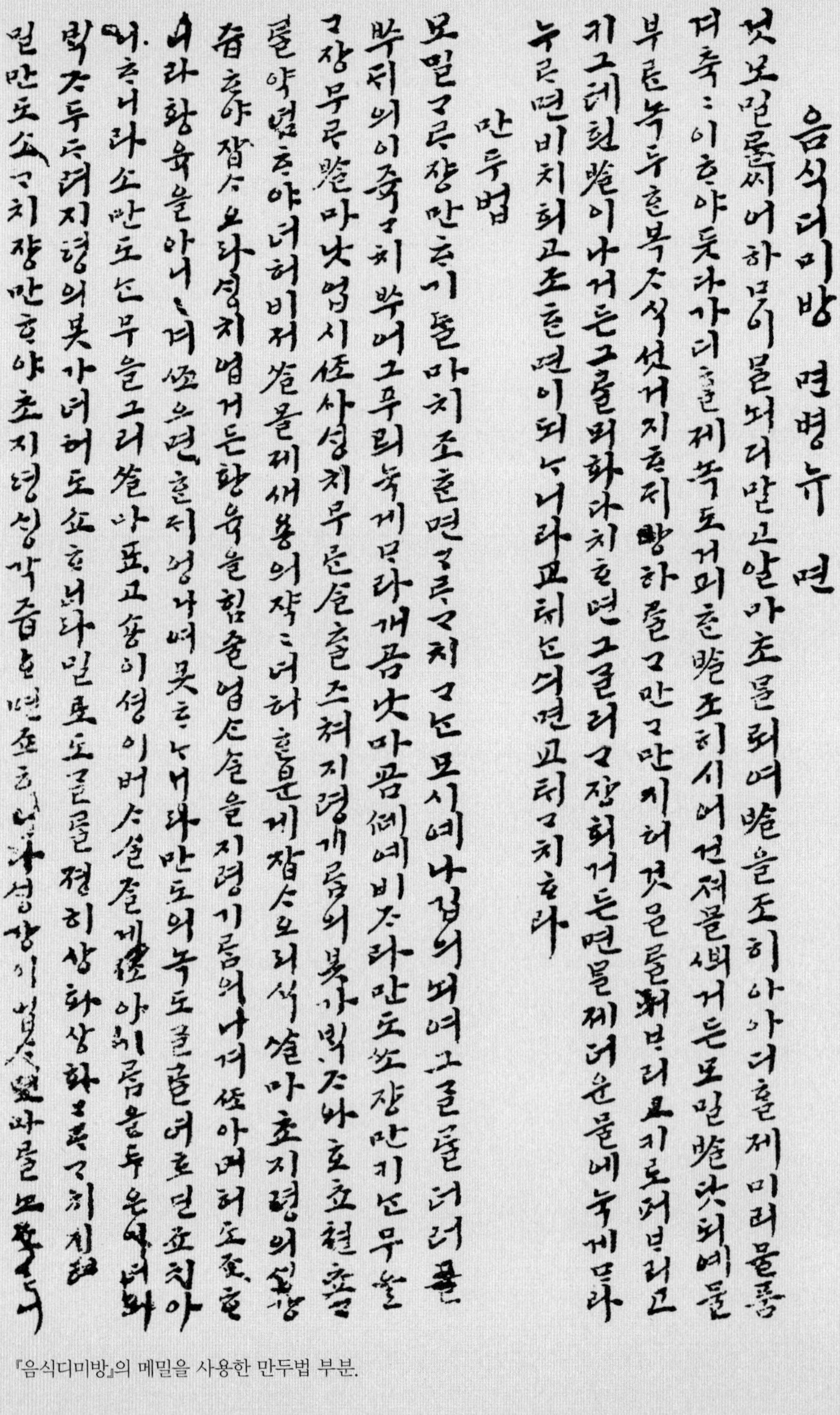

음식디미방 면 병 뉴

면

                           (본문 판독 생략)

만두법

                           (본문 판독 생략)

『음식디미방』의 메밀을 사용한 만두법 부분.

는 세면의 교태같이 하라."

여기서 '쌀'이란 표현은 메밀의 알갱이를 가리킨다. 오늘날의 표현으로 하면 메밀국수 조리법이다. 알다시피 메밀가루는 반죽을 해도 뭉치지 않기 때문에 녹두녹말을 함께 섞어서 국수를 만들어야 한다. 만두법에서도 "모밀가루 장만하기를 마치 좋은 면가루같이" 한다고 했다. 만두법 역시 오늘날의 표현으로 말하면 메밀만두다. 앞에서도 밝혔듯이 밀이 풍부하게 생산되지 않았기 때문에 『음식디미방』에서는 메밀이나 녹두를 이용해 면의 재료로 썼다. 세면은 녹두국수이며, 토장법 녹도나화는 녹두 수제비이고, 착면은 녹두국수다.

녹두는 콩과에 속하는 일년생 초본식물이다. 녹두는 따뜻한 기후를 좋아하고 가뭄을 견디는 성질이 강해 비가 많이 내리지 않아도 잘 재배된다. 특히 생육 기간이 길지 않아서 조생종은 고랭지나 고위도 지방에서도 재배할 수 있다.[37] 그러므로 장계향이 생활했던 세 장소에서 녹두는 쉽게 수확할 수 있는 곡물이었다. 팥은 쌍떡잎식물 장미목 콩과의 한해살이풀로 콩과 비슷한 조건에서 잘 자라지만 약간 습기 많은 곳을 좋아하며, 늦게 파종해도 적응이 되기 때문에 7월 상순까지도 파종이 가능하다.[38] 장계향이 살았던 세 장소에서 팥의 생산도 비교적 수월했을 것으로 여겨진다. 곡식 따위를 빻아 체에 쳐서 가루를 내고 남은 찌꺼기인 무거리는 『음식디미방』에서 술을 만드는 데 필요한 식재료로 나온다. 곡물을 가루 낸 찌꺼기 역시 장계향이 살았던 세 장소에서 구하는 데 문제는 없었다.

가장 많은 가짓수 보여준
채소류 식재료

『음식디미방』에 등장하는 채소류는 모두 26종으로 버섯·열매·꿀 등을 제외하면 그 가짓수가 가장 많다. 음식에 쓰인 횟수도 96회에 이른다. 그 종류를 나열하면 다음과 같다. 파·생강·외·동아·무·가지·마늘·고사리·박·도라지·산갓·승검초·부추·나물·냉이·숙주나물·더덕·두릅·미나리·순채·쑥·연근·토란알 등이다. 하지만 파·생강·외·무·가지·마늘 따위는 당시 한반도에서 상당히 널리 재배된 식재료들이었기 때문에 여기서 상세하게 다루지 않는다. 그 대신 특이한 재료인 동아·순채·거여목을 자세히 다룬다.

쉽게 썩어 잘 간수했던 동아

『음식디미방』에서 동아는 '동홰' 혹은 '동화'로 표기된다. 수증계·동아느르미·

동아선·동아돈채·동아적·잡채 등에 주재료 혹은 부재료로 들어간다. 이외에도 동아를 간수하는 방법이 별도로 적혀 있다. 그만큼 장계향에게 동아는 중요한 식재료로 인식된 듯하다. 동아는 한자로 '동과冬瓜' 혹은 '동과자冬瓜子'로 적는다. 동과는 박과에 속하는 일년생 초본식물이다. 본래 열대 아시아산으로 중국을 통해 한반도에 전래되어 재배하기 시작한 것으로 여겨진다. 이미 고려 말 이색李穡(1328~1396)의 시에도 나오는 것[39]으로 보아 고려시대부터 동과가 널리 식용으로 쓰인 듯하다.

장계향 당대에는 한반도 남부에서 널리 재배가 이뤄진 것으로 추정된다. 주로 음력 6월에 가지·능금과 함께 동과가 나왔다. 장계향과 비슷한 시기에 살았던 이응희李應禧(1579~1651)는 『옥담시집玉潭詩集』「만물편萬物篇·소채류蔬菜類」에서 서과西瓜(수박)·진과眞瓜(참외)·황과黃瓜(오이)·우芋(토란)·와거萵苣(상추)·총葱(파)·산蒜(마늘)·가자茄子(가지)·규葵(아욱)·생강生薑·개芥(겨자)·구韭(부추)·자소紫蘇(차조기)·궐蕨(고사리)·목숙苜蓿(개자리)·순蓴(순채) 따위를 언급하면서 동과冬瓜(동아)에 대해서도 시를 적었다.

동아가 허물어진 지붕 위에서 자라	冬瓜頹屋上
서리 맞은 뒤로 색깔이 번들번들	霜重色肥腴
큰 껍질은 푸른 벽처럼 에워싸고	豐殼圍蒼壁
둥근 몸통에 옥구슬을 품고 있네	圓腔抱玉珠
가을에 쪼개 아침에 국을 끓이고	秋割羹朝哺
겨울에 보관해두었다 잔치에 쓴다네	冬藏入宴需
비록 채소 무리에 들어 있지만	雖居衆菜列
그 참맛은 부엌에서 만든 음식 중에서 으뜸이네	眞味冠庖廚

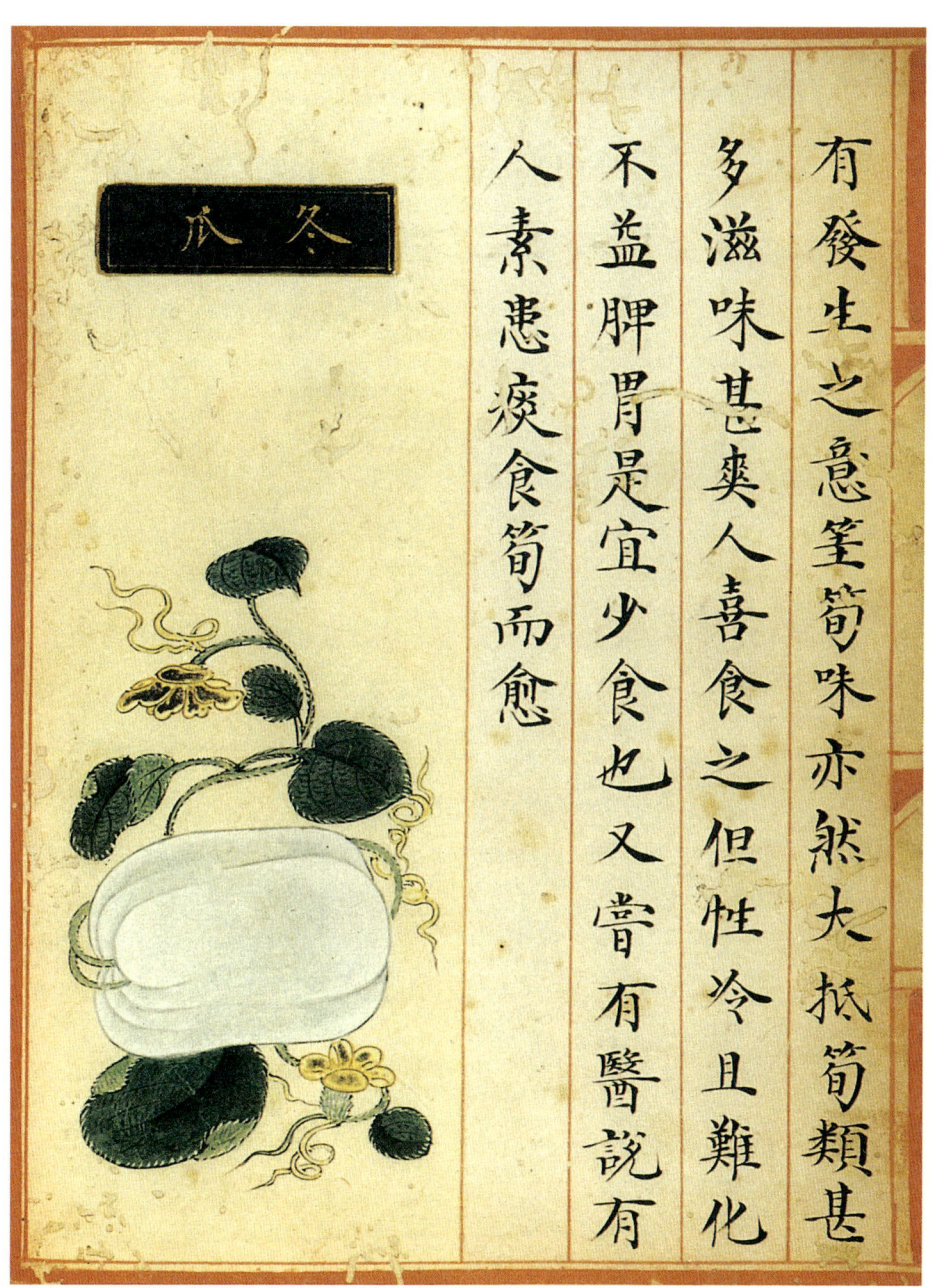

『식물본초』에 실린 동과冬瓜.

허균許筠(1569~1618)은 『성소부부고惺所覆瓿藁』 「도문대작屠門大嚼引」에서 수박에 대해 언급하면서 "충주에서 나는 것이 상품인데 모양이 동과처럼 생긴 것이 좋다"[40]고 적었다. 이 글을 통해서 보면 동과는 수박처럼 흔한 채소였을 가능성이 높다. 가을과 겨울에 동과의 껍질로 만든 국을 먹으면 가래를 제거하면서 기침을 멎게 한다고 알려져 있다. 『식료본초食料本草』에서는 "몸을 가볍고 튼튼하게 하려면 동과를 오랫동안 먹어야 한다. 살찌려고 할 때는 먹지 말아야 한다"고 했다. 맛이 달고 성질이 차갑기 때문이다.[41]

실제로 조선시대 왕실에서도 동과는 중요한 식재료로 쓰였다. 1868년(고종 5) 신정왕후神貞王后(1808~1890)의 회갑을 축하하기 위해 베푼 연향을 기록한 『무진진작의궤戊辰進饌儀軌』에서는 대왕대비 신정왕후가 거처하는 강녕전康寧殿에서 1868년 음력 12월 6일 개최된 회갑 축하연에서 차려진 진어찬안進御饌案에 동과가 나온다. 그것은 바로 각색정과各色正果 1기器에 포함된 재료를 통해서 알 수 있다. 곧 생강生薑 1두斗, 길경桔莄(도라지) 6단丹, 연근蓮根 3단, 동과 5편片, 모과木瓜 10개箇, 산사山査 8승升, 백청白淸(꿀) 3승, 간장淸 4승, 각색당합各色糖合 1근斤이 그 재료다. 아마도 생강정과, 도라지정과, 연근정과, 동과정과, 모과정과, 산사정과가 상에 올랐을 것으로 여겨진다. 특히 동과의 단위를 편으로 한 것으로 보아, 동과의 껍질을 잘라서 편으로 하여 그것을 각종 조리법에서 재료로 사용한 것으로 보인다.

이렇듯 동아는 여름과 초가을에 열매가 맺히기 때문에 주로 그 이후에 식재료로 썼다. 특히 겨울이 오기 전까지

동아정과.

잘 보관하기 위해서는 속을 파서 껍질을 벗겨 보관했다. 장계향 역시 '동화 듬는 법'이란 항목을 별도로 두어 그것의 보관을 주의시켰다. "동홰는 쉽게 썩어 겨울 지내기 어려우니 구시월 간의 껍질 벗기고 오려 소금 많이 하여 독에 넣었다가 오는 봄의 퇴렴하고 쓰라"고 적었다. 곧 동아는 쉽게 썩기 때문에 겨울을 지내려면 껍질을 벗기고 오려서 독에 넣어 소금에 절인 다음 보관했다가 봄에 소금기를 빼기 위해 물에 담갔다가 쓴다는 말이다.

민물생선과 궁합을 맞춘 순채

동아 다음으로 지금 사람들 입장에서 특이한 식재료는 순채다. 『음식디미방』에서는 이것을 '슌'이라고 적었다. 이것이 들어간 음식의 이름은 '슌탕'이다. 그 조리법을 요사이 한국어로 옮기면 다음과 같다. "갓 돋은 슌을 뜯어 잠깐 데쳐 물에 담가두고 천어를 맹물에 많이 달여 단지령[단간장] 타고 슌 넣어 한 솟굼 끓여 초 쳐 다리며 가장 좋으니라. 붕어를 넣어 슌갱을 하면 비위 약하여 음식 내리지 아니하는 데 약이라. 슌을 꿀에 정과 가장 좋으니라."

여기에서 '슌'은 순채蓴菜를 가리킨다. 순채는 수련과에 속하는 다년생 초본식물을 가리킨다. 연못에서 자라는 다년초이며 뿌리와 줄기가 옆으로 가지를 치면서 자라고 원줄기는 수면을 향해 가지를 치면서 길게 자라는데, 어린 줄기에 마치 우뭇가사리 같은 점액이 있기 때문에 이 부분을 식용한다.[42] 『연산군일기』에 따르면 승정원에서 순채의 공상에 폐단이 많다는 보고를 했다. "순채蓴菜를 각도各道에 진상하도록 했는데, 경상도와 전라도 같은 먼 도는 물에 담아 오게 되니 다만 녹아버리기 쉬울 뿐 아니라 폐단 또한 적지 않습니다"[43]라는 것이다.

봄이 되면 어린 줄기가 돋아 오르는데 이것을 보통 식용하는 순채라고 부른다.

사실 순채는 『음식디미방』 이전의 문헌에서도 자주 등장하는 수초다. 스스로 '시금주삼혹호선생詩琴酒三酷好先生'이라 불렸던 고려 중기의 문인 이규보李奎報(1168~1241)의 시에도 나온다. 시의 제목 자체가 「친구 집에서 순채蓴菜를 먹다」이다.

얼음 삶는다는 건 예로부터 못 들었는데
그대는 어찌하여 삶을 수 있다고 자랑하는가
불러와서 자세히 보니
바로 순갱蓴羹(순채국)을 말하네
마치 얼음 같지만 풀리지 않고
삶을수록 더욱 면밀해지네
이것을 말하여 얼음 삶는다고 하니
나를 놀라게 만드네
내 평생 조금도 잘못이라곤 없어
스스로 깨끗한 마음 자랑했네
헌데 입으로는 언제나 속된 음식을 먹었으니
목구멍에 먼지가 뽀얗게 앉았네
오늘 순채를 먹으니
가늘고 가볍기가 은실 같구나
이빨과 볼은 눈을 씹는 듯하여
광폭한 술병이 나은 줄도 몰랐네
어찌 꼭 장한張翰을 본받아서

순채蓴菜.

강동江東으로 회 먹으러 가랴.[44]

이규보는 미끌미끌한 순채의 어린 순을 두고 마치 얼음 같다고 했다. 그러면서 마지막 구절에서 장한張翰을 본받아 강동으로 회 먹으러 가겠다고 했다. 여기에서 장한은 중국 서진西晉 때의 문학가를 가리킨다. 장한은 강남江南의 우군吳郡, 곧 지금의 장쑤성江蘇省 쑤저우蘇州 사람이다. 진나라 초기에 사마司馬 성을 가진 자제들을 대거 제후국의 왕으로 책봉할 때, 사마소馬昭의 손자인 사마경司馬冏도 제왕齊王으로 책봉되었다. 장한은 당시 사마경의 관저에서 수레를 담당하는 하급 관리인 조연曹掾으로 있었다. 그는 마음속으로 사마경이 반드시 또 다른 난으로 인해 죽임을 당할 것이라 생각했다. 그래서 장한은 종일 술만 마셔서 사람들로부터 '강동보병江東步兵'이라고 놀림을 당했다. 가을이 되었을 때, 장한은 고향 우군의 채소인 순채로 만든 순갱蓴羹과 농어회인 노회鱸膾가 그리워졌다. 사람의 일생은 뜻에 맞는 일을 하면서 살아야 하거늘, 하필이면 이렇게 먼 곳까지 와서 관직과 명예를 바라고 있는가 하면서 짐을 싸서 고향으로 돌아가버렸다. 사마경은 다른 반란에 의해서 죽임을 당했지만, 장한은 '순갱노회蓴羹鱸膾'로 인해 다행히 난을 피했다. 이 이야기는 『진서晉書』「문원전文苑傳·장한張翰」에 나온다.

이런 사연으로 인해서 출세 욕구를 버리고 재야에 묻혀 사는 '순갱노회'로 시를 읊조린 사람이 중국은 물론이고 고려 이후 조선시대 문인 가운데도 제법 많았다. 당나라 시인 백거이白居易(772~846)는 "가을바람이 노어회鱸魚膾를 부르자, 장한은 머리를 흔들며 불러도 돌아오지 않았네"라는 시를 남겼다. 이규보 역시 순채의 맛을 형상하면서 장한의 '순갱노회'라는 고사를 언급했다. 사실 순채는 조선시대 집 안팎의 작은 연못에서도 잘 자랐다. 물론 늪에서도 쉽게 발견되었다. 그러니 출세 욕구를 멀리하고 죽림칠현과 같은 초월적 삶을 살아가려는 성리학자 선비의 마음에는 언제나 '순갱노회'의 이야기가 자리잡고 있었다. 『음식디미방』의 '슌탕' 역시 그러한 의미를 지니고 있다. 다만 농어를 구하기 어려웠기 때문에 장계향은 '천어川魚'라 하여 민물생선을 넣어도 무방하다고 보았다.

사실 순채는 1960년대 이후 한국 농촌의 농지개량 과정에서 사라졌다. 늪이나 연못에서 잘 자라던 순채가 그 서식지를 잃으면서 순채국마저 그 자취를 잃어버렸다. 장계향 입장에서 보면, 남편 이시명은 마치 장한과 닮았을지도 모른다. 알다시피 이시명은 1612년(광해군 4) 사마시에 합격해 성균관에 들어갔으나, 광해군의 난정을 보고 과거를 단념했다. 이후 1636년(인조 14) 병자호란을 겪으면서 나라가 오랑캐에게 수치를 당했다고 여겨 세상과 인연을 끊고 석보에 은거했다. 그 이후 강릉참봉康陵參奉에 제수되었지만 부임하지 않았다. 오히려 영해의 석보와 영양의 수비首比, 그리고 안동의 도솔원兜奉院으로 옮겨가면서 후진 양성에 힘을 썼다. 그러니 『음식디미방』의 '슌탕'은 바로 이시명의 기개를 대신하는 음식이었다.

잡채의 숨은 맛, 거여목

『음식디미방』에서는 거여목을 '게묵'이라고 적었다. 『훈몽자회訓蒙字會』에서는 "숙苜을 '게유목 숙'이라고 했다. 그러면서 "숙은 목숙苜蓿으로 다른 이름으로 '학정초鶴頂草'라고 부른다"⁴⁵고 적었다. 이로 미루어 '게묵'은 다른 말로 '게유목'이라 불렀고, 한자로 목숙 혹은 학정초라고 불렀음을 짐작할 수 있다. 오늘날의 말로는 거여목이다. 거여목이 나오는 『음식디미방』의 조리법은 '잡채'다. "외채, 무, 댓무, 진이(참버섯), 석이, 표고, 송이, 녹두기름이랑 생으로 하고 도랏, 게묵, 건박, 고자기, 냉이, 미나리, 파, 두릅, 고사리, 승검초, 동화, 가지들, 생치(꿩고기)를 삶아 실실이 찢어놓으라"고 그 조리법이 시작된다. 비록 오늘날 잡채는 당면이 들어간 '당면잡채로 20세기 초반 중국요리점을 통해서 개발된 것⁴⁶이지만, 그 이전 잡채는 각종 재료를 넣어서 양념해 섞은 음식을 가리켰다. 거여목은 도라지·박고지·냉이·미나리·파·두릅·고사리·승검초·동아·가지·꿩고기와 같이 삶아서 마련했다.

조선 전기에 성현成俔(1439~1504)이 지은 「전가사십이수田家詞十二首」의 2월에 거여목 관련 글이 나온다.

목숙은 땅을 솟아오르고 쑥은 아직 삐죽한데
닫힌 문을 여니 날씨가 따뜻하구나

읍의 창고에서 봄 장리 곡식 안 내주니

집집마다 좁쌀도 없지만 하소연할 곳도 없네

금년 봄에 보리는 때를 잃지 말아야지

심으려니 종자 없고 갈려니 돈도 없네

구름 사이 아침 해가 밭이랑을 비추니

옥비늘 번쩍번쩍이듯이 쇠 보습이 번뜩이네

봄님이 차차 소식을 전해오니

느티나무 꽃이 황금빛을 발하누나.[47]

사실 이 시는 거여목에 관한 글은 아니다. 다만 거여목이 음력 2월에 땅에서 올라오지만, 다른 곡식이 없어 이것으로 배를 채울 수밖에 없다는 의미가 담겨 있을 뿐이다.

네이버 지식사전에서는 거여목의 다른 이름으로 '개자리'를 언급했다. 그 설명[48]을 옮기면 다음과 같다. "땅 위를 기듯이 자라는 줄기는 잔털이 있고 가지가 많이 갈라진다. 어긋나게 달리는 잎은 3출엽이다. 작은 잎은 도란형으로 가장자리 위쪽에 잔톱니가 있다. 턱잎이 빗살처럼 깊게 갈라진다. 5월에 잎겨드랑이에서 두상화서로 4~8개의 노란색 꽃이 모여 달린다. 열매는 협과로 나선 모양으로 둥글게 말리고 갈고리 같은 가시가 가장자리에 있다. 유럽 원산인 2년생 초본으로 흔히 녹비 또는 목초자원으로 심었던 것이 널리 퍼져 야생상으로 변했다. 우리나라 전국 각처의 길가 빈터에서 자란다." 이처럼 거여목 역시 농촌에서 쉽게 구할 수 있는 식재료였다. 이것을 삶아서 잡채의 재료로 썼다.

이렇듯 장계향은 거여목이 들어간 잡채의 재료로 주변에서 쉽게 구할 수 있는 채소를 실처럼 길게 썰어서 이용했다. 오직 꿩고기가 들어가서 식감을 좋게 했을 뿐이다. 장계향식 잡채 만드는 방법은 다음과 같다. "생강 없거든 간장, 초장, 후추, 참기름, 전지령(진간장), 진가루(밀가루) 각색 것을 가늘게 한 치씩 사흐라(썰어) 각각 기름지령(기름간장)으로 볶아 혹 교합하고(섞거나) 혹 분틔하여(분리하여) 임의로 하여 큰 대접에 놓고 즙을 뿌리되 적당히 하야 위에 천초, 후추, 생강을 뿌리라. 즙으란 생치 다져 하고 건쟝(된장) 걸러 삼삼히 하고 참기름 진말(밀가루) 하되 국 맛이 맞거든 진말국에 타 한 솟굼 끓여 즙을 걸게 말라. 동아도 생것을 물에 잠깐 솟가하되 빛이 우려하거든 도라지와 맨드라미 붉은 물 드려 하고 없거든 머루물 드리면 붉나리라. 이것이 부디 각색 것을 다 하란 말이 아니아니 수소득하여(구할 수) 있는 양으로 하라"고 했다. 여기서 거여목은 푸른색을 내는 식재료로 쓰였다.

꿩의 놀라운 존재감 보여준
육류·가금류 식재료

『음식디미방』의 각종 음식 조리법에 쓰인 육류·가금류는 모두 11종이다. 다른 식재료에 비해 상대적으로 적다. 하지만 육류·가금류가 들어간 음식은 48회나 될 정도로 그 종에 비해서는 많은 편이다. 가장 많이 등장하는 식재료를 순서대로 적으면 생치生雉(꿩고기)·개고기·닭고기·쇠고기·돼지고기·계란·오리알·웅장熊掌·참새고기 등이다.

만두부터 침채까지 점령한 꿩고기

생치生雉는 『음식디미방』의 조리법에 나오는 육류·가금류 중에서 가장 많은 수치인 15회나 쓰였다. 생치가 식재료로 쓰인 음식은 만두·세면·어만두·달인 해삼·대구껍질느르미·생치침채·생치지히·족탕·개장꼬지느르미·해삼전복·석류탕 등이다. 이중에서 생치침채와 생치지히는 생치가 주재료로 쓰였다. 알다시피 생치는 꿩고기를 가리킨다. 꿩은 한자로 치雉라고 하나, 화충華蟲·개조介鳥·야계野鷄라고도 적었다. 한국어로는 수컷을 '장끼', 암컷을 '까투리'라 부른다. 고려 후기 이래 조선시대 왕실에서 어찬御饌에 쓰인 중요한 식재료 가운데 하나였다. 그래서 조선시대 왕실에서는 응방鷹坊을 별도로 두고 응사鷹師로 하여금 꿩을 잡도록 했다. 비록 조선 후기의 기록이지만, 『만기요람萬機要覽』(1808)에서는 한양의 경복궁 앞길에 있는 혜정교惠政橋 근처에 꿩고기는 물론이고 꿩깃털과 꿩꼬리를 판매하는 생치전生雉廛도 있다고 했다.

서유구의 『임원경제지林園經濟志』 「전어지佃漁志」에서는 꿩을 잡는 방법인 사치법射雉法에 대해 언급했다. "우리나라의 꿩 잡는 사람은 매년 늦은 봄에 풀이 무성할 때 총이나 활을 가지고 나무숲이나 풀숲에 숨어서 뼈나 뿔로 만든 피리로 장끼의 울음소리를 내면, 장끼가 이것을 듣고 아주 가까이 날아오는데, 이때 쏘면 백발백중이다"라고 했다. 왕실이나 관료들은 매를 이용한 꿩사냥을 일종의 유희로 즐겼지만, 일반인들은 위와 같은 방법으로 꿩을 잡았다. 특히 왕실에 공납으로 각 도에서 꿩을 바쳐야 했기에 사치법은 매우 중요한 정보였다. 닭에 비해 꿩은 야생으로 잡는다는 차이가 있다. 인간이 먹는 식량을 꿩은 먹지 않는다. 더욱이 1년 내내 꿩을 잡을 수는 없다. 보통 늦봄에 많이 잡는다. 그래서 생치침채·생치짠지·생치지히에는 초여름에 수확한 오이로 만든 오이지가 함께 들어갔다. 아마도 초여름에 오이지를 담가두었다가 그것을 늦봄에 잡은 꿩으로 침채를 만들어 먹었던 모양이다.

그런데 생치침채법의 조리법을 보면 지금의 김치와는 다르다. "외 간 든 지漬이 껍질 벗겨 소옥(속) 아사 버리고 가늘게 한 치 길이만큼 도독도독하게 썰어라. 물 우려내 두고 생치를 삶아 그 외지히 같이 썰어라. 따신 물 소금 알맞게

攀援芳苦國嬌雲
曉綺翼
鴇長何離離
游蓮

「쌍치도雙雉圖」, 이방운, 종이에 엷은 색, 59.5×34.5cm, 선문대박물관. 꿩은 '음식디미방'에서 가장 널리 활용되는 식재료 가운데 하나다.

넣어 나박침채 같이 담아 삭혀 쓰라." 여기에서의 침채는 한자로 '沈菜'다. 보통 오늘날 김치의 어원으로 생각하지만 조선 초기의 침채는 국물이 넉넉하게 있는 채소절임을 가리키는 말로 쓰였다. 고려 후기 이색은 『목은시고牧隱詩藁』에서 다음과 같은 제목의 시를 적어두었다. "개성 사람 유순이 우엉·파·무를 섞어서 만든 침채장沈菜醬을 보내왔다." 여기서 '침채장'은 오늘날의 표현으로 하면 장김치다. '침채'라는 말은 조선시대 문헌에 자주 등장한다. 그중에서 가장 이른 문헌은 세조 때 어의御醫였던 전순의全循義(?~?)가 지은 『산가요록山家要錄』이다. 이책에 나오는 침채 중 '청침채菁沈菜'의 조리법은 다음과 같다.

무 한 켜를 깔고 손으로 꼭꼭 누르면서 소금을 서리 내린 것처럼 묻히고 다시 무 한 켜로 하여 소금이 다 없어질 때까지 붙여 빈 섬으로 덮어 하룻밤 절여둔다. 다시 씻는데 물이 맑아지는 정도가 되면 항아리에 담되 물이 맑아질 때까지 씻어 항아리에 담고 무 한 동이에 소금 열아홉 홉의 비율로 물에 타서 찌꺼기 걸러내고 소금물만 받아 항아리에 가득 부어놓는다.

무를 재료로 하지만 들어가는 양념 없이 오로지 소금물로 맛을 냈다. 다만 항아리의 국물에 거품이 생기거나 넘치면 매일 걷어내고 소금물을 타서 조금씩 부어주면 좋다고 했다.

생파를 이용한 '생총침채生蔥沈菜' 조리법도 나오는데, 이것 역시 '청침채'와 비슷한 방법을 썼다. 심지어 전순의는 '침백채沈白菜'란 음식도 소개했다.

깨끗이 씻은 배추 한 동이에 소금 삼 홉을 고루 뿌려 넣고 하룻밤 지낸다.

다시 씻어서 먼저처럼 소금을 뿌리면서 항아리에 담고 물을 붓는다. 다른 침채沈菜법과 같다.

배추를 절이는 방법이 매우 특이하다. 북한의 평안도에서 즐겨 먹는 백김치와 닮았다. 다만 무채·미나리·잣·배·밤·마늘·생강 따위를 배추 켜켜에 넣는 백김치와 달리 소금물에 절일 뿐이다. 사실 당시의 '침채'는 지금의 김치와 달랐다. 채소를 소금물에 절여서 국물이 흥건한 것을 '침채'라고 불렀다. 『산가요록』에는 채소절임을 뜻하는 '저菹'가 붙은 음식 조리법도 나온다. 소금물이 거의 없는 것과 소금물이 있는 것을 모두 '저'라고 불렀다. 다만 국물이 있어도 여러 재료를 넣은 것을 '저'라고 일컬었다.

장계향은 국물이 없는 채소절임이 들어간 음식을 '준지히'라고 적었다. 곧 오늘날 말로 짠지다. 『음식디미방』에 나오는 '생치준지히'의 조리법은 다음과 같다. "외지히 껍질 벗겨 가늘게 잘라서 썰어. 생치도 그리 썰어. 지령기름[간장기름]에 볶아 천초, 후추 양념하여 쓰나리라"라고 했다. 실제로 나는 2011년 1월 장계향의 13대 며느리인 조귀분 여사가 재현한 '생치준지히'를 먹을 기회가 있었다. 외지는 오늘날의 말로 오이지다. 다만 일본식 오이지가 아니라 조선식 오이지를 만들어야 제대로 맛이 난다는 사실을 확인했다. 오늘날의 개념으로 말하면 묵은 배추김치를 돼지고기와 함께 볶은 음식이라고 할 수 있다. 하지만 장계향은 이것을 지금의 말로 '짠지'라고 불렀다. 그것은 오이를 소금에 절였기 때문이다.

이규보는 『동국이상국집東國李相國集』「가포

장계향의 13대 며느리인 조귀분이 2011년 1월에 재현한 생치준지히.

육영家圃六詠」에서 무로 만든 '장지醬漬'와 '염지鹽漬'를 시로 읊조렸다. 이 시는 당시 텃밭에서 기르던 여섯 가지 채소에 대해 읊은 것인데, 그중 「청菁」이라는 시에 '지'가 나온다. "청을 장에 담그면 여름 3개월 동안 먹기에 매우 마땅하고, 소금에 절이면 겨울 9개월을 능히 견딜 수 있네. 뿌리는 땅 밑에 휘감겨서 약간 통통한데, 서리가 내릴 때 칼로 자르면 가장 먹기 좋으며 그 모양이 배梨와 비슷하다"고 했다. 여기서 청은 둥글한 조선무를, '장'은 간장을 가리킨다. 이규보의 시에 근거한다면 당시 무로 만들었던 음식은 한자로 쓰면 '장지'와 '염지'다. 오늘날의 말로 하면 장지는 장아찌이고 염지는 짠지다. 그러니 장계향이 말한 '준지히' 역시 지금의 말로 하면 염지인 짠지인 셈이다.

가장 쉽게 구한 식재료, 개고기

생치 다음으로 『음식디미방』에 많이 등장하는 육류는 개고기다. 더욱이 음식 이름에 개고기가 들어간 것을 말한다. 개순대·개장꼬지느르미·개장국느르미·개장찜과 함께 누렁개 삶는 법과 개고기 삶는 법이 별도로 나올 정도다. 고려시대 문인 이규보의 『동국이상국집』 21권에는 「슬견설蝨犬說」이란 글이 있다.

어떤 손이 나에게 말하기를, "어제 저녁에 어떤 불량자가 큰 몽둥이로 돌아다니는 개를 쳐 죽이는 것을 보았는데, 그 광경이 몹시 비참하여 아픈 마음을 금할 수 없었네. 그래서 이제부터는 맹세코 개고기나 돼지고기를 먹지 않을 것이네."

이로 미루어보아 고려시대에도 개고기를 먹었을 가능성이 높다.『음식디미방』에는 '개장 고는 법'이 나온다. "개를 잡아 갈비와 안것과 살을 뼈 발라 버리고 가장 많이 빠라 솥에 넣고 지렁 한 되 참기름 한 종자 참깨 한 되 볶아 찧어 넣고 후추·천초 넣어 물 조금 붓고 솥뚜껑을 뒤집어 덮고 물 부어 덥거든 다른 물 갈기를 열 번이나 하면 고기 가장 무르거든 갈비는 찢고 안것은 썰어서 쓰나리라"라고 했다. 여기서 안것은 내장을 가리킨다.

홍석모洪錫謨(1781~1857)의『동국세시기東國歲時記』에서는 삼복三伏 때 개장국을 먹는 풍속을 기록해두었다. "재를 삶아 파를 넣고 푹 끓인 것을 구장狗醬이라 한다. 닭이나 죽순을 넣으면 더욱 좋다. 또 개국에 고춧가루를 타고 밥을 말아서 시절 음식으로 먹는다. 그렇게 하여 땀을 흘리면 더위를 물리치고 허한 것을 보충할 수 있다. 그러므로 시장에서도 이것을 많이 판다"고 했다. 그런데 삼복 중에 개장을 먹는 풍속을 홍석모는 "『사기』에 진덕공秦德公 2년에 비로소 삼복 제사를 지내는데 성안 사대문에서 개를 잡아 충재蟲災를 막았다고 했다. 그러므로 개 잡는 일이 곧 복날의 옛 행사요 지금 풍속에도 개장이 삼복 중의 가장 좋은 음식이 되었다"는 주석을 붙였다.

『동국세시기』의 구장과 달리 장국은 국물이 적었다. 그 이름다. 곧 오늘날의 말로 옮기면 개장국느르미다. "개를 살만 대강 삶아 뼈 발라 많이 썰어 새 물에 참깨를 볶아 찧어 넣고 지렁(간장) 넣어 난만(미흡한 데가 없이 충분함)히 삶아 내어 어슷어슷 썰어라. 즙을 하되 진가루, 참기름, 지

『음식디미방』의 개은 '개장국느르미'이

『식물본초』에 실린 개白狗.

령 교합하여 삼삼히 하여 그 고기를 넣어 한 솟굼 끓여 대접에 뜨고 파를 짓두드려 넣고 국을 걸지 아니하되 생강, 후추, 천초 넣어 하라"고 했다. 여기서 느르미는 한자로 적으면 '전膞'이다. 요사이 사람들은 기름에 지진 음식을 통틀어 지짐이라고 부르지만, 일제강점기 때만 해도 서울말로 지짐이는 국보다 국물을 적게 잡아 짭짤하게 끓인 음식을 가리켰다. 『조선무쌍신식요리제법』의 저자 이용기李用基(1870~1933년경)는 "국보다 지짐이가 맛이 좋고 지짐이보다 찌개가 맛이 좋은 것은 적게 만들고 양념을 잘하는 까닭이라"고 했다. 국은 국물이 많은 데 비해 찌개는 뚝배기에 재료를 듬뿍 넣고 밥할 때 찐 다음 다시 모닥불에 끓여서 '밧트러지게' 끓인 것이다. 이에 비해 뼈가 문드러질 때까지 고은 음식을 '지짐이'라고 불렀다. 이것이 바로 장계향이 부른 느르미다.

알다시피 개는 조선시대 농민에게는 반드시 필요한 가축은 아니었다. 이로 인해서 육고기가 필요할 때 쇠고기나 돼지고기를 대신해 식재료로 자주 쓰였다. 더욱이 쇠고기는 특별한 일이 없으면 마음대로 도살할 수가 없었다. 그래서 경상도 양반들은 여름 복날에 사랑방에 손님이 오면 개고기로 장국을 끓여서 대접했다. 그러니 장계향 시대에 개고기를 식재료로 사용하는 것은 결코 드문 일이 아니었다. 그러한 정황이 『음식디미방』의 다양한 개고기 조리법에서 드러난다. 장계향은 심지어 누렁개를 잡기 전에는 아예 "황계 한 마리를 먹여 대엿새쯤 지나거든 그 개를 잡아" 삶으라고 했다. 비록 앞에서 소개한 『동국세시기』의 내용과는 다르지만, 누렁개의 맛을 위해서 황계를 먹이기까지 했다. 당연히 개고기는 집에서 기르는 개를 잡아서 확보했기 때문에 수급에는 문제가 없었다.

영계백숙의 가장 이른 기록 보여준 닭고기와 달걀

개고기만큼 닭고기도 『음식디미방』에서 자주 쓰인 식재료로 나온다. 닭대구편·석류탕·연계찜·누렁개삶는법 등에서 닭고기가 쓰였다. 이 가운데 연계찜은 보양에 매우 중요한 음식으로 이해되었다. 『음식디미방』에 적힌 연계찜의 조리법을 살펴보자. "연계를 안날(전날) 저녁에 잡아 거꾸로 달아두었다가 이튿날 아침에 잔 것 없이 뜯어 안것 내고 핏끼 없이 많이 씻어 가장 단 건장(된장)을 체에 걸러 기름 두운이(흥건히) 넣고 자소잎, 파, 염교를 가날게 썰어라. 생강, 후추, 천초 가루 양념하여 진가루 조차 한데 개면 즙이 되거든 지령 조금 놓아 개야 닭 속 넣어 밥보자로 싸매어 사기그릇에 담아 솥에 물 붓고 중탕하여 쪄 가장 무르게 익거든 내어 놓아 식거든 쓰라. 눅게 하는 즙도 건장 걸러고 여러 가지 양념하여 진진가루 즙을 눅게 하여 찌면 가장 좋으니라. 즙이 눅으면 닭이 즙 속에 들어 쪄지나리라."

이렇듯이 된장을 건더기 없이 국물만으로 간을 하며 여기에 차조기(자소잎)·파·염교·생강·후추·천초로 양념을 하고, 닭 뱃속에 밥보자기를 넣는 방법은 지금의 영계백숙과 닮았다. 비록 장계향보다 150여 년 뒤 사람인 홍석모가 쓴 기록이지만, 『동국세시기』에서 음력 6월에 먹는 음식으로 "밀로 국수를 만들어 배추의 푸른 잎과 닭고기를 섞고 어저귀국에 말아 먹는다"든지 "미역국에다 닭고기를 섞고 국수를 넣고 물을 약간 쳐서 익혀 먹는다" 정도의 기록이 있지만, 영계백숙 조리법으로는 이것이 가장 오래된 한글 기록으로 보인다.

닭을 삶거나 쪄서 먹는 조리법은 예로부터 매우 보편적이었다. 조선 중기의 문신 송인수宋麟壽(1499~1547)의 일화에서도 삶은 암탉 이야기가 나온다.[49] 송인수가 부친상을 당해 여막에서 3년을 거의 다 지낼 무렵 늙은 종에게 이르기

「암탉과 병아리」, 변상벽, 비단에 색, 94.7×43.5cm, 18세기, 국립중앙박물관.

를, "네 살찐 암탉으로 골라서 한 마리 삶아라" 하고 이른 뒤 부친의 신위를 모셔둔 궤연几筵에 들어가서 곡을 했다. 이윽고 종의 집에 가서 삶은 닭을 먹었다. 송인수가 돌아간 뒤에 종이 그 처에게 말하기를, "병이 없는데 닭을 먹으니, 미친 것이 아니고 무엇이냐"라고 했다. 그런데 며칠 안 가서 윤기헌은 큰 병에 들어 반년 동안이나 거의 일어나지를 못했다. 자신의 병을 예견하고 살찐 암탉 삶은 것을 먹었던 것이다.

사실 백숙은 한자로 '白熟'이라고 적는다. 여기서 한자 白에는 '그저'라는 뜻이 담겨 있다. 곧 소금이나 간장으로 간하지 않고 그냥 익혀서 내는 음식을 가리킨다. 국물이 있든 없든 상관없이 간을 별도로 하지 않는다는 뜻이다. 이런 의미에서 보면 앞의 '연계찜'은 결코 백숙이 아니다. 왜냐하면 된장을 물에 풀어서 그 국물로 간을 했기 때문이다. 여기에 각종 양념이 들어갔다. 특히 밀가루로 국물을 진하게 만드는 방법은 오늘날에도 중국 '광둥차이廣東菜'에서 대표적인 음식으로 꼽는 염국계鹽焗鷄와 닮았다. 다만 연계찜에서는 진한 국물인 즙이 중요하지만, 염국계는 닭의 발과 날개를 뱃속에 넣고 천에 싸서 솥에서 끓인 뒤 고기만 접시에 내는 점이 다를 뿐이다.

하지만 『음식디미방』에 등장하는 닭고기는 꿩고기보다 그 횟수가 적다. 그 대신 계란을 이용한 음식이 다섯 차례나 나온다. 그중에서 맛질방문으로 소개된 '계란탕법'이 특이하다.

> 새우젓국이나 지령국이나 맛 맞추어 기름 쳐 많이 끓여 굽이칠 때 알을 웃부분을 허러(깨트려) 뚜껑을 덮어 솟구도록 끓여 잠깐 사이에 엉기거든 알 속이 채 익지 않아서 얕은 그릇에 가만가만 떠 젓국이어든 초 타 하고 장국이든 그저 놓으라. 오온 알 얼굴이 있나니라.

계란탕법.

이렇듯 암탉은 고기보다 그 계란이 더 중요한 식재료였다. 이 점은 장계향뿐 아니라 조선시대에 가정에서 닭을 기르는 이유이기도 했다. 특히 암탉은 계란을 낳고 병아리를 부화시키는 데 목적을 두고 길렀다. 그래서 조선 후기에 서류부가婿留婦家의 혼인 풍속이 변하여 여자가 시집을 가면 백년손님인 사위가 처가에 와야 암탉을 잡았을 정도다.

농우를 보호하기 위해 매우 귀했던 쇠고기

이에 비해 쇠고기는 식재료로 4회 정도밖에 쓰이지 않았다. 아마도 농우農牛를 보호하기 위해 조선 왕실에서 소 도살을 금한 우금牛禁 때문이 아닌가 여겨진다. 그렇다고 조선시대 내내 소를 전혀 잡지 않았던 것은 아니다. 조선 후기에 나온 공문서 작성 서식집인 『유서필지儒胥必知』에는 각종 이유로 소의 도살을 청하는 청원이 여럿 나온다. 가령 「소의 다리가 부러졌을 때 올리는 소지折脚所志」[50]를 보자.

저는 땔감 장사를 생업으로 삼고 있었는데, 이번 엄동대한에 땔감을 실어 나르던 튼튼한 소가 갑자기 빙판길에서 넘어져 마침내 다리가 부러졌습니다. 그리하여 이렇게 우러러 호소하오니, 삼가 바라건대 잘 헤아리신 후 특별히 처분을 내려주소서.

그러자 관에서는 "가죽을 벗겨서 관에 바치고 고기를 팔아 송아지를 사는 것이 마땅하다"고 판결했다. 심지어 「부모의 병에 전우고를 쓰게 해달라는 소지

為親患用全牛膏所志」[51]도 있다. 그 내용은 다음과 같다.

제 상전은 어버이의 병이 한 달 전부터 갑자기 깊어져서 의원에게 물어보니 풍허風虛(중풍)라고 진단하였습니다. 의원은 반드시 전우고를 복용한 뒤에야 나을 수 있다고 말했으나 우금·주금酒禁·송금松禁 삼금三禁은 실로 나라에서 금하는 일이라 감히 이것을 쓸 엄두도 내지 못한 채, 저의 상전은 그저 혼자 애를 태우고 있습니다.

為親患用全牛膏所志

某處居某宅奴名 白活

右謹陳所志矣段 矣上典親患 忽自月前沉重而問於醫家 是乎則 以風虛執症 是白乎㫆 遣醫云必用全牛膏然後 可得蹉差為言是乎乃 牛酒松三禁實是邦禁 是乎則 不敢生意用此 是白遣矣 上典只自焦灼

茲以仰訴為去乎 伏乞 參商教是後 下燭其情地成給勿禁之帖 俾得救療之地 千萬望良為白只為

行下向教是事

察前主 處分

年 月 日

官 押

題音 去皮時勿侵向事

某日

『유서필지儒胥必知』「위친환용전우고소지為親患用全牛膏所志」

여기서 이 소지를 올린 사람은 양반의 하인으로 그의 상전 청을 대신하였다. 실로 기가 막힌 일이 아닐 수 없다. 양반 스스로 해도 될 일을 체면을 따져 하인을 시킨 것이기 때문이다. 아울러 호랑이에게 물려 다쳤을 때, 돌림병에 걸리거나 각종 사고를 당하거나 돌연사했을 때, 혹은 제수용 등의 이유로 소 도살이 광범위하게 행해졌을 가능성이 높다.52

이로 인해서『음식미디방』에서 쇠고기를 이용한 조리법은 매우 단순한 편이다. 단지 쇠고기 삶는 법과 질긴 쇠고기를 연하게 삶는 법이 소개되었을 뿐이다. 가령 맛질방문으로 나오는 '질긴 고기 삶는 법'의 내용은 다음과 같다. "무릇 쇠고기, 늙은 닭이나 아무것이라도 이스랏나무를 고기 한데 넣고 뽕나무를 때서 삶으면 쉬 무르고 만만하나리라." 늙은 닭고기가 질긴 이유는 알겠지만, 쇠고기가 질긴 이유는 늙었든지 무언가 문제가 생긴 소의 고기이기 때문일 것으로 여겨진다. 그것은『음식디미방』의 '쇠고기 삶는 법'에서도 마찬가지다. "늙어 질긴 고기거든 빻은 살구씨와 갈잎(떡갈잎) 한 줌을 한데 넣어 삶으면 쉬 무르고 언하니라"라고 했다. 이처럼 늙어서 질긴 쇠고기를 연하게 하는 방법이 장계향 본인의 방법과 맛질방문의 방법으로 두 차례나 나온다. 이것은 당시의 우금 사항에서 확보한 쇠고기 조리법이었기 때문이라고 여겨진다.

다만 소의 위장인 양胖을 이용한 음식은 두 가지나 나온다. 바로 양숙胖熟과 양숙편胖熟片이다. 양은 궁중 음식의 조리에서도 쓰일 정도로 고급 식재료에 들었다. 비록 조선 후기의 자료이지만『승정원일기』고종 10년 계유(1873) 3월 5일 자료에서 양탕胖湯이 등장한다.

대왕대비전이 드실 요리의 수는 두 가지로 마련하고 그릇 수는 요리마다 다섯 그릇으로 마련하라. 첫 번째 요리는 소만두小饅頭·과果·면골탕糆骨湯·

질긴 고기 삶는 법.

약념호면 효호나니라

쇠고기 엿 둠밥

미눈 불로 달혀 소옷거든 무른 기러허만 화로불 히고 두 께 졉의 말 바까 일 고 둣 겁 떠
독 이 잇 더 니 라 는 거 질 건 고 기 여 든 센 도 줄 고 써 과 글 념 훈 줄 을 호 치 여 허 술 무 면 수
이무 른 고 면 둘 니 라

양슉

양을 씨 서 무 른 솜 막 고 쟝 무 른 거 든 졔 물 이 라 치 뎡 기 금 의 효 즙 며 마 시 알 맛 게 호 야 두 고 쓸 졔 면 수 되 야 픔 업 씨 여 굿 더 여 호 쵸 쳔 쵸 약 념 호 여 쓰 느 니

양슉편

양을 거 마 로 지 물 을 구 의 지 게 굼 이 쓸 혀 므 고 양 을 거 더 허 골 오 로 잠 간 둣 의 시 거 니
떠 갈 로 머 즈 을 글 그 면 희 여 허 거 든 슘 기 금 쳔 지 뎡 의 효 고 합 호 디 난 지 미 여 코 혹
가 매 거 나 큰 소 치 여 야 즁 현 호 여 블 을 븟 고 그 란 지 쥴 업 을 짜 그 줄 뜨 여 솜 모 시 나 자 러 나
물 이 쥼 마 그 쟝 므 른 거 든 내 아 싸 흐 라 즙 쿡 의 흔 소 솜 호 여 그 른 더 푼 후 의 셩 각 호 쵸
근 과 황 링 게 란 무 쵼 엇 돔 골 도 싸 호 라 고 물 오 죽 라 줌 을 빅 가 지 쟝 이 흔 가 로 흘 느
시 오 고 물 이 란 말 은 약 셕 량 의 우 회 논 고 려 라

해삼전海參煎과 각색의 화탕적花湯炙을 각각 한 그릇씩 마련하고, 두 번째 요리는 행인과杏仁果·색다식色茶食·양숙편胖熟片·완자탕完子湯·부어증鮒魚蒸을 각각 한 그릇씩 마련하고, 별행과는 열다섯 그릇으로 하라. 나와 중궁전의 별행과 그릇 수는 열 그릇으로 마련하고 한 요리에 세 그릇으로 하여 소다식小茶食·과果·양탕胖湯·편육片肉을 한 그릇씩 마련하라.53

이처럼 쇠고기 구하기가 쉽지 않자 내장이나 뼈도 중요한 식재료가 되었다. 『음식디미방』에서는 우족牛足으로 '족탕' 만드는 방법이 소개되었다.

쇠족을 털째 삶아 가죽이 무르지거든 내여 더운 김에 씻으면 희거든 솥을 조히 씻어 묽은 물 부어 우무(우뭇가사리) 같이 고아 식거든 장정 낱알만큼 썰어라. 참무도 그리 썰고 푸른 외도 있는 때거든 그리 썰어라. 표고버섯도 그리 썰어라. 지령국의 생치즙, 진가루 타 골파 넣어 하면 가장 유미하니라.

이 족탕은 사실 우족탕이면서 동시에 족편에 가까운 음식이다. 영해의 운악에서 살아본 경험이 있는 장계향의 입장에서 해초인 우뭇가사리 고은 우무처럼 하라는 설명은 매우 적절한 표현으로 보인다. 자신의 경험이 이 조리법에 담겨 있는 셈이다.

멧돼지와 집돼지로 나뉜 돼지고기

『음식디미방』의 조리법 가운데 돼지고기를 이용한 식재료는 야제육과 가제육 두 가지가 나온다. 야제육은 아마도 야저육野猪肉 곧 멧돼지고기를, 가제육은 가저육家猪肉 곧 집돼지고기를 가리키는 듯하다. 이렇게 구분해둔 이유는 집에서 전문적으로 돼지를 기르는 일이 드물었기 때문으로 보인다. 그래서 멧돼지도 고기로 쓰였다. 성현의 시 「사이춘천송야저두謝李春川送野猪頭」54에서는 납일臘日 고기로 멧돼지고기를 받았다고 했다. 『산림경제山林經濟』에서는 야저육이 저육猪肉과 달리 풍기를 일으키지 않는다며 『증류본초證類本草』의 내용을 인용했다. 이런 면에서 멧돼지고기는 가저육과 다른 기능이 있었다.

야제육은 고아서 만들었다. "불에 그슬려 털 없이 하고 칼로 긁어 조케 씻어 소삼소삼(솟구치도록) 끓인 후 만화慢火(약한 불)로 무르도록 고아 쓰라"고 했다. 이에 비해서 가제육은 "두껍게 산적 허리 반만큼 짧게 썰어라. 기름지령에 재워 진가루 뽀얗게 묻혀 지령기름 치며 익도록 볶아 후춧가루 양념하면 가장 유미하니라"라고 적었다. 아마도 멧돼지고기는 냄새가 많이 나서 약한 불에 오랫동안 고아야 좋다고 보았던 데 반해 집돼지는 얇게 토막 내서 후춧가루를 뿌린 후 볶으면 맛이 좋다고 본 듯하다.

산골에서 구한 진미, 곰발바닥 요리

웅장熊掌은 곰발바닥을 가리킨다. 곰발바닥도 『음식디미방』에서 사용된 식재료다. 장계향과 비슷한 시기를 살았던 허균許筠(1569~1618)은 『성소부부고惺所覆

瓿蕢」「도문대작屠門大嚼』에서 "웅장은 산골에 모두 있다. 음식 만들기가 쉽지 않아서 잘못하면 제맛을 잃어버린다. 맛은 오직 회양의 것이 가장 맛있고, 의주와 희천이 그다음이다"[55]라고 했다. 장계향이 살았던 영양의 두들마을 역시 산골이라 웅장을 구할 수 있었을 것이다. 사실『세종실록지리지』「안동대도호부」의 기록에서 웅장은 나오지 않는다. 다만 순흥도호부와 봉화현의 약재로 웅담熊膽이 나올 뿐이다. 이로 미루어 장계향이 마음먹고 구하려면 웅장을 구할 수 있지 않았을까 추정해본다.

『음식디미방』에 나오는 웅장의 조리법은 다음과 같다.

> 석회를 넣어 끓는 물에 털을 없애고 조히 씻어 간 쳐 하룻밤 재워두어 소 삼 가장 나솟게 끓여 불을 반만 치고 만화 무르도록 고아 쓰라. 이것이 다 힘줄이니 여느 고기처럼 하면 무르기 쉽지 아니하니라. 웅장을 쇠족 그슬리듯이 불을 많이 때고 그으리면 털이 다 타고 바탕 가죽이 들뜨거든 벗겨 버리고 조히 씻어 무르게 고아 썰어도 쓰고 발가락 사이를 칼로 째어 지령기름 발라 구우면 더 좋으니라.

웅장은 중국 역사에서 팔진八珍의 하나에 들기도 했다. 하지만『예기禮記』「내칙內則」에서는 웅장을 팔진에 넣지 않았다. 아마도 후세 사람들이 웅장의 맛을 알고 팔진의 하나로 추가했을 가능성이 높다.[56] 이런 까닭에 웅장은 맛도 좋을 뿐만 아니라 그 식재료가 귀하기 때문에 좋은 음식이라고 여겼다. 허균이 앞에서 밝혔듯이 산골짜기 마을에서는 쉽게 구할 수 있지만 그 조리법이 매우 까다롭다고 했다. 장계향의 방법에서 특징은 석회를 쓴다는 데 있다. 알다시피 석회는 석회석이나 조가비 등을 높은 온도에서 구워서 얻는다. 한반도에서 석회암

「요지연도瑤池宴圖」, 작가미상, 비단에 채색, 134.5×366.0cm, 19세기, 경기도박물관. 서왕모가 사는 곤륜산 요지에서 열린 연회 장면으로 팔진미가 차려져 있다. 웅장은 중국 역사에서 팔진의 하나에 들기도 했다.

은 비교적 풍부한 편이다. 장계향은 운악에서 조개를 구해서 그것으로 석회를 만들었을 것이라 여겨진다. 이것이 웅장을 부드럽게 만드는 데 효과적이었기 때문이다.

민물보다 바다가 많은 생선류 식재료

『음식디미방』의 조리법에 쓰인 생선류 식재료는 총 20종에 30회 쓰였다. 이 중에서 민물에서 나는 것으로는 민물생선·게·붕어·자라 정도이고, 나머지 대구·새우젓국·전복·청어·해삼·방어·가막조개·대합·모시조개·숭어·연어 등은 대부분 바다생선이다. 장계향이 생애 가운데 40년을 살았던 석보는 동해로부터 제법 먼 내륙지역이다. 그럼에도 불구하고 이들 식재료가 조리법에 등장하는 이유는 장계향이 시집간 곳이 바로 영해의 운악이었기 때문으로 여겨진다. 이들 바다생선은 영해의 운악에서 쉽게 구할 수 있었던 식재료다. 바다생선을 이용한 조리법이 많이 나오는 것이 『음식디미방』이 지닌 특징 가운데 하나다. 여기에서는 주로 바다생선을 대상으로 그 수급의 면모를 살펴본다.

「풍속도 어선」, 작가미상, 비단에 색, 50.3×35.2cm, 조선시대, 국립중앙박물관. 포구의 고기잡이배를 묘사한 것으로, 『음식디미방』에는 바다생선이 큰 비중으로 다뤄지고 있다.

껍질을 즐겨 먹은 대구

대구는 대구껍질느르미와 대구껍질채의 두 가지 음식에서 주재료로 쓰였다. 정약용丁若鏞(1762~1836)은 『경세유표經世遺表』에서 영남의 바다에 있는 어장漁場으로 구어장呩魚場이 있다면서 "구는 속자俗子이고, 본래 이름은 대구어다"57라고 했다. 정동유鄭東愈(1744~1808)는 『주영편晝永編』에서 "우리나라에는 두 글자를 합하여 한 글자를 만든 것이 있다. 수水와 전田을 합하여 답畓이라 한다. 한 글자를 나누어 두 글자를 만든 것도 있다. 구어呩魚를 대구어大口魚로 쓰는 것이 그것이다"58라고 했다.

대구는 주로 동해와 남해에서 잡히는 바다생선이다. 아마도 장계향은 말린 생선을 구입했을 것이라 여겨진다. 그래서 조리법도 대구껍질을 주로 이용했다. 『음식디미방』에 나오는 '대구껍질느르미'의 조리법은 다음과 같다.

대구껍질느르미.

> 대구껍질 물에 담가 쓰라. 비늘기 없이 하여 약과만큼 썰어라. 석이, 표고, 진이, 송이, 생치를 채소보다 잘게 쪼아 후추·천초 가루 양념하여 그 껍질 썬 데 싸 진가루를 물에 풀어 가장자리를 붙여 물에 삶아 생치즙, 진가루 타 골파 넣어 만나게 즙하여 느르미를 하면 가장 유미하니라.

앞에서 밝혔듯이 느르미는 국물이 적은 음식이다. 대구껍질만 주재료로 쓰이는 것이 아니라, 꿩고기와 밀가루로 국물을 진하게 만든다고 했다.

이에 비해 대구껍질채는 일종의 무침이다. 대구껍질을 물에 불려서 삶아 가늘게 썬 다음 "석이 바숴 같이 썰어라. 단 지령에 골파 넣어 채 메워 초 놓아 쓰라. 대구껍질을 그리 씻어 삶아 파를 한 치씩 썰어라. 그 껍질에 둘러 말아 초 지령에 진가루 즙하여 끓여 초 놓아 쓰라"고 적었다. 대구껍질로 파를 말아서 식초와 밀가루로 국물을 만들어 끓여서 만드는 방법이다. 이처럼 대구껍질을 사용하는 조리법이 나오지만, 대구살코기로 만드는 음식은 『음식디미방』에 나오지 않는다. 그 이유를 명확하게 알 수는 없지만, 아마도 대구살코기는 그 조리법을 적어두지 않아도 알 수 있으리라 여겼기 때문이 아닐까 추정해본다.

물에 씻지 않는 청어

『음식디미방』의 조리법 가운데 청어가 주재료 혹은 부재료로 쓰인 음식은 '청어념혀법'과 '숙탕' 두 가지다. 여기서 '청어념혀법'의 '념혀'는 '염해鹽醢'의 당시 표기다. 염해는 곧 소금에 절인 젓갈을 가리킨다. 따라서 '청어념혀법'은 오늘날의 말로 하면 청어젓갈이 된다. 이 조리법에 대해 살펴보자. 이 조리법은 맛질방문으로 표기되어 있으며 내용은 다음과 같다.

청어를 물에 씻으면 버리나니 가져온 재ᄌ연(그대로) 쓰서 버리고 백 마리에 소금 두 되씩 넣되 날물기는 절금하고 독을 조강燥强(땅바닥에 축축한 기운이 없어 보송보송함)한 데 묻으면 제철이 오도록 쓰나니라.

그런데 이 조리법에서 놀라운 점은 청어를 물에 씻지 않고 가져온 그대로 다

들어 쓴다고 한 것이다. 그것도 백 마리나 되는 양을 말이다. 이 정도의 식재료를 확보하여 청어젓갈을 만들 수 있는 장소는 청어 산지와 가깝지 않으면 안 된다.

그렇다면 장계향이 살았던 당시 청어의 산지는 어디였을까? 장계향과 비슷한 시기를 살았던 허균은 『성소부부고』「도문대작」에서 "청어는 네 종류가 있다. 북도에서 나는 것은 크고 배가 희다. 경상도에서 나는 것은 껍질이 검고 배가 붉다. 호남의 것은 조금 작다. 해주海州에서는 2월에 잡히는 것이 맛이 매우 좋다. 옛날에는 아주 흔했으나 고려 말에 쌀 한 되에 오직 40마리밖에 주지 않았으므로, 이색이 시를 지어 이를 한탄했다. 난리가 나고 나라가 황폐해져서 모든 물건이 부족하기 때문에 귀해졌다고 했다. 명종 이전만 해도 쌀 한 말에 50마리였는데, 지금은 전혀 잡히지 않으니 정말로 괴이하다"59고 했다. 허균 입장에서는 한양에서 가까운 해주 청어만을 염두에 두고 앞의 글을 썼을 가능성이 크다.

알다시피 청어는 냉수성 어종으로 수온이 섭씨 2~10도인 저층 냉수대에서 주로 산다. 그래서 바닷물의 온도가 바뀌면 그 많던 청어가 갑자기 자취를 감추기도 한다. 비록 장계향이 사망한 이후에 살았지만, 이익李瀷(1681~1763)은 『성호사설星湖僿說』에서 "울산과 장기 사이에는 청어가 난다. 청어는 북도에서 처음 보이기 시작해 강원도 동해변을 따라 내려와서 11월 이곳에서 잡히는데, 남쪽으로 내려올수록 점점 작아진다. 어상들이 멀리 한양으로 수송하는데, 반드시 동지 전에 한양에 도착시켜야 비싼 값을 받는다. 모든 연해에는 청어가 있다. 청어는 서남해를 경유하여 4월에 해주까지 와서는 더 북상하지 않고 멈춘다. 그러므로 어족이 이곳처럼 많은 곳이 없다"60고 했다.

이처럼 청어는 18세기에 동해에서 한양으로 유통될 정도로 인기가 높았던

청어젓갈법.

생선이다. 그렇지만 장계향이 맛질방문이라고 한 청어젓갈법의 청어는 결코 오랫동안 유통된 것이 아니다. 왜냐하면 생청어는 유통 기간이 오래되면 악취가 심했기 때문이다.『승정원일기』1632년(인조 10) 음력 2월 15일「함경도에서 대왕대비전 등에 진상한 생문어 등에서 악취가 나므로 봉진관을 추고할 것을 청하는 사옹원 제조의 계」를 보면 당시 상황을 짐작할 수 있다. "함경도의 2월 삭선朔膳의 진상進上 가운데 대왕대비전大王大妃殿과 대전大殿에 진상한 생문어生文魚·생청어生靑魚, 중궁전中宮殿에 진상한 생대구어生大口魚·생청어가 특히 악취가 심했습니다. 막중한 윗자리에 올리는 물품을 봉하여 올리면서 삼가지 않았으니, 매우 온당치 못한 일입니다. 해당 봉진관封進官을 추고하는 것이 어떻겠습니까?"[61] 그런 까닭에 청어를 말려서 유통시키기도 했다.

그러니 장계향이 맛질방문이라고 소개한 '청어젓갈법'은 반드시 울산이나 장기와 가까운 곳에서만 가능한 조리법임에 틀림없다. 최근 맛질방문의 '맛질'이 어디인가에 대한 주장이 다양하게 제기되고 있다. 당초 예천의 맛질이라는 주장이 지배적이었지만, 김미영 박사에 의해서 봉화의 맛질일 가능성도 제기되었다.[62] 하지만 앞선 주장들이 지닌 가장 큰 문제점은 장계향이 '맛질방문'이라고 소개한 조리법에서 식재료의 수급 정황을 살피지 않은 것이다. 사실『음식디미방』에서 언급된 맛질방문의 조리법 중 청어젓갈법을 제외한 석류탕, 숭어만두, 수증계, 질긴 고기 삶는 법, 닭 굽는 법, 양 볶는 법, 계란탕법, 난면법, 별착면법, 차면법, 세면법, 약과법, 중박겨, 빙사과, 강정법, 인절미 굽는 법 등은 그 식재료의 공급처가 반드시 제한적인 것은 아니다.

하지만 청어젓갈법의 청어는 그 수급 장소가 동해안 근처여야 한다. 장계향이 살던 당시의 영해현 운악은 바로 동해안 근처이면서 동시에 '송천'이란 하천을 통해 곧장 바다와 연결되는 지점에 위치한다. 청어를 잡은 배가 바로 운악에 있는 장계향의 시집 마을 남쪽에 도착할 수 있었다. 따라서 운악 근처에 혹시 '맛질'이란 지명이 있을 수도 있다. 하지만 현재까지 관련 자료63에서 이와 관련된 내용을 확인하지 못했다. 이후 현장조사를 통해 다시 한번 확인할 필요가 있다. 이러한 심증을 더욱 굳히게 해주는 내용도 『음식디미방』의 조리법에서 발견된다. 곧 청어를 부재료로 사용한 '숙탕' 조리법이 바로 그것이다. "정이월 사이 쑥을 뜯어 지령국에 달이고 생치 잘게 쪼아 달걀에 기름 놓아 마른 비웃 잘게 뜯어 넣어 끓이면 가장 좋으니라"라고 적었다. 여기서 '마른 비웃'이 바로 말린 청어다. 본래 청어를 비어鯡魚라고도 적었고 이로 인해서 '비웃'이란 말이 생겨났다.

일제강점기 조선총독부 식산국 수산과에서 근무했던 정문기鄭文基(1898~1995)는 『동아일보』 1931년 2월 6일자부터 '대양을 회유回遊하는 청어 이야기'라는 제목으로 여섯 차례에 걸쳐 청어에 대한 연재 글을 실었다. 그중 2월 8일자 세 번째 글에서 청어의 이름에 대해 언급하면서 다음과 같이 적었다. "우리 조선서는 청어라고 사용케 된 의미는 청어의 체색體色이 청색을 이루어 잇슴에 기인된 줄로 밋습니다. 경성서는 '비웃'이라 부릅니다." 이에 비해 이용기는 1924년판 『조선무쌍신식요리제법朝鮮無雙新式料理製法』에서 다른 견해를 내세웠다. 청어를 서울 사람들이 부르는 명칭인 '비웃'이라고 하면서 이렇게 적었다.

자반을 큰 걸로 어더서 비눌 글고 대가리 따고 이리(수컷의 뱃속에 들어 있는 흰 정액 덩어리) 빼고 소곰을 케케 뿌려 담그면 젓국이 제절로 노랏케 나오나니 이것도 돌을 만히 눌너 두어야 하나니라. 여름 삼복 때에 다른 젓을 별양 아니 먹으나 이 비웃젓은 작작 찌저 토막처 노코 조흔 초에 고초가루를 뿌려 먹으면 맛이 제일등 가나니 여러 해는 못 묵히나니라.

이로 미루어보아 서울 사람들이 비웃이라고 부르는 청어는 잡자마자 내장을 빼내서 정리한 다음 소금을 약간 뿌린 뒤 그늘에 말린 것을 가리키는 말로 이해된다. 장계향은 맛질방문 청어젓갈법에서 씻지 말고 가져온 그대로를 젓갈로 담그라고 했다. 비웃이 자반이라면 청어젓갈법의 청어는 생청어임에 틀림없어 보인다. 이로 미루어보아도 맛질은 생청어를 쉽게 구할 수 있었던 영해현 운악 근처에 있었을 가능성이 높다.

숭어, 연어, 전복, 해삼 등

대구와 청어 외에 『음식디미방』에 나오는 바다생선 식재료로는 숭어가 있다. '어전법'이라는 조리법에서는 '슝에어'로, 맛질방문으로 표기된 '슈머 만도' 부분에서는 '슈어'라고 적었다. 알다시피 숭어는 고문헌에서 숭어崇魚·치어鯔魚·수어秀魚·수어水魚 등으로 불렸다. 『훈몽자회』에서는 슝어 혹은 슈어라고 했다. 이러니 슝에어와 슈어는 숭어를 장계향 당시에 지칭한 이름임에는 틀림없어 보인다.[64] 숭어 역시 동해에서 구한 것을 사용한 듯하다. 그런데 '슈어 만도'는 "신선한 슈어를 얇게 저며 기쳑 잠깐 하여 소를 기름지고 연한 고기를 이겨 잘게 두드려 두부, 생강, 후추를 섞어 기름지령에 많이 볶아 점인 고기 싸 단단 말아 허리 굽은 만도 형상으로 만들라"고 했다. '슈어 만도'는 오늘날의 이름으로 숭어만두를 가리킨다. 장계향은 신선한 숭어를 써서 그 살을 만두 피로 사용한다고 적었다.

그런데 청어젓갈과 마찬가지로 신선한 숭어는 동해에서 하천을 따라 올라온 겨울 숭어였을 것으로 보인다. 더욱이 숭어만두의 조리법 역시 맛질방문이라고 했다. 그러니 청어젓갈법에서도 밝혔듯이 영해현 운악에서는 '송천'으로 거슬러 올라오는 숭어를 쉽게 잡았을 것이고, 이것으로 숭어만두를 만들 수 있었을 것이라 여겨진다. '숭어만두 맛질방문'에서도 맛질이 운악 장계향의 시집이었을 가능성은 충분히 있다.

연어도 숭어와 마찬가지다. 서유구의 『난호어목지蘭湖漁牧志』에서는 년어年魚라고 적고 민란에서는 '연어'라 한다고 적었다. 서유구는 또 『임원경제지』「전어지佃漁志」에서는 계어季魚라 했다. 알다시피 연어는 산란기가 되면 강으로 거슬러 올라온다. 『세종실록지리지』에서 영해도호부와 영덕현의 토산으로 나온다. 그런데 의문은 연어 역시 운악의 송천에서 구할 수 있는 것이라 여겨지는데, 왜 숭어만두와 달리 연어를 식재료로 한 '년어난(연어알)'의 조리법에는 맛질방문이라는 표기가 없는가 하는 점이다. 대합과 모시조개 역시 바닷가에서 구할 수 있는 식재료임에도 맛질방문으로 표기되지 않았다. 아마도 운악을 통해서 이들 재료를 확보했지만, 조리법은 장계향 자신의 경험에서 나온 것이기 때문이 아닌가 여겨진다.

해삼과 전복 역시 동해 연안에서 구한 것으로 보인다. 해삼은 영양까지 유통되기 위해서는 반드시 말린 것이어야 한다. 『음식디미방』에서도 '마른 해삼'을 조리하는 방법이 나온다.

> 마른 해삼을 노구[노구솥]에 안쳐 아니 삶아 배 타 속을 칼로 죄 긁어 퍼렇게 씻어 고쳐 삶아 가장 무르거든 생치, 진가루, 석이, 표고, 진이, 송이 짓두드려 후춧가루 양념하여 그 배 속에 가득 넣어 실로 감아 노구에 물 붓고 그 우에 그릇에 담아 닭 찌듯이 쪄내어 실 풀어버리고 썰어서 쓰라.

마른 해삼을 노구솥에 안쳐서 쪄내는 방법을 썼다. 별도로 맛질방문이라 적지 않았기 때문에 석보에서의 조리법이라 보인다. 해삼은 바닷가에서 냉장하지 않으면 한 시간쯤 지나 녹아버리는 속성을 지녔기에 오랫동안 저장하기 위해서는 말려야 했다.

이에 비해 전복은 생포生鮑라고 하면서 그것의 간수법을 "싱싱한 간 아니 든 생포를 참기름 발라 단지에 가득히 넣고 또 참기름 한 잔을 부어두면 오래되어도 생 같으니라"라고 적었다. 생포는 바로 생전복을 가리킨다. 『세종실록지리지』「경상도·경주부·동래현」에는 해삼·생포·대구어·청어·방어魴魚 등이 토의로 나온다. 전복은 겨울 동안에는 말리지 않아도 유통이 가능했다. 해삼과 달리 쉽게 무르지 않기 때문이다. 장계향이 살았던 당시나 20세기 이후에도 지금의 영덕 일대 바닷가에서는 전복을 채취하는 일이 어렵지 않았다. 서유구는 『난호어목지』에서 "강원도와 고성 등지에서 나는 놈은 껍질이 작고 살이 메마르며, 울산·동래·강진·제주 등지에서 나는 놈은 껍질도 크고 살이 두텁다"고 적었다. 아마도 장계향이 확보한 생복은 껍질도 크고 살이 두터운 것이었을 가능성이 높다. 그래서 참기름만 발라서 보관해도 마치 생복 같다고 했을 것이다.

대구·청어·숭어·방어·해삼·전복이 모두 동해안에서 구할 수 있는 식재료라면, 새우젓은 서해안 혹은 서남해안에서만 구할 수 있는 것이다. 비록 19세기 말에 작성된 예천 맛질 박씨가의 일기이지만, 새우젓을 낙동강에 가서 산 기록이 나온다.65 아마도 새우젓이 이미 장계향 당대에도 전국적으로 유통되었던 것으

생복찜.

로 보인다. 그 이유는 한양의 사대부 사이에서 새우젓이 유행했기 때문이다. 조선 중기 이후 새우젓은 상품으로 유통되어 지역을 뛰어넘어 경제적 위신재 valuables로 유행했을 가능성이 높다.[66]

장류·향신료·기름류·주류 식재료

장류·향신료·기름류·주류는 『음식디미방』의 식재료 가운데 사용 횟수가 가장 높다. 모두 22종에 230회 쓰였다. 이 가운데 술을 빚는 데 사용된 5종을 제외하면 17종의 재료가 쓰였다. 특히 간장은 모두 38회, 후추는 26회, 천초는 19회나 사용되었다. 간장은 '지령'이라는 경상도 사투리를 썼으며, 지령·진지령·지령국·청장 등의 다른 이름이 붙여졌다. 아울러 초지령·초간장·기름지령 등에도 간장이 들어갔다. 알다시피 간장은 삼국시대 이후 한반도에서 맛을 내는 데 사용된 소스 중 으뜸이었다. 그러니 장계향의 음식에도 지령은 매우 중요한 소스로 쓰였다.

매운 음식의 감초 격인 후추

향신료 중에서는 후추가 가장 많이 사용되었다. 장계향은 아직 고추가 후추를 대신할 수 있는 또 다른 향신료라고 생각하지 못했기 때문에 천초와 함께 후추가 음식의 양념으로 자주 쓰였다. 알다시피 후추의 원산지는 인도다. 『조선왕조실록』에는 일본의 쓰시마對馬島와 유구국에서 수시로 후추를 진공품으로 보내왔다는 기록이 여러 차례 보인다.[67] 13~15세기 후추는 주로 동남아시아의 몰루카 제도와 반다 제도에서 생산되어 유럽으로 유통되었다.[68] 그러니 조선에서의 후추는 동남아시아로부터 쓰시마를 거쳐 지금의 부산에 있던 동래왜관을 통해서 들어왔다.

장계향과 비슷한 시기를 살았던 조경남趙慶男(1570~1641)은 『난중잡록亂中雜錄』 四의 '1600년(선조 33) 5월'에서 쓰시마에 대해 소개하면서 다음과 같이 적었다.

채소나 보리는 모두 모래와 돌 위에 심는데 자라도 두어 치도 못 되므로 평시에는 다만 우리나라와 통상하여 생계를 유지합니다. 묵각墨角·호초胡椒 따위가 남만南蠻에서 나오며, 달피獺皮·호피狐皮 따위는 왜국에서는 쓸 데가 없으므로 이놈들이 오랑캐들에게서 헐값으로 사서 우리나라에 비싼 값으로 팝니다. 사라紗羅·능단綾段·계포罽布·금은 등은 그 나라에서 소중히 여기는 것이므로 우리나

양념단지, 19세기 말~20세기 초, 옹기민속박물관.

라에 전매轉賣하지 못합니다.⁶⁹

여기서 남만은 동남아시아를 가리킨다. 더욱 구체적으로 말한다면 포르투갈과 네덜란드의 상인을 가리키는 말이기도 하다. 1544년에 일본에 온 포르투갈 상인은 후추를 한꺼번에 무려 600킬로그램이나 팔기도 했다.⁷⁰ 1644년 이후에는 네덜란드가 일본의 규슈 나가사키長崎에 거점을 마련했다. 처음에 나가사키 반도의 북쪽 항구인 히라도平戸를 거점으로 삼고 있던 네덜란드 상인들에게 포르투갈 상인을 대신해 나가사키의 무역권을 주었다. 그리고 그들을 나가사키로 이주시키면서, 전문적인 거주지 겸 무역 장소도 제공했다. 이곳이 인공 섬 데지마出島다.⁷¹ 네덜란드 상인들은 일본의 동銅을 사서 동남아시아에서 팔았다. 그 대신 각종 서유럽 물건들을 제공했다. 그중에 후추가 들어 있었다. 네덜란드 상인들은 1689년 4월 나가사키에 조성된 중국 상인들의 거주지인 당인촌唐人村과 협력해 동남아시아의 후추를 대량으로 이곳으로 실어 날랐다. 이곳의 후추가 쓰시마를 거쳐 한반도에 들어와 장계향의 부엌에까지 도착했다.

후추보다 싼 천초

비록 『음식디미방』에 후추가 자주 양념으로 등장하지만, 그 값이 비싼 탓에 천초가 19회, 겨자가 3회나 양념으로 쓰였다. 허준許浚(1539~1615)은 『동의보감東醫寶鑑』에서 '촉초蜀椒'의 다른 말이 천초川椒라고 했다. 곧 '촉초'란 중국 촉蜀 지방에서 이름난 매운 열매를 가리킨다. 촉이란 오늘날의 쓰촨성四川省을 가리키는데, 역사적으로 유비와 제갈량의 촉국蜀國에서 그런 별칭이 나왔다. 쓰촨성을 줄여 '천川'이라고도 한다. 그래서 '촉초'를 '천초'라 부르기도 한다는 것이다. 한반도에서 자생하기 때문에 그 열매를 채집할 수 있었다. 『음식디미방』에서 겨자는 계자로 적었다. 한자로는 개자芥子로 갓의 열매인 겨자를 가리킨다. 갓은 한자로 개채芥菜 또는 신채辛菜라고도 불린다. 이것 역시 한반도에서 자생하는 것이라 쉽게 구할 수 있었다. 매운맛이 나는 갓의 잎을 채소로 먹기도 했지만, 동시에 열매를 곱게 갈아서 겨자즙을 만들어 향신료로도 썼다. 특히 조선시대 왕실 음식에서는 겨자즙이 매우 중요한 향신료로 상에 빠지지 않고 올랐다.

술 담그는 누룩

술 51가지에 들어간 식재료 가운데 누룩이 가장 많이 쓰였다. 술을 담그는 데 누룩이 반드시 필요한 이유는 동아시아의 술들이 곡물주이기 때문이다. 알다시피 곡물로 술을 빚는 일은 과실로 술을 만드는 일처럼 그렇게 쉽지 않다. 과실은 오래 두면 스스로 포도당이 만들어져 알코올발효를 일으키지만, 곡물은 효모균과 직접 만나도 쉽게 포도당을 만들지 못한다. 만약 곡물을 재료로 삼아 술을 만들려면 반드시 가수분해라는 과정을 거쳐야 한다. 그래야만 곡물의 전분이 포도당으로 변한다. 곧 전분은 아밀라아제와의 접촉을 통해서 가수분해가 되어 말토오스가 된다. 이 말토오스maltose(맥아당)가 다시 말타아제와의 작용을 통해서 가수분해되어 포도당으로 변한다. 이 포도당이 바로 알코올발효를 시키는 매개체다. 다만 『음식디미방』의 술 조리법에서 사용한 누룩이 어떤 곡물로 만들어졌는지는 분명하게 밝혀져 있지 않다. 강희맹姜希孟(1424~1483)이 편찬했을 것으로 여겨지는[72] 『사시찬요초四時纂要抄』에서는 누룩의 재료로 밀小麥·보리麥·녹두菉豆를 꼽고 있다.73 아마도 이들 곡물의 싹이 누룩을 만드는 데 쓰였겠지만, 그중에서 가장 효과가 좋은 밀이 많이 쓰였을 것으로 여겨진다.

안동 금계,
영해 운악, 영해 석보에서
식재료를 확보하다

앞에서 『음식디미방』에 등장하는 주요 식재료의 수급 정황에 대해 살펴보았다. 이로 미루어 『음식디미방』의 조리법은 장계향이 실제로 잘 알고 익히 조리해본 내용으로 구성되어 있음을 확인했다. 이 점은 『규합총서』의 조리법과는 다른 특징이다. 『규합총서』의 조리법은 저자인 빙허각 이씨가 서문에서 밝혔듯이 자신의 경험과 옛글에서 옮겨온 내용으로 구성되었다.[74] 그런데 평소에 주식으로 먹었을 밥이나 주된 부식인 반찬에 대한 조리법은 적혀 있지 않다.[75] 심지어 『음식디미방』의 채소류에서 당시에 비교적 널리 재배되었을 것으로 여겨지는 배추도 나오지 않는다. 세종에서 세조 때까지의 어의 전순의가 집필한 『식료찬요』에는 "장과 위가 막힌 것을 풀리게 하며, 가슴이 답답하고 열이 나는 증상을 제거하려면 숭채菘菜[76] 2근을 삶아 국을 만들어 마신다"[77]고 했다. 여기서 숭채는 배추를 가리킨다. 이와 함께 숭채를 이용한 요법이 『식료찬요』에는 3가지 더 나온다. 성현은 『용재총화慵齋叢話』(1525)에서 조선 사람들이 숭채를 '백채

『규합총서』, 빙허각 이씨, 규장각한국학연구원. 『규합총서』는 『음식디미방』과 달리 저자 자신의 경험뿐만 아니라 옛글에서 옮겨온 내용도 함께 담고 있다.

白菜'라고 부른다고 했다. 그러면서 "한양 도성 동문 밖에 사는 사람들이 이것을 많이 심어 그 이익을 챙긴다"고 적었다. 전순의가 지은 것으로 알려진 『산가요록』에서도 '침백채沈白菜' 조리법이 나온다.[78]

장계향과 비슷한 시기를 살았던 허균이 지은 『한정록閑情錄』 「치농治農」에서도 갓芥菜·단무우甜菜·오송채烏松菜·함채菡菜와 함께 배추白菜는 "7~8월경에 하종下種했다가 9월에 둑을 짓고 나누어 심은 다음 자주 거름물糞水을 준다. 서풍西風이 부는 날이나 고초일枯焦日에는 물을 주어서는 안 된다"고 했다. 이로 미루어 장계향 당대에 배추가 상당히 널리 재배되었을 가능성은 충분하다. 그런데 배추가 『음식디미방』에 식재료로 등장하지 않는 이유는 무엇일까? 여러 추정이 가능하다. 장계향이 주식을 언급하지 않았듯이 배추가 아주 일반적인 식재료였기 때문에 별도로 적지 않았을 가능성도 있다. 왜냐하면 침채로 생치침채법과 생치짠지, 그리고 산갓침채만 나오기 때문이다. 사실 무를 식재료로 한 짠지도 나오지 않는 것으로 보아, 일상적인 침채나 짠지는 『음식디미방』에 기록하지 않았을 가능성이 높다.

그렇다고 배추가 다른 조리법에도 언급되지 않는 점은 이상하다. 이런 면에서 장계향이 살았던 지역에서는 배추를 재배하지 않았을 가능성도 배제할 수 없다. 정약용은 「죽란물명고발竹欄物名考跋」에서 "숭채菘菜를 조선에서는 배초拜草라고 하는데, 이것은 백채白菜의 와전이다"라고 했다. 1931년에 발간된 『조선총독부농업시험장 25주년기념지』에서는 "재래 배추 중 유명한 것은 경기도 개성의 소위 개성배추와 경성의 경성배추 2품종이다"라고 했다. 그러면서 1920년대에 "개성배추는 비교적 북쪽 지방에 많이 보급되었고, 경성배추는 경성 이남 지방에서 많이 재배되고 있다"고 적었다. 경성배추는 조선시대에 '한양배추'라고 불렀을 것이다. 아마도 장계향이 살던 시기에 경상도 북부지역에서 아직 배

「배추와 붉은 무蔬菜圖」, 최북, 종이에 엷은 색, 21.5×30.5cm, 18세기, 국립중앙박물관.

추가 재배되지 않았을 가능성도 있다.

사실『음식디미방』에 적힌 146가지 음식 조리법은 평소에 먹는 것이라고 보기는 어렵다. 알다시피 조선시대 양반집 부인들이 반드시 해야 했던 일은 '봉제사奉祭祀'와 '접빈객接賓客'이었다. 일상의 주식류를 제외하고 주로 봉제사와 접빈객을 위한 음식의 조리법이 이 책에 묘사된 것으로 보인다. 그래서 상당히 고

「선묘조제재경수연도」, 19세기 말, 국립문화재연구소. 봉제사와 더불어 접빈객은 조선 양반집 부인들의 주 임무였다.

급에 속하는 음식이 많이 보인다. 이 가운데 대부분의 식재료는 장계향이 확보할 수 있었던 것들이다. 다만 맛질방문에 나오는 청어젓갈법의 청어와 숭어, 해삼은 시집인 운악에서 배웠을 가능성이 많은 조리법에 들어가는 중요한 식재료였다. 이 점은 앞으로 '맛질방문'의 정체를 밝히는 데 매우 중요한 단서가 된다고 본다.

[표 3] 자급자족이 불가능했을 것으로 여겨지는 식재료

대구껍질, 새우젓국, 소금, 숭어, 연어, 전복, 젓국, 청어, 해삼, 대합, 모시조개, 후추

장계향의 『음식디미방』에 나오는 조리법에 등장하는 식재료를 통해서 확인할 수 있었던 점은 그가 안동 금계, 영해 운악과 석보 세 장소에서 생활했다는 것이다. 그런 의미에서 장계향이 조리법에서 언급한 모든 식재료는 실제로 수급되었을 가능성이 높다. 그만큼 자급자족하거나 혹은 근거리로부터 수급해 음식을 마련했음을 알 수 있다. 다만 [표 3]의 12가지 식재료는 자급자족이 불가능했다. 하지만 바다생선은 운악에서의 경험과 운악과의 네트워크를 통해서 확보했을 것으로 여겨진다. 후추나 새우젓은 전국적인 유통망을 통해서 구입했을 가능성이 높다.

따라서 『음식디미방』을 통해 살펴본 조선 중기 경상도 북부지역 사대부가의 식재료 수급은 새우젓이나 후추를 제외하면 대부분 직접 혹은 근거리로부터 확보했음을 알 수 있다. 이 점은 17세기 양반가의 식생활에서 식재료의 수급 시스템은 자급자족이 중심에 있었음을 확인하는 것이기도 하다. 더욱 포괄적으로 조망한다면 조선시대 음식은 비록 외부에서 유입된 품종이 다수 있지

만, 그것이 한반도에서 생산되어 식재료로 활용되었음도 확인할 수 있다. 더욱이 장계향이 지니고 있던 조리법은 그가 살았던 세 장소에서 쉽게 구할 수 있는 식재료를 중심으로 서술되었음도 확인되었다.

이러한 사실은 최근 종가 음식의 상품화에서도 유의해야 할 점이다. 상품화된 종가 음식의 식재료가 가능하면 그 종가가 소재하는 곳에서 생산되어야 한다는 것이다. 만약 자가 생산이 어렵다면 인근 지역 농어촌과 연계하여 재료를 공급받아서 음식을 만들어야 한다. 그래야만 종가 음식이 단지 한 집안의 상업적 이익과 문화적 활동에 머물지 않게 된다. 종가가 속해 있는 지역공동체와의 협력을 통해 실천되는 종가 음식의 상품화는 지역 농어촌 경제의 활성화에도 일정한 역할을 해야 하기 때문에 이러한 인식은 매우 중요하다. 현재 영양군 두들마을 석계 종택에만 집중된 『음식디미방』 음식 재현사업에 대한 새로운 인식도 요구된다. 즉 안동시 금계, 영덕군 운악, 그리고 영양군 석보 세 지역의 협력을 통해서 구현되어야만 식재료의 확보를 통한 음식 재현도 역사성을 확보할 수 있기 때문이다.

부록 : 『음식디미방』에 나오는 식재료의 종류(원문의 순서대로)

음식명 원문/현대어	재료 원문	재료 현대어	조리 용어 조리 도구
면	것모밀	겉메밀 모밀쌀	복자, 방아, 교태, 식면(세면)
	면녹두	녹두	
만두법	모밀ᄀᄅ	모밀가루	
	면ᄀᄅ	면가루	
	무		
		생치	
	지령기룸		
		백자	
	호쵸		
	쳔쵸		새옹
	초지령		
		생강즙	
	황육		
	녹도	녹두가루	
	표고		
	숑이		
	셩이	석이	
	기룸		
	밀ᄀᄅ		
	상화ᄀᄅ		
		생강	
	마		
싀면법/ 세면법	녹도		무영주머니(무명주머니), 재, 술(숟가락), 채반, 식지
	졍화슈		
	밀		의이, 죽, 면본, 상화
	어물		
	오미즈		오미자차
		꿀	
	지령국	지령국	
		생치	교태
토장법 녹도나화/ 녹두 수제비	식면골ᄅ		중탕, 효근 약과낫
	토장국		
	오미즈차		
		꿀	

음식명 원문/현대어	재료 원문	재료 현대어	조리 용어 조리 도구
탁면법/ 착면법–녹두 국수법	녹도		매(맷돌), 모시베, 냥푼(양푼), 술(숟가락)
	오미즈차		
	어름		
	춤깨		
상화법/ 상화법–찐만두법	밀		보리, 기울
		쌀	콩죽
		누룩	
		술	
		분가루	
		외	
		박	화채
		석이	
		표고	
		참버섯	
		단간장기름	
		백자	
		후춧가루	
		팥	
		청밀	시루, 소래
증편법		밋다니쌀	
		오려쌀	
		낭경자쌀	
		증편기주	
		누룩	콩죽
성이편법/석이편법		백미	
		찹쌀	
	성이		풋시루편(팥시루편)
		백자	
섭산슘법/ 더덕법–더덕절임	더덕		안반
		찹쌀가루	
	기룸		
		청밀	
전화법/ 전화법	두견해		
	쟝미해		
	출단해	출단화	

음식명		재료		조리 용어
원문/현대어	원문		현대어	조리 도구
전화법/ 전화법			찹쌀가루	
	모밀ᄀᄅ			
	기름			
			꿀	
빈쟈법/ 빈자법-빈대떡	녹두			
	기름			
			거피팥	
			꿀	유지빗(빛)
슈교이*법/ 수교애법-물만두			표고	
			석이	
			외	
			백자	
			후춧가루	
			밀가루	국슈, 놋그릇
			기름	
	초지령			
잡과편법			찹쌀가루	주악
	잡과편법		꿀	
	곳감		곳감	
			밤	
	대츄		대추	
			백자	
밤설기법/ 밤설기법	밤			
			찹쌀가루	
			꿀	석이편
연약과법	진ᄀᄅ			
	청밀		청밀	
			참기름	
			청주	
			기름	
			즙청	
다식법			진가루	
			청밀	
			참기름	기야장(기왓장), 암기와
			청주	화솥
박산법			찹쌀가루	
			청주	국수, 가루자팥알
	들븨		들기름	
			백청	

음식명 원문/현대어	재료 원문	재료 현대어	조리 용어 조리 도구
박산법		엿	
잉*도편법/앵두편법		앵두	
		꿀	
어전법/어전법	슝에너	숭어	
		고기*생선	
	지령기롬		
	진ㄱㄹ		
	기롬		
어만도법/어만두법		고기	
	셩이		
	표고		
		생치	
		백자	
	지령기롬		
	녹도ㄱㄹ	녹두가루	만도(만두)
히*솜달호는법/해삼	ᄆᆞᆯ근히*솜		노구
		생치	※함경도에서는 해삼을 맑은 잿물로 요리
		진가루	
		석이	
		표고	
		진이	
	숑이		
	호쵸		
		간장기름	
		초간장	
대합	대합		
	초지령		회
	지령기롬		
	파		숫블(숯불), 석쇠
모시죠개 가막죠개	모시죠개	모시조개	와가탕
	가막죠개	가막조개	
싱*포 간 솟는법	싱*포	생포生鮑	
		참기름	
게젓돔는법	게		
	소곰	소금	
약게젓	게		
	전지령		

음식명 원문/현대어	재료 원문	재료 현대어	조리 용어 조리 도구
약게젓		참기름	
		생강	
	호쵸		
	쳔쵸		
별탕 쟈라깅*이라	쟈라		
	파		
	젼국쟝		
		생강	
	쳔쵸		
	호쵸		
	염초		박초
	건강	마른생강	
	초		
붕어찜	붕어		
	쳔쵸		
		생강	
	파		
	기름		
	된쟝		
	진ᄀᆞᄅ		
대구껍질느르미	대구겁질		
	셩이		
	표고		
	진이		
	숑이		
		생치	생치즙
	호쵸		
	쳔쵸		
		진가루	
	걸파	골파	
대구겁질치* 대구껍질채	대구겁질		
	셩이		
	둔지령		
	걸파		
	초		
	초지령		
	진ᄀᆞᄅ		
싱*치팀치*법/ 생치침채법	외		외지히, 나박팀치*
		생치	

음식명 원문/현대어	재료 원문	재료 현대어	조리 용어 조리 도구
싱*치존지히	외지히		
	지령기룸		
	쳔쵸		
	호쵸		
싱*치지히	외지히		
		생치	
	지령기룸		
별미_닭·대구편	암돍		
	무른대구		
	젼지령		
	춤기룸		
		생강	
	호쵸		
	쳔쵸		놋그릇
	쵸지령		
	기룸		
난탕법	돍긔알		
	올희알		
	소곰물		
	파		
	초		
	지령국		
	진ㄱㄹ	진가루	
	걸파	골파	
국에 타는 것	암돍		가마, 체, 약념
쇠고기 숨는 법	무ㄴ기	쇠고기	두에(뚜껑)
		살구씨	
	굴닙	떡갈잎	늙어 질긴 고기 무르고 연해진다
양슉_양숙胖熟	양		칼, 피자(껍질)
	춤기룸		즙: 백 가지 탕이 한가지로 할 것 고물: 각색탕의 위에 얹는 교태
	젼지령	진간장	
	호쵸		
	쳔쵸		교합, 단지, 중탕
		생강	가매(가마)
		황백계란	
족탕	쇠족	쇠족	털째 삶아, 우무 같이 고아서
	참무우		강정 낱알만큼씩 썬다

327

음식명 원문/현대어	재료 원문	재료 현대어	조리 용어 조리 도구
족탕	파란 외		
	표고버슷		
	지령국		
		생치즙	
	진ᄀᆞᄅ		
	걸파	골파	
연계찜_연계軟鷄찜	연계		
	돈 건장	단 된장	체
	기름		
	ᄌᆞ소닙	차조기잎	
	파		
	염교		
		생강	
	호쵸		
	쳔쵸		밥보자(밥보자기)
	진진ᄀᆞᄅ	밀가루	등탕(중탕), 사기그릇
웅장_웅장熊掌	돌회	석회	
	지령기름	간장기름	
	웅장	웅장	
야제육_야저육野猪肉		멧돼지고기	불에 그으려 터리 업시 ᄒᆞ고 칼로 글거 조케 시서 소솜소솜 끓인 후 만화로 무ᄅᆞ도록 고화쓰라
가뎨육_가져육家猪肉_ 집돼지고기볶음	가제육		
	기름지령	기름간장	
	진ᄀᆞᄅ		
	후츄ᄀᆞᄅ		
개장_견장犬腸_개순대	개		
	후쵸		
	쳔쵸		
		생강	
	춤기름		
	전지령		교합
	제장즈	개 창자	시루에 담다 찌되
	초		
개쟝	계ᄌᆞ	겨자	
개장고지느롬이_ 개장꼬지 느르미	개		
	후츄ᄀᆞᄅ		
	참기름		
	전지령		교합

음식명 원문/현대어	재료 원문	재료 현대어	조리 용어 조리 도구
개장고지느롬이_개장꼬지 느르미	건쟝		
	기롬		
	후쵸		
	천쵸		
		생강	
	진ᄀᆞᆯ		구은 느롬이
		생치즙	
개쟝국 느롬이	개		
		참깨	
	지령		
	진ᄀᆞᆯ		
	춤기롬		교합
	파		짓두드려 넣고
		생강	
	호쵸		
	천쵸		
개쟝찜	가리	갈비	
	부아	허파·폐장·부화	
	간		
	참깨		봇가(볶아)
	젼디령	진간장	부리(주둥이), 항아리
	초		
	계즈		
	가리	갈비	
		황백견(누렁개)	
누른개 쏨는 법	누른개		
	누황계		
	쳥장	청장淸醬	
	춤기롬		져근 항
	초지령		즁탕
	파즙		
개쟝 곳는 법	개		
	지령		
	춤기롬		죵즈
		참깨	
	호쵸		
	천쵸		소두에(솥뚜껑)
석류탕		생치	
		닭	

음식명 원문/현대어	재료		조리 용어 조리 도구
	원문	현대어	
셕뉴탕 맛질방문_석류탕	무		
	미나리		
	파		
	두부		
	표고		
	셩이	석이	
	기롬지령		
	후쵸ᄀᆞᄅᆞ		만도 ᄀᆞ치
	진ᄀᆞᄅᆞ		효근 셕뉴(작은 석류) 얼굴 ᄀᆞ치
	물근 쟝국	백자가루	쟈(국자)
슈어만도 맛질방문	슈어	숭어	그쳑(소금간)
	두부		
		생강	
	후츄		
	기롬지령		만도 형상
	토쟝글물	토장가루 (녹말가루?)	
	새이젓국		
	파		
슈증계 맛질방문	암돍		노긔(노구솥)
	기롬		
	토란알		
	쉰무우		젹炙
	ᄂᆞ물		
	지령		
	진ᄀᆞᄅᆞ		
	늘근동화	늙은 동아	
	외		
	파		
	염교	부추?	
	계란		
		생강	
	호쵸ᄀᆞᄅᆞ		
질긘 고기 ᄉᆞᆷᄂᆞᆫ 법 맛질방문	쇼고기		
	늘근 닭		

음식명 원문/현대어	재료 원문	재료 현대어	조리 용어 조리 도구
질긘 고기 쏨는 법 맛질방문	이스랏남글	이스랏나무	
		뽕나모닙	
	솔고씨	살구씨	
고기 몰노이는 법	고기		널(널빤지), 보흐(보자기), 편
			포육, 노흐(노끈), 독, 반석
고기 몰로이고 오래 두는 법	고기	생선	편, 널
	소곰		시렁, 발,
	술지강이	술지게미	
	쟝	장	무릇 기름진 고기를 장에 묻어두고 쓰면 열흘이 지나도 맛이 변하지 않는다.
	지령기룸		퇴렴
	진ㄱㄹ즙	밀가루즙	
히슴 전복		해삼	
		생치	
	호쵸		
	쳔쵸		
	진ㄱㄹ		
	지령기룸		
	ㄱㄹ	밀가루?	
	전복		
년어난_연어알	년어난	연어알	
	지령국	간장국	단디(단지), 쟝독(장독)
	소곰		
춈새	춈새		칼등, 굴근조히(굵은 종이)
	술		
	복근소곰	볶은 소금	
	닉근기룸	익은기름	
	쳔쵸		쳔쵸 다섯 알과 파 둘식 녀허
	파		단디
	돌회	석회	
청어 념혀법 맛질방문_ 청어 젓갈법	청어		방어도 가능 념혀: 鹽醢
	소곰		백마리에 소곰 두되식, 독
둙 굽는 법 맛질방문	둙		
	소곰		

음식명 원문/현대어	재료 원문	재료 현대어	조리 용어 조리 도구
돍 굽는 법 맛질방문	기룸지령		생치도곤 나으니라
양 봇는 법 맛질방문	양		소두에롤 믄이 다로고
	기룸		
계란탕법 맛질방문	새이젓국	새우젓	지령국(간장국)이나 맛 마초와
	기룸		
	알		
	젓국		장국이든 그저 노흐라
	초		
난면법 맛질방문	계난	달걀	
	ᄀᆞ롤	밀가루?	분: 국수틀, 면본
난면법 맛질방문		생치	교토(고명)는 그저 면 ᄀᆞ치 ᄒᆞ라
별챡면법 맛질방문	진ᄀᆞ르		
	토장ᄀᆞ르	녹두가루	안반, 토장텨로 싸흐라
		깻국	오미자국(도 가능) 토장법처럼
챠면법 맛질방문	모밀		거피, 깁체
	진ᄀᆞ리	밀가루	
	싀면ᄀᆞ리	세면가루(녹말가루)	
		오미자국	
식면법 맛질방문_ 실국수	잣		녀롬 차반이 ᄀᆞ장 됴ᄒᆞ니라
	토장ᄀᆞ롤	토장가루	모시나 총체, 노긔, 굼 업슨 노그ᄅᆞ싀, 술(숟가락)
	일	이리(수컷 정액 덩어리)	바가지에 구멍을 뚫어 그 치댄 것을 훌쳐 담아서 아주 높이 들어 바가지를 두드리고 밑에서
약과법 맛질방문	ᄀᆞ르	밀가루?	방미즈(백미자, 흰색의 미자)
		꿀	히인괘(행인과)
	기룸		
	술		
	즙쳥	조청	
듕박겨 맛질방문_중배끼	ᄀᆞ르	가루	
	꿀		
	기룸		
빙ᄉᆞ과 맛질방문		찹쌀	
	쳥쥬	청주	밥보자기, 새옹솥 뚜껑, 안반, 홍두깨

음식명 원문/현대어	재료 원문	재료 현대어	조리 용어 조리 도구
빙스과 맛질방문	청밀	꿀	
	엿		
강정법 맛질방문		찹쌀	
		쌀	
	청쥬		독한 청주, 증편마치
	춤기룸		강뎡
		깨	
인졀미 굽는 법 맛질방문	인절미		
	엿		만화로 여시 녹게 구워 아젹으로 먹으라
복셩 간슛는 법 – 복숭아 간수하는 법	밀골르		쥭
	소곰		
	복셩	복숭아	
동화 누르미_동아 느르미	동화		
	무우		
	셩이	석이	
	표고		
	진이	참버섯	
	호쵸ᄀᆞᄅ		
	지령국		
	기룸		
		생치즙	
	호쵸		약념
	쳔쵸		약념
동화선_동아선	동화		
	지령		
	기룸		
		생강	
	초		
동화돈치_동아돈채	동화		효근(작은) 두부 느르미만큼 썰어 체예 건져 두고
	지령	간장	
	기룸		
	계주		
	초		
		깨소금	

음식명 원문/현대어	재료		조리 용어 조리 도구
	원문	현대어	
동화적_동아적	동아		고기산적, 셜아젹 꿰듯이, 적쇠
	지령		
	기롬		
	마롤	마늘	
		생강	
	초		
가지 느롬이_가지 느르미	가지		셜악젹
	돈 지령		
	진ᄀᄅ		
	돈 지령국		
	걸파	골파	
	기롬		
	진ᄀᄅ		가지뎍(가지적)을 두지(집게 손가락) 같이 어슷어슷 썰어 쓴다
가지짐 외짐_가지찜 외찜	가지		외도 이와 같이
	건 장	걸쭉한 장	
	기롬		
	진ᄀᄅ		
	파		
	호쵸		
	쳔쵸		
외화치_외화채	외		녹두가루를 묻히면 마치 국수 같다
	녹도ᄀᄅ		
	초지령		
년근치_연근채	년근	연근	
	지령		
	기롬		
	초		
	진ᄀᄅ 즙		
숙탕_쑥탕	숙	쑥	
	지령국		
		생치	
	돍긔알	달걀	
	기롬		
	마른 비옷		

음식명 원문/현대어	재료		조리 용어 조리 도구
	원문	현대어	
슌탕_슌갱_순채국	슌	순채	순채로 꿀과 정과를 해도 아주 좋다
	쳔어	민물생선	붕어
	둔지령		
	초		
산갓침치_산갓침채	산갓		효근 단지 물을 따뜻하게 데워서 붓는다
잡치_잡채	외치	외채	
	무우		
	댓무우		
	진이	참버섯	
	셩이	석이	
	표고		
	숑이	송이	
	녹도기룸	숙주나물	
	도랏	도라지	
	게묵	거여목	
	건박고즈 기	박고지	
	나이	냉이	
	미나리		
	파		
	둘흡	두릅	
	고사리		
	식엄초	승검초	
	동화	동아	
	가지		
		생치	
		건강	생강이 없으면
	초강		
	호쵸		
	춤기룸		
	젼지령	진간장	
	진ㄱㄹ		
	기룸지령		
	쳔초		
	호쵸		

음식명 원문/현대어	재료		조리 용어 조리 도구
	원문	현대어	
잡치_잡채	만도라미	맨드라미	멀윈믈(머루물)
건강법乾薑法		생강	
슈박 동화 가숫는 법_ 수박 동아 간수하는 법	슈박		
	동화		깊은 농이나 큰 독에 겨를 넣고 묻어서 얼지 않는 방에 두면 썩지 않는다
동화 돔는 법	동홰	동아	
	소곰		독
가디 간숫는 법_ 가지 간수하는 법	가지		
	밀랍		
고사리 돔는 법_ 고사리 담는 법	고사리		동히(동이) 고사리 한 동이면 소금이 일곱 되나 들어간다
	소곰		
마놀 돔는 법_ 마늘 담는 법	마놀		햇 천초를 따고 마늘을 까서 마늘 하나에 천초 세 알씩 팀치 돔돗시 소곰 섯거 돔아 두고
	천쵸		
	소곰		
비시 ᄂᆞ물 쓰는 법_ 제철이 아닌 나물 쓰는 법	식엄초	승검초	마굿간 앞에 움을 묻고 거름과 흙을 깔고 움 위에 거름을 덮어 두면 움이 더워서 그 나물이 돋거든 겨울에 쓰면 좋다
	산갓		
	파		
	마놀		
	외		
	가지		
쥬국방문_ 술과 누룩 만드는 방문	기울		기울 다섯 되에 물 한 되씩 짚방석
슌향쥬법醇香酒法		백미	관독
		국말(누룩가루)	
		밀가루	
		찹쌀	
		멥쌀	
삼해주 스무 말 빚기		백미	
		누룩	
		밀가루	

| 음식명 | 재료 | | 조리 용어 |
원문/현대어	원문	현대어	조리 도구
삼해주 열 말 빚기		백미	
		누룩	
		밀가루	
삼해주		찹쌀	
		누룩	
		백미	
		백미	
		누룩	
		밀가루	
삼오주		밀가루	
		누룩	
		백미	
		누룩가루	
		밀가루	
		백미	
		멥쌀	
이화주누룩법		백미	
이화주법 한 말 빚기		백미	
		누룩가루	
이화주법 닷 말 빚기		백미	
		누룩가루	
이화주법		백미	
		누룩가루	
이화주법		누룩	쌀을 튀겨 가루를 내어 누룩을 만들어
		백미	
이화주법		무거리	곡식 같은 것을 빻아서 가루 내고 남은 찌꺼기
점감청주粘甘淸酒		찹쌀	
		누룩	
감향주甘香酒		멥쌀	
		찹쌀	
감향주甘香酒		누룩가루	
송화주松花酒		송화	
		찹쌀	

음식명 원문/현대어	재료 원문	재료 현대어	조리 용어 조리 도구
송화주松花酒		누룩가루	
		백미	
죽엽주竹葉酒		백미	
		누룩가루	
		밀가루	
유하주流霞酒		백미	
		누룩가루	
		밀가루	
향온주香醞酒		밀누룩	
		녹두	
		백미	
		찹쌀	
하절삼일주夏節三日酒		누룩	
		백미	
		정화수	
사시주四時酒		백미	
		누룩	
		밀가루	
소곡주小麯酒		백미	
		누룩가루	
		밀가루	
일일주一日酒		누룩	
		술	
		백미	
백화주百花酒		백미	
		누룩가루	
		밀가루	
동양주冬陽酒		백미	
		누룩가루	
		찹쌀	
절주節酒		찹쌀	
		누룩	
		닥나무잎	
		백미	
벽향주碧香酒		백미	

| 음식명 | 재료 | | 조리 용어 |
원문/현대어	원문	현대어	조리 도구
벽향주碧香酒		누룩	
남성주		백미	
		누룩가루	
		밀가루	
녹파주綠波酒		백미	
		누룩가루	
		찹쌀	
칠일주七日酒		멥쌀	
		누룩	
		찹쌀	
벽향주		백미	
		누룩	
		밀가루	
두강주杜康酒		백미	
		누룩	
		찹쌀	
절주		찹쌀	
		누룩	
별주別酒		백미	
		밀가루	
		누룩	
행화춘주杏花春酒		백미	
		누룩가루	
		밀가루	
하절주夏節酒		누룩가루	
		백미	
시급주時急酒		탁주	
		찹쌀	
		밀가루	
		누룩	
과하주過夏酒		누룩	복자
		찹쌀	
		소주	
점주粘酒		백미	
		누룩가루	

음식명 원문/현대어	재료		조리 용어 조리 도구
	원문	현대어	
점주粘酒		찹쌀	
점감주粘甘酒		찹쌀	
		누룩가루	
하향주荷香酒		백미	
		누룩	
하향주荷香酒		찹쌀	
부의주浮蟻酒		찹쌀	
		누룩가루	
약산춘藥山春		백미	복숭아 가지, 유지, 베보자기
		누룩	
황금주黃金酒		백미	
		누룩가루	
칠일주		백미	
		누룩	
오가피주五加皮酒		오가피	
		백미	
		누룩	
차주법茶酒法		술	
		대추	
		잣	
	호쵸		
	계피		
소주		쌀	
		누룩	
밀소주		밀	
		누룩	
찹쌀소주		찹쌀	
		정화수	
		누룩	
소주		쌀	
		누룩	뽕나무 밤나무로 불을 알맞게 때고
초 담는 법		밀	닥나무 잎을 덮어
		쌀	
		누룩	청헝겊을 덮어 생삼 실 스물한 가닥을 묶어 싸매고 다북쑥으로 덮었다가 칠일 만에 동으로 뻗은 복숭아나무 가지를 꺾어 뒤집어두었다가 쓴다

음식명 원문/현대어	재료 원문	재료 현대어	조리 용어 조리 도구
초법		밀	
		옻	
매자초_매실초		오매烏梅	
		독한 초	

제5장

남녀 저술가의 조리서에 담긴 생물학적 문화적 차이

『수운잡방』『음식디미방』의 조리법과 미각문화

정혜경
호서대학교 식품영양학과 교수

요리책에 담긴 문화

요리책은 매력적이다. 시대를 초월해 꾸준히 사랑받는 게 요리책이다. 최근 한식에 대한 관심이 높아지면서 전통 한식 원형에 대한 관심도 커지고 있다. 음식은 건축이나 의복과 달리 과거의 유물이 남아 있지 않아 그 원형을 만나기 어렵다. 하지만 다행히 조선시대 우리 조상들은 음식에 대해 관심이 많았고 이를 요리책으로 남겼다. 그 당시에도 요리책은 인간의 욕망에 부응하는 매력적인 책이었을 것이다. 이러한 옛 요리책을 고조리서古調理書라고 한다. 따라서 최근 전통 한식의 원형을 찾기 위한 노력이 고조리서 연구를 통해 이뤄지고 있으며, 음식으로 재현하고 복원하는 작업 또한 고조리서 분석을 통해 본격화되고 있다.

우리나라에서 음식 관련 고문헌은 고려시대 것까지는 발견되고 있지 않거나 거의 없는 실정이다. 그러다가 조선시대에 들어서면서 다양한 고조리서와 만날 수 있다. 현재까지는 1400년대 중반 어의를 지낸 전순의가 집필한 『산가요록山

家要錄』이 조리법을 기록한 가장 오래된 책이다. 이후 중종 때인 1540년경 안동의 김유金綏(1491~1555)라는 유학자가 집필한 『수운잡방需雲雜方』을 비롯해 허균이 지은 『도문대작屠門大嚼』 등이 있다. 이후 여성이 쓴 아시아권 최고의 한글 고조리서인 장계향의 『음식디미방』이 있으며, 1800년대 서울 반가의 빙허각 이씨가 집필한 생활대백과사전 『규합총서閨閤叢書』가 있다. 이후 1800년대 후반에 기록된 『시의전서是議全書』가 있고, 1900년대 이후가 되면 이용기의 『조선무쌍신식요리제법』, 방신영의 『조선요리제법』 등 여러 조리서가 나타난다. 이러한 고조리서는 이성우[1]에 의해 집성된 바 있다.

조리법과 미각문화는 어떤 영역일까? 이를 다루는 분야는 음식과 관련되어 영양학, 식품학 그리고 미식학, 조리과학, 미각학, 음식인류학 등 다양한 학문 영역이 있다. 그동안 식품조리법은 주로 식품과학적인 지식으로 다뤄져왔다. 그러나 미각은 그 시대와 인간을 담고 있다는 점에서 문화에 속한다. 한 시대의 조리법은 또한 그 시대의 미각(미식)을 대변한다. 포괄적으로 이러한 것들은 미식학의 범주에 들어간다. 예를 들어 중국의 미식법은 두 가지로 구성되었다. "먼저 최고의 음식, 가장 귀한 음식을 조달하여 맛을 보는 일이며, 그다음은 바로 그것에 대해 글을 쓰는 일이다."[2]

음식을 즐기는 행위는 일시적인 것이지만 조리법을 더 널리 알리기 위한 행위는 영구적인 일이다. 어쨌든 둘 모두 건강과 영양에 대한 관심이 속속들이 배어 있다. 그리고 그것은 어떤 면에서는 지식인의 일상적인 활동이기도 했다. 대부분의 음식 관련 저자는 음식에 관심 있는 미식가들로 추측된다. 그들이 쓴 고조리서들은 맛(미각)과 건강, 글쓰기 취향의 동일한 관심사를 담고 있다.

우리나라도 크게 다르지 않다. 조선시대에도 귀한 음식을 조달해 맛보는 일을 즐겼으며, 이를 보다 영구적으로 즐기기 위해 글을 썼다. 한국에는 조선시대 이후 비교적 많은 고조리서가 전한다. 그런데 이러한 고조리서에는 흥미로운 특징이 있다. 맛의 본향이라고 알려진 전라도의 고조리서는 발견되지 않고 있는 반면 유교문화가 발달한 경북 안동에서 집필된 고조리서는 여러 권[3]이라는 사실이다. 이것을 기록을 중시한 유교문화의 소산으로 보기도 한다. 음식을 즐기는 것은 같되 기록으로 남긴 곳은 유교가 발달한 지역이었던 것이다.

이 글에서는 경북 안동 출신의 김유가 쓴『수운잡방』과 장계향이 남긴『음식디미방』을 통해 조선시대의 조리법과 그들이 추구한 미각이 무엇인지를 살펴보려고 한다. 조선시대 사람들은 우리와 다른 문화와 사회 구조 속에서 살았다. 따라서 이 시대 사람들이 추구했던 특별한 미각과 더불어 이러한 미각을 실천하기 위한 특별한 조리법이 무엇인가 살펴보고자 했다. 미각과 조리법은 생물학적 영역이면서 동시에 장소와 시간의 역사적 흐름에 따라 무한히 변화한다는 점에서 문화적 영역에 속한다. 이를 위해『산가요록』,『식료찬요』(전순의, 조선 전기 1468년 추정),『동의보감』(허준, 1546~1615),『규합총서』(빙허각 이씨, 1759~1824) 등을 함께 살펴보고자 한다. 조리서는 조리법이라는 과학적 지식 외에 해당 시대를 이해하기 위한 실마리를 제공한다. 고조리서를 통해 조선시대의 자연과 인간의 관계, 음식과 인간의 관계를 조망할 수 있다.

텍스트로 삼은『수운잡방』과『음식디미방』은 16세기와 17세기라는 약 100년의 시차를 두고 있다. 뿐만 아니라 두 조리서는 안동 지역의 산물이라는 점을 제외하면 비교문화적인 측면에서 정반대의 입장을 보인다. 따라서 이들을 동시에 고찰하면 조선시대 음식 문화에 대한 다소 폭넓은 접근이 가능하리라 생각된다.

두 책의 특성에서 중요한 차이는 다음과 같다.

첫째,『수운잡방』은 남성이,『음식디미방』은 여성이 저술했다.

둘째, 두 사람 모두 한문에 능통했지만 『수운잡방』은 한문으로, 『음식디미방』은 한글로 썼다.

셋째, 『수운잡방』의 저자는 유식한 남성 사대부였으며 『음식디미방』은 존경받는 정경부인으로, 특히 72세라는 고령의 나이에 저술했다.

넷째, 조선시대 조리서를 읽을 때 주의할 점은 중국 조리서의 영향을 받았는가 하는 점이다. 『수운잡방』은 조선 유학자들의 문자생활에 비추어 중국의 영향을 벗어날 수 없었을 것이다. 반면 『음식디미방』은 한 여성이 평생에 걸쳐 실천했던 조리법을 저술한 것이다.

따라서 이 책은 좀 더 다양하게 조선시대 사람들의 음식관에 접근할 수 있는 실마리를 제공할 것이다. 두 책에는 조선시대 음식관과 미각의 변화과정이 담겨 있다. 따라서 조선시대에는 미각에 대한 어떠한 관념이 존재했는지, 미각을 어떻게 추구했는지도 파악할 수 있을 것이다. 또한 두 책의 구체적인 조리법을 조리과학적 입장에서도 규명해볼 것이다.

『수운잡방』의 구성과 조리법

『수운잡방』은 경북 안동의 광산 김씨 설월당 김부륜(1531~1598)의 종가에서 보존되어 내려온 조선 전기의 중요한 고조리서다. 이 책은 한문으로 쓰여 있으며 두 부분으로 나뉘어 있다. 글씨체가 행서로 쓰인 앞부분을 편의상 상편이라 하고 초서로 쓰인 뒷부분을 하편이라고 했을 때, 상편은 탁청정 김유(1491~1555)가 기록한 것으로 총 86가지 음식이 나오고, 하편은 35가지 음식이 나온다. 이 부분은 김유의 셋째 아들인 설월당 김부륜(1531~1598)의 아들인 계암 김령(1557~1641)이 기록한 것으로 보고 있으나 확실하지는 않다. 『수운잡방』에는 총 121가지의 음식 종류가 나온다.

이 책에는 술 빚기 59항목을 비롯해 주식류와 부식류로서 탕, 전, 젓갈, 두부 등의 반찬류 조리법 등이 나온다. 그리고 장류 10여 항목, 침채류 및 저菹류 15항목, 식초류 6항목, 채소저장하기 2항목과 고기저장법 등의 식품가공법이 기술되어 있다. 또한 농사에 필요한 항목으로 채소 재배법 5가지가 나온다. [표

1]에서 이를 조리법으로 분류해 살펴보았지만 사실 이는 정확한 분류법이라고 보기는 어렵다. 예를 들어 '전煎'은 현재의 전류와는 다르지만 음식명을 중시해 전煎류로 분류했다.

[표 1] 『수운잡방』의 구성과 조리법

조리법	상편		하편
주식	국수·만두	육면肉麵	습면법濕麵法
부식	국(탕)		서여탕법薯蕷湯法, 전어탕법煎魚湯法, 분탕粉湯, 삼하탕三下湯, 황탕黃湯, 삼색어아탕三色魚兒湯
부식	침채 및 저채류	청교침채법靑郊沈菜法, 침백채沈白菜, 토란대침조土卵莖沈造, 즙저汁菹, 침동아구장법沈東瓜久藏法, 과저苽菹, 다른 과저又苽菹, 수과저水苽菹, 노과저老苽菹, 치저雉菹, 납조저臘糟菹, 침나복沈蘿葍, 총침채葱沈菜, 토읍침채土邑沈菜, 다른 즙저법汁菹又法	향과저香瓜菹, 과동개채침법過冬芥菜沈法
부식	전煎		전계아법煎鷄兒法, 전곽법煎藿法
부식	젓	어식해법魚食醢法	
부식	자반	더덕좌반山蔘佐飯	
부식	두부류	두부 만들기取泡	
초	식초	고리 만드는 법作高里法, 고리초 만드는 법造高里醋法, 사절초四節醋, 다른 병정초又丙丁醋, 창포초菖蒲醋, 목통초木桶醋	
	떡·한과	동아정과東瓜正果, 엿 만들기飴糖	생강정과生薑正果, 다식법茶食法
	음료	타락駝駱	
저장 조리법	채소·과일	배 저장藏梨, 생가지저장藏生茄子	모점이법毛粘伊法
저장 조리법	어육류		장육법藏肉法, 전약법煎藥法
장		즙장 만들기造汁, 침동아구장법沈東瓜久藏法, 조장법造醬法, 다른 조장법又造醬法, 다른 조장법又造醬法, 청근장菁根醬, 기화장其火醬, 전시全豉, 봉리군전시방奉利君全豉方, 수장법水醬法	조곡법造麴法

제5장
남녀 저술가의 조리서에 담긴 생물학적 문화적 차이

주류		삼해주三亥酒, 사오주四午酒, 벽향주碧香酒, 만전향주滿殿香酒, 두강주杜康酒, 칠두주七斗酒, 소곡주小麴酒, 감향주甘香酒, 백자주柏子酒, 호도주胡桃酒, 상실주橡實酒, 하일약주夏日藥酒, 다른 하일약주又夏日藥酒, 삼일주三日酒, 하일청주夏日淸酒, 하일점주夏日粘酒, 다른 하일점주又夏日粘酒, 다른 하일점주又夏日粘酒, 다른 소곡주小麴酒又法, 진맥소주眞麥燒酒, 녹파주綠波酒, 일일주一日酒, 도인주桃仁酒, 유하주流霞酒, 이화주조국법梨花酒造麴法, 오두주五斗酒, 백출주白朮酒, 정향주丁香酒, 십일주十日酒, 동양주冬陽酒, 보경가주寶卿家酒, 동하주冬夏酒, 남경주南京酒, 진상주進上酒, 별주別酒, 이화주梨花酒, 다른이화주又梨花酒, 다른 벽향주又碧香酒, 오두오승주五斗五升酒	삼오주三午酒, 다른 삼오주一法三午酒, 오정주五精酒, 송엽주松葉酒, 포도주蒲萄酒, 애주艾酒, 황국화주黃菊花酒法, 건주법乾酒法, 지황주地黃酒, 예주醴酒, 황금주黃金酒, 세신주細辛酒, 아황주鵝黃酒, 도화주桃花酒, 경장주瓊漿酒, 칠두오승주七斗五升酒, 백화주百花酒, 향료방香醪方
기타	채소재배법	오이씨 심기邵平種瓜法, 생강 심기種薑, 머위 심기種白菜, 참외씨 심기種眞瓜, 연근 심기種蓮,	

주식류, 육면과 습면

『수운잡방』에는 주식류로 보이는 음식이 두 종류 있다. 육면肉麵, 습면법濕麵法이다. 그런데 육면이라는 음식은 '면'이라고 하기에는 좀 독특하다. 면으로 표기되긴 했지만 식재료로 밀가루나 메밀가루 같은 탄수화물을 사용하는 것이 아니라 기름진 고기를 반숙해서 국수같이 가늘게 썰어 밀가루를 고르게 묻힌 다음 된장국에 넣어 끓이는 독특한 음식이다. 이 조리법은 1680년경 저자 미상인 한문 고조리서 『요록』 뒷부분에 육면이라는 한글명으로 등장하는데, 방법이 아주 흡사하다.

습면법은 녹말을 반죽해 구멍 뚫린 바가지를 통해 끓는 물에서 익혀내는 방

육면.

법으로 냉면사리를 만드는 것의 원초적 방법으로 여겨진다. 전분으로 만드는 함흥냉면은 북한 음식으로 알려져 있으나 1500년대 안동에서 초기 방법을 쓰고 있었다는 점이 흥미롭다. 이것은 1610년 『음식디미방』의 '쇠면' 조리법과 유사하고 1680년경 『요록』의 '세면법'과도 비슷하다.

다양한 탕을 소개한 부식류

부식류에서는 다양한 탕이 등장해 눈길을 끈다. 서여탕법薯蕷湯法, 전어탕법煎魚湯法, 분탕粉湯, 삼하탕三下湯, 황탕黃湯, 삼색어아탕三色魚兒湯이 그것인데 현재 우리가 즐겨 먹는 국 종류와는 다소 다르다. 서여탕은 기름진 고기와 마를 넣어 끓이다 계란을 풀어 넣은 탕이다. 비슷한 시대에 안동 지역에 살았던 유학자 퇴계 이황(1501~1570)은 건강에 관한 저술 『활인심방』에서 보양 음식을 거론하고 있다. 측백나무잎탕柏湯, 마술薯蕷酒, 지황주地黃酒, 무술주戊戌酒, 우유죽乳粥, 녹각죽鹿角粥, 마죽山薯粥, 마국수山薯麵 등 특히 많이 쓰인 재료가 마이며 몸에 좋은 보양의 재료로 언급되고 있다. 비슷한 시기에 안동에서 참마가 식재료이자 보양 재료로 많이 쓰였던 것으로 보인다.

전어탕은 민물고기를 이용해 끓인 탕인데 여기에도 마와 계란이 들어간다. 분탕은 고기와 녹두묵 그리고 녹두녹말을 입힌 생오이나 도라지, 미나리 같

『수운잡방』에 실린 습면법.

은 채소를 함께 넣은 탕으로 색감이 아름다운 채소 고기탕이라고 볼 수 있다. 삼하탕은 고기완자와 기자면, 여러 잡미로 끓인 탕이다. 그리고 삼색어아탕은 은어나 숭어 같은 생선으로 완자를 만들어 끓인 탕인데 여기에 대하(새우)도 들어가며 삼색으로 물들인 녹두묵이 들어가 삼색어아탕이라는 이름을 붙인 것으로 생각된다. 역시 맛과 색감을 함께 고려한 음식이다.

『수운잡방』에서 특히 주목할 만한 음식은 황탕이다. 이름은 탕이지만 노랗게 지은 밥 황반에 갈빗살로

『수운잡방』에 실린 전어탕법.

만든 완자탕을 부어 먹는 음식이다. 그러니까 오늘날의 장국밥에 가까우며 주식으로 먹었던 음식으로 보이지만 탕이기 때문에 일단 부식으로 분류했다. 밥에 물을 들여서 시각을 돋보이게 한 음식이면서 현대 장국밥의 시초로도 볼 수 있다.

다음으로 전계아법煎鷄兒法과 전곽법煎藿法이 등장하는데 전계아법은 말 그대로 영계를 이용한 조리법으로 참기름에 볶아 청주, 식초, 간장을 넣고 조린 것이다. 여기에 생파, 형개, 후추, 천초 등의 향신료를 넣어 먹는다고 했다. 현재 유명한 안동찜닭 조리법의 원형이라고 볼 수도 있다. 전곽법은 다시마에 잣과 식초를 발라 지져내 만든다.

황탕.

그리고 산삼좌반山蔘佐飯이 나오는데 여기서 산삼은 더덕을 일컫는다. 이는 더덕을 쪄서 익힌 다음 소금, 간장 참기름에 재워 후춧가루를 뿌려 말려두었다가 구워서 먹는 방법이다. 또한 취포取泡라는 두부 만드는 방법이 나온다. 여기서는 콩만으로 두부를 만드는 것과 달리 콩 1말에 녹두 한 되를 넣어서 두부를 만들며 소금물인 염수를 써서 엉기게 하고 있다.

김치와 장아찌로 보이는 저菹류 및 침채沈菜류

『수운잡방』에는 김치와 장아찌류로 추정되는 저류와 침채류가 여럿 등장한다. 청교침채법青郊沈菜法, 침백채沈白菜, 토란대김치土卵莖沈造, 즙저汁菹, 침동아구장법沈東瓜久藏法, 과저瓜菹, 다른 과저 又菹菹, 수과저水菹菹, 노과저老菹菹, 치저雉菹, 납조저臘糟菹, 침나복沈蘿蔔, 총침채蔥沈菜, 토읍침채土邑沈菜, 즙저우법汁菹又法, 향과저香瓜菹, 과동개채침법過冬芥菜沈法 등이다. 이를 김치류로 보기도 하나 실제 조리법을 보면 소금만을 이용한 장아찌류에 가깝다. 그러나 토읍침채는 정2월에 무에 소금물을 넣고 담는 현재의 동치미 제조법과 흡사해 김치의 원조로 볼 수도 있을 것이다. 그 외에도 무로 담그는 청교침채법, 침나복 등이 나온다. 그런데 저와 침채의 조리법 차이는 거의

『수운잡방』에 실린 침채류.

구분하기 어려워 앞으로 이에 대한 연구가 필요하다.

그리고 과저를 담을 때 할미꽃풀과 산초를 쓰고 있는데 이것을 넣으면 물러지지 않기 때문이라고 했다. 이 시대는 고춧가루가 외국으로부터 들어오기 전이었기에 고추 대신 이를 매운 맛의 향신료 겸 항산화제로 사용한 것으로 보인다.

식초 만드는 법이 왜 중요한가 –
초류 및 고리高里 조리법

『수운잡방』에는 식초 만드는 법이 여럿 나온다. 고리 만드는 법作高里法, 고리초 만드는 법造高里醋法, 사절초四節醋, 다른 병정초又丙丁醋, 창포초菖蒲醋, 목통초木桶醋 등이 그것이다. 특이한 것은 식초를 만들 때 기본이 되는 '고리' 제조법과 이를 바탕으로 한 초 제조 과정이 과학적으로 소개된다는 점이다. 요즘은 대개 식초를 사서 쓰지만 일제강점기까지만 해도 집에서 직접 만들어 썼다. 당시에는 일종의 발효세균이라고 볼 수 있는 '가시'를 사용해 묽은 술을 띄워 식초를 만들었다. 이러한 전통은 그대로 이어져 일제강점기 말기까지 집집마다 작은 항아리에 식초용 '가시'를 저장해두고 썼다. 식초가 필요하면 술을 삭힌 다음 거기에 '가시'를 넣어서 만들었다. 이 식초용 효소 '가시'의 일종으로 보이는 '고리' 만드는 법이 자세히 나온다. '고리'는 식초를 만들기 위한 일종의 누룩으로도 보인다.

작고리법作高里法 오천가법烏川家法

7, 8월에 알맞은 양의 밀을 깨끗이 씻어서 익힌다. (…) 붉나무 잎, 닥나무

잎, 삼 잎을 깔고 초석을 깐 다음 그 위에 찐 밀을 펴고 또한 그 위에 앞의 나뭇잎들을 두껍게 덮는다. 열흘이 지나면 꺼내 햇볕에 말린 다음 키질을 해 저장해 둔다. 때에 맞춰 많이 만들어 저장할 것이다.[4]

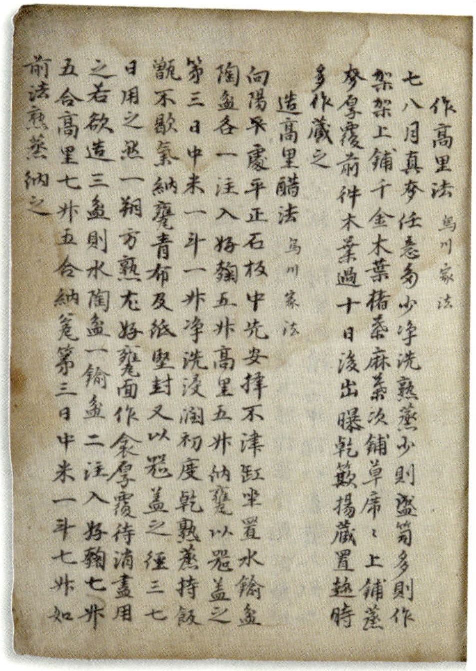
作高里法 烏川家法
七八月真麥任意多少淨洗熟蒸少則盛筥多則作
架架上鋪千金木葉楮葉麻葉次鋪草席席上鋪蒸
麥厚覆前件木葉過十日後出曝乾簸揚藏置趁時
多作藏之
造高里醋法 烏川家法
向陽平處平正石板中先安排不津瓶坐置水鍮盆
陶盆各一注入好麴五升高里五升納甕以罨蓋之
第三日中米一斗一升淨洗浸潤初度乾熟蒸持飯
甑不歇氣納甕青布及紙堅封又以罨蓋之經三七
日用之然一朔方熟尤好甕面作衣厚覆待清盡用
之若欲造三盆則水陶盆一鍮盆二注入好麴七升
五合高里七升五合納甕第三日中米一斗七升如
前法熟蒸納之

『수운잡방』에 실린 고리 만드는 법.

김유는 식초의 촉매제인 효소의 기능을 어느 정도 알고 있었다. 이 '작고리법' 다음에는 독립된 항목으로 '조고리초법'이 나온다. 즉, 고리를 이용한 초제조법이다. 또한 위의 두 항목 아래에 '오천가법烏川家法'이란 글귀가 있다. 이는 저자의 고향인 오천에서 빚는 법이라는 뜻이다. 따라서 식초를 만들 때 일반 가정에서도 이미 가시를 이용했음을 알 수 있다.

과자에 후춧가루 뿌렸다–한과류

동아정과東瓜正果, 엿 만들기飴糖, 생강정과生薑正果, 다식법茶食法 등이 나온다. 특히 동아정과는 그 당시 흔한 식재료였던 동아를 이용한 정과다. 동아를 조개가루蚄蚌粉에 재우는 과정이 나온다. 재웠던 동아를 깨끗이 씻은 다음 꿀에 재워 만드는 일반적인 방법이다. 특이한 것은 여기에 후춧가루를 뿌려 오래 저장해두고 먹는다는 것이다. 주로 고기 조리에 사용하는 후춧가루가 한과에도 쓰여 매운 맛을 즐겼음을 알 수 있다. 그리고 엿 만들기를 소개하고 있는데 여기에는 현재 엿도가에서 사용하는 좋은 방법이라고 덧붙여 적고 있다. 김유는 엿도가의 엿 만드는 법까지 알고 있었던 것으로 보여 조리법에 관한 그의 높은 관심을 볼 수 있다.

요쿠르트와 비슷한 발효음료 타락

다음으로 눈여겨볼 것은 타락이라는 발효 음료에 관한 것이다. 전통 음식에서 우유를 다룬 예는 발견하기 어렵지만, 한민족은 북방에서 남하한 기마민족이므로 구비전설에도 고구려의 주몽이 말젖을 먹었다는 기록이 있다. 이 우유 먹는 전통은 고려를 거쳐 조선시대에도 이어졌다. 조선 왕실에서 기로소에 타

『수운잡방』에 실린 한과류 조리법.

타락.

락, 즉 우유를 내리는 전통이 있었다.

> 유방이 좋은 암소로 하여금 송아지에게 젖을 빨려 유즙이 나오기 시작하면 유방을 씻고 유즙을 받는다. 우유가 끓어서 익게 되거든 오지항아리에 담고 본 타락 작은 잔 한 잔을 섞어서 따뜻한 곳에 놓은 다음 두껍게 덮어둔다. 밤중에 나무 막대로 찔러보아서 누런 물이 솟아오르면 그 그릇을 시원한 곳에 둔다. 본 타락이 없으면 탁주 한 중 바리를 넣어도 좋다. 본 타락을 넣을 때 좋은 식초를 조금 같이 넣으면 더욱 좋다.[5]

『수운잡방』 속의 타락은 따뜻한 곳에 둔 우유에 탁주나 좋은 식초를 넣어 발효시킨 음료라고 생각된다. 그러니 확실하지는 않지만 우리가 서양 음료라고 알고 있는 요구르트가 이때 이미 만들어진 것이라는 추측도 가능하다. 또한 생우유는 소화시키기 어렵지만 끓여서 먹으면 비교적 소화가 잘된다. 그래서 조선시대에는 우유에 찹쌀을 넣어 끓인 타락죽이 애용되었다.

가양주의 전통에는 포도주도 있었다

『수운잡방』에 등장하는 총 121가지 조리법 가운데 59가지가 술 제조에 관한 항목이다. 조선은 수시로 금주령을 내렸지만 그만큼 술제조법이 발달한 나라였다. 양주를 담그는 것은 집집마다 빼놓을 수 없는 중요한 음식 행사의 하나였다. 조선의 술은 대개 탁주, 청주, 소주로 나뉘며 청주에 약재를 넣어 담그는 약용주와 혹은 꽃 등을 첨가해 만드는 가향주가 있었다. 『수운잡방』에 등장하는 술을 그 제조법에 따라 분류하면 [표 2]와 같다. 이해를 돕기 위해 이를 『음식디미방』에 나오는 술 종류와 함께 비교했다. 그 결과 청주에는 단양주, 이양주, 삼양주, 사양주까지의 방법으로 담는 형태가 있었다. 그리고 여러 약재와 꽃, 잎 등을 첨가해 담그는 가향주가 있었다. 또한 『수운잡방』에는 밀가루를 재료로 삼아 담는 진맥소주가 등장해 이때부터 원나라의 영향으로 소주가 이 지방에서 제조된 것으로 보인다.

『수운잡방』에는 또한 포도주를 빚는 방법이 나온다.

포도를 짓이겨놓은 다음 찹쌀 다섯 되로 죽을 섞어 독에 담아두고 맑아지기를 기다렸다가 쓴다 蒲萄破碎用 米五升作粥待冷 末五合入甕待用之可.

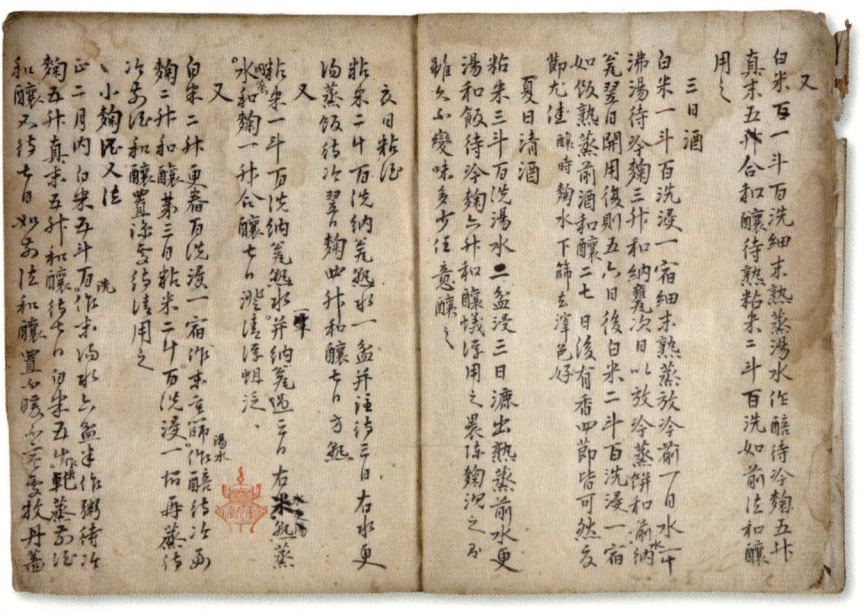

『수운잡방』에 나오는 한과류 조리법.

이것은 서양의 포도주 빚기와는 근본적으로 다른 방법이다. 개항 이후 들어온 서양 포도주 양조 방식에는 쌀을 익혀서 쓰지 않고 누룩을 효모로 하는 일도 드물다. 이제까지 우리는 포도주를 수입된 서구 문화의 산물로만 알아왔다. 포도로 만드는 과일주인 서양의 와인과는 제조법이 다르지만 곡물을 주재료로 한 포도주 제조법이 있었음을 알 수 있다.

[표 2] 『수운잡방』과 『음식디미방』 속 술제조법에 따른 분류

술 제조법		수운잡방	음식디미방
청주 (탁주 포함)	단양주	삼일주, 하일청주, 하일점주(2), 일일주, 보경가주, 이화주(2)	이화주(4), 첨감청주, 절주, 하절삼일주(2), 일일주, 하절주, 시금주, 점감주, 부의주
	이양주	사오주, 만전향주, 칠두주, 감향주, 하일약주(2), 하일점주, 녹파주, 백화주(2), 류화주, 오두주, 감향주, 정향주, 십일주, 동양주, 동하주, 남경주, 진상주, 예주, 황금주, 경장주, 향료방, 세신주, 상실주	감향주, 죽엽주, 유하주, 향온주, 사시주, 소곡주, 백화주, 동양주, 절주, 백향주(2), 남성주, 녹파주, 칠일주, 두강주, 별주, 행화춘주, 점주, 하양주, 약산춘, 황금주, 칠일주
	삼양주	삼해주, 벽향주(3), 두강주, 소곡주(2), 아황주, 칠두주, 오승주, 별주, 삼오주(2)	순향주법, 삼해주(4), 삼오주
	사양주	도화주, 삼오주 (누룩 12일간 예비발효)	삼오주 (누룩 12일간 예비발효)
약용청주 (가향주)		백자주, 호도주, 지황주, 도인주, 백출주, 오정주, 송엽주, 애주, 건주, 황국자주, 포도주	차주법(약소주), 송화주
혼양주			과하주
소주		진맥소주	소주(2), 밀소주, 찹쌀소주
총계		59종	49종

장류제조법 – 두엄 썩는 열로 익힌 집장

『수운잡방』에는 다양한 장류의 제조법이 나온다. 조즙造汁, 침동아구장법沈東瓜久藏法, 조장법造醬法, 다른 조장법又造醬法, 청근장菁根醬, 기화장其火醬, 전시全豉, 봉리군전시방奉利君全豉方, 수장법水醬法, 조곡법造麴法 등이다. 여기서 조곡법은 누룩 만드는 법을 자세히 설명하고 있다.

그리고 특이한 것으로 『수운잡방』에는 '집장'(즙장의 경상도 말) 만들기가 '조즙造汁' 항목에 소개된다. 즙장은 경상북도의 일부 대가에서는 1930년대 후반까지 흔하게 만들어 먹었던 것이다. 주재료는 밀과 메주, 고운 고춧가루 등을 찰밥과 함께 버무린 다음 무, 가지, 풋고추 또는 다시마, 소살코기 잘게 썬 것들을 소금에 절여 장아찌로 박는다. 그 다음 이것을 항아리에 담아 잘 봉하고 풀 두엄에 묻은 다음 8~9일 지나면 두엄이 썩는 열로 익혀서 먹는다.

마지막으로 조리법 중에서도 저장을 위한 방법이 나온다. 배와 생강의 저장법이 나오고 가지를 조리해 저장하는 모점이법이 나온다. 조선시대 왕실의 보양식

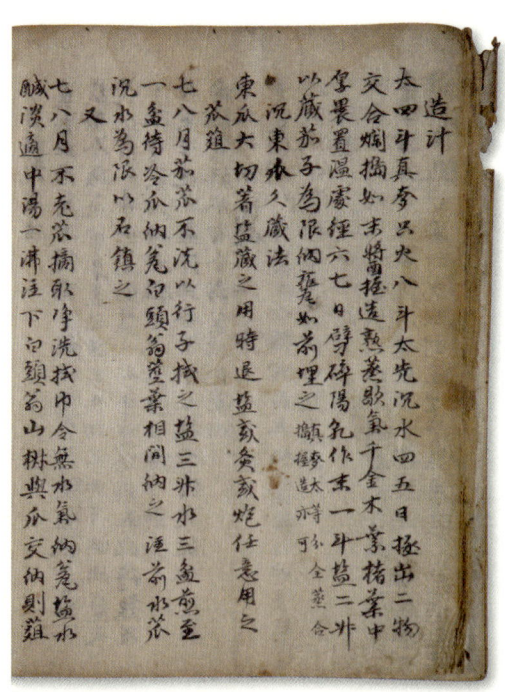

『수운잡방』에 실린 조즙 제조법.

으로 알려진 전약도 나오고 있다. 또한 음식조리법은 아니지만 오이씨 심기邵平種瓜法, 생강 심기種薑, 머위 심기種白菜, 참외씨 심기種眞瓜, 연근 심기種蓮와 같은 채소재배법을 소개하고 있어 먹을거리 생산에까지 이르는 저자의 세심한 관심을 살펴볼 수 있다.

『음식디미방』의 구성과 조리법

이 책에는 총 146가지 조리법이 나오는데, 저자는 이를 다음의 세 가지로 나누어 정리했다. 이는 분류 없이 저술한 『수운잡방』과 비교되는 대목이다.

면병류麵餅類 편: 18개 항목

어육류魚肉類 편: 74개 항목

주류酒類 및 초류醋類 편: 54개 항목

이 분류에서 어육류 편은 분류가 제대로 되어 있지 않은 것처럼 보인다. 먼저 소제목은 어육류라 해놓고 그 내용은 별다른 설명 없이 면류, 병과류, 채소류 등을 첨가해서 썼기 때문이다. 그렇지만 전체적으로는 조리법 분류에서 흔히 쓰는 방법인 음식의 재료를 위주로 한 분류 체계에 따라 잘 정리되어 있다. 그리고 술에 관한 항목이 49가지나 나오는데, 이로써 이 시대 사대부가에서는 가양주家釀酒를 잘 담그는 일을 매우 중요하게 여겼음을 알 수 있다.

『음식디미방』에 소개된 음식 이름들을 현대어로 바꾸고, 그것들을 다시 현대 음식 조리법에 따라 분류해보면 [표 3]과 같다. 이것을 살펴보면 오늘날과 비교해도 당시에 거의 손색없이 다양한 조리법이 있었음을 알 수 있다.

[표 3] 『음식디미방』 조리법의 분류에 따른 음식

조리법		음식	
주식류		국수	메밀국수, 녹말국수, 면, 난면
		만두류(6)	메밀만두, 수교의, 석류탕, 만두, 숭어만두, 어만두
부식		국(11)	족탕, 말린 고기탕, 쑥탕, 천어순어탕, 붕어순갱, 와각탕, 난탕법, 계란탕법, 양숙편, 전복탕, 자라갱
		찜	붕어찜, 해삼찜, 개장찜, 개장, 수증계, 가지찜, 외찜
		숙편	양숙, 별미 닭대구편
		선(1)	동아선
		채(5)	연근채, 동아돈채, 잡채, 대구껍질채, 외화채
		누르미(6)	가지누르미, 개장고지누르미, 동아누르미, 대구껍질누르미, 개장누르미, 해삼누르미
		구이(4)	닭구이, 가제육, 웅장, 대합구이
		볶이(3)	양볶이, 꿩지히, 꿩짠지히
		적(2)	동아적, 연근적
		전(1)	어전법
		회(2)	해삼(숙회), 대합
		침채	꿩침채, 산갓침채,
		젓(4)	게젓, 약게젓, 청어 염해법, 참새
초류		식초(3)	초법 1,2, 매자초
떡 및 한과, 음청류		떡(9)	상화, 상화편, 증편, 석이편, 잡과편, 밤설기, 전화법, 빈자법, 인절미 굽는 법
		한과(10)	연약과, 약과, 박산, 중박계, 빙사과, 강정
		음청(5)	앵도편, 순정과, 죽순정과, 섭산삼
			토장법 녹두나화, 착면(오미자), 별착면, 차면, 싀면(오미자)

저장 및 조리 방법	채소(8)	수박, 동화 간수법, 동아 담는 법, 가지 간수법, 고사리 담는 법, 비시나물 쓰는 법, 건강법, 마늘 담는 법
	과일(1)	복숭아 간수법
	고기(2)	고기 말리는 법, 고기 말려 오래 두는 법, 참새 말리는 법
	생선(4)	생선 말리는 법, 전복 말리기, 해삼 말리기, 생복 간수법, 연어란
	삶는 법(8)	질긴 고기 삶는 법, 누른개, 웅장 손질법, 개장 고는 법, 해삼 다루는 법, 국에 타는 법
주류	단양주(11)	정감청주, 점감주, 하절 삼일주 1.2, 일일주, 하절주, 이화주 1.2.3.4, 사급주
	이양주(23)	감향주, 하향주, 벽향주, 유화주, 향온주, 소곡주, 황금주, 사시주, 칠일주, 백화주, 동양주, 점주, 적주, 남성주, 녹화주, 칠일주, 죽엽주, 별주, 행화춘주
	삼양주(6)	삼해주 1.2, 삼해주 3.4, 삼오주 1, 순향주법
	사양주(1)	삼오주 2
	약용주(3)	차주법, 송화주, 오가피주
	혼양주(1)	과하주
	소주(4)	소주 1.2, 밀소주, 참쌀소주
	누룩(2)	주국 방법, 이화주 누룩법

맨드라미와 뽕나무까지 등장하는 다양한 조리법

조상들이 다양한 조리법으로 갖가지 음식을 즐겼음을 [표 3]을 통해 확인할 수 있다. 그런데 특이하게도 밥과 죽이 보이지 않는데, 이는 아마도 늘 접하는 극히 일상적인 음식이라서 생략한 듯하다. 그래서인지 재료에서도 쌀, 보리, 잡곡 같은 곡물류는 빠져 있다. 대신 메밀가루, 녹두가루 혹은 밀가루를 이용한 국수 및 만두제조법이 소개되어 있다. 그리고 개의 내장까지 조리 재료로 소개된 것을 보면, 당시에는 개의 식용이 보편적이었던 것 같다. 그 외에도 웅장(곰발바닥)뿐 아니라 맨드라미나 뽕나무같이 아주 특수한 것들도 조리 재료로 등장한다. 또 다양한 조미료가 이용되었는데, 우리나라에 아직 유입되기 전이어서인지 고춧가루는 보이지 않고 대신 후추, 천초, 생강 같은 재료들이 향신료로 이용되었다.

중국 음식이나 서양 음식에는 독특한 조리법이 있다. 예를 들어 중국 음식의 마지막 요리 단계에서, 물에 푼 전분을 끼얹어 음식을 걸쭉한 형태로 만들어내는 것은 보편적인 조리법이다. 그런데 이와 유사한 조리법이 『음식디미방』에 소개되어 있다. 동아누르미나 대구껍질누르미같이 '누르미'라는 음식을 만들 때 조리 마지막에 전분의 즙을 끼얹는다. 지금은 이러한 조리법이 거의 눈에 띄지 않지만 전통 시대에는 우리에게도 그러한 조리법이 있었다. 그리고 서양 조리법 가운데 소스를 이용하는 조리가 있는데, 이 또한 서양 조리의 전통이지 우리에게는 없는 조리법이라고 여겨져왔다. 그런데 서양의 소스에 해당되는 '즙', 예를 들어 생치즙, 동아즙 같은 것을 만들어서 재료 위에 끼얹어 먹는 법이 이 책에 다양한 형태로 소개되어 있다.

[표 4] 『음식디미방』과 『수운잡방』의 조리법 비교

조리법		수운잡방	음식디미방
주식	국수·만두	육면肉麵, 습면법濕麵法	면, 난면법(계란국수), 만두법, 상화법, 수교이법(물만두법), 어만도법, 석류탕, 슈어만도(숭어만두)
부식	국(탕)	서여탕법薯蕷湯法, 전어탕법煎魚湯法, 분탕粉湯, 삼하탕三下湯, 황탕黃湯, 삼색어아탕三色魚兒湯	족탕足湯, 숙탕(쑥국), 난탕법卵湯法, 국에 타는 것, 계란탕법, 별탕(자라갱), 순탕(순채국), 수중계(닭찜)
	찜		붕어찜, 개장(개순대), 가지찜, 외찜, 연계찜
	편		양숙편, 별미別味(닭대구편)

부식	선		동화선(동아선)
	채		연근채, 동화돈치(동아돈채), 잡치(잡채), 대구껍질채, 외화채
	누르미		가지느르미, 개장 고지느롬이(개고기 산적 느름이), 동아느르미(동아느르미), 대구껍질느르미, 개장국느롬이(개장국느르미), 해삼누르미
	구이		둙굽ᄂ법(닭 굽는 법), 가데육家豚肉(집돼지고기), 웅장(곰발바닥)
	볶이		양볶ᄂ법(양 볶는 법), 생치지히(꿩지히), 생치즌지히(꿩짠지)
	적·전	전계아법煎鷄兒法, 전곽법煎藿法	동화적(동아적), 연근적, 어전법魚煎法, 전화법煎花法, 빈쟈법, 섭산슴법
	두부	두부 만들기取泡	
	침채	청교침채법靑郊沈菜法, 침백채沈白菜, 토란대침조土卵莖沈造, 침동아구장법沈東瓜久藏法, 무김치沈蘿蔔, 파김치葱沈菜, 동치미土邑沈菜, 향과저香瓜菹, 겨울 나는 갓김치過冬芥菜沈法	생치팀채법(꿩김치법), 산갓침치(산갓김치)
	저 및 장아찌	과저苽菹, 또 다른 과저又苽菹, 수과저水苽菹, 노과저老苽菹, 치저雉菹, 납조저臘糟菹, 또 나른 즙저汁菹又法, 즙저汁菹	동아 담는 법, 마늘 담는 법
	젓	어식해법魚食醢法	게젓 담는 법, 약게젓, 청어념혀법(청어젓갈법)
	자반	더덕좌반山蔘佐飯	
초	식초	고리 만드는 법作高里法, 고리초 만드는 법造高里醋法, 사절초四節醋, 또 다른 병정초又丙丁醋, 창포초菖蒲醋, 목통초木桶醋	초 담는 법(1법), 초醋법(2법), 매자초
	떡·한과	동아정과東瓜正果, 엿 만들기飴糖, 생강정과生薑正果, 다식법茶食法	증편법, 석이편법, 밤설기법, 잡과편법, 약과법, 연약과법, 다식법, 잉도편법, 박산법, 둥박겨, 빙수과(빙사과), 강정법, 인절미 굽는 법
음청	화채·차류	타락駝酪	토장법 녹도나화, 착면법, 별착면법, 차면법, 식면법(녹말국수)

370

저장조리	채소·과일	생가지 저장藏生茄子, 배 저장藏梨, 모점이법毛粘伊法	슈박 동화 간숏는법(수박, 동아 간수하는 법), 동화둠는 법(동아 담는 법), 가지 간수하는 법, 고사리 담는 법, 비시나물 쓰는 법, 마늘 담는 법, 건강법乾薑法, 복셩 간숏는 법(복숭아 간수하는 법)
	어육류	장육법藏肉法, 전약법煎藥法	고기물노이는법(고기 말리는 법), 고기 물로이고 오래 두난 법(생선 말리고 오래 두는 법), 해삼과 전복, 생복간숏는법(生鰒 간수하는 법), 연어알, 참새, 질긴 고기 숨는법(질긴 고기 삶는 법), 누런개 숨는 법(누런개 삶는 법), 해삼 달흐는 법(海蔘 다루는 법), 대합大蛤, 모시죠개·가막죠개(모시조개, 바지락조개), 양숙胖熟, 야제육野豚肉(멧돼지고기), 개장곳는법(개고기 고는 법)
장		즙장만들기造汁, 침동아구장법沈東瓜久藏法, 조장법造醬法, 다른 조장법又造醬法, 다른 조장법又造醬法 2, 청근장菁根醬, 기화장其火醬, 전시全豉, 봉리군전시방奉利君全豉方, 수장법水醬法, 조곡법造麯法	
주류		삼해주三亥酒, 삼오주三午酒, 사오주四午酒, 벽향주碧香酒, 만전향주滿殿香酒, 두강주杜康酒, 칠두주七斗酒, 소곡주小麯酒, 감향주甘香酒, 백자주柏子酒, 호도주胡桃酒, 상실주橡實酒, 하일약주夏日藥酒, 또 다른 하일약주又夏日藥酒, 삼일주三日酒, 하일청주夏日淸酒, 하일점주夏日粘酒, 다른 하일점주又夏日粘酒, 다른 하일점주又夏日粘酒, 다른 소곡주小麯酒又法, 진맥소주眞麥燒酒, 녹파주綠波酒, 일일주一日酒, 도인주桃仁酒, 백화주百花酒, 유하주流霞酒, 이화주조국법梨花酒造麯法, 오두주五斗酒, 백출주白朮酒, 정향주丁香酒, 십일주十日酒, 동양주冬陽酒, 보경가주寶卿家酒, 동하주冬夏酒, 남경주南京酒, 진상주進上酒, 별주別酒, 이화주梨花酒, 다른 이화주又梨花酒, 다른 벽향주又碧香酒, 다른 삼오주一法三午酒, 오정주五精酒, 송엽주松葉酒, 포도주蒲萄酒), 애주艾酒, 황국화주黃菊花酒法, 건주법乾酒法, 지황주地黃酒, 예주醴酒, 황금주黃金酒, 세신주細辛酒, 아황주鵝黃酒, 도화주桃花酒, 경장주瓊漿酒, 칠두오승주七斗五升酒, 오두오승주五斗五升酒	점감청주粘甘淸酒, 점감주粘甘酒, 일일주一日酒, 하절주夏節酒, 시급주時急酒, 감향주甘香酒, 하향주荷香酒, 벽향주碧香酒(1법), 벽향주碧香酒(2법) 유하주流霞酒, 향온주香醞酒, 소곡주小麯酒, 황금주黃金酒, 사시주四時酒, 백화주百花酒, 동양주, 절주節酒-1, 절주節酒-2, 남성주, 녹파주綠波酒, 칠일주七日酒-1, 칠일주七日酒-2 죽엽주竹葉酒, 별주別酒, 행화춘주杏花春酒, 삼해주(20말 빚기), 삼해주(10말 빚기), 삼해주三亥酒-1, 삼해주三亥酒-2, 삼오주三午酒, 삼오주三午酒(15말 빚기), 순향주법醇香酒法, 차쥬법, 송화주松花酒, 오가피주五加皮酒, 과하주過夏酒, 소주燒酒-1, 쇼쥬燒酒-2, 밀소주燒酒, 찹쌀소주燒酒, 주국방문酒麴方文, 이화주梨花酒누룩법, 이화주 1말 빚기, 이화주 봄술 5말 빚기, 이화주여름술-1, 이화주여름술-2, 여름철 삼일주夏節三日酒, 두강주杜康酒, 점주粘酒, 부의주浮蟻酒, 약산춘藥山春, 황금주黃金酒
기타	채소재배	오이씨 심기邵平種瓜法, 생강 심기種薑, 머위 심기種白菜, 참외씨 심기種眞瓜, 연근 심기種蓮	

발효음식 조리법 비교

한국 음식문화의 중요한 특징은 첫째 다양한 조리법을 전개하면서 발전되어 왔다는 것, 둘째 외부로부터 들어온 외래식품이 조리법에 영향을 미쳤다는 것, 셋째 조리법과 미식법이 건강과 밀접하게 관련되어 있다는 것이다. 이 말은 제대로 먹는 것, 즉 올바른 재료를 선택해 적절한 방식으로 재료를 조합하는 것이 건강을 지키고 장수로 가는 가장 믿을 만한 방법이라는 뜻이다. 이런 식치적 가치관으로 인해 『식료찬요』 같은 식사 요법에 관한 문헌이 나왔고, 그 내용은 절약·중용·균형이라는 유교적 가치관과 밀접하게 연결되어 있다.

조리는 식품화학을 이해한 바탕 위에서 하는 조리과학의 영역에 해당되며 오늘날 식품가공학에서도 중요한 기초가 된다. 『수운잡방』과 『음식디미방』은 조선 중기의 조리과학의 수준을 보여주는 책이다. 현대에 와서 이 책에 소개된 조리법에 따라 대부분의 음식이 재현되었고 또 새롭게 재조명받고 있다. 그 결과 대부분의 식품학자는 이 책이 상당히 과학적인 조리법에 따라 쓰였음을 인정하고 있다. 그동안 많은 조리법이 분석되고 연구되었지만 여기서는 『수운잡방』
과 『음식디미방』에 수록된 발효 음식의 조리법을 통해 그 과학성을 살펴보고자
한다. 먼저 조리법상 보이는 차이점은 크게 아래와 같이 정리된다.

장류 만드는 법이 『수운잡방』에는 있으나 『음식디미방』에는 없다.
김치 담그는 법도 『수운잡방』이 『음식디미방』보다 더 많이 기록하고 있다.
『음식디미방』의 조리법이 『수운잡방』의 조리법보다 더 상세하다.

여기서는 두 조리서의 전체 조리법을 비교하지는 못하고 우리 음식의 중요한
특징이자 무엇보다 맛의 기본이라고 할 수 있는 발효음식 위주로 살펴보려고
한다. 전래 발효음식은 일반적으로 장류, 김치류, 식초류, 해류(젓갈, 식해류)로
볼 수 있다.

장沈醬

장류로 분류되는 것은 간장, 된장, 고추장이며 이들은 대개 조미식품으로 사
용되어왔다. 이 가운데 간장, 된장은 아시아 여러 나라의 발효식품으로 알려져
있으며 고추장만 우리나라의 유일한 발효식품이다. 장이 등장하는 최초의 문
헌은 『삼국사기』이며 『고려사』에도 시豉, 즉 된장을 구황음식으로 내렸다는 기
록이 나온다.

그러나 실제로 장을 만드는 기록은 세조대의 어의 전순의가 남긴 기록 『산
가요록』이 처음 나오는데, 특히 시豉와 메주末醬의 정확한 제조법을 밝히고 있
다. 우리는 그동안 시를 메주로 알고 있었는데, 여기서는 메주라기보다는 독특

한 장의 하나로 소개하고 있다. 또 청장淸醬과 청시淸豉 등 장이나 시에 물을 여과시켜 만드는 아주 고대의 간장제조법이 나오는데 이는 오늘날과는 다른 형태다. 총 19종류의 장에 대한 기록이 나온다.

시豉, 메주末醬勳造, 기화청장基火淸醬 장 담그기合醬, 간장良醬, 기화청장箕火淸醬, 태각장太殼醬, 청장淸醬 2, 청근장菁根醬 2, 상실장橡實醬, 시용장施用醬, 천리장千里醬, 치장雉醬, 장맛 고치기治辛醬 4

또한 『식료찬요』에서도 된장국물豉汁이 비위가 약하거나 기가 약할 때 쓰면 좋다는 기록이 자주 나온다. 1554년(명종 9) 『구황촬요』에는 장 제조법 8가지가 나온다. 이는 장지현6에 따르면 간장 4종류, 된장 위주의 것 4종류라고 되어 있는데, 즉 오늘날 간장으로 불리는 청장淸醬, 쟝, 지령, 진간장과 메주로 불리는 말장末醬, 메죄, 며조 등이 나타난다고 했다.

또한 『농의보감』에도 심지상을 고치는 장실비방이 두 가지 포함되어 있고 약용으로 쓰이는 일종의 콩 위주의 된장류인 함시방鹹豉方이 수록되어 있다. 조선시대 1655년(효종 6)에 발간된 『사시찬요초』에도 다양한 장제조법이 나온다. 그 후의 『증보산림경제』에도 또한 다양한 장제조법이 소개되어 조선시대의 장제조법은 약으로서의 의미를 갖는 매우 중요한 것이었음을 알 수 있다. 따라서 조선시대 사대부였던 김유의 『수운잡방』에는 이러한 사회적 배경 하에서 장 만들기가 매우 중요하게 다뤄진 것으로 보인다. 여기에는 다음과 같은 장제조법이 나온다.

즙장만들기造汁, 침동아구장법沈東瓜久藏法, 조장법造醬法, 다른 조장법又造醬

다른 조장법.

法 2, 다른 조장법又造醬法, 청근장菁根醬, 기화장其火醬, 전시쇼豉, 봉리군전시방奉利君仝豉方, 수장법水醬法, 조곡법造麯法

이러한 장 제조는『음식디미방』에는 전혀 나타나지 않는 것들이다. 그러한 까닭은 아마도 장 담그기는 매우 일상적으로 만드는 것이고 대부분의 조선 여성은 이 방법을 알고 있다고 여겨 굳이 기록으로 남길 필요가 없다고 생각했으리라 추측할 수 있다. 그 후 1800년대에 역시 여성이 기록한『규합총서』에서도 일반적인 장보다는 어육장魚肉醬, 청태장靑太醬, 고추장, 청육장, 즙지이, 즙장汁醬 같은 비교적 특별한 별미장 만드는 법을 설명하고 있다.

반면 조리를 직접 하지 않았을 김유의 입장에서는 장 담그기가 매우 중요한 일이었고 그 당시의 기록이나 민간에서 행하는 장제조법을 적어놓았을 가능성이 크다.

즙장 만들기

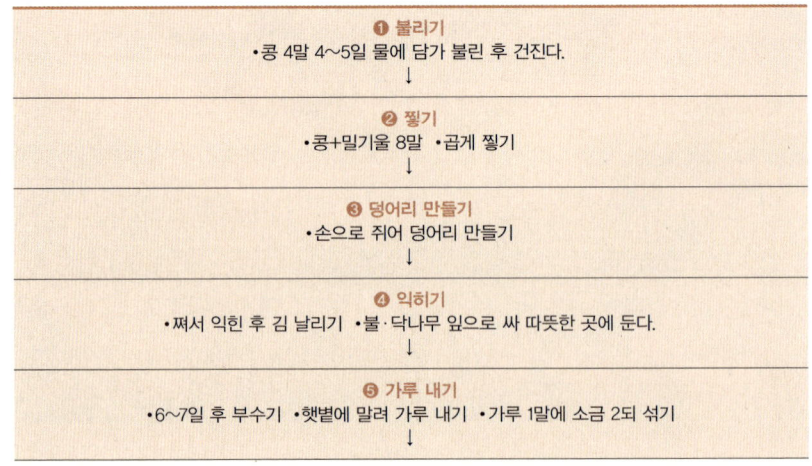

❻ 묻기
• 독에 담기 • 말똥 속에 묻기

※ 통밀과 콩을 같은 양으로 해서 원이로 쪄내어 같이 찧은 다음 메주처럼 손으로 쥐어 만들어도 된다.

다른 즙저

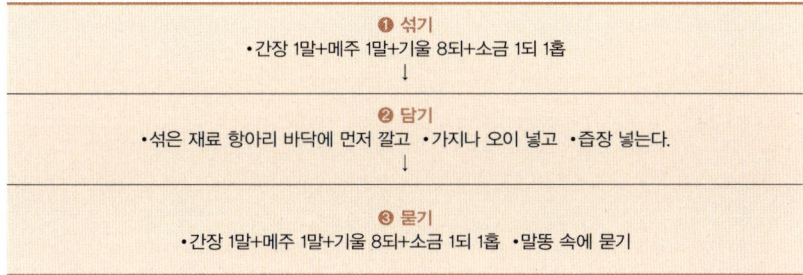

❶ 섞기
• 간장 1말+메주 1말+기울 8되+소금 1되 1홉
↓
❷ 담기
• 섞은 재료 항아리 바닥에 먼저 깔고 • 가지나 오이 넣고 • 즙장 넣는다.
↓
❸ 묻기
• 간장 1말+메주 1말+기울 8되+소금 1되 1홉 • 말똥 속에 묻기

조장법(콩장 만드는 법)

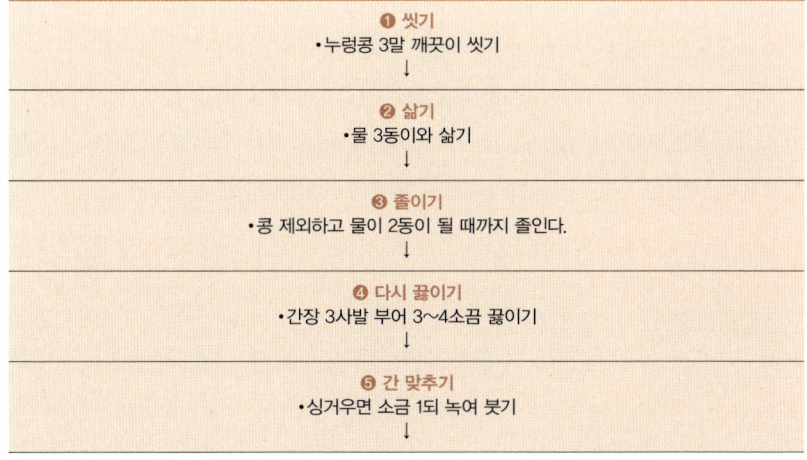

❶ 씻기
• 누렁콩 3말 깨끗이 씻기
↓
❷ 삶기
• 물 3동이와 삶기
↓
❸ 졸이기
• 콩 제외하고 물이 2동이 될 때까지 졸인다.
↓
❹ 다시 끓이기
• 간장 3사발 부어 3~4소곰 끓이기
↓
❺ 간 맞추기
• 싱거우면 소금 1되 녹여 붓기

❻ 담기
• 항아리에 담기

※ 콩은 기름, 소금을 넣고 끓여서 밥 먹을 때 먹는다.

다른 조장법

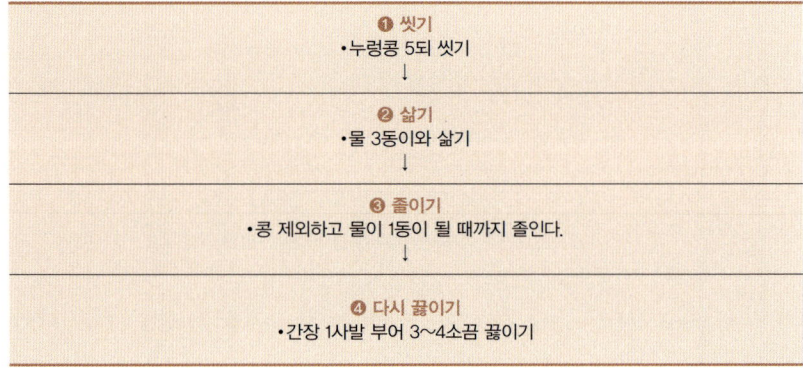

❶ 씻기
• 누렁콩 5되 씻기

❷ 삶기
• 물 3동이와 삶기

❸ 졸이기
• 콩 제외하고 물이 1동이 될 때까지 졸인다.

❹ 다시 끓이기
• 간장 1사발 부어 3~4소끔 끓이기

다른 조장법(2)

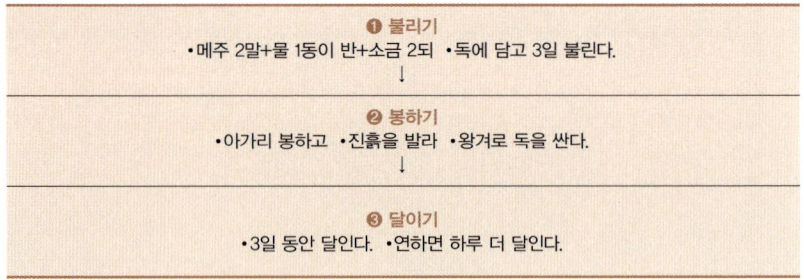

❶ 불리기
• 메주 2말+물 1동이 반+소금 2되   • 독에 담고 3일 불린다.

❷ 봉하기
• 아가리 봉하고   • 진흙을 발라   • 왕겨로 독을 싼다.

❸ 달이기
• 3일 동안 달인다.   • 연하면 하루 더 달인다.

※ 지나치게 무르면 간장이 탁해진다. 여름에 구더기가 생기기 쉬우니 단단히 싸 덮어두고 쓴다.

청근장

❶ 삶기 • 겉껍질 벗겨 씻은 무 1동이   • 무르게 삶는다. ↓
❷ 가루내기 • 메주 1말 ↓
❸ 찧기 • 가루 메주 1말+소금 1말 ↓
❹ 담기 • 독에 담고   • 버드나무 가지로 독 밑까지 구멍 뚫는다. ↓
❺ 끓이기 • 소금 1되+물 1사발   • 식히기 ↓
❻ 붓기 • 식힌 물 붓기

기화장

❶ 씻기 • 7월 그믐에   • 콩 1말 깨끗이 씻기 ↓
❷ 익히기 • 쪄서 익히기 ↓
❸ 찧기 • 익힌 콩 1말+기울 2말 ↓
❹ 덩어리 만들기 • 탄환 크기 ↓
❺ 띄우기 • 14일간 띄운다.

❻ 말리기
- 10일간 햇볕 쬔다.
↓

❼ 담기
- 물 1동이+소금 7되 - 9월에 섞어 독에 담기
↓

❽ 묻기
- 말똥 속에 묻기

전시

❶ 불리기
- 누렁콩, 검정콩 - 묘시에 담가 진시에 건진다.
↓

❷ 익히기
- 검정콩이 홍색 되도록 찌기 - 김 날리기
↓

❸ 널기
- 시렁 매어 쑥 펴 널고 - 그 위에 빈 섬초석 깔고
- 그 위에 콩을 펴 널고 - 그 위를 쑥으로 두껍게 덮는다.
↓

❹ 말리기
- 2주 후 곰팡이 난다. - 햇볕에 말리기
↓

❺ 담기
- 키질 하고 - 정두 1말+소금 1되+누룩 3홉+물 1사발 섞어 독에 담기
↓

❻ 묻기
- 옹기그릇으로 뚜껑 하고 - 진흙 발라 말똥 속에 묻기
↓

❼ 말리기
- 2주 후 햇볕 쬐어 말리기

봉리군전시방

❶ 불리기 • 7월 그믐 • 누렁콩 10말 씻어 • 하룻밤 불리기 ↓
❷ 익히기 • 쪄서 익히기 ↓
❸ 띄우기 • 시렁을 매고 • 그 위에 생쑥 펴고 • 그 위에 빈 가마니 깔고 • 붉나무 잎, 닥 잎, 찐 콩 펴 널고 • 그 위에 나뭇잎과 생쑥 덮는다. ↓
❹ 말리기 • 2주 후 • 들어내 바람 쐬이기 ↓
❺ 키질 • 매일 저녁 1번씩 10일간 ↓
❻ 담기 • 9월 초 • 띄워진 것만 독에 담기 • 콩 2말 + 소금 1되 + 누룩 4홉 + 물 1동이 섞어 담기 ↓
❼ 봉하기 • 아가리 봉하고 • 뚜껑 덮고 진흙 바르기 • 섶풀 따 올리고 • 둘레는 생풀로 싼다. ↓
❽ 묻기 • 말똥 속에 묻기 • 2주 후 • 햇볕 쬐어 깨끗한 독에 넣어 따뜻한 곳에 둔다.

수장법(간장 담그는 법)

❶ 담기 • 20말들이 독 • 메주 1말 바닥에 깔고 • 중간쯤 발을 펴 • 메주 7말 발 위에 얹는다. ↓
❷ 붓기 • 물 8동이 끓이기 • 물 1동이 당 소금 8되 섞기 • 독에 붓는다.

❸ 걷어내기
• 익으면 발 위의 장 걷어내기 • 수장은 다른 항아리에 옮긴다.

저 및 침채류

김치는 우리나라만의 독특한 채소 음식이다. 김치에 대해서는 방대한 문헌이 전한다. 『수운잡방』과 『음식디미방』에도 역시 김치 담그는 법이 나오지만 조리법에서는 다소 차이를 보인다. 조선시대 이후 김치제조법은 『고사촬요』 『구황촬요』 『사시찬요초』 등 구황서를 비롯해 『산림경제』 『색경』 『임원십육지』 등 실학의 영향을 받은 수많은 농서에도 등장한다.

그런데 『산가요록』에는 특히 많은 김치 조리법이 등장한다. 즉 조선시대는 물론 일제강점기의 요리책보다 더 많은 김치 조리법이 기록되어 있어 김치와 민족의 식생활의 관계를 정립할 수 있는 좋은 표본이 되며, 채소와 술, 초지게미 등이나 밥을 혼합해 만든 고대 김치류 등 총 37종이 기록되어 있다.

집저외 3, 하일집저, 하일장저, 하일가집저, 과저외 5, 가자저, 청침채외 1, 동침, 나박, 토읍침채, 우침채, 동과침채, 동과랄채, 침백채, 무염침채법, 시용침채, 생총침채외 1, 침송이, 침강법, 침동과, 침산, 침서과, 침청태, 침도 외 1, 침행, 침궐.

더욱이 김치 조리법에서 어느 정도 차이를 보이고 있다.

즙저: 가지·오이+밀기울+누룩+소금+밀가루+술

생파김치: 파+소금+쌀밥(혹은 조밥)

송이김치: 송이·동아+닥나무 잎+소금

생강김치: 생강+소금+술·술지게미+쌀밥

그런데 여기에는 소금을 쓰지 않는 무염침채법이 나와 매우 이채롭다. 이것은 『음식디미방』의 산갓침채법에서 소금을 쓰지 않고 더운 물로 담그는 법과 비슷하다.

무염침채법: 순무를 깨끗이 씻어서 항아리에 담고 맑은 물을 가득 붓는다. 3~4일 되어 흰 거품이 올라오면 다시 맑은 물을 더 붓고 익으면 먹는다.

『수운잡방』에는 다음과 같은 김치제조법이 나온다. 이러한 방법들은 이미 조선사회 기록에 많이 나타나는 방법으로 이 시대의 보편적인 지식으로 여겨진다.

청교침채법靑郊沈菜法, 침백채沈白菜, 토란대김치土卵莖沈造, 즙저汁菹, 침동아구장법沈東瓜久藏法, 과저苽菹, 다른 과저又苽菹, 수과저水苽菹, 노과저老苽菹, 치저雉菹, 납조저臘糟菹, 무김치沈蘿蔔, 파김치葱沈菜, 동치미土邑沈菜, 다른 즙저汁菹又法, 향과저香瓜菹, 겨울 나는 갓김치過冬芥菜沈法

『수운잡방』에는 이처럼 여러 김치와 채소절이 만드는 방법이 나온다. 그 기술적인 면 역시 매우 구체적이며 자세하다. 한 예로 '토란대로 김치 담는 법'을 보자.

토란 줄기 가늘게 썬 것 한 말에 소금을 가볍게 한 움큼씩을 뿌린 다음

『수운잡방』 수과저.

독에 담고 매일 손으로 눌러 점점 작아지거든 다른 그릇에 옮겨 담는다. 익을 때까지 그렇게 한다.7

침동아구장법

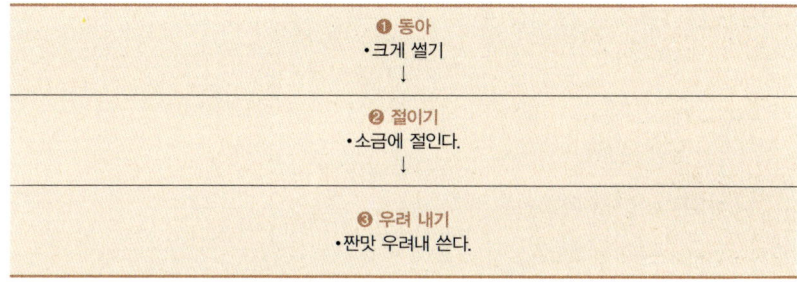

청교침채법

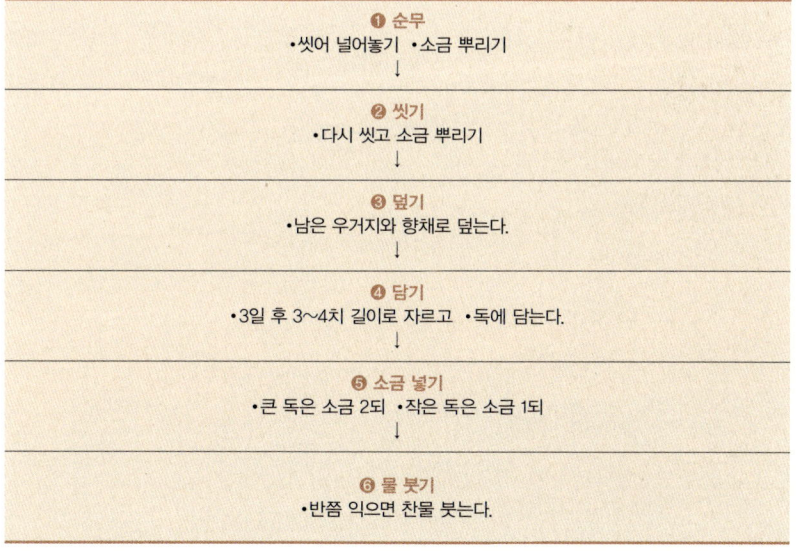

침백채

❶ 절이기 • 머위 1동이+소금 3홉씩 • 하룻밤 재우기 ↓
❷ 씻기 • 깨끗이 씻고 ↓
❸ 절이기 • 다시 소금 뿌려 절여 독에 담기 ↓
❹ 덮기 • 우거지와 채소를 고르게 덮는다.

토란대침채

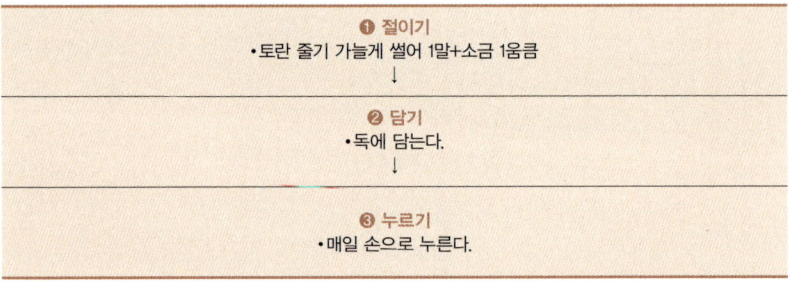

즙저

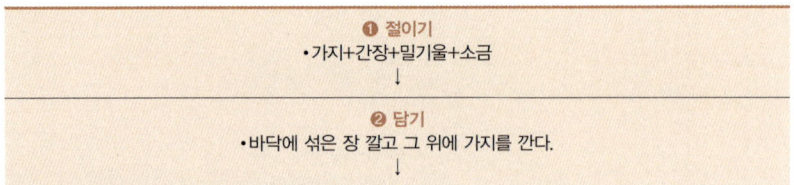

❸ 봉하기
•사발로 뚜껑 하고 진흙 발라 봉한다.
↓
❹ 묻기
•말똥 속에 묻기 5일이면 익는다.

과저

❶ 준비하기
•7, 8월 가지나 오이를 따서 씻지 않고 행주로 닦기
↓
❷ 달이기
•소금 3되+물 3동이 •물 1동이 되도록 달이기 •식힌다.
↓
❸ 담기
•오이와 오이 사이에 할미꽃 잎과 줄기를 켜켜이 넣는다. •독에 담기
↓
❹ 붓기
•달인 물을 오이가 잠기도록 붓기 •돌로 눌러준다.

다른 과저

❶ 준비하기
•7, 8월 오이 •씻어 물기 없앤다.
↓
❷ 담기
•독에 담는다.
↓
❸ 붓기
간이 된 소금물 한 번 끓여 붓기

수과저

❶ 준비하기
•8월 오이 •씻어 물기 없앤다.
↓
❷ 또 다른 준비하기
할미꽃을 박초로 하고 산초를 뿌린 오이
↓
❸ 담기
•산초 뿌린 오이와 켜켜이 섞어 •독에 담는다.
↓
❹ 붓기
•물 1동이+소금 3되 끓여 붓는다.

※ 익을 때 독 윗면에 거품이 괴어 오르면 매일 정화수를 부어 내린다.

노과저

❶ 준비하기
•늙은 오이 •반 갈라 속 제거 •잘게 썰어 소금 뿌려 담기
↓
❷ 담기
•독 안의 물 걷어내고 •소금, 산초 섞어 다시 담기
↓
❸ 봉하기
•할미꽃풀로 아가리 덮기 •돌로 눌러두기

※ 대체로 오이김치는 박초를 엮어 독 아가리를 덮어 막고 돌로 눌러두기를 많이 한다.

치저

❶ 준비하기
•생치, 과저, 생강 썰기 •과저는 물에 소금기 우려낸다. •생치+과저+생강 섞기
❷ 끓이기
•간장+물 끓이기 •참기름 넣기 •간장물+3가지 재료+천초 끓이기

납조저

❶ 섞기 • 납일 • 술지게미+소금 ↓
❷ 담기 • 독에 담는다. • 진흙으로 독부리 봉하기 ↓
❸ 익히기 • 여름 • 가지나 오이 물기 없애 박아두기

※ 물기가 있으면 벌레가 생긴다. 납일이 아니라도 이 달을 넘기지 않으면 담을 수 있다.

무김치

❶ 준비하기 • 당무 줄기와 잎 제거 • 깨끗이 씻는다. ↓
❷ 절이기 • 무 1동이마다 소금 2되 • 하룻밤 재운다. ↓
❸ 씻기 • 소금기 씻고 하룻밤 물에 담근다. ↓
❹ 말리기 • 건져내 물기 없앤다. ↓
❺ 담기 • 독에 담는다. ↓
❻ 붓기 • 무 1동이마다 소금 1되 5홉씩 녹인 물

파김치

❶ 준비하기 • 파 씻어 껍질 벗기기 • 잔뿌리 그대로 둔다. ↓
❷ 담기 • 독에 담는다. • 손으로 눌러 물 가득 채운다. ↓
❸ 물 갈음 • 이틀에 한 번 물 갈기 ↓
❹ 씻기 • 여름은 3일, 가을은 4일 후 • 다시 내어 씻기 ↓
❺ 절이기 • 소금 뿌리기 ↓
❻ 담기 • 파와 소금 켜켜이 섞기 • 짠 소금물 채우기 ↓
❼ 봉하기 • 박초로 독 아가리 막기 • 돌로 누르기

동치미

❶ 준비하기 • 정2월 • 참무 씻고 토막내기 ↓
❷ 담기 • 독에 담는다. ↓
❸ 끓이기 • 소금물 끓이기 • 차게 식히기 ↓
❹ 붓기 • 무 1동이마다 물 3동이씩 붓기

향과저

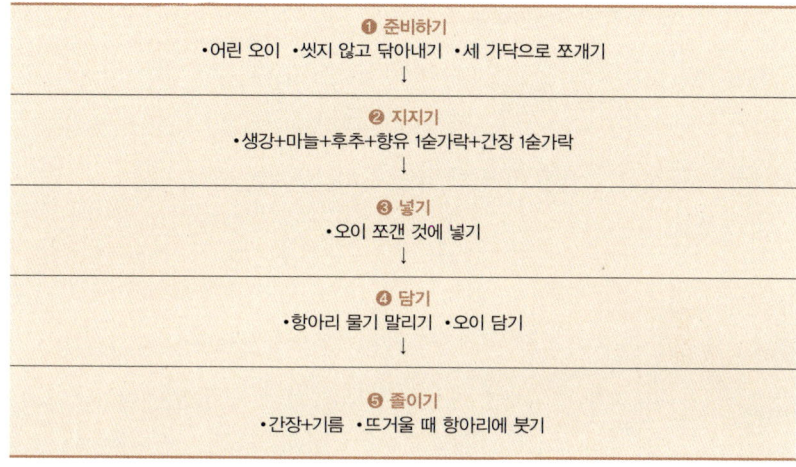

겨울 나는 갓김치

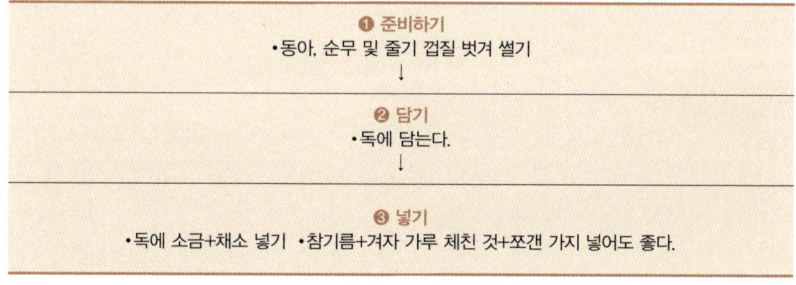

반면 『음식디미방』에는 『수운잡방』에 비해 김치 숫자는 적지만 일반적인 김치제조법이라기보다는 별미에 가까운 김치조리법이 적혀 있다. 즉 꿩김치, 꿩짠지, 꿩지히, 산갓팀채, 동아 담는 법, 마늘 담는 법 등이다. 이는 소금과 다양한 채소를 주로 사용했던 동시대 김치법보다는 별미로 먹는 것을 소개한 것으로 생각되며 그 조리법도 자세하고 다양하다. 특히 산갓팀채는 소금을 쓰지 않고 더운 물에 삭혀 만들고 있어 특이하다. 최근 김치의 소금이 만성 질환의 주범으로 여겨지고 있는데 이미 1600년대 초에 소금을 쓰지 않고 김치를 담그고 있었다. 이 시대의 소금이 비쌌기 때문인지 혹은 산갓의 매운 맛을 없애는 데 오히려 더운 물에 삭히는 것이 더 나았기 때문인지는 명확치 않으나 어쨌든 다양한 김치가 시도되고 있었음을 알 수 있다.

『수운잡방』의 김치 담그는 법을 『음식디미방』과 비교해보면 그 특징을 알 수 있다. 『음식디미방』에 비해 『수운잡방』에는 다양한 김치제조법이 나온다. 『수운잡방』과 『음식디미방』은 100년 이상의 시간 차를 두고 집필된 책이다. 또한 문화 배경이 같은 지역에서 저술되었기 때문에 당시에 일반 식사에 쓰인 『음식디미방』 속 김치가 이것만이었을 리는 없다. 즉 『음식디미방』이 주방에서 만들 수 있는 요리 가운데 가장 특별한 별미만을 골라 적었을 것으로 추측된다. 그런데 오히려 『수운잡방』에는 그 당시의 여러 김치를 자세히 기록하고 있다.

꿩김치

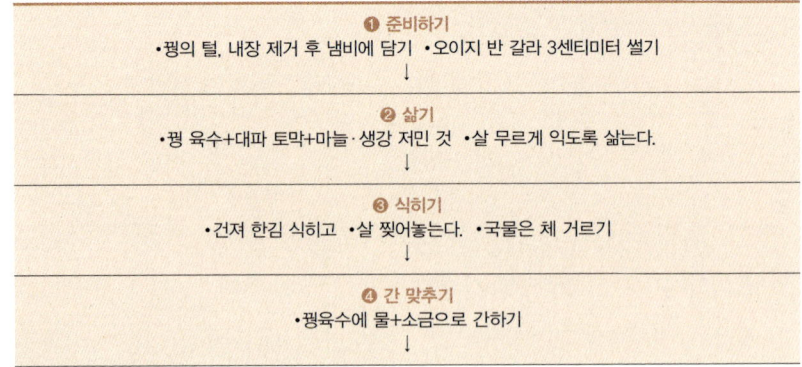

❺ 담기
- 꿩살+오이지
- 간 한 육수 붓기
↓

❻ 익히기
- 이틀 후 먹기

※ 꿩이 없을 때는 닭고기를 삶아서 찢어 같은 방법으로 만든다.

산갓김치

❶ 산갓
- 찬물에 씻기
- 다시 더운 물 헹구기
↓

❷ 담기
- 작은 단지에 넣는다.
- 따뜻한 물 붓기
↓

❸ 익히기
- 의복으로 싸서 익히기

동아 담는 법

❶ 동아
- 9~10월 사이
- 껍질 벗겨 썬다.
↓

❷ 담기
- 독에 담는다.
- 소금 많이 넣기
↓

❸ 퇴렴
- 이듬해 봄 퇴렴 후 씀

마늘 담는 법

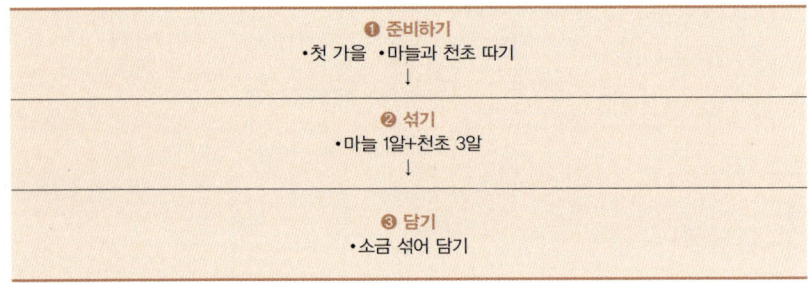

식초류

식초는 오래전부터 사용해온 조미료이며 전 세계의 공통된 발효식품이기도 하다. 동서양의 제조법에는 큰 차이가 없으나 식초 원료에서 차이를 보인다. 즉 동양에서는 곡물식초를 주로 쓴 반면 서양에서는 과일식초를 주로 썼다. 우리나라에서는 식초가 삼국시대 이전부터 만들어졌으리라 보고 있다. 고려시대에는 미역국에 끓일 때 초를 조미료로 사용했다고 보기도 한다.[8] 그러다가 조선시대에 오면 『고사촬요』(1554)에 최초의 양초법이 나온다. 같은 해에 구황서로 발간된 『구황촬요』에도 초 또는 고주苦酒가 구황식을 만드는 원료로 쓰였다고 밝히고 있다. 조선 초기의 『산가요록』에는 10여 가지의 초 종류가 나온다.

진초, 진맥초(겉보리초), 대맥초(보리초), 창포초, 고리초, 병정초, 전자손초, 사절초, 사시급초, 고리조법, 의초법 등이다.

이처럼 다양한 초 조리법을 다뤄 조선 초기에 식초제조법이 매우 중요했음을 알게 해준다. 그러다가 『수운잡방』에는 다음과 같은 식초조리법이 나온다.

고리 만드는 법作高里法, 고리초 만드는 법造高里醋法, 사절초四節醋, 또 다른 병정초又丙丁醋, 창포초菖蒲醋, 목통초木桶醋

두 책을 살펴보면 고리 만드는 법과 고리초 만드는 법, 그리고 사절초 만드는 법이 거의 동일한 것임을 알 수 있다. 특히 누룩과 고리를 이용해 초를 만드는 법이 비슷하다. 또한 고리를 밀로 미리 만들어놓고 사용하는 방법도 거의 똑같다. 누룩과 찹쌀로 만드는 사절초는 이름이나 방법 모두 비슷하다. 재료에서 복숭아나무 가지로 휘젓는 것도 마찬가지다.

이는 『수운잡방』을 쓴 김유가 이전에 발간된 『산가요록』을 읽고 그중 일부를 차용한 것이라고 볼 수 있다. 즉 여기서 한양과의 교류가 활발했을 것으로 추정할 수 있다. 또한 전순의가 쓴 다른 책 『식료찬요』의 상주판이 있음을 볼 때 이 당시 『산가요록』은 필사본이기는 하지만 상주, 안동 등 경북 지역에서 쉽게 볼 수 있었던 책이었을 거라 짐작할 수 있다. 그리고 『산가요록』의 고리초 만드는 법은 중국 『거가필용』[9]에 나오는 조맥황초법造麥黃醋法[10]과 유사해 『산가요록』과 『수운잡방』이 모두 이 책을 참고해 만들었음도 추측해볼 수 있다.

고리 만드는 법

❶ 씻기
・7~8월 ・적당량 밀 씻기
↓

❷ 익히기
• 쪄서 익힌다.
↓

❸ 펴기
• 적은 양은 고리짝에, 많은 양은 시렁을 매고 그 위에 편다.
↓

❹ 덮기
• 붉나무 잎, 닥나무 잎, 삼 잎 깔고 • 그 위에 초석 깔고
• 그 위에 찐 밀 펴고 • 그 위에 나뭇잎을 덮는다.
↓

❺ 말리기
• 10일 후 햇볕 쬐여 말린다.
↓

❻ 저장하기
• 키질하여 저장한다.

고리초 만드는 법

❶ 독 올리기
• 양지바른 곳에 반듯한 돌을 놓고 • 그 위 잘 구어진 독 올린다.
↓

❷ 물 붓기
• 놋소라, 질소라 • 각각 1동이
↓

❸ 누룩 넣기
• 누룩 5되+고리 5되 • 뚜껑 덮는다.
↓

❹ 찌기
• 3일째에 중미中米 1말 1되 • 되게 쪄 시루째 독에 붓는다.
↓

❺ 봉하기
• 청포靑布와 종이로 봉하고 • 뚜껑 덮는다.
↓

❻ 고리초
• 21일 후 쓴다. • 한 달이면 더 잘 익는다.
• 다 먹을 때까지 독을 두꺼운 이불 포대로 싼다.

사절초

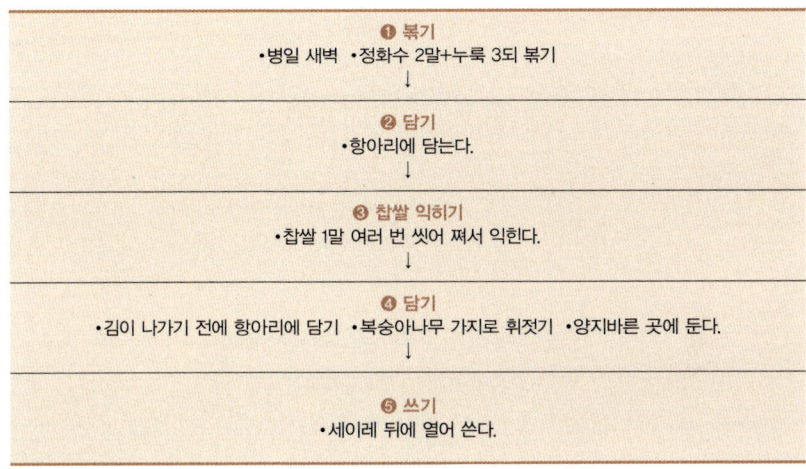

다른 병정초

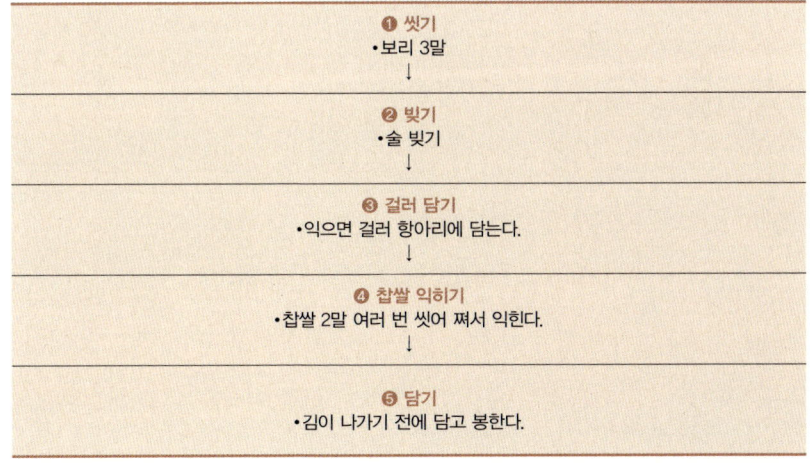

창포초

❶ 가루내기 • 창포 줄기나 뿌리 3되+쌀 3되 ↓
❷ 만들기 • 구멍 떡 만들기 ↓
❸ 담기 • 누룩 3되 섞어 항아리 바닥에 담기 ↓
❹ 붓기 • 곰팡이 피면   • 청주나 탁주 1동이 붓기

목롱초

❶ 섞기 • 으름 30근+물 3동이+소금 3움큼 ↓
❷ 담기 • 독에 담는다. ↓
❸ 보관하기 • 따뜻한 곳에 3일 둔다.

『음식디미방』의 식초제조법을 살펴보자. 『음식디미방』에는 초 담는 법, 초법, 매자초 등 세 가지 방법이 나온다. 이를 분류해보면 초 담는 법은 쌀로 만드는 초제조법이며, 초법은 소맥, 즉 밀로 만드는 방법이고 매자초는 과실초라고 볼 수 있다.

먼저 초 담는 법을 살펴보면 밀을 쪄서 초 제조용 누룩을 만들어놓은 다음 멥쌀로 밥을 짓고 여기에 소맥과 누룩, 정화수를 넣어 발효 관리하는 3단계를 설명하고 있다. 이때 쌀 1말에 소맥 3되가 들어가므로 쌀누룩으로 보고 있다. 이 쌀식초의 담금법은 전래의 양주 원리를 계승한 곡주에서 유도된 곡물식초법이라고 할 수 있다. 『음식디미방』의 미초제조법은 제곡에서 발효 관리에 이르기까지 완전한 양초법이라 볼 수 있으며 고대의 식초 만드는 법을 잘 이어받고 있다.

다음으로 초법은 소맥누룩제법으로 볼 수 있다. 소맥누룩만을 이용해 물에 담근 그대로 만들고 있어 비교적 간단한 초법이다. 마지막으로 독특한 매자초법이 소개된다. 이 또한 새로운 초제조법으로 과실을 이용한 즉석초의 일종이다. 오매즙을 내서 엄초를 흡수시켜 말린 다음 가루를 내두었다가 식초 대용으로 쓰는 것으로 매우 진보적인 방법이다. 전래의 곡물초가 아닌 원료 면에서 과실을 사용한 문헌상 최초의 과실초이며 합성초라고 볼 수 있다. 이 방법은 중국의 『제민요술』[11]과 비슷한 면이 있어 중국의 농의서들을 인용한 흔적도 보이나 한국적인 양초법을 구사한 노력을 엿볼 수 있다.

초 담는 법(1법)

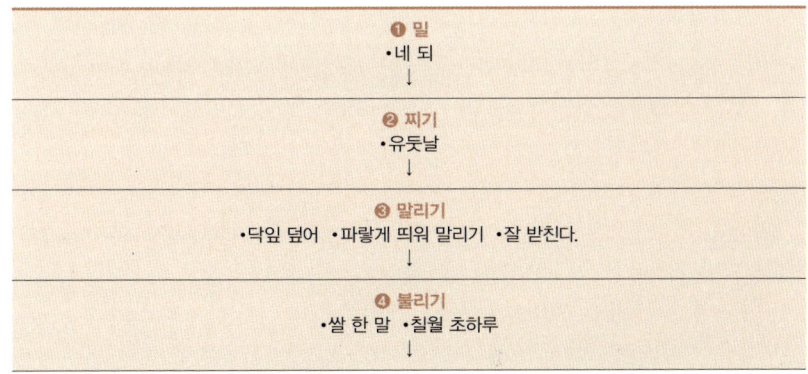

❺ 찌기
•밥을 찌고 •누룩 한 되, 밀 세 되, 물 한 동이 붓기
❻ 덮고 싸매기
•청색 헝겊 덮어 •마麻실로 일곱 마디 싸매고 •7일 후 복숭아 나뭇가지로 들이친다.   ↓
❼ 초

초 담는 법(2법)

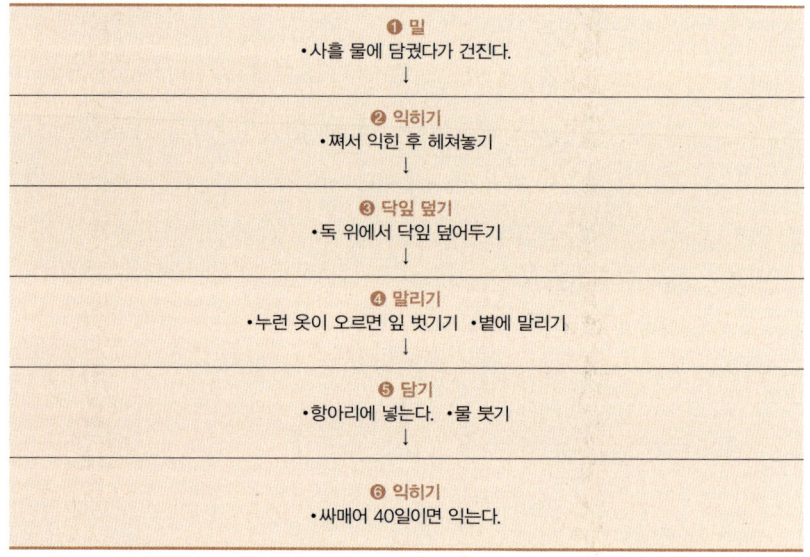

❶ 밀
•사흘 물에 담갔다가 건진다.   ↓
❷ 익히기
•쪄서 익힌 후 헤쳐놓기   ↓
❸ 닥잎 덮기
•독 위에서 닥잎 덮어두기   ↓
❹ 말리기
•누런 옷이 오르면 잎 벗기기 •볕에 말리기   ↓
❺ 담기
•항아리에 넣는다. •물 붓기   ↓
❻ 익히기
•싸매어 40일이면 익는다.

매자초

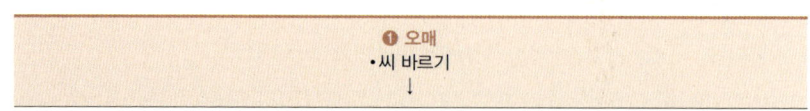

❶ 오매
•씨 바르기   ↓

❷ 담그기 • 1되에 초 5되에 담그기 ↓
❸ 말리기 • 볕에 말리기 ↓
❹ 초 만들기 • 가루를 조금씩 물에 들이쳐 초 만들어 쓴다.

식해 食醢

우리의 대표적인 발효식품인 장류와 초류는 조미료로서 많이 연구되었고 김치류는 우리만의 독특한 반찬류로 연구되어왔다. 해류 식품은 밥과 더불어 식단 구성상 기본적인 반찬류이면서 또한 조미료 역할을 했다. 식해는 옛날에 식물과 곡물에 최소한의 소금을 넣어 숙성시킴으로써 곡물의 전분이 분해되면서 젖산이 생산되고, 이 젖산이 소금과 더불어 식물과 동물의 부패를 막아주는 역할을 했다고 생각된다. 최초의 해에 관한 기록이 나오는 『산가요록』에는 무려 7가지의 식해류가 등장하고 있어 시대가 올라갈수록 식해가 우리 식탁의 중요한 식품이었음을 입증해주고 있다. 재료를 보더라도 도라지, 죽순 등 식물성 재료로부터 돼지껍질, 꿩, 닭, 각종 물고기 등 온갖 것이 쓰인 것으로 미루어 조선 초기까지 동·식물과 곡물에 소금을 첨가해 발효시키는 식해의 다양한 종류가 있었음을 알 수 있다.

어해 魚醢 : 물고기+쌀밥+소금+끓인 소금물+밀가루

양해胖醢: 우양牛胖+후추·소금·쌀밥·누룩+꿩고기 혹은 닭고기

저피식해猪皮食醢: 생돼지 껍질+소금+쌀밥·후춧가루+누룩

도라지식해: 도라지+소금+쌀밥(물고기)

죽순식해: 죽순+소금+쌀밥

꿩식해: 꿩+소금+밀가루

원미식해: 원미죽+물고기+소금

오늘날에는 일부 지역의 향토식품으로만 남아 있는 식해가 다른 나라에서처럼 옛날에는 보편적인 식품이었음을 『산가요록』의 식해조리법 기록에서 확인할 수 있다. 그러나 이러한 식해법으로 실제로 해먹었다는 기록을 찾기는 어려워 대중적으로 널리 퍼졌다고 단정할 수는 없다.

반면 『수운잡방』에는 어식해법만 등장하고 있다. 특히 천어를 이용한 어해법으로 만드는 방법이 상당히 구체적이다. 실제로 도토리나무의 마른 잎을 사용하는 것이나 동아를 곁들이는 자세한 방법을 설명하고 있어 보편적인 조리법이었음을 짐작케 한다.

어식해법

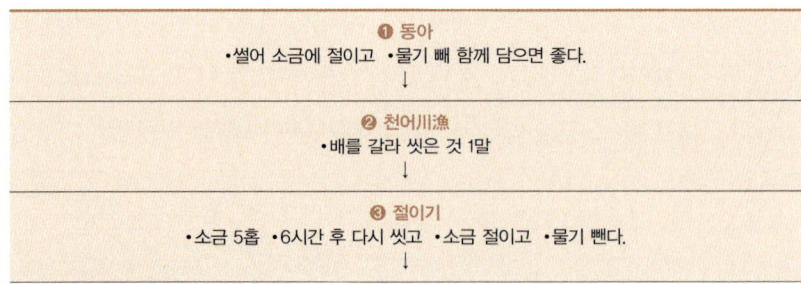

❶ 동아
- 썰어 소금에 절이고 • 물기 빼 함께 담으면 좋다.
↓
❷ 천어川漁
- 배를 갈라 씻은 것 1말
↓
❸ 절이기
- 소금 5홉 • 6시간 후 다시 씻고 • 소금 절이고 • 물기 뺀다.
↓

---

❹ 밥 짓기
• 멥쌀 4되로 밥 짓고 • 소금 2홉+밀가루 2홉과 섞는다.
↓

❺ 담기
• 항아리에 담고 • 도토리나무 마른 잎으로 메우고 • 돌로 눌러 • 물을 채운다.
↓

❻ 어식해
• 먼저 부은 물을 퍼내고 내어 쓴다. • 쓰고 난 후 물을 다시 붓는다.

한편 『음식디미방』에 나오는 해조리법을 분류해보면 다음과 같다.

    어류해 : 청어념혀(청어젓갈)

    갑각류해 : 게젓

          약게젓(장醬해)

    조류해: 춤새(참새젓)

게젓

---

❶ 가랑잎
• 씻어 말려놓는다.
↓

❷ 산 참게
↓

❸ 해감하기
• 소금물(물 10리터+소금 1킬로그램)에 담은 항아리에 2~3일
↓

❹ 선별하기
• 건져 솔로 문질러 씻고 • 물기를 뺀 후 • 산 것만 골라 항아리에 담는다.
↓

---

❺ 끓이기
• 소금장물(물 4리터+소금 1킬로그램)에 끓이다 • 소금 넣어 완전히 녹으면 식힌다.

❻ 소금장물 붓기
• 산 게가 든 항아리에 가랑잎을 덮고 • 돌로 누르고 • 소금장물 붓는다. • 10일 후 먹는다.
↓
❼ 게젓

약게젓

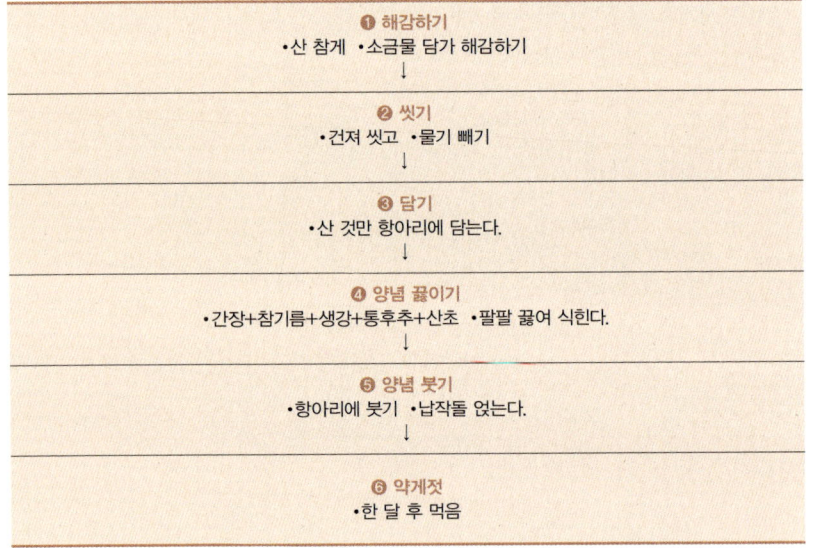

❶ 해감하기
• 산 참게 • 소금물 담가 해감하기
↓
❷ 씻기
• 건져 씻고 • 물기 빼기
↓
❸ 담기
• 산 것만 항아리에 담는다.
↓
❹ 양념 끓이기
• 간장+참기름+생강+통후추+산초 • 팔팔 끓여 식힌다.
↓
❺ 양념 붓기
• 항아리에 붓기 • 납작돌 얹는다.
↓
❻ 약게젓
• 한 달 후 먹음

참새

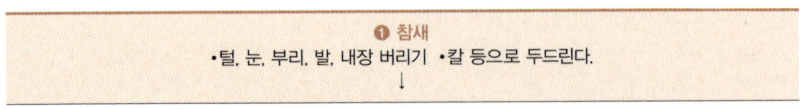

❶ 참새
• 털, 눈, 부리, 발, 내장 버리기 • 칼 등으로 두드린다.
↓

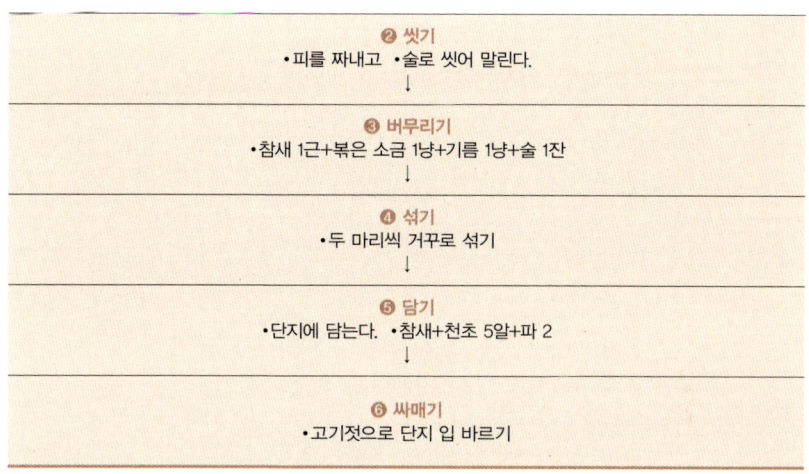

청어젓갈법

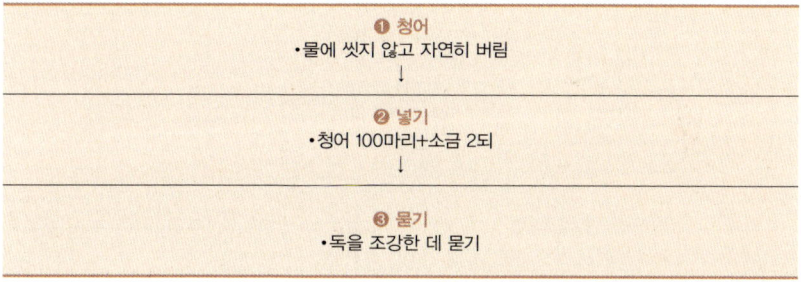

　이처럼 조리법이 구체적이다. 원재료의 종류는 적지만 어류, 갑각류, 조류의 다양한 범위를 포함하고 있다. 실제로 사대부가에서 일상적으로 먹던 해조리법임을 짐작케 한다. 더욱 중요한 것은 해조리법은 대부분 소금을 이용하지만 약게젓은 지령이라고 표현한 청장을 이용한 침장법을 썼는데, 침장법은 『음식디미방』에 처음 소개되어 있다. 오늘날 가장 많이 먹는 간장게장의 원류를 여기에서 처음 본다고도 할 수 있다.

그러다가 1800년대의 『규합총서』[12]에는 다양한 게젓 담는 법이 나오는데, 첫째 술과 초로 게젓 담는 법, 둘째 소금으로 담는 법, 셋째 장으로 담는 법이 나오며 이 방법은 특이하게 소고기까지 넣어 담고 있다.

[표 5]는 두 조리서에 나타난 발효음식의 조리법을 비교해본 것이다.

[표 5] 『음식디미방』과 『수운잡방』의 발효음식 조리법 비교

발효 음식	수운잡방	음식디미방
장류	즙장 만들기造汁, 침동아구장법沈東瓜久藏法, 조장법造醬法, 다른 조장법又造醬法, 다른 조장법 2又造醬法, 청근장菁根醬, 기화장其火醬, 전시全豉, 봉리군전시방奉利君全豉方, 수장법水醬法, 조곡법造麴法	
김치 및 장아찌류	청교침채법靑郊沈菜法, 침백채沈白菜, 토란대침조土卵莖沈造, 즙저汁菹, 침동아구장법沈東瓜久藏法, 과저苽菹, 다른 과저又苽菹, 수과저水苽菹, 노과저老苽菹, 치저雉菹, 납조저臘糟菹, 무김치沈蘿蔔, 파김치葱沈菜, 동치미土邑沈菜, 다른 즙저汁菹又法, 향과저香瓜菹, 겨울 나는 갓김치過冬芥菜沈法	생치팀채법(꿩김치법), 산갓침치(산갓김치) 동아 담는 법, 마늘 담는 법,
해류	어식해법魚食醯法	게젓 담는 법, 약게젓, 청어념허법(청어젓갈법)
식초류	고리 만드는 법作高里法, 고리초 만드는 법造高里醋法, 사절초四節醋, 다른 병정초又丙丁醋, 창포초菖蒲醋, 목통초木桶醋	초 담는 법(1법), 초법(2법), 매자초

조선이 추구한 미각

절제의 미각

『수운잡방』과 『음식디미방』이 집필된 조선 전·중기는 성리학이 뿌리를 내리던 시기다. 조선의 성리학은 삶의 다른 분야와 마찬가지로 식생활에도 영향을 미쳤다. 성리학에서 추구한 밥상의 미학은 무엇이었겠는가? 조선의 사대부들은 예의 출발을 식사 예절에서 찾았다. 그리하여 공자의 식습관을 따른 것이 표면적으로 조선에서 구사했던 식사법이었다.

조선 국왕의 수라상에는 전국 각지로부터 산해진미가 올라왔다. 하지만 다 맛봐서는 안 되었다. 식탐의 '절제'야말로 치국治國에 앞서 갖춰야 할 수신의 제일 덕목이었기 때문이다. 김호 교수가 이러한 조선의 성리학적 밥상의 특징을 표현한 말이 '절음식節飮食'이다.[13] 즉 술과 기름진 음식이야말로 최고 경계 대상이었다. 고량지미膏粱之味(기름진 음식의 맛)와 국얼지탐麴蘗之耽(술을 탐하는 일)이야말로 만병의 근원으로 여겨졌다. 왕실에서는 기름진 음식 대신 순하고 담박한 음식이 권장되었다.(『승정원일기』 1738년 8월 2일) 또한 실제로 금주령, 소 도살 금지령, 첩수 제한과 같은 밥상의 통제를 끊임없이 실시했다. 이러한 통제는 실제로 사대부 중심의 계급질서를 지키기 위한 것이기도 했다.

한 예로 16세기의 학자 노수신(1515~1590)은 음식을 절제할 것을 강조했다. 그는 많이 먹지 말고 아무 때나 먹어서는 안 되며 배고픈 후에 먹어야 하며 배부르게 먹어서는 안 된다고 보았다. 특히 기름진 음식이야말로 백병의 근원이라고 여겼다. 음식의 양뿐 아니라 맛의 조화도 중요했다. 노수신은 어떤 맛의 음식이든 지나치게 먹어서는 안 되며 매우 짜거나 시거나 달게 먹지 말라고 충고했다. 그런 까닭에 성리학의 나라인 조선의 미각은 절제의 미각이라고 하는 것이 일반적이다.

실제로 『수운잡방』에도 절제의 미각을 강조한 부분이 보인다. 『수운잡방』은 발문과 서문이 없어 저작 동기는 확실히 알 수 없다. 단지 겉표지 다음 면에 다음과 같은 구절이 적혀 있다.

"小精寡欲 節聲色薄慈味 時有四不出 大風大雨大暑大寒也."

풀어보면 "감정에 치우치지 말고 욕심을 삼가고 성색을 절제하고 맛에 지나치게 빠지지 말라. 바깥출입을 삼가야 할 네 가지 경우가 있으니 바람 사나운 날, 큰 비 오는 날, 더위가 기승을 부리는 날, 추위가 매서운 날이다"라고 하였다.

즉 『수운잡방』은 조리서인데도 맛에 지나치게 빠지는 것을 경계하고 있다. 그렇지만 이것은 '절음식'이라는 성리학적 대의를 표면에 내세운 것이고 사대부로서는 드물게 조리서까지 남긴 것으로 보아 진짜 이유는 미각의 추구로도 볼 수 있다.

탐식(풍류)의 미각

그렇다면 '절음식'을 강조한 조선에서 남성 사대부에 의해 『수운잡방』이라는 조리서가 집필된 진짜 이유는 무엇인가? 강력한 식욕 절제를 중시했던 나라에서도 탐식의 미각은 분명 존재했다. 탐식이라는 표현은 풍류의 미각이란 말로 바꿔도 좋을 것이다. 관직에 나가지 않고 비교적 풍요로웠던 김유는 탁청정이라는 정자를 지어놓고 풍류와 미각을 즐겼다. 책 제목인 수운잡방을 봐도, 수운은 격조를 지닌 음식문화를 뜻한다. 『주역』에 "雲上于天需君子以飮食宴樂"이란 구절이 있다. 풀어보면 "구름 위 하늘나라에서는 먹고 마시게 하며 잔치와 풍류로 군자를 대접한다"는 뜻이다. 이러한 수운에 붙인 '잡방'이란 갖가지 방법을 뜻한다. 즉 수운잡방이란 "풍류를 아는 사람들에게 걸맞은 요리"다. 그러므로 김유는 조선시대 절제의 미각을 추구하는 사회에서 식탐까지는 아니라 해도 탐식 혹은 풍류의 미각을 추구한 사대부였다고 여겨진다.

그렇다면 조선시대에 탐식을 추구한 사대부는 없었을까? 대표적인 조선의 탐식가로는 『도문대작』을 집필한 허균이 거론된다.[14] 허균(1569~1618)은 천재로 불린 뛰어난 시인이었고, 사대부들이 식탐을 경계했던 것과 달리 식탐가로 여겨졌다. 스스로를 "먹을 것만 탐한 사람"이라고 스스럼없이 말했고, 친했던 한석봉에게 보낸 편지에서 "나는 평생 구복口腹만 위한 사람"이라고 쓰기도 했다.

허균은 그의 저서 『도문대작』에서 '조선시대 남성 학자들이 식생활에 관해 거의 논의하지 않았다'면서 이를 문제 삼고 있다.

"곧 색식色食은 성품이고 더욱이 먹는 것은 몸과 생명에 관계되는 것이므로 선현들도 음식으로 말하는 것을 천하게 여겨왔다. 먹는 것을 가리켜 이利에 따른 것이라 하여 좋지 않게 말해온 전통이 뿌리 깊었다."

성리학이라는 학문이 지극히 정신적인 이理를 다루니 사대부들 역시 지극히 현실적인 영역인 음식에 크게 관심을 갖지 않았다. 반면 허균은 음식이야말로 '몸과 생명에 관계된 것'임을 잘 알고 있었다. 조선시대에 거침없이 자신의 식욕을 추구한 사람이었던 것이다.

아마도 김유는 절제와 탐식 사이에서 고민한 사람이었을 것으로 생각된다. 『수운잡방』에는 다양한 음식이 기록되어 있지만 분탕粉湯, 황탕黃湯, 삼색어아탕三色魚兒湯 같은 풍류의 음식이 등장한다. 황탕은 노랗게 물들인 밥에 탕을 만 음식이며, 삼색어아탕도 세 가지 녹두묵을 곁들인 아름다운 음식이다. 시각을 중시한 그의 음식 취향을 엿볼 수 있다.

보양의 미각

조선시대 유학자들의 양생론[15]을 보면 모든 질병이 나타나기 전에 조섭하는 것을 제일의 원칙으로 삼고 있었다. 『동의보감』의 양생론은 조섭을 위주로 하고 있으며 노장老莊의 일신을 위한 양생에 머물지 않고 구황시 활용될 수 있는 구황 벽곡법으로 확대되어 사회적 양생으로 활용되었다.[16] 16세기 중·후반 유학자들의 인체론과 양생론은 여러모로 의미가 있다.

조선시대 유학자들의 양생론은 마음을 다스리는 치심治心을 강조했으며, 호연지기를 길러 육체의 양생법도 함께 이룬다고 생각했다. 대표적 유학자인 이황이나 이이를 포함해 대부분의 유학자는 인체의 정신과 육체활동을 가능하게 하는 기氣의 소모를 막는 일이 호연지기의 수양을 통해서 가능하다고 보았다. 그러나 유학자들이 마음의 기를 기르는 양심養心을 양생의 방법으로 삼고 있었다 해도 육체 활동의 활기로 작용하는 진원지기의 측면을 무시할 수는 없었다. 호연지기의 수양이 '양심養心'의 양생법이라면 진원지기의 수양은 '양육養育'의 양생법이었다.

안동에 거주했던 류성룡(1542~1607)은 자신이 태어날 때부터 약한 기氣를 타고나 병약했으므로 건강을 위해 평소 양생에 힘썼다고 술회하고, 양생은 음식을 조절해 오장을 화평하게 하고 또 색욕을 적게 하여 기氣를 길러야 하는 것으로 보았다. 류성룡은 진원지기뿐 아니라 호연지기도 중요하다고 여겼다.[17]

16세기 중·후반 조선 사대부들의 양생을 잘 정리한 인물이 노수신이었으므로, 그에 대해 좀 더 살펴보자. 노수신은 무엇보다 적절한 식생활을 가장 중시했다.[18] 첫째, 음식을 절도 있게 먹는 일이다. 그는 과식하는 일, 때가 아닌데 먹는 일을 금했다. 또한 배가 고프거나 목이 마를 때만 음식을 먹고 마셔야 하며, 이때도 과식과 과음은 좋지 않다고 강조했다.

둘째, 음식을 먹는 방법이다. 가급적 자주 조금씩 먹어야 하며 자주 많이 먹는 일은 피해야 한다. 급하게 먹어서는 안 되며 조금씩 삼키며 천천히 씹어서 넘겨야 한다. 그리고 저녁에는 식사를 금했다.

셋째, 음식의 종류는 고량진미를 피해야 하는데, 고량진미는 위장의 조화를 망쳐 백병의 원인이 된다고 여겼기 때문이다. 배가 부르도록 고기를 먹어서는 안 되며, 날것, 지나치게 찬 것, 딱딱한 것, 태운 것, 끈적끈적한 것, 미끄러운 음식 등을 피해야 한다[19]고 보았다. 현대인의 영양 지침과 크게 다르지 않다.

이러한 조선시대 양생론은 김유가 쓴 『수운잡방』에는 어떻게 구현되어 있는가? 조리서의 조리법만으로 설명하기는 어렵지만 『수운잡방』에는 조선시대 왕실의 중요한 보양 음식이었던 '전약'[20]이 등장한다. 청밀과 아교 각 3사발, 대추 1사발, 후추와 정향 1냥 반, 건강 5냥, 계피 3냥을 섞어 일상의 방법대로 졸인다고 했다. 꿀, 대추, 후추, 계피, 정향 등의 재료를 써서 몸에 좋은 전약을 만들어두고 먹었던 것으로 보인다. 그런데 『수운잡방』의 전약은 아교를 이용해 굳힌 음식이다. 반면 『산가요록』에는 '우모전과牛毛煎果'가 등장한다. 이에 따르면

『수운잡방』에 실린 전약법을 재현했다.

우무는 대개 굳은 것을 다시 끓여내 그 국물 한 사발에 꿀 다섯 홉을 넣고 후 춧가루를 섞어 굳혔다가 사용한다고 했다. 우무는 우뭇가사리로 보이는데 이는 한천이라고도 불리며, 식물성 해조류의 성분으로 끓여 식히면 굳는 특성이 있다. 아교는 동물성 젤라틴이 그 주성분이라면 우모는 식물성 다당류가 주성분이다. 이러한 점에 대해서는 인지하지 못했던 것으로 보이며 굳히는 성분으로 두 재료를 사용해 전약을 만들어두고 왕실이나 반가에서 중요한 보양식으로 먹었던 듯하다.

『수운잡방』에서 음식이 건강, 보양의 차원에서 생각된 것으로 '백자주栢子酒'가 있다. '백자주'는 잣을 장만한 다음 멥쌀과 찹쌀을 가루로 만들어 익힌 뒤 끓인 물을 섞어 술밑을 만든다. 그것을 식힌 다음 누룩가루를 독에 넣고 익히면 잣술, 곧 '백자주'가 된다는 것이다. 그런데 이 항목의 제목 아래에는 이 술의 효능으로 "신중과 방광이 냉한 것을 다스리고 두풍과 백사, 귀매 들린 것을 없앤다治腎中冷膀胱冷 去頭風百邪鬼魅"고 적혀 있어 술을 일종의 치료제로 썼음을 알 수 있다. 그 외에 나오는 호도주, 상실주도 비슷한 효능이 있을 것으로 짐작된다.

반면 『음식디미방』에 기록된 양주방 가운데 효능이 적힌 것은 오가피주五加皮酒 하나뿐이다. "공복에 먹으면 풍증이나 시리고 저려 불인不仁한 증상을 고칠 뿐 아니라 (…) 지금 사람들은 병이 끊이지 않고 단명하니 모든 일을 다 버려두고 먹으라"고까지 하면서 술의 효능을 설명하고 있다.

비슷한 시기의 서구 사회는 어떠했을까? 그들도 미각을 상당히 중시했지만 동양과 추구하는 방식은 달랐다. 미식가인 브리야 사바랭은 "먹는 것을 보면 그 사람을 알 수 있다"고 했으며 음식을 먹는 사람에 대한 관심이 높았다. 반면 "음식을 준비하고 만들어 차려내는 것을 보면 그 사람을 알 수 있다"는 것은 아시아, 특히 중국의 음식관으로 음식 조리를 중시했다. 한국도 마찬가지였다. 미각을 실천하는 장場인 조리법을 통해 미각을 살펴볼 수 있다. 예를 들어 중국 요리사들은 다양한 채소와 육류를 준비해서 여러 방식으로 조합하면 거의 무한정으로 다양한 음식을 만들어낼 수 있다. 자르고, 저미고, 끓이고, 삶고, 데치고, 프라이팬을 흔들어 들면서 볶아주는 것 등이다. 다양한 조리법을 활용한 것은 결국 다양한 미식의 실천을 위한 것이라고 볼 수 있다.

조미료 사용을 통해 본 오미의 미각

그런데 우리가 알고자 하는 것은 『수운잡방』과 『음식디미방』이라는 두 책에 나타난 미각의 정체다. 이것을 설명해내기란 매우 어렵다. 미각의 영역도 매우 넓어 더 많은 연구를 필요로 한다. 그러므로 여기서는 일단 맛을 위해 사용하는 조미료의 영역을 통해 미각의 실체를 짐작해보고자 한다. 즉 단맛, 짠맛, 신맛, 매운맛 그리고 맛난 맛의 영역이다. 그런데 유학자들은 지나치게 '짜거나 쓰거나 달거나 신鹽苦甘辛' 음식은 모두 몸에 좋지 않으므로 피해야 한다[21]고 봤으므로 이 또한 제한점이 있다.

과학적인 영역에서 맛은 어떻게 설명될까? 1916년 독일의 심리학자인 헤닝 Henning은 단맛, 짠맛, 신맛, 쓴맛을 4원미라고 했다.[22] 한편 우리나라에서는 여기에 매운맛辛味을 더해 오미라고 했다. 서양에서는 매운맛을 통각이라 하여 맛으로 인정하지 않았다. 그런가 하면 일본의 화학자들은 4원미나 오미로 설명되지 않는 맛이 확실히 있다며 화학적으로 증명했다. 이것이 바로 지미旨味다. 1985년 전 세계의 화학자들도 이 맛을 과학적으로 인정하기 시작해 이를 우마미Umami라고 명명하기에 이르렀다. 이 맛은 주로 육수의 재료로 사용하는 다시마, 가다랑어, 버섯으로부터 우러나온다. 전통적으로 일본인들은 채식 민족이라 채소의 맛을 보충해줄 수 있는 이러한 지미로 음식의 맛을 높인 것이다.

반면 우리 민족은 유목민은 아니지만 고기를 먹어온 민족이기 때문에 굳이 다시 육수의 맛을 필요로 하지는 않았던 듯하다. 『음식디미방』에 보면 재미있는 음식이 하나 등장하는데 그 명칭이 '국에 타는 것'이다. 이는 닭고기를 이용해 만든 일종의 조미료를 일정한 양을 만들어둔 뒤 국의 맛을 향상시키는 데 사용한 재료로 생각된다. 물론 일본의 지미와는 다르지만 맛내기 조미료를 가지고 있었다는 것이다. 또 하나 우리가 즐겨 사용한 조미료는 젓갈이다. 채소 위주의 단순한 미각에 다양함과 부드러움을 주고 맛을 증진하는 데 젓갈을 이용한 것이다. 특히 단순한 채소절임이 한국의 대표 음식인 김치로 발전할 수 있었던 것은 채소절임에 젓갈을 첨가한 지혜 덕분이다.

단맛

단맛은 전 인류가 추구한 맛이다. 과거 단맛을 내기 위해 쓰였던 것은 주로 꿀이었다. 꿀은 약으로도 쓰인 식재료였다. 그 외에 엿이 주로 사용되고 있으며 『음식디미방』에는 약과를 만들기 위한 즙청이 나타난다.

짠맛

짠맛을 내기 위해 사용된 조미료는 소금, 간장이 대표적이다. 『수운잡방』에서는 소금을 사용한 예가 많았으나 『음식디미방』에서는 소금보다 간장을 사용한 횟수가 높고 초간장도 쓰며 새우젓도 짠맛을 내는 조미료로 썼다.

신맛

신맛을 위해서는 역시 초를 대표적으로 사용하고 있었고 실제로 초 만드는 법도 두 조리서에서 중요하게 다루고 있다.

매운맛

두 책은 고추의 도입이 이뤄지기 전에 나왔으므로 고추에 대한 언급은 없다. 그러나 매운맛을 즐기는 민족의 특성으로 산초, 천초, 후추, 겨자 같은 조미료가 다양하게 쓰이고 있어 이러한 것들로 매운맛을 즐겼다. 후추는 한과 만드는 데까지 들어가는 등 널리 쓰였다.

맛난 맛旨味

맛난 맛을 내기 위해 사용된 식재료로 젓갈류가 있으며『음식디미방』에는 '국에 타는 것'이라는 조미료 역할을 하는 조리법이 등장한다.

[표 6] 미각을 위해 사용된 조미료 사용 횟수 비교

	수운잡방	음식디미방
단맛	꿀(3), 엿(1)	꿀(15), 엿(3), 즙청(2)
짠맛	소금(28), 간장(11), 즙장(1), 메주(4), 된장(3)	간장(43), 초간장(8), 소금(14), 된장(4), 청국장(1), 새우젓(2),
쓴맛		
신맛	초(4)	초(11)
매운맛	산초(3), 생강(7) 천초(2), 후추(8), 계피(2), 마늘(2), 파(5), 겨자(1), 정향(1)	생강(18), 후추(26), 천초(19), 파(19), 겨자(3), 마늘(4), 계피(1)
지미旨味	젓갈류: 어식해법魚食醢法	젓갈류: 게젓 담는 법, 약게젓, 청어념혀법(청어젓갈법) 국에 타는 것

조선 중기에도
다양한 미각을 추구했다

지금까지 조선시대의 조리법과 조선이 추구했던 미각이 무엇인지를 고조리서를 통해 살펴보고자 했다. 이를 위해 주요 텍스트로서 안동 지역 고조리서인 『수운잡방』과 『음식디미방』을 택했다. 일반적으로 생각하는 것과는 달리 유교문화의 중심지였던 안동에서는 음식과 관련된 고조리서가 가장 많이 발견된다. 그러므로 고조리서는 기록을 중시한 유교문화의 소산이라고도 볼 수 있다.

이 두 책이 집필된 조선 전중기는 유교를 국교로 하면서 지금과 같은 한식의 발달이 이뤄진 시기다.[23] 유교문화에 입각해 잔치와 상례의 접빈객 등 각종 유교적 의례에 충실한 식생활을 중시했다. 특히 조상에 대한 봉제사와 접빈객이 중요한 의식이었다. 한편에서는 중인층의 대두로 양반과 서민 계층 간 교류가 일어나기도 한다. 지금의 한식 차림새가 완성된 것은 고추가 도입된 조선 후기로 보고 있다.

그러나 조선 중기에도 음식을 통한 미각 추구가 중요했으며 많은 식재료를 이용한 다양한 조리법이 등장하고 있다. 또한 갖은 조미료를 써서 미각을 추구했다.

1500년대와 1600년대라는 1세기의 차이를 두고 쓰인 두 책은 여러 면에서 비교 대상이 된다. 조선시대 남성 사대부와 사대부가의 나이든 여성이라는 대비가 그렇다. 두 책에 나타난 조리법을 비교해본 결과, 『수운잡방』의 내용은 1400년대에 어의 전순의가 쓴 『산가요록』과 많은 점에서 유사하다. 이는 안동과 한양의 교류가 있었음을 보여주며 실제로 중앙과 지방이 상당히 비슷한 조리법을 공유했음을 알려준다.

반면 『음식디미방』은 조리법이 상당히 상세하면서도 비교적 정확하며 새로운 조리법의 시도도 보인다. 이는 장계향 자신의 실제 조리법을 기록했기 때문일 것이다. 저자인 장계향은 한글로 이 책을 썼지만 실제 한문에 능했으며 정경부인의 반열에 올랐던 인물이다. 그 자신도 서문에서 며느리들이 이 책을 소중히 간직해 자손 대대로 남길 것을 당부했다. 가문의 전통이 대를 이어 이어지고 집안을 잘 다스리는 유교 전통을 중시한 것이다.

이렇게 본다면 남성과 여성 필자의 서로 다른 조리서이지만 사실은 모두 유교문화의 소산이라는 공통점이 있다. 김유는 아마도 봉제사 접빈객이라는 조선시대 사대부들의 중요한 역할을 수행함에 있어 실제로 중요했던 음식봉사를 위해 이 책을 저술했던 것으로 보인다. 그리고 그 당시의 여러 조리서를 참고하고 이를 기록으로 남겨서 집안 대대로 전하게 한 것은 유교문화의 실천이었다. 그러면서도 『수운잡방』에서는 절제를 중시한 엄격한 유교문화 속에서도 음식을 통한 교제를 즐기고 미각을 중시한 안동의 한 사대부의 풍류를 엿볼 수 있다. 그 당시로서는 남성이 조리법을 기록한 다소 파격적인 멋진 책이라는 게 필자의 생각이다.

주 註

제1장

1 윤숙경 편역, 『수운잡방·주찬需雲雜方·酒饌』, 신광출판사, 1998; 윤숙자 역, 『수운잡방』, 질시루, 2006.
2 안동시와 (사)수운잡방음식연구원이 전통의 맛과 멋을 복원한다는 의미에서 추진한 사업이다.
3 국내에서 가장 오래된 요리책인 '수운잡방'을 안동의 국학진흥원에 기탁했다고 12일 밝혔다.(『국민일보』, 2012. 2. 12)
4 고문헌의 성격상 '국내 최고最古'라는 타이틀은 항상 열려 있다. 현재까지 알려진 국내 최고의 요리서는 1450년대 어의御醫 전순의全循義가 지은 농서이자 요리서인 한문 필사본 『산가요록山家要錄』이다. 여기에는 음식 조리법 230여 종이 수록되어 있는데, 저자 전순의는 의사이자 식품학자로 궁중 음식 담당인 식의食醫로 출발하여 세조대에 좌익원종공신에 봉해졌던 인물이다.(정혜경, 『천년 한식의 세계』, 휴먼테라피, 2009, 189~190쪽) 따라서 『수운잡방』은 국내에서 두 번째로 나온 요리서가 되는데, 단행본의 형태로 된 요리서로는 현재까지 국내 최고最古라고 할 수 있다.
5 중국 원대元代(1271~1368)에 지어진 10책으로 된 가정요리 백과전서다.
6 윤숙경 편역, 앞의 책, 20쪽.
7 『수운잡방』의 대한 번역 및 해제 작업은 조리법이나 저장법 등의 식품학 분야의 관심

에 의해 수행되었다.(윤숙경, 앞의 책; 윤숙자, 앞의 책) 또 『수운잡방』을 통해 조리법·저장법·재배법 등과 그 시대 문화와 사상의 영향관계를 규명하는 등 식생활 문화를 연구한 것이 있다.(권동미, 「『需雲雜方』의 문화사적 고찰」, 영남대학교 석사학위논문, 2011) 아직은 원문 번역과 해제 단계에 있어 다양한 주제와 관점의 전문적이고 본격적인 연구가 시작되지 않았다고 할 수 있다.

8 洪大容, 『湛軒書』「三經問辨·周易辨疑」
9 캐롤 M. 코니한, 김정희 옮김, 『음식과 몸의 인류학』, 갈무리, 2004, 28쪽.
10 『禮記』「少義」, 君子不食圂腴.
11 『論語』「雍也」, 子曰, 賢哉回也. 一簞食, 一瓢飲, 在陋巷, 人不堪其憂, 回也不改其樂. 賢哉回也.
12 『論語』「學而」, 君子食無求飽, 居無求安.
13 『論語』「里仁」, 士志於道, 而恥惡衣惡食者, 未足與議也.
14 『道德經』60, 烹小鮮, 如治大國.
15 『晏子春秋』; 『春秋左氏傳』昭公 20년, 公曰, 和與同異乎. 對曰, 異. 和如羹焉. 水火醯醢鹽梅, 以烹魚肉, 燀之以薪, 宰夫和之, 齊之以味, 濟其不及, 以洩其過, 君子食之, 以平其心. 君臣亦然.
16 『論語』「鄕黨」, 食不厭精. 膾不厭細. 食饐而餲, 魚餒而肉敗, 不食. 色惡不食. 臭惡不食. 失飪不食. 不時不食. 割不正不食. 不得其醬不食. 肉雖多, 不使勝食氣. 唯酒無量, 不及亂. 沽酒市脯不食. 不撤薑食, 不多食.
17 『弘齋全書』제75권 「經史講義」12, 論語 5, 不時二字, 集註以五穀不成果實未熟釋之. 然生穀殀菓之不可食, 三尺之所共知, 而恒人之所同然也. 豈足爲聖人之所獨, 而乃鄭重書不食四字乎.
18 『弘齋全書』제75권 「經史講義」12, 論語 5, 後儒之論此者, 有引禮運飲食必時, 仲尼燕居味得其時之語, 而以爲此時字.
19 『弘齋全書』제75권 「經史講義」12, 論語 5, 即春秋朝暮各有所宜之謂. 如春多酸, 夏多苦, 秋多辛, 冬多鹹. 春宜羔豚膳膏薌, 夏宜腒鱐膳膏臊, 秋宜犢麛膳膏腥, 冬宜鮮羽膳膏羶之類是也. 此說似得之, 未知何如. 정조의 경사강독에 참여한 윤영희는 불시불식 不時不食이라는 구절이 '쉰 밥食饐' '썩은 생선魚餒' '색상이 좋지 않은 것色惡' '냄새가 좋지 않은 것臭惡'의 바로 뒤에 나오기 때문에 불시不時라는 글자는 불성不成과 불숙不熟으로 풀이해야 맥락상 맞다는 의견을 내놓았다.
20 『弘齋全書』제75권 「經史講義」12, 論語 5, 食饐而餲, 魚餒而肉敗者, 食之傷人, 則固不可苟食. 而至若割不正不食, 不得醬不食, 則有似乎擇美惡而較旨否. 此果無畔於不恥惡食之義耶.

21 『孟子』「告子」上, 食色, 性也.

22 『禮記』「禮運」, 飮食男女, 人之大欲存焉.

23 『孟子』「告子」上, 魚我所欲也, 熊掌亦我所欲也, 二者不可得兼, 舍魚而取熊掌者也.

24 許筠, 「屠門大嚼引」『惺所覆瓿藁』제26권, 食色性也. 而食尤軀命之關. 先賢以飮食爲賤者, 指其饕而徇利也, 何嘗廢食而不談乎. 不然則八珍之品, 何以記諸禮經, 而孟軻有魚熊之分耶.

25 『孟子』「盡心」下, 公孫丑問日, 膾炙與羊棗孰美. 孟子曰, 膾炙哉.

26 『墨子』「節用」, 足以充虛繼氣, 强股肱, 耳目聰明, 則止. 不極五味之調, 芬香之和, 不致遠國珍怪異物.

27 『도덕경』12장에 "五味使人之口爽, 五音使人之耳聾"이라 했는데, 여기서 '爽'은 '입맛을 잃는다'는 뜻이다.

28 『周禮』「天官·冢宰」; 『禮記』「內則」, 凡食齊視春時, 羹齊視夏時, 醬齊視秋時, 飮齊視冬時. 凡和, 春多酸, 夏多苦, 秋多辛, 冬多鹹, 調以滑甘.

29 『禮記』「內則」, 牛宜稌, 羊宜黍, 豕宜稷, 犬宜粱, 雁宜麥, 魚宜菰. 春宜羔豚膳膏薌, 夏宜腒鱐膳膏臊, 秋宜犢麛膳膏腥, 冬宜鮮羽膳膏羶.

30 『禮記』「內則」, 牛修·鹿脯·田豕脯·麋脯·麇·鹿·田豕·麇, 皆有軒, 雉兎皆有芼. 爵·鷃·蜩·范·芝栭·菱·椇·棗·栗·榛·柿·瓜·桃·李·梅·杏·楂·梨·薑·桂.

31 『禮記』「內則」, 飯, 黍·稷·稻·粱·白黍·黃粱·稰·穛. 膳, 膷·臐·膮·醢·牛炙. 醢·牛胾·醢·牛膾 羊炙·羊胾·醢·豕炙. 醢·豕胾·芥醬·魚膾. 雉·兎·鶉·鷃, 飮,…. 酒,….

32 『禮記』「少義」, 牛與羊魚之腥, 聶而切之爲膾. 麋鹿爲菹, 野豕爲軒, 皆聶而不切. 麇爲辟雞, 兎爲宛脾, 皆聶而切之. 切蔥若薤, 實之醯以柔之.

33 『禮記』「內則」, 問所欲而敬進之, 柔色以溫之. 饘酏·酒醴·芼羹·菽麥·蕡稻·黍粱·秫唯所欲, 棗·栗·飴·蜜以甘之, 堇·荁·枌·榆免薧滫瀡以滑之, 脂膏以膏之, 父母舅姑必嘗之而后退.

34 柳重臨, 『增補山林經濟』「家政」, 處世交人如嘗五味. 假如我嗜甘, 而他人亦有不嗜甘者, 我惡苦, 而他人亦有嗜苦者, 則何可以我之所不嗜, 而棄人之所嗜乎.

35 Mennell, Stephen. "All Manners of Food", 1985; 캐롤 M. 코니한, 김정희 옮김, 갈무리, 2004. 재인용, 『음식과 몸의 인류학』.

36 『孟子』「告子」上, 生亦我所欲也, 義亦我所欲也, 二者不可得兼, 舍生而取義者也.

37 『孟子』「告子」上, 飮食之人, 則人賤之矣. 爲其養小以失大也.

38 『禮記』「禮運」, 夫禮之初, 始諸飮食.

39 『禮記』「曲禮」:「小學」「敬身」, 曲禮曰, 共食不飽, 共飯不澤手. 毋摶飯, 毋放飯, 毋流歠, 毋咤食, 毋齧骨, 毋反魚肉, 毋投與狗骨, 毋固獲, 毋揚飯, 飯黍毋以箸, 毋嚃羹, 毋絮羹.

毋刺齒, 毋歠醢. 客絮羹, 主人辭不能亨. 客歠醢, 主人辭以窶. 濡肉齒決, 乾肉不齒決, 毋嘬炙.

40 『禮記』「曲禮」上, 凡進食之禮, 左殽右胾. 食居人之左, 羹居人之右. 膾炙處外, 醯醬處內. 蔥渫處末, 酒漿處右.

41 『禮記』「少儀」, 燕侍食於君子, 則先飯而後已. 毋放飯, 毋流歠. 小飯而亟之, 數嚼毋爲口容.

42 『禮記』「喪大記」

43 『小學』「嘉言」, 漢昌邑王奔昭帝之喪. 居道上, 不素食, 霍光數其罪而廢之.

44 『小學』「嘉言」, 古者父母之喪, 旣殯, 食粥, 齋衰, 疏食水飮, 不食菜果. 父母之喪旣虞卒哭, 疏食水飮, 不食菜果. 期而小祥, 食菜果. 又期而大祥, 食醯醬. 中月而禫, 禫而飮醴酒. 始飮酒者, 先飮醴酒. 始食肉者, 先食乾肉. 古人居喪, 無敢公然食肉飮酒者.

45 『小學』「嘉言」, 晉阮籍負才放誕, 居喪無禮, 何曾面質籍於文帝坐曰, 卿敗俗之人. 不可長也. 因言於帝曰, 公方以孝治天下而聽阮籍以重哀飮酒食肉於公座, 宜擯四裔, 無令汚染華夏.

46 『禮記』「內則」, 昧爽而朝 慈以旨甘 日出而退 各從其事 日入而夕 慈以旨甘.

47 『孟子』「盡心」下, 曾晳嗜羊棗, 而曾子不忍食羊棗. 公孫丑問曰, '膾炙與羊棗孰美.' 孟子曰, '膾炙哉.' 公孫丑曰, '然則曾子何爲食膾炙而不食羊棗.' 曰, '膾炙所同也, 羊棗所獨也. 諱名不諱姓, 姓所同也, 名所獨也.'

48 『尙書』「周書·洪範」, 八政, 一曰食, 二曰貨, 三曰祀, 四曰司空, 五曰司徒, 六曰司寇, 七曰賓, 八曰師.

49 『禮記』「王制」, 六禮, 冠·昏·喪·祭·鄕·相見. 七敎, 父子·兄弟·夫婦·君臣·長幼·朋友·賓客. 八政, 飮食·衣服·事爲·異別·度·量·數·制. 司徒修六禮以節民性, 明七敎以興民德, 齊八政以防淫.

50 이이, 『聖學輯要』「爲政」下, 事爲는 百工의 伎藝를 말하고, 異別은 각 지역별 용기의 다름을 말하며, 度·量은 길이와 양을 재는 도구의 통일을 말하며, 數·制는 수의 많고 적음과 폭의 규격을 통일하는 것을 말한다.

51 특히 『서경』과 달리 『예기』는 도량형의 통일과 같은 온 나라에 통용될 수 있는 객관적인 표준을 만드는 것을 정치의 요체로 삼고 있다는 점에서 한초 통일국가의 시대적 과제가 반영된 것으로 보인다. 『예기』「왕제」편의 성립은 기원전 2세기 文帝(기원전 180~기원전 157 재위)로 보고 있다.

52 『荀子』「榮辱」, 夫貴爲天子 富有天下, 是人情之所同欲也, 然則從人之欲, 則埶不能容, 物不能贍也. 故先王案爲之制禮義以分之, 使有貴賤之等, 長幼之差, 知愚, 能不能之分, 皆使人載其事而各得其宜, 然後使穀祿多少厚薄之稱, 是夫群居和一之道也.

53 『小學』「立敎」, 七年男女不同席, 不共食. 八年出入門戶及卽席飮食, 必後長者, 始敎之讓.
54 『孟子』「告子」下, 任人有問屋廬子曰, '禮與食孰重.' 曰, '禮重.' (…) 曰, '以禮食, 則飢而死, 不以禮食, 則得食, 必以禮乎.'
55 『孟子』「告子」下, 紾兄之臂而奪之食, 則得食, 不紾, 則不得食, 則將紾之乎.
56 『牧民心書』「律己」, 後唐劉贊父玭, 爲縣令. 贊就學, 衣以靑布衫襦, 每食則自肉食, 別以蔬食. 食贊牀下曰, 肉食, 君之祿也, 爾欲之則勤學以得祿, 吾食非爾之食也. 由是, 贊力學擧進士.
57 '食時五觀'의 첫째 항목이 "음식을 대하면 이 음식이 있기까지 수많은 사람의 노동을 생각하고, 이 음식이 어디서 유래한 것인가를 헤아린다計功多少, 量彼來處"는 것이다.(왕런샹 지음, 주영하 옮김, 『중국음식문화사』, 민음사, 2010, 423~425쪽)
58 烏川 주변에 있어 마을 이름도 오천리가 되었다. 오천은 우리말로 '외내'라고도 한다. 외내는 마을이 수몰되기 전 마을 앞을 흐르는 한 줄기 시내가 맑은 개울을 이루면서 동남쪽으로 흐르다가 낙동강으로 흘러든 데서 비롯된 이름이다. 또 물이 맑을 때 물 밑에 깔린 돌을 멀리서 보면 검게 보인다고 하여 오천이라 했는데, 까마귀 '烏' 자를 이 두 식으로 읽으면 '외'자와 통한다고 한다.
59 『光山金氏禮安派譜』상권 10~11쪽.
60 『光山金氏禮安派譜』에 따르면 김유의 자녀는 4남2녀다. 그런데 퇴계가 쓴 묘지명에는 김유의 자녀가 3남1녀로 나와 있고, 서자녀가 있는데 아직 어리다고 했다. 한편 퇴계가 쓴 금원복의 묘갈명에 의하면 김유는 금원복의 서녀를 첩으로 맞이했고, 그 사이에 자녀가 있다고 했다.(『退溪先生文集』卷之四十六, 「通訓大夫行沔川郡守琴公碣銘幷序」,「墓碣誌銘」) 김유의 손자 김령은 『계암일록』에서 庶叔의 존재를 자주 언급했다.
61 박현순, 「16~17세기 禮安縣 士族社會 硏究」, 2006, 서울대학교 박사학위논문. 13쪽.
62 『성종실록』권166, 15년(1484) 5월 26일.
63 설석규, 「광산 김씨 예안파의 학문세계와 『烏川世稿』」, 『국역 烏川世稿』上.
64 설석규, 앞의 글.
65 「祭金府尹緣文」『晦齋先生集』제6권, 한국문집총간.
66 朴惺, 「墓誌銘」『雲巖先生逸稿』.
67 "中生員. 公尤精於射藝. 旁應武擧. 幾成者數. 而終不遂. 遂兩置之. 慨然嘆曰. 人生一世. 顧樂地如何耳. 何必逐世名哉."
68 『退溪先生文集』卷46「成均生員金公墓誌銘幷序」, "母夫人壽至九十餘. 公伯氏江原監司緣. 常爲親乞外. 奉以專城之養. 而公晨昏供侍. 甚得親歡."
69 김유의 손자 金坽은 『溪巖日錄』에서 "내일은 養曾祖父의 제삿날이다"(1607년 2월 17일)라고 했다. 또 "새벽에 일어나 조부 제사에 참석했다. 고조부 陰城府君과 養曾祖

父 丹城府君이 한 사당에 모셔져 있다"(1615년 2월 14일)고 했다. 여기서 말한 양증조부란 김유의 고모부 김만균이다.

70 『退溪先生文集』卷46 「成均生員金公墓誌銘幷序」, 縣監家故饒溫. 公因是以財雄於鄕, 其於所養之義, 所以愼終追遠者無憾.

71 「成均生員金公墓誌銘幷序」『退溪先生文集』卷46, 性俊俠好賓客. 初, 縣監構亭於愚巖臨洛水, 名曰枕流. 宅邊亦有亭. 公皆修而敞之. 客至, 輒爲之投轄劇飮. 或連夜無倦色. 搢紳之過縣, 多枉駕盡歡. 雖褐寬博, 待必款款. 惟見人不善, 則亦峻斥而不能容. 焉

72 정혜경, 「조선시대 고조리서에 나타난 조리법과 미각문화—음식조리서를 통해 본 조선시대 반가 음식문화의 다층성」, 한국유교문화 심층연구 4차 포럼 발표문, 한국국학진흥원, 2011. 12. 20.

73 정혜경, 『천년 한식 견문록』, 196쪽 참조.

74 金綏, 『需雲雜方』「作高里法」고리를 만드는 방법 옆에 '烏川家法'이라는 부기가 있다.

75 『烏川世稿』상, 「雲巖先生逸稿」권2, 116쪽.

76 세조 36권, 11년(1465) 6월 11일.

77 이수건, 『영남사림파의 형성』 영남대학교출판부, 1979; 정진영, 『조선시대 향촌사회』, 한길사, 2000.

78 『광산김씨족보』 상.

79 태조 2년(1393) 1월 29일.

80 『周禮』「天官·冢宰」, 食醫, 掌和王之六食, 六飮, 六膳, 百羞, 百醬, 八珍之齊

81 『문종실록』1년(1450) 6월 29일.

82 『退溪先生文集』卷46 「成均生員金公墓誌銘幷序」, 同里故丹城縣監, 金公諱萬鈞之室. 卽公從姑氏也. 縣監愛公幼秀, 取而養訓, 無異己子焉. 縣監乃文節公淡之子. 廉直耿介. 納公於義方者有素.

83 성종 2권, 1년(1470) 1월 9일. 세종조에는 이순지와 김담이 천문에 정통했는데, 지금은 그만한 사람이 없으므로, 무릇 성변星變이 있으면 민간民間에서 간혹 이를 먼저 알고 있는데도, 관상감觀象監에서는 무식해서 알지 못하고 있으니 매우 옳지 못한 일이다. 지금 이순지와 김담과 같은 사람을 골라서 그들에게 천문을 익히도록 하는 것이 어떻겠는가?

84 『周易傳』需卦

85 『周易傳』需卦, 象曰, 雲上于天, 需, 君子以飮食宴樂.

86 『周易傳』需卦

87 『세조실록』6년(1460) 1월 18일.

88 『영조실록』12년(1736) 10월 7일.

89　『周易』「序卦傳」, 需者飮食之道也. 飮食必有訟, 故受之以訟.
90　『禮記』「樂記」, 夫豢豕爲酒, 非以爲禍也, 而獄訟益繁, 則酒之流生禍也. 是故先王因爲酒禮, 壹獻之禮, 賓主百拜, 終日飮酒, 而不得醉焉. 此先王之所以備酒禍也, 故酒食者所以合歡也.
91　『禮記』「曲禮」, 若非飮食之客 則布席 席 間函丈.
92　『백호전서』권32,「白鹿洞規釋義」
93　『國譯烏川世稿』, 한국국학진흥원, 275~276쪽.
94　『需雲雜方』, 少情寡欲, 節聲色薄滋樂. 時有四不出, 大風·大雨·大暑·大寒也.
95　『楚辭』「漁父詞」, 滄浪之水淸兮, 可以濯吾纓, 滄浪之水濁兮, 可以濯吾足.
96　『退溪先生文集卷之四十六』「成均生員金公墓誌銘幷序」, …… 銘曰. 惟公之生, 賦質挺特. 旣習詩書, 亦事韜略. 文則小捷, 武未展躅. 虛老于鄕, 人所嗟惜. 於世雖屈, 於身自足. 勝地烏川, 有田有宅. 皰繼兼珍, 甕溢香醁. 以祠以養, 以燕以樂. 生前大歡, 座上嘉客. 天錫祚胤, 滿階蘭玉. 干城赳赳, 觀國燁燁. 慶休滋至, 高門有揭. 誰云一疾, 遽至不淑. 難勝者悲, 不匱者福. 刻石幽宮, 千載無缺.
97　『春塘先生文集』권4,「退溪先生履歷草記」, 五十一歲辛亥三月. 往省安東地馬鳴洞先祖塋.剪荒植松. 道過金上舍綏濯淸亭.
98　『退溪先生文集別集』권1,「濯淸亭, 示主人金綏之」, 濯淸亭, 贈主人金綏之. 二首; 『退溪先生文集外集』권1, 戲贈金綏之. 三首; 挽金綏之. 二首.
99　『退溪先生文集外集』卷1「寄題金綏之濯淸亭(二首)」, 山擁溪回抱一亭, 主人非是冷書生. 珍羞八百叱奴取, 美酒十千投轄傾. 斫樹奇謀人未識, 穿楊妙技客誰爭. 濯淸儘有風流在, 竹簟氷肌到骨淸. 堪笑乾坤一草亭, 杜陵詩句我平生. 種來湖橘應成長, 留得囊錢任倒傾. 夢裏每尋溪友約, 席間行見野人爭. 何當結屋淸泉上, 不使君家獨占淸.
100　『퇴계언행록』3,「類編」'飮食刻戾之節' 김성일의 기억.
101　『퇴계언행록』3,「類編」'飮食刻戾之節' 우성전의 기억.
102　『艮齋先生文集』권6,「溪山記善錄」下;『退溪先生文集』권36,「答李宏仲問目」, 問從長者入人家. 長者求食, 而主人不肯. 强而求食, 小子私欲不與, 而却恐拂長者之心, 食而退思之. 古人云, 他食吾不食, 不知喫得恁地底食, 何如. 先生曰, 不知長者是何等人, 若是泛然年長之人, 則當其强求食時, 我以他事先出, 不食其食可也. 若己家尊長之人, 須委曲白其不當求之意, 不聽而求得食, 則已亦不可不食也.
103　『呂氏春秋』「孝行覽」, 文王嗜昌蒲菹, 孔子聞而服之, 縮□而食之, 三年然後勝之.
104　주영하, 앞의 책, 190쪽.
105　「與金綏之綏」『聾巖先生文集續集』권1, 昨日之會.日和客齊. 心甚喜悅. 先出未安. 自感寒之後. 日沒則似厭風氣. 不得已急出. 追恨.

106　李賢輔, 『聾巖集』 卷1 「次濯淸亭」, 階下方池池上亭, 風傳欄檻嫩涼生, 溪環谷互前山擁, 檐豁天低北斗傾, 堂上酒盈留客醉, 軒邊侯設聚隣爭, 多吾老退閑無事, 邀輒來分一味淸.

107　金緣의 두 아들 金富弼과 金富儀, 金綏의 세아들 金富仁, 金富信, 金富倫, 그들의 고종사촌 琴應壎, 琴應夾의 7명이 한 동네에 살면서 학문을 토론하고 덕업을 권장하여 선비를 모범을 보여 '烏川七君子'라 일컬어졌다.

108　『퇴계집』 권5, 「贈金彦遇」

109　『선성지』, 『오천세고』, 설석규 해제.

110　『鶴峯全集』 「謹次松亭踏靑韻, 呈金雪月堂」, 鈴齋衙罷月黃昏, 坐想名區郭外村, 多謝故人能記我, 嘉魚分與侑芳樽.

111　『桐溪集』 「文簡公桐溪先生年譜」

112　柳雲龍(1539~1601)은 류성룡의 형으로 김연의 외손서다. 즉 김연 딸의 사위다.

113　『松巖集』 권5, 「遊淸凉山錄」, 夕到烏川後週堂, 主人出門迎入. 其弟愼仲惇敍及柳君應見, 先已來會矣. 携入寢堂, 洗盞更酌. 夜三鼓, 踏月向雪月堂, 又展杯盤. 兼陳紙筆, 期令一觴一詠. 後週兄呼韻催詩. 余先成數絶及古風一首, 諸君或和或未. 鷄鳴而各歸宿焉.

114　金淸源(1661~1717)은 김유의 6대손이다. 김유의 장남 김부인은 아들 셋을 뒀는데, 그 3남이 北厓 金圻(1547~1603)이다. 김기의 장남은 金光載이고, 김광재의 3남이 金㙉이다. 김하의 장남이 金益鳴(1636~1705)이고 김익명의 2남이 자字가 淸源인 金淑이다. 여기서 김유의 정자亭子 탁청정의 상속이 반드시 장남으로만 이어진 것이 아님을 알 수 있다.

115　『鳩巢集』 「遊淸涼山錄」, 向烏川入濯淸亭, 亭主金淸源相見甚喜, 沽酒以來. 余戲謂曰子不見鄕黨篇乎, 沽酒市脯不食, 相與歌歌. 微雨終日, 不得發行. 邀金澤宇, 金鳴久, 金吉甫共話. 金明允兄弟夜來同宿. 我松巖先生, 昔作淸凉之遊. 抵烏川, 自後週堂至雪月堂, 一觴一詠, 仍論禮而發. 吾輩則諧謔而止, 亦可愧也.

116　許筠, 『惺所覆瓿藁』 권26, 「屠門大嚼引」, 余嘗見何氏食經及郇公食單. 二公皆窮天下之味, 極其豐侈, 故品類甚夥, 以萬爲計. 締看之則只是互作美名, 爲眩耀之具已. 我國雖僻, 環以巨浸, 阻以崇山, 故物産亦富饒. 若用何韋二氏例, 換號而區別之, 殆亦萬數也.

제2장

1　백두현, 「『음식디미방』(규곤시의방)의 내용과 구성에 대한 연구」, 『영남학』 1, 경북대학교 영남문화연구원, 2001, 249쪽.

2　이광호, 「음식디미방의 분류 체계와 어휘 특성」, 『문학과 언어』 22, 문학과언어학회, 2000, 1쪽.

3   김사엽, 「閨壼是議方과 田家八曲」, 『高秉幹博士頌壽紀念論叢』 4, 경북대학교출판부, 1960.
4   손정자, 「음식디미방」, 『아세아여성연구』 15, 숙명여대 아세아여성문제연구소, 1966.
5   황혜성 편, 『閨壼是議方(음식디미방)』, 한국인서출판사, 1980.
6   한복려·한복선·한복진, 『다시 보고 배우는 음식디미방』, 궁중음식연구원, 1999.
7   이 시는 중국 당나라의 왕건王建이 지은 「신가낭사新嫁娘詞」 중의 한 작품이다. 다만 원문의 '소고小姑(시누이)'가 『음식디미방』에는 '소부小婦(젊은 아낙)'로 되어있는 점이 다르다.
8   KBS 「역사스페셜」, '300년전 여성군자가 쓴 요리백과, 음식디미방', 1999년 12월 18일 방영.
9   송나라 학자 소옹邵雍의 저술인 『황극경세서皇極經世書』에 나오는 학설.
10 『국역 정부인안동장씨실기』, 국역 정부인안동장씨실기 간행소, 1999, 23~24쪽.
11 『국역 정부인안동장씨실기』, 국역 정부인안동장씨실기 간행소, 1999, 27쪽.
12 『국역 정부인안동장씨실기』, 국역 정부인안동장씨실기 간행소, 1999, 28쪽.
13 KBS 「역사스페셜」, '300년전 여성군자가 쓴 요리백과 음식디미방', 1999년 12월 18일 방영.
14 백두현, 앞의 논문, 264~266쪽.
15 이성우, 『조선시대 조리서의 분석적 연구』, 한국정신문화연구원, 1982, 12쪽.
16 윤숙경, 「『음식디미방』에 나오는 조선시대 중기 음식법에 대한 조리학적 고찰」에 대한 논평문, 『정부인 안동장씨의 삶과 학예』, 정부인 안동장씨 추모학술대회 발표논문집, 정부인 안동장씨 기념사업회, 1999, 91쪽.
17 한복진, 「『음식디미방』에 나오는 조선시대 중기 음식법에 대한 조리학적 고찰」에 대한 논평문, 『정부인 안동장씨의 삶과 학예』, 83쪽.
18 정동주, 『장계향 평전』, 경상북도·경북여성정책개발원, 2011, 79쪽.
19 정동주, 앞의 책, 250쪽.
20 정동주, 앞의 책, 256쪽.
21 고려시대 전중성殿中省에 소속된 종6품의 관직.
22 봉화군지편집위원회, 『봉화군지』, 1988, 817쪽.
23 정3품 이상의 관직에 오르는 일.
24 이장발(1574~1592)은 임진왜란 당시 19세의 나이로 전쟁에 참여하여 전사했는데, 현재 봉화군 봉성면에 그의 충절을 기리는 유허비가 전한다.
25 봉화군지편집위원회, 앞의 책, 875~876쪽.
26 당하관에서 당상관으로 승급함.

27   박시원은 1822년에서 1824년까지 봉화현감으로 재직했다.
28   성당 장흥효가 1614년부터 1625까지의 일상을 기록해둔 일기.
29   에릭 홉스봄, 최석영 옮김,『전통의 날조와 창조』, 서경문화사, 1995, 464~465쪽.
30   봉화군지편집위원회, 앞의 책, 756쪽.

제3장
1   일반적으로 고두밥과 누룩을 섞어 버무린 술밑에 물을 부으면 술덧(酒醪, 醅, 醪)이 되는데,『수운잡방』에서는 배醅(술덧)에 누룩을 나중에 넣는다고 했다. 즉 고두밥에 누룩을 넣고 물을 붓는 것이 순서인데, 고두밥에 물을 넣은 것을 배醅라 하고 나중에 누룩을 넣었으니 술을 만드는 일반적인 순서와 다르다. 일단 여기서는 원문에 충실하게 누룩은 넣지 않았지만 배를 술덧으로 번역했다.
2   治腎中冷 膀胱冷 去頭風 百邪鬼魅. 栢子一斗 極洗細擣 水四斗 篩漉之 去皮滓 沸湯 白米一斗五升 粘米一斗五升 百洗細末 熟蒸 和右湯水四斗 作醅待冷 麴末三升 和納瓮 待淸上槽.
3   李睟光,『芝峰類說』「果」, 我國所謂栢 乃中朝之海松 非眞栢也 按稗史言新羅使者每來 多饗松子 名玉角香 又名龍牙香 以此賂公卿家云 盖卽今俗所稱栢子也.
4   洪萬選,『山林經濟』「服食」, 海松子(卽栢子) 擣膏作丸 鷄子大 酒調日三下.(閑情補)
5   崔世珍,『訓蒙字會』「木樹」, 栢 즉빅 빅 俗呼 圓松.
6   李德懋,『靑莊館全書』「五鬣松」, 我東以海松子 爲柏子 盖誤也. 通雅(方以智著) 肅炳言 五粒 一叢五葉如叙 卽新羅海松也 如小栗三角 其仁香美 粒是鬣誤. 癸辛雜識(周密著) 栝松每穗三鬣 而高麗所産 每穗五鬣. 新羅國記(撰人俟考) 松樹大連抱有五 粒者 形如桃仁而稍小 皮硬味如胡桃. 淸異錄(陶穀著) 新羅使 每來 多饗松子 名玉角香 又名龍牙子 以此賂公卿家. 案中國以海松子 爲油松果松.
7   徐有榘,『林園經濟志』「海松子」, (增補山林經濟) 其葉五出 所謂五鬣松也 其毬本豊末煞 子有三稜 盖海東産也 今處處有之 關東淮陽光盛 俗稱栢子者誤.
8   丁若鏞,『雅言覺非』「柏」, 柏者側柏也 汁柏也 埤雅云 柏有數種 其葉扁而側生者 謂之側柏 本草所稱側葉子 是也 其仁曰柏子仁 此日用易知之物也 海松子油松也 果松也 五鬣松也(亦名五粒松) 吾東輿地志山郡土産 咸載海松子 亦日用易知之物也 今俗忽以果松呼之 爲柏 山郡以果松子饋人 輒云柏子幾斗 其訓蒙穉訓 柏曰果松(方言如戔字摺聲) 豈不誤哉 東方朔傳云 柏者鬼之廷 東俗謂柏辟鬼 恐體魄不安 遂以果松板爲柏子板 不用爲棺 尤大愚矣 果松筋理細膩 乃棺材之上品 冒偽名而廢 實用可乎.
9   李時珍,『本草綱目』「海松子」, 頌曰 五粒字 當作五鬣 音傳訛也 五鬣爲一叢 或有兩鬣七

鬠者 松歲久則實繁 中原雖有 小而不及 塞上者佳好也.

10　柳重臨,『增補山林經濟』「栢子酒法」. 欲釀米一斗 取栢子仁一升 磨碎如泥 調方文酒之本 而釀之 飲之益人.

11　崔漢綺,『農政會要』「栢子酒法」, 欲釀米一斗 取栢子仁一升 磨碎如泥 調方文酒之本而釀 之 飲之益人.

12　崔漢綺,『農政會要』「栢子酒法」, 又法 栢子仁一升 沈水經宿 淨洗磨成泥 用水一(二를 교정)斗一升 煎至一斗 去滓 白米一斗 百洗細末 和栢子煎水 納甕 十日後飲之 袪人百(1자 삽입)病.(此方 或與麴末 與腐本和釀 而無其言 疑有闕文)

13　『群學會騰』「栢子酒法」. 栢子仁一升 沈水經宿 淨洗磨成泥 用水一斗一升 煎至一斗 去滓 白米一斗 百洗細末 和栢子煎水 納甕 十日後飲之 袪人百病(此方 似如腐本 或與麴末和 釀 而無其言 疑闕誤) 欲釀米一斗 取栢子仁一升 磨碎如泥 調方文酒之本 而釀三○飲三 ○益人.(胡桃酒法 亦然)

14　徐有榘,『林園經濟志』「松子酒方」. 海松子一升 沈水經宿 淨洗磨成泥 用水一斗一升 煎至 一斗 去滓 白米一斗 百洗細末 和松子煎水 納甕 十日後飲之 袪人百病.(此方 無腐本麴末 和釀之文 疑有闕誤. 增補山林經濟)

15　徐命膺,『攷事十二集』「栢子酒」, 釀法如香醞 而但以實栢子二斗 與原入麴末一斗 同搗爛 入酒本 調和釀之.

16　徐命膺,『攷事十二集』「栢子酒」. 綱目云 栢子仁 主治驚悸益氣 除風濕 安五臟 久服令人 潤澤美色 耳目聰明 不飢不老 輕身延年. 興陽道 去百邪. 安魂定魄.

17　李時珍,『本草綱目』「柏實」. 主治 驚悸益氣 除風濕 安五臟 久服 令人潤澤美色 耳目聰明 不飢不老 輕身延年.(本經); 陰『本草精華』「柏子仁」. 味甘平無毒. 主驚悸益氣 除風濕 安 五臟(…) 久服 令人潤澤美色 耳目聰明 不饑不老.

18　李時珍,『本草綱目』「柏實」. 治頭風 腰腎中冷 膀胱冷 濃宿水 興陽道益壽 去百邪鬼魅 小 兒驚癎.(甄權); 陰『本草精華』「柏子仁」. 權. 治頭風 腰腎膀胱冷 興陽道 去百邪鬼魅 小兒 驚癎.

19　李時珍,『本草綱目』「柏實」. 養心氣 潤腎燥 安魂定魄 益智寧神 燒瀝 澤頭髮 治疥癬.(時 珍)

20　徐命膺,『攷事新書』「栢子酒」. 釀法如香醞 而但以實栢子二斗 與原入麴末一斗 同搗爛 入 酒本 調和釀之.

21　魚叔權,『攷事撮要』「栢子酒」. 釀法如香醞 而但以實栢子二斗 與原入麴末一斗 同爲搗爛 入酒本 調和釀之.

22　楊禮壽,『醫林撮要』「雜方」. 栢子酒 釀法如香醞 而但以實栢子二斗 與原入麴末一斗 同爲 搗爛 入酒本 調和釀之.

23	『醫力合編』,「酒方救酒法」, 柏子酒 釀法如香醞 而但以實柏子二斗 與原入曲末一斗 同爲 擣爛 入酒本 調和釀之.
24	洪萬選,『山林經濟』,「釀酒」, 柏子酒 釀法(法釀을 교정)如香醞 而但以實柏子二斗 與原入 麴末一斗 同擣爛 入酒本 調和釀之.
25	斗庵老人,『民天集說』「栢子酒」, 釀法與香醞同 而但以實栢子二斗 與原入曲(凹을 교정)末 一斗 同爲擣爛 入酒本 調和釀之.
26	徐浩修,『海東農書』「栢子酒」, 釀法如香醞 而但以實栢子二斗(升을 교정) 與原入麴末一 斗. 同搗爛 入酒本 調和釀之.
27	『酒饌』「栢子酒」, 其法如香醞 而但以實柏子二斗 與原入曲末(末曲, 2자 정정)一斗 同爲 爛擣 入酒本 調和釀之.
28	徐有榘,『林園經濟志』「松子酒方」, 釀法如香醞 而海松子 去殼皮二升 與原入麴末一斗 同 搗爛 入酒本 和釀.(聞見方)
29	錦里散人,『宜彙』「酒方」, 柏子酒 其法如上 而但以實柏子二斗 與原入曲末一斗 同爲爛擣 入酒(1자 삽입)本 調和釀之.
30	洪萬選,『山林經濟』,「釀酒」, 內局香醞法 造麴以麥磨之 不篩其末 每一圓入一斗 碎菉豆一 合 調和造作 白米十斗 粘米一斗 百洗蒸出 用熱水十五瓶調和 待其水盡入于蒸飯 然後鋪 於簟上 寒之良久 麴末一斗五升 腐本一瓶 調和釀之.(攷事)
31	錦里散人,『宜彙』「酒方」, 內局香醞法 造麴以麥磨之 竝其末 而每一圓入一斗 碎菉豆一合 調和造作 ○白米十斗 粘米一斗 百洗蒸出 用熱水十五瓶 調和 待其水盡入于蒸飯 然後鋪 之簟上 寒之良久 曲末一斗五升 腐(1자삽입)本三升 調和釀之.
32	唐愼微,『證類本草』「海松子」, 味甘小溫無毒 主骨節風 頭眩 去死肌變白 散水氣 潤五藏 不飢.
33	『鄕藥集成方』「海松子」, 主骨節風 頭眩 去死肌變白 散水氣 潤五藏 不飢.
34	汪穎,『食物本草』「松子」, 一種海松子 主骨節風 頭眩 去死肌變白(白髮을 교정) 散水氣 潤五臟 不饑.
35	李時珍,『本草綱目』「海松子」, 主治骨節風 頭眩 去死肌變白 散水氣 潤五臟 不饑.(開寶)
36	『本草精華』「海松子」, 開. 主骨節風 頭眩 去死肌 變白 潤五臟 不飢.
37	繆希雍,『神農本草經疏』「海松子」, 味甘小溫無毒 主骨節風 頭(眩을 교정)眩 去死肌變(髮 을 교정)白 散水氣 潤五藏 不飢. 生新羅.
38	唐愼微,『證類本草』「海松子」, 謹按日華子云 松子逐風痹寒氣 虛羸少氣 補不足 潤皮膚 肥五藏 東人以代麻腐食用.
39	李時珍,『本草綱目』「海松子」, 逐風痹寒氣 虛羸少氣 補不足 潤皮膚 肥五臟.(別錄)
40	『本草精華』,「海松子」, 別. 逐風痹寒氣 虛羸少氣 補不足 潤皮膚.

41	許浚, 『東醫寶鑑』「海松子」, 짓 性小溫味甘無毒 主骨節風 及風痺 頭眩 潤皮膚 肥五藏 補虛羸少氣.(本草)
42	『鄕藥集成方』「海松子」, 主諸風 溫腸胃 久服 輕身延年不老.
43	李時珍, 『本草綱目』「海松子」, 主諸風 溫腸胃 久服 輕身延年不老.(李珣)
44	『本草精華』, 「海松子」, 珣. 主諸風 溫腸胃 久服 輕身不老.
45	李時珍, 『本草綱目』「海松子」, 潤肺 治燥結 咳嗽.(時珍);『本草精華』, 「海松子」, 時珍. 潤肺 治燥結 欬嗽.
46	李時珍, 『本草綱目』「海松子」, 同栢子仁 治虛秘.(宗奭)
47	唐慎微, 『證類本草』「栢實」藥性論云 柏子仁君 惡菊花 畏羊蹄草 味甘辛 能治腰腎中冷 膀胱冷 膿宿水興陽道 益壽 去頭風 治百邪鬼魅 主小兒驚癎.
48	王好古, 『湯液本草』「栢子仁」, 藥性論云 柏子仁君 惡菊花 畏羊蹄草 能治腰腎中冷 膀胱冷 膿宿水興陽道 益壽 去頭風 治百邪鬼魅.
49	『鄕藥集成方』「柏白皮」, 藥性論云(六을 교정) 柏子仁君 味甘辛 能治腰身中冷 膀胱冷 膿宿水興陽道 益壽 去頭風 治百邪鬼魅 主小兒驚癎.
50	李杲 等, 『醫學十書』「栢子仁」, 藥性論云 柏子仁君 惡菊花 畏羊蹄草 能治腰腎中冷 膀胱冷 膿宿水興陽道 益壽 去頭風 治百邪鬼魅.
51	李時珍, 『本草綱目』「柏實」, 治頭風 腰腎中冷 膀胱冷 濃宿水興陽道 益壽 去百邪鬼魅 小兒驚癎.(甄權)
52	『本草精華』「柏子仁」, 權 治頭風 腰腎膀胱膀胱冷 興陽道 去百邪鬼魅 小兒驚癎.
53	黃度淵, 『本草附方便覽』「柏實」, 腰中重痛腎中寒 膀胱冷 膿宿水.
54	治五勞七傷 補氣不足. 白米一斗 百洗細末 水一斗極湯 和均作餠 待冷 實胡桃五合細硏 麴五升 調和納瓮 待熟 白米三斗 百洗蒸飯 水三斗 和均待冷 麴三升 實胡桃一升五合 細硏和前酒 納瓮 待熟用之.
55	魚叔權, 『攷事撮要』「胡桃酒」, 釀法 與栢子酒同 而但以胡桃 代之.
56	楊禮壽, 『醫林撮要』「胡桃酒」, 釀法 與栢子酒同 而但以胡桃 代之.
57	洪萬選, 『山林經濟』「釀酒」, 胡桃酒釀法 與柏子酒同 而但以胡桃 代之.
58	斗庵老人, 『民天集說』「胡桃酒」, 釀法 與栢子酒同 而但以胡桃 代之.
59	徐命膺, 『攷事新書』「胡桃酒」, 釀法 與栢子酒同 而但以胡桃 代之.
60	徐浩修, 『海東農書』「胡桃酒」, 釀法 與栢子酒同 而但以胡桃 代之.
61	錦里散人, 『宜彙』「酒方」, 胡桃酒 其法如柏子酒 而但以胡桃 代之
62	柳重臨, 『增補山林經濟』「胡桃酒法」, 上同.
63	崔漢綺, 『農政會要』「胡桃酒」, 上同.
64	徐有榘, 『林園經濟志』「核桃酒方」, 釀法 同松子酒方.(聞見方)

65 朱橚, 『普濟方』, 治便癰. 胡桃酒方(出神效方) 用胡桃七箇 燒過陰乾 研爲末 酒服之 不過三服.

66 李時珍, 『本草綱目』「胡桃」, 便毒初起 子和儒門事親 用胡桃七箇 燒研酒服 不過三服 見效.

67 繆希雍, 『神農本草經疏』「胡桃」, 子和儒門事親 便毒初起 用胡桃七箇 燒研酒服 不過三服 效.

68 朱橚, 『普濟方』, 神效胡桃酒 治小腸氣 及婦人外癰. 右以好胡桃一枚 火内燒成炭 細研 以薄酒熱調下 絶妙.

69 李時珍, 『本草綱目』「胡桃」, 食之令人肥健 潤肌 黑鬚髮 多食利小便 去五痔 擣和胡粉 拔白鬚髮 内孔中 則生黑毛 燒存性 和松脂硏 傅瘰癧瘡.(開寶)

70 『本草精華』「胡桃」, 味甘平温無毒. 開 主食之令人肥健 潤肌 黑髮. 利小便 去五痔 擣和胡粉 拔白髮 納孔中 則生黑毛

71 李時珍, 『本草綱目』「胡桃」, 食之令人能食 通潤血脈 骨肉細膩.(詵 方見下)

72 『本草精華』「胡桃」, 詵 通潤血脈 骨肉細膩.

73 李時珍, 『本草綱目』「胡桃」, 治損傷 石淋 同破故紙 蜜丸服 補下焦.(頌)

74 李時珍, 『本草綱目』「胡桃」, 補氣養血 潤燥化痰 益命門 利三焦 温肺潤腸 治虚寒喘嗽 腰脚重痛 心腹疝痛 血痢腸風 散腫毒 發痘瘡 制銅毒 (時珍)

75 許浚, 『東醫寶鑑』「胡桃」, 通經脉 潤血脉 黑鬚髮 令人肥健.

76 橡實米一石 沈流水久潤 麤末 陽乾細末 粘米六斗 百洗細末 和合熟蒸待冷 二物合二斗 好麴三升 計和納瓮 待熟 粘米細末 作粥一盆 納瓮 澄清到底 汲用以清酒出 茹粘粥准納 若上槽後 其滓陽乾藏之 遠行服之而好 三四月放鷹時 午後 下人虚渴 冷水和飮之 輕身健脚力.

77 『鄕藥救急方』, 橡實 俗云猪矣栗 味苦温無毒 本草云 狀葉細者是.

78 崔世珍, 『訓蒙字會』, 猪, 돋 뎨.

79 崔世珍, 『訓蒙字會』, 栗. 밤 울. 俗呼栗子.

80 南豊鉉, 『借字表記法研究』, 단국대학교출판부, 1981, 87쪽.

81 『鄕藥集成方』「橡實」, 鄕名 加邑可乙木實.

82 『鄕藥集成方』「槲若」, 鄕名 所理眞木.

83 崔世珍, 『訓蒙字會』, 橡. 도토리 샹.

84 許浚, 『諺解救急方』, 橡實 도토리.

85 徐有榘, 『林園經濟志』「橡實」, 도토리.

86 柳僖, 『物名考』, 橡實 조리참나모열음 굴근도토리.

87 鄭允容, 『字類註釋』, 橡 도토리 샹. 栩實 有斗 可染皁.

88 『醫本』, 橡實 도토리 細末作粥 多食之.
89 公山 和順堂 主人,『救急單方』, 橡斗 도토리.
90 『良方金丹』, 橡實 굴근도토리 一名櫟木子.
91 柳宅夏,『訓蒙排韻』, 橡. 도토리 샹.
92 許浚,『東醫寶鑑』『橡實』, 굴근도토리.
93 朴鶴鍾,『朝鮮增補 救荒撮要』『橡實』, 本艸 實名굴근도토리.
94 李嘉煥 李載威,『物譜』, 橡實 샹실이.
95 『廣才物譜』, 橡實 샹슈리, 橡斗 샹슈리쌕지.
96 『物名括』, 芧. 櫟也. 춤나무 샹슈리. 橡實 仝;『物名括』, 橡 참나무.
97 池錫永,『訓蒙字略』, 橡 상슈리 상.
98 李鎭夏,『解惑辨疑』, 橡斗 俗상수리.
99 池錫永,『字典釋要』, 橡 상수리 상.
100 鄭允容,『字類註釋』, 槲 상실이 혹 俗곡. 櫟實 亦有斗 槲橛能濕江河間作柱.
101 『廣才物譜』, 槲實 도토리.
102 司譯院,『譯語類解』, 櫟實 도토리.
103 池錫永,『訓蒙字略』, 櫟 참나무 력.
104 池錫永,『字典釋要』, 櫟 도토리 력.
105 崔世珍,『訓蒙字會』, 槲 소리춤나모 곡. 俗呼靑杠樹.
106 李嘉煥 李載威,『物譜』, 橡斗 卽皁斗; 李嘉煥 李載威,『物譜』, 櫟. 芧也. 柞類. 춤남우;
    李嘉煥 李載威,『物譜』, 槲 靑江(紅을 교정)木 갈.
107 柳僖,『物名考』, 槲(斛을 교정)若 갈닙. 赤龍皮 갈피.
108 鄭允容,『字類註釋』, 櫟 덥갈나무 력. 柞屬似樗 不材之木 其實梂橡 又捎掠也 櫟通.
109 『物名括』, 槲 갈 곡. 靑江木 仝. 쳥강목.
110 『良方金丹』, 櫟樹皮 덥갈나모겁질 ○槲若 죠리참나모닙.
111 池錫永,『訓蒙字略』, 槲 썩갈나무 곡.
112 池錫永,『字典釋要』, 槲 썩갈나무 곡.
113 윤숙경,『需雲雜方 酒饌』, 신광출판사, 1998. 38쪽; 윤숙자,『수운잡방』, 질시루, 2006.
    133쪽.
114 윤숙경, 앞의 책, 38쪽; 윤숙자, 앞의 책, 133쪽.
115 이효지,『한국의 전통 민속주(개정판)』, 한양대학교출판부, 2004. 211쪽.
116 米五升 黍米一斗. 橡實完好者 多取 蒸令熟 盛于柤器 置于井邊 注水其上 以味甘爲度 橡
    實三斗 米五升 粥七升 爲率 蒸飯待冷 和二味入瓮 待熟 又用黍米一斗 作粥 粥二升 和
    前酒 還入瓮 置于淨處 則澄淸如海 香烈異常 淸酒用處 收其滓 搗破成泥 裹之 當无酒時

和水服之 醉性不減眞酒 又用其滓 和米末一斗 麴七八升 納瓮 則復成好酒 又用淸酒 作燒酒 則香烈絶勝 又方 沈水 味甘後 作末釀之 亦可.

117 한복려, 『다시보고 배우는 산가요록』, 궁중음식연구원, 2007. 63쪽.

118 徐有榘, 『林園經濟志』 「橡實酒方」, 橡實 爛烝 浸水以味甘爲度 三斗 白米五升 麴七升 烝爛 合釀待熟 黍米一斗 作粥 麴二升 和酒 澄淸.(三山方)

119 全循義, 『食療纂要』, 治泄痢. 橡實熟煮 水浸去澁味 待乾末 碎米等分 先煮米 臨熟入橡末 作粥 和熟蜜 空心服之; 全循義, 『食療纂要』, 治泄及赤白痢. 橡實熟煮 水浸去澁味 待乾*末 碎米等分 先煮米 臨熟入橡末 作粥和蜜 空心食之.

120 申曼, 『舟村新方』, 泄瀉. 一方 橡實作末 和蜜 空心服之 針合谷穴名 神效.

121 『鄕藥集成方』 「橡實」, 味苦微溫無毒 主下痢 厚腸胃 肥健人; 李時珍, 『本草綱目』 「橡實」, 下痢 厚腸胃 肥健人.(蘇恭); 『本草精華』 「橡實」, 恭 主下痢 厚腸胃 肥健人.

122 『鄕藥集成方』 「橡實」, 橡斗子 澁腸止瀉 煮食 可止飢 禦歉歲; 李時珍, 『本草綱目』 「橡實」, 澁腸止瀉 煮食止飢 禦歉歲.(大明); 『本草精華』 「橡實」, 大明 澁腸止瀉 煮食止飢 禦歉歲.

123 許浚, 『東醫寶鑑』 「橡實」, 굴근도토리 性溫味苦澁無毒 主下痢 厚腸胃 肥健人 澁腸止瀉 充飢禦歉.

124 朱橚, 『普濟方』, 治下痢 厚(後을 교정)腸胃 肥健人(出本草) 以橡實殼爲散 及賣汁服之.

125 朱橚, 『救荒本草』 「橡子樹」, 救飢 取子換水浸煮十五次 淘去澁味 蒸極熟食之 厚腸胃 肥健人 不飢.

126 李時珍, 『本草綱目』 「橡實」, 周定(憲을 교정)王曰 取子換水浸煮(1자 삽입)十五次 淘去澁味 蒸極熟食之 可以濟飢.

127 鮑山, 『野菜博錄』 「橡子樹」, 食法 取子換水浸煮數次 淘去澁味 蒸極熟食之 厚腸胃 肥健人 不饑.

128 徐光啓, 『農政全書』 「橡子樹」, 救飢 取子換水浸煮十五次 淘去澁味 蒸極熟食之 厚腸胃 肥健人 不飢.

129 『本草精華』 「橡實」, 取子換水浸煮(1자 삽입)十五次 淘去澁味 蒸熟食.

130 徐有榘, 『林園經濟志』, 橡 取子換水浸煮十五次 淘去澁味 蒸極熟食之 厚腸胃 不飢.

131 『救荒指南』 「山菜樹實草木葉 其四」, 橡實剝去皮 爛煮水中去其澁味 少混食鹽食之 混合炒大豆粉尤佳 主治下痢 厚胃腸 肥健人 澁腸止瀉 煮食止飢 令人强健 禦歉歲.

132 朴鶴鍾, 『朝鮮增補 救荒撮要』 「橡實」, 去皮蒸食 寔益人强健 令不飢 可多取備禦歉歲. 本艸 實名굴근도토리 浸水去渋味 晒乾細末 作餠粥食之.

133 李時珍, 『本草綱目』 「橡實」, 時珍曰 木實爲果 橡蓋果也 儉歲 人取以禦飢 昔摯虞入南山 飢甚 拾橡實而食 唐杜甫客秦州 采橡栗自給 是矣.

134 繆希雍, 『神農本草經疏』 「橡實」, 疏 ○橡實感天地微陽之氣 兼得秋時收斂之性 故其味苦

氣微溫性無毒 氣薄味厚 陽中陰也 入手足陽明 足太陰少陰經 夫脾胃為五臟根本 一身之最喜溫暖 而惡寒濕 寒濕則違其性 故宜急食苦以燥之 此藥味苦能除其所惡氣 溫能遂其所喜 故主厚腸胃 肥健人也 得收斂之性 故又主下痢 及日華子 澁腸止瀉 諸治兼能澁精貴食能止饑 禦歉歲.

135 主萬病 補虛 延年 白髮還黑 落齒更生. 黃精四斤 天門冬三斤去皮 松葉六斤 白朮四斤 枸杞五斤 右味剉之 水三石 煎至一石 米五斗 百洗細末 作粥待冷 曲七升五合 眞末一升五合 合造 夏置冷處 冬置溫處 三日後 白米十斗 百洗沈宿 全蒸 和前酒入瓮 待熟用之.

136 王燾,『外臺秘要方』, 千金翼 五精酒. 主萬病 髮白反黑 齒落更生方. 黃精(四斤) 天門冬(五斤去心) 松葉(六斤) 白朮(四斤) 枸杞(五斤洗) 右五味 皆生者 內釜中 以水三石 煮之一日 去滓取汁 漬麴如家釀法 酒熟取清 任性飲之 長年補養.(忌鯉魚桃李雀肉等)

137 朱橚,『普濟方』, 五精酒. 治萬病 髮白返黑 齒落更生. 黃精(四兩) 天門冬(三斤去心) 松葉(六斤) 白朮(四斤) 枸杞子(五斤洗) 右皆用生者 內釜中 以水三石 煮之一日 去滓取汁 漬麴如家釀法 酒熟取清 任性飲之 一劑常年 補養 忌鯉魚桃李雀肉等.

138 『醫方類聚』「服松柏實」, 五精酒 主萬病 髮白反黑 齒落更生方. 黃精四斤 天門冬參斤 松葉六斤 白朮四斤 枸杞五斤. 右五味 皆生者 內釜中 以水參石 煮之壹日 去滓 以汁漬麴如家醞法 酒熟取清 任性飲之 壹劑年長 千金翼方作長年.

139 『要錄』「五精酒」. 治氣虛 長服 則白髮還黑 延年. 黃精四斤 天門冬三(二를 교정)斤去心 松葉六斤 白朮四斤 枸杞五斤 右剉 水三石 煎至一石 白米五斗 百洗細末 作粥待冷 麴七升 眞末一升 合造 三日後 米十斗 百洗沈宿 全蒸 合造 待熟 取清飲之.

140 休寧程林,『聖濟總錄纂要』「黃精方」, 延年益壽 返老還童 除萬病. 黃精(五斤) 天門冬(去心三斤) 松葉 枸杞根(各五斤) 搗為麁末 以水三石 入前藥在內 煮二石 用糯米一石 細麴 麴 半秤 蒸米 麯入在前藥水中 封閉 二七日熟 任性飲之.

141 朱橚,『普濟方』「黃精酒」. 主萬病 延年 補養 髮白再黑 齒落更生. 黃精(四斤) 天門冬(三斤去心) 朮(四斤) 松葉(六斤) 枸杞根(五斤) 右都剉 以水三石 煮取汁一石 浸麴十斤 炊米一石 如常法釀酒 候熟 任飲之 忌桃李雀肉; 朱橚,『普濟方』, 黃精酒(出聖惠方) 主萬病 延年 補養 髮白再黑 齒落更生. 黃精(去皮四斤) 天門冬(去皮三斤) 松葉 枸杞根(各五斤) 右為粗末 以水三石 入前藥在內 煮取二石 用糯米一石 細麴半斤 蒸米 同麴入在前藥水中 封閉 二七日熟 任性飲之 延年益壽 反老還童 除萬病.

142 『鄕藥集成方』「諸虛」, 黃精酒. 主萬病 延年補養 髮白再黑 齒落更生. 黃精四斤 天門冬三斤去心 朮四斤 枸杞根五斤 松葉六斤 ○右都剉 以水三石 煮取汁一石 浸麴十斤 炊米一石 如常法釀酒 候熟任飲之.

143 『醫方類聚』「黃精酒方」, 黃精酒. 主萬病 延年 補養 髮白再黑 齒落更生方. 黃精四斤 天門冬三斤去心 松葉六斤 朮四斤 枸杞根五斤. 右件藥 都剉(銼를 교정) 以水三碩 煮取汁一

144 高濂, 『遵生八牋』「黃精酒」, 用黃精四斤 天門冬去心三斤 松針六斤 白朮四斤 枸杞五斤 俱生用納釜中 以水三石 煑之一日 去渣以清汁 浸麯如家釀法 酒熟取清 任意食之 主除百病 延年 變鬚髮 生齒牙 功妙無量.

145 李時珍, 『本草綱目』「黃精酒」, 壯筋骨 益精髓 變白髮 治百病 用黃精 蒼朮 各四斤 枸杞根 柏葉 各五斤 天門冬三斤 煮汁一石 同麯十斤 糯米一石 如常釀酒飮.

146 徐有榘, 『林園經濟志』「滋補酒醴諸方」, 黃精酒(本草細目) 黃精 蒼朮 各四斤 枸杞根 柏葉 各五斤 天門冬三斤 煮汁一石 同麯十斤 糯米一石 如常釀法飮 壯筋骨 益精髓 變白髮 治百病.

147 『本草彙英』「黃精酒」, 壯筋骨 益精髓 變白髮 治百病. 黃精 蒼朮 各四斤 枸杞根 柏葉 各五斤 天門冬三斤 煮汁一石 同麯十斤 糯米一石 如酒釀酒飮之.

148 崔漢綺, 『農政會要』「黃精酒」, 用黃精四斤 天門冬去心三斤 松針六斤 白朮四斤 枸杞五斤 俱生用納釜中 以水三石 煑之一日 去渣(楂를 교정)以清汁 浸麯如家釀法 酒熟取清 任意食之 主除百病 延年 變鬚髮 生齒牙 功妙無量.

149 黃度淵, 『本草附方便覽』「黃精酒」, 壯筋 益精 變白. 黃精 蒼朮 各四斤 枸杞根 柏葉 各五斤 天門冬三斤 煮汁一石 同麯十斤 糯米一石 釀酒服.

150 李昌雨, 『壽世秘訣』「黃精酒」, 壯筋骨 益精髓 變白髮 治百病. 用黃精 蒼朮 各四斤 枸杞根皮 柏葉 各五斤 天門冬三斤 煮汁一石 同麯十斤 糯米一石 如常釀酒飮.

151 이효지, 『한국의 전통 민속주』(개정판), 한양대학교출판부, 2004, 259, 339쪽.

152 李時珍, 『本草綱目』「枸杞地骨皮」, 宗奭曰 枸杞當用梗皮 地骨當用根皮 子當用紅實 其皮寒 根大寒 子微寒 今人多用其子為補腎藥 是未曾考竟經意 當量其虛實冷熱用之.

153 松葉六斗 水六斗 煎至二斗 去滓及脂 白米一斗 百洗細末 前水作粥 待冷 好曲一升 和入瓮 三七日後 用之 諸疾卽差.

154 윤숙경, 『需雲雜方 酒饌』, 124쪽; 윤숙자, 『수운잡방』, 175쪽.

155 윤숙경, 앞의 책, 124쪽; 윤숙자, 앞의 책, 175쪽; (사)수운잡방 음식연구원, 『수운잡방』, 컴퍼니 마요, 2011, 43쪽.

156 『要錄』「松葉酒」, 松葉六斗 水六斗 煎至二斗 去滓及脂 白米一斗 百洗細末 以其水作粥 待冷 好麴末一升 和入瓮 三七日後用 空心服.

157 『酒饌』「松葉酒」, 粘米一斗 蒸飯 待冷 曲末一升 松葉一升 交和 不用水 釀之 第三日後 以好酒一升 添入 又過三日 爛熟 初味少有辛苦 後味極其清甘.

158 强窩, 『治生要覽』, 粘米一斗 蒸飯 待冷 曲末一升 松葉一升 交和 不用水 入甕三日 以好酒一升 入 又過三日 爛熟 初味少有苦 後極清甘.

159 『酒饌』, 韓國古食文獻集成 3卷, 修學社, 1992, 1176쪽.

160 李盛雨,『韓國食經大典』, 鄕文社, 1981. 28~30쪽.
161 『曆酒方文』「松葉酒方」, 春三 則取東枝葉 夏三 則取南枝葉 秋三 則取西枝葉 冬三 則取北枝葉 截去其蒂 陰乾以置 另搗和酒 日常空心服 白髮還黑 祛(袪를 교정)百病 能輕身健步 令不飢.
162 李圭景,『五洲衍文長箋散稿』「山野荒政辨證說」, 嫩松葉酒. 仲春間 取新抽松筍上軟葉 不拘多少 採幾石 碓搗成片 日乾更搗爲末 每一斗末 入白米三合 水一盆作粥 加麴末一二合 以此爲式 待粥冷 並麴末 釀而爲酒 三七後 取淸飮之 味極淸洌 可以充腹 可以救荒 若非春節 不拘某葉用之 本方麴太少 酎酌爲之可也. 又方 取松葉三斗 置大缸中 水六斗煎沸 乘極熱灌之 堅封缸口 夏四日 冬六日後 篩去其滓 白米三升 作飯入之 堅封過三日後 飮之 治濕強筋骨 度飢延年 若入細麴末一升 則尤佳 米若不足 每斗入五六合亦可. 一方 松葉三斗 石碓搗成片 日乾更擣爲末 白米三升 水六斗作粥 加油末三合 此松醪 卽山僧休糧 松粥 松茶者.
163 孫思邈,『備急千金要方』, 松葉酒 主脚弱 十二風痺不能行 服更生散數劑 及衆治不得力 服此一劑 便能遠行 不過兩劑 方松葉六十斤咬咀 以水四石 煮取四斗九升 以釀五斗米如常法 別煮松葉汁 以漬米幷饋飯 泥釀封頭 七日發 澄飮之取醉 得此力者甚衆 神妙.
164 王燾,『外臺祕要方』, 又松葉酒 療脚弱 十二風痺不能行 服更生散數劑 及衆療不得力 服此一劑 便能遠行 不過一兩劑 方 松葉六十斤 右一味 咬咀以水四石 煮取四斗九升 以釀五斗米如常法 別煮松葉汁 以漬米幷饋飯 釀泥封頭 七日發 澄飮之取醉 得此酒力者 甚衆 神妙.
165 朱橚,『普濟方』, 松葉酒(出千金方) 治脚弱 十二風痺不能行 服更生散数劑 及衆治不得力 服此一劑 便能行遠 不過兩劑愈 右用松葉六十斤 咬咀以水四石 煮取四斗九升 以次釀五斗米如常法 別煮松(竹을 교정)葉汁 以漬米幷用饋飯 泥釀封頭 七日發 澄(證을 교정)飮之取醉 得此力者甚衆 神效.
166 『醫方類聚』「酒醴」, 松葉酒. 主脚弱 十二風痺不能行 服更生散數劑 及衆治不得力 服此壹劑 便能遠行 不過兩劑 方 松葉六十斤 咬咀 以水四石 煮取四斗九升 以釀五斗米如常法 別煮松葉汁 以漬米幷饋飯 泥釀封頭 七日發 澄飮之取醉 得此力者甚衆 神妙.
167 唐慎微,『證類本草』「松脂」, 千金方 治脚氣 十二風痺不能行 服更生散數劑 及衆療不得力 服此一劑 更能行遠 不過兩劑 松葉酒 松葉六十斤細剉 咬咀以水四石 煮取四斗九升 以釀五斗米如常法 別責松葉汁 以漬米幷饋飯 泥釀封頭 七日發 澄飮之取醉 得此酒力者 甚衆
168 孫一奎,『赤水元珠』, 千金方 治脚氣 十二風痺不能行 松葉酒 松葉六十斤剉細 以水四石 煮取四斗九升 以釀米五斗米如常法 別煮松葉汁 以漬米幷饋飯 釀封頭 七日後 澄飮之取醉 得此酒力者 甚衆.

169　李時珍,『本草綱目』「松」, 脚氣風痺 松葉酒 治十二風痺不能行 服更生散四劑 及衆療不得力 服此一劑 便能行遠 不過兩劑 松葉六十斤細剉 以水四石 煮取四斗九升 以米五斗 釀如常法 別責松葉汁 以漬米并饋飯 泥釀封頭 七日發 澄飲之取醉 得此酒力者甚衆 千金方.

170　許浚,『東醫寶鑑』「松葉酒」治脚氣風痺.(方見風門)

171　黃度淵,『本草附方便覽』「足」, 脚氣風痺 松葉酒 治十二風痺不能行 服更生散四劑 及衆療不得力 服此一劑 便能行遠 不過兩劑 松葉六十斤細剉 以水四石 煮取四斗九升 以米五斗 釀如常法 別煮松葉汁 漬米竝饋飯 泥釀封頭 七日發 澄飲之取醉 得此酒力者 甚衆 有效.

172　朱橚,『普濟方』, 松葉酒(出千金方) 治中風 口面喎斜 亦治三年中風不效者 用青松葉一斤 細剉搗如大豆 木石臼中擣令汁出 用生絹袋貯 以青酒一斗 浸二宿 近火煨一宿 初服半斤 漸加至一斤 頭面汗出即止 或無酒止用水浸亦可.

173　孫思邈,『備急千金要方』, 治中風 面目相引 口偏著耳 牙車急 舌不得轉方. 又方 青松葉一斤 擣令汁出 清酒一斗 漬二宿 近火一宿 初服半升 漸至一升 頭面汗出即止.

174　王燾,『外臺秘要方』, 千金止汗方 青松葉(一斤) 右一味 擣令汁出 清酒一升 漬二宿 近火一宿 初服半升 漸至一升 頭面汗出即止.

175　丹波康賴,『醫心方』「治中風口喎方 第九」, 經心方 治口喎方 青松葉一斤 搗令出汁 清酒一升 漬二宿 近火一宿 初服半升 漸至一升 頭面汗即止. 千金方同之.

176　休寧程林,『聖濟總錄纂要』, 治中風 口面喎斜. 青松葉浸酒方. 青松葉(一斤細剉如大豆) 木石臼中杵令汁出 用生絹囊貯 以清酒一斗 浸二宿 近火煨一宿 初服半斤 加至一升 頭汗出即正.

177　唐慎微,『證類本草』「松葉」, 又方 治口喎 青松葉一斤 擣令汁出 清酒一升 浸一宿 近火一宿 初服半升 漸至一升 頭面汗即止.

178　『醫方類聚』「風懿」, 治中風 面目相 引口偏著耳 牙車急 舌不得. 又方 青松葉一斤 擣令汁出 清酒一斗 漬二宿 近火一宿 初服半升 漸至一升 頭面汗出即止.

179　李時珍,『本草綱目』「松」, 中風口喎 青松葉一斤搗汁 清酒一斗 浸二宿 近火一宿 初服半升 漸至一升 頭面汗出即止.(千金方)

180　楊禮壽,『醫林撮要』「中風」, 松葉酒 治中風 喎斜口噤 右用青松葉一斤 細剉 木石臼中 擣令汁出 生絹袋盛貯 以清酒一斗 浸二日 近火煨一宿 初服半升 漸加一升 頭面汗出即止 或無酒只用水浸 良方.

181　公山 和順堂 主人,『救急單方』「中風」, 中風 喎斜口噤 用青松葉一升 細挫 木石臼中擣令汁出 生絹袋盛貯 以清酒一斗 浸二日 近火煨一宿 初服半升 漸加一升 頭面汗出即止 或無酒只用水浸 名松葉酒.

182 黃度淵,『本草附方便覽』「口眼喎斜」, 口喎 半身不遂. 青松葉一斤 擣汁 清酒一升 浸二宿 近火一宿 初服半升 漸至一升 頭面汗出 即止.

183 李昌雨,『壽世秘訣』「諸風」, 方 青松葉一斤擣 淸酒 浸二宿 絞 近火一宿 初服半升 漸至一升 頭面汗出 卽止.(正음 교정)

184 南載喆,『兩無神編』「諸風門」, 中風 口眼喎斜 面目相引 舌不可轉者. 青松葉一斤擣汁 靑酒一斤 浸二宿 近火一宿 初服半升 漸至一升 頭面汗出 卽止.(正음 교정)

185 『鄕藥集成方』「諸般脚氣」, 千金方. 松葉酒. 治脚氣 十二風痺不能行 服更生散數劑 衆療不得力 服此一劑 便能行遠 不過兩劑. 松葉六十(十六 2자 교정)斤細剉 以水四石 煮取四斗九升 以釀五斗米如常法 別煮松葉汁 以漬米并饋 甫云切半蒸飯也. 經驗良方 治一切風濕寒熱 令足膝痛 或赤腫 或覺脚骨作熱痛 步履艱苦 一切脚氣 百用百效 及腰膝臀髀大骨疼痛 令人痿躄 皆能治之.

186 李時珍,『本草綱目』「松」, 時珍曰 松葉 松實 服餌所須 松節 松心 耐久不朽 松脂則又樹之津液精華也 在土不朽 流脂日久 變爲琥珀 宜其可以辟穀延齡; 朴鶴鍾,『朝鮮增補 救荒撮要』「松脂」, 松葉 松寔 服餌所須 松節 松心 耐久不朽 松脂(枝를 교정)則又樹之津液精華也 在土不朽 流脂日久 變爲琥珀 㱽其可以辟穀延年;『本草精華』「松脂」, 時珍曰 樹之津液精華也 在土不朽 流脂日久 變爲琥珀 宜其可以辟穀延齡.

187 朱橚,『普濟方』. 松葉浸酒 去大風 治骨節疼痛. 五粒松葉(二十斤 剉碎 淨洗漉乾) 淸酒一石 右入不津甕中 密封 七七日熟 量力飮之.

188 『鄕藥集成方』「大風疾」. 松葉浸酒 去大風 治骨節疼痛. 五粒松葉二十斤 剉碎 淨洗漉乾 淸酒一碩 右都入於不津瓮中 密封 七七日熟 量力飮之.

189 『醫方類聚』「松葉酒方」. 松葉浸酒 去大風 治骨節疼痛方. 五粒松葉二十斤 剉碎 淨洗漉乾 淸酒一碩 右二味 都入於不津瓮中 密封 七七日熟 量力飮之.

190 李時珍,『本草綱目』「松」, 頌曰 松處處有之 其葉有兩鬣五鬣七鬣 歲久則實繁 中原雖有不及 塞上者佳好也 松脂以通明如薰陸香顆者 爲勝.

191 李時珍,『本草綱目』「松」, 時珍曰 松樹磥砢修聳多節 其皮粗厚有鱗形 其葉後凋 二三月抽蕤生花 長四五寸 采其花蕤爲松黃 結實狀如猪心 疊成鱗砌 秋老則子長鱗裂 然葉有二針 三針五針之別 三針者爲栝子松 五針者爲松子松 其子大如柏子 惟遼海及雲南者 子大如巴豆可食 謂之海松子 詳見果部.

192 四月晦時 白米一斗 百洗細末 作粥待冷 曲一升 和入瓮 堅封 置凉處 五月初四日 採眞艾葉 與米一斗數 準布於淨席 終夜承露 端午日 早朝和前酒 作餠如掌 作木簾 安於瓮腰 置餠於簾上 密封 愼莫出氣 置於寒地 八月望時 開封 取簾下淸汁 日三飮之 百疾皆愈 米與艾 多少任意爲之 此其大槩也.

193 윤숙경, 앞의 책, 127쪽.

194 王燾,『外臺秘要方』. 深師 療癩身體 面目有瘡 必死方 取白艾蒿十束 如升大 煮取汁 麴(釀을 교정)米七斗 一如釀法酒 侯(1자 삽입)熟 稍稍飲之.

195 唐慎微,『證類本草』「白蒿」. 梅師方云 取白艾蒿十束 如升大 煮取汁 以麴及米 一如釀酒法 侯熟 稍稍飲之 但是惡疾偏體 面目有瘡者 皆可飲之.

196 朱橚,『普濟方』, 蒿艾酒 治癩疾(出聖惠方) 取白艾蒿十束 如升大 責取汁 以麴糯米 一如釀酒法 候熟 絹濾飲之 但是惡疾遍身 面目有瘡者 皆可飲之.

197 『醫方類聚』「諸風門 七」. 深師方云 取白艾蒿十束 如升大 煮取汁 以麴及米 一如釀酒法 候熟 稍稍飲之 但是惡疾 遍體面目有瘡者.(4자 삽입)

198 李時珍,『本草綱目』「白蒿」. 惡瘡癩疾. 但是惡疾遍體 面目有瘡者 皆可服之 用白艾蒿十束 如升大 煮取汁 以麴及米 一如釀酒法 候熟 稍(1자 삽입)稍服之.(梅師方)

199 『醫方合編』「癩疾」. 乾艾隨多少 以浸麴 釀酒如常法 飲之 覺瘥差. 白艾蒿十束 如升大 (1자 삽입) 火煮取汁 麴米 一如酒釀法 候熟 稍稍飲之 但是惡疾遍體 面目有(無를 교정)瘡者 皆可飲.

200 黃度淵,『本草附方便覽』「諸瘡」. 惡瘡癩疾 但是惡疾遍體 面目有瘡者 皆可服之 用白艾蒿十束 如升大 煮取汁 以麴及米 一如釀酒法 候熟稍服之 有效.

201 徐有榘,『林園經濟志』「癰疽總方」. 白蒿(梅師集驗方) 但是惡瘡遍體 面目有瘡者 皆可服之 白艾蒿十束 如升大 (者가 있으나 연문으로 생략) 煮取汁 以麴及米 一如釀酒法 候熟 稍稍飲之.

202 朱橚,『普濟方』, 艾葉酒(出肘後方) 治白癩 亦治大風癩 用乾艾葉 濃責取汁 每斗米麴 用艾葉五兩重 隨麴米多少 用煎濃汁 拌浸醞 如常法 酒熟 不拘時 稍稍飲之 常令酒勢相接 醺醺然.

203 徐有榘,『林園經濟志』「烏白癩」. 艾酒 (肘後方)白癩風瘡 乾艾隨多少 浸麴 釀酒如常法 日飲之 覺瘥即差.

204 『要錄』「艾酒」. 治腹痛. 五月初四日 採艾葉一斗 鋪席上 承露 翌日汲井花水 沸之 去枝(支를 교정)葉 白米一斗 沈宿 炊飯 以艾水和合 待冷 麴末二升 和入 熟用.

205 楊禮壽,『醫林撮要』「婦人門」. 溺血 艾葉酒 煎服生地黃 續斷 亦良.

206 『本草彙英』「胎動」. 心痛腰脹 或子死腹中 艾葉酒 煎服.

207 黃度淵,『本草附方便覽』「主治胎前」. 胎動 心痛腰脹 或下血 或子死腹中 煮酒服.

208 李時珍,『本草綱目』「艾」. 主治 灸百病 可作煎 止吐血下痢 下部䘌瘡 婦人漏血 利陰氣 生肌肉 辟風寒 使人有子 作煎勿令見風.(別錄)

209 『本草精華』「艾葉」. 味苦微溫無毒. 主灸百病 可作煎 止吐血下痢 下部䘌瘡 婦人漏血 利陰氣 辟風寒 使人有子 作煎勿令見風. 漏血.

210 李時珍,『本草綱目』「艾」. 搗汁服 止傷血 殺蚘蟲.(弘景)

『本草精華』「艾葉」, 弘景 搗汁服 止傷血 殺蚘虫.

211 李時珍, 『本草綱目』「艾」, 主衂血下血 膿血痢 水煮及丸散任用.(蘇恭)

212 李時珍, 『本草綱目』「艾」, 氣味 苦微溫無毒 恭曰 生寒熟熱 元素曰 苦溫 陰中之陽.

213 李時珍, 『本草綱目』「艾」, 時珍曰 苦而辛 生溫熟熱 可升可降 陽也 入足太陰 厥陰 少陰之經 苦酒 香附爲之使.

『本草精華』「艾葉」, 苦而辛 生溫熟熱 可升可降 陽也 入足太陰厥陰少陰之經 苦酒香附爲之使.

214 李時珍, 『本草綱目』「艾」, 溫中 逐冷 除濕.(時珍)

『本草精華』「艾葉」 時珍 溫中逐冷除濕.

215 李時珍, 『本草綱目』「艾」, 詵曰 春月采嫩艾作菜食 或和麪作餛飩如彈子 吞三五枚 以飯壓之 治一切鬼惡氣 長服止冷痢 又以嫩艾作乾餠子 用生薑煎服 止瀉痢及產後瀉血甚妙.

216 李時珍, 『本草綱目』「艾」, 止崩血 腸痔血 搗金瘡 止腹痛 安胎 苦酒作煎 治癬甚良 搗汁飮 治心腹一切冷氣鬼氣.(甄權)

『本草精華』「艾葉」, 甄權 止崩血 金瘡 安胎 苦酒作煎 治癬.

217 李時珍, 『本草綱目』「艾」, 治帶下 止霍亂轉筋 痢後寒熱.(大明)

218 李時珍, 『本草綱目』「艾」, 治帶脉爲病 腹脹滿 腰溶溶如坐水中.(好古)

219 張英, 『淵鑑類函』「艾」, 漢武內傳曰 西王母神仙次藥 有靈蔘艾.

220 李時珍, 『本草綱目』「艾」, 頌曰 近世有單服艾者 或用蒸木瓜和丸 或作湯空腹飮 甚補虛羸 然亦有毒發則熱氣衝上 狂躁不能禁 至攻眼有瘡出血者 誠不可妄服也.

221 李時珍, 『本草綱目』「艾」, 震亨曰 婦人無子 多由血少不能攝精 俗醫謂子宮虛冷 投以辛熱 或服艾葉 不知艾性至熱 入火灸則氣下行 入藥服則氣上行 本草止言其溫 不言其熱 世人喜溫 率多服之 久久毒發 何嘗歸咎于艾哉 予考蘇頌圖經 而因默有感焉.

222 李時珍, 『本草綱目』「艾」, 時珍曰 艾葉生則微苦太辛 熟則微辛太苦 生溫熟熱 純陽也 可以取太陽眞火 可以回垂絶元陽 服之則走三陰 而逐一切寒濕 轉肅殺之氣爲融和 灸之則透諸經 而治百種病邪 起沉疴之人爲康泰 其功亦大矣 蘇恭言其生寒 蘇頌言其有毒 一則見其能止諸血 一則見其熱氣上衝 遂謂其性寒有毒 誤矣 蓋不知血隨氣而行 氣行則血散 熱因久服致火上衝之故爾; 『本草精華』「艾葉」, 時珍曰 艾葉生則微苦太辛 熟則微辛太苦 生溫熟熱(1자 삽입) 陽藥也 可以取太陽眞火 可以回垂絶元陽 服之則走三陰 而逐一切寒濕 轉肅殺之氣爲融和 灸之則透諸經 而治百種病邪 起沈疴之人爲康泰 其功亦大矣.

223 李時珍, 『本草綱目』「艾」, 傷寒時氣 溫疫頭痛 壯熱脉盛 以乾艾葉三升 水一斗 煮一升 頓服取汗.(肘后方)

224 李時珍, 『本草綱目』「艾」, 姙娠風寒 卒中 不省人事 狀如中風 用熟艾三兩 米醋炒極熱 以絹包熨臍下 良久卽甦 婦人良方.

225 李時珍, 『本草綱目』「艾」, 中風口喎 以葦筒長五寸 一頭刺入耳內 四面以麪密封 不透風 一頭以艾灸之七壯 患右灸左 患左灸右 勝金方.

226 李時珍, 『本草綱目』「艾」, 中風口噤 熟艾灸承漿一穴 頰車二穴 各五壯 千金方.

227 李時珍, 『本草綱目』「艾」, 中風掣痛 不仁不隨 並以乾艾斛許 揉團納瓦甑中 並下塞諸孔 獨留一目 以痛處著甑目 而燒艾熏之 一時即知矣 肘后方.

228 李時珍, 『本草綱目』「艾」, 舌縮口噤 以生艾搗傅之 乾艾浸濕亦可 聖濟錄.

229 宗懍, 『荊楚歲時記』, 五月五日 謂之浴蘭節 四民並蹋百草之戲 採艾以為人 懸門戶上 以禳毒氣 以菖蒲 或鏤或屑以泛酒 按大戴禮曰 五月五日 蓄蘭為沐浴 楚辭曰 浴蘭湯兮沐芳華 今謂之端蘭節 又謂之端午蹋百草 即今人有鬭百草之戲也 宗則字文度常 以五月五日雞未鳴時 採艾見似人處攬 而取之用灸有驗 師曠占曰 歲多病 則病草先生 艾是也 今人以艾為虎形 或剪綵為小虎 粘艾葉以戴之.

230 李濟馬, 『東武遺稿』「脾藥」, 艾葉溫平 驅邪逐鬼 漏血安胎 心疼卽愈.

231 變白速效方. 肥地黃切一大斗 搗碎 糯米五升爛炊 麪一大升 右件三味 於盆中熟揉 相入納不津器中 封泥 春夏三七日 秋冬五七日 日滿開 有一盞液 是其精華 宜先飮之 餘用生布絞貯之 如稀飴 極甘美 不過三劑 髮黑如漆 若以牛膝汁拌炊飰 更妙 切忌切白.

232 윤숙경, 앞의 책, 130쪽.

233 윤숙자, 앞의 책, 183쪽.

234 윤숙경, 앞의 책, 130쪽.

235 윤숙경, 앞의 책, 131쪽.

236 윤숙경, 앞의 책, 131쪽.

237 윤숙경, 앞의 책, 130~131쪽; 윤숙자, 앞의 책, 183쪽.

238 윤숙경, 앞의 책, 131쪽.

239 윤숙경, 앞의 책, 130쪽; 윤숙자, 앞의 책, 183쪽.

240 朱橚, 『普濟方』, 地黃酒(出聖惠方) 若以新牛膝搗絞取汁三斤 用拌釀 即變白更急矣.

241 『醫方類聚』「地黃酒方」, 若以新牛膝擣絞取汁三升 用拌釀(饋을 교정) 卽變白更急矣.

242 韓鄂, 『四時纂要』「地黃酒」, 地黃酒 變白速效方 肥地黃切一大斗 搗碎 糯米五升爛炊 麪一大升 右件三味 於盆中熟揉 相入內不津器中 封泥 春夏三七日 秋冬五七日 日滿開 有一盞淥液 是其精華 宜先飮之 餘用生布絞貯之 如稀飴 極甘美.

243 崔漢綺, 『農政會要』「地黃酒」, 用肥大地黃切一大斗 搗碎 糯米五升作飯 麪一大升 三物于盆中熟揉(揉熟을 熟揉로 교정) 相勻傾入甕中 泥封 春夏(秋를 교정)二十一日 秋冬須三(二를 교정)十五日 開看上 有一盞綠液 是其精華 先取飮之 餘以生布絞汁 如飴 收貯 味極甘美 功效同前.

244 朱橚, 『普濟方』, 地黃酒(出聖惠方) 補益變白. 肥地黃(一斤搗碎) 糯米(五斗熟炊) 麪麴(五斤搗碎) 右相和於盆中 就掬於不津甕中 蜜封 春夏三七日 秋冬五七日 滿啓之 當中有一盞 綠汁 是眞精也 宜先酌飮之 餘以生布絞取別置器中 任從飮之 續釀使其相接 不過三劑 髮黑 若以新牛膝搗絞取汁三斤 用拌釀 即變白更急矣.

245 『醫方類聚』「地黃酒方」. 地黃酒 補益變白方. 肥地黃壹秤 擣碎 糯米五斗 熟炊 麪麴 五斤 擣碎 右三味相和 於盆中熟揉(太平聖惠方作擣) 內於不津瓮中 密封 春夏三七日 秋冬五七日 日滿啓之 當中有一盞綠汁 是其精也 宜先酌飮之 餘以生布絞取 別置器中 任性飮之 續釀使其相接 不過三劑 髮黑 若以新牛膝擣絞取汁三升 用拌饋 即變白更急矣.

246 楊禮壽, 『醫林撮要』「産後門」, 良方云 補益變白 肥地黃二斤擣汁 糯米五斗炊熟 麪麯五斤 相和入不津器中 春夏三七 秋冬五七日 啓之當中有一盞綠汁 是眞精 宜先飮之. 良方 虛損門.

247 李時珍, 『本草綱目』「酒」. 地黃酒 補虛弱 壯筋骨 通血脉 治腹痛 變白髮 用生肥地黃 絞汁 同麴米 封密器中 五七日 啓之中有綠汁 眞精英也 宜先飮之 乃濾汁藏貯 加牛膝汁 效更速 亦有加羣藥者.

248 「酒饌」「地黃酒」, 補虛弱 壯筋骨 通血脉 治腹痛 變白髮 用生地黃絞汁 同曲米 封密器中 五七日 啓之中有綠汁 眞精英也 宜先飮之 乃濾汁藏貯 加牛膝汁 效更速.(綱目)

249 徐有榘, 『林園經濟志』「滋補酒醴諸方」, 本草綱目 地黃酒 補虛弱 壯筋骨 通血脈 治腹痛 變白髮 用肥地黃 絞汁 同麴米 封密器中 五七日 啓之中有綠汁 眞精英也 宜先飮之 乃濾汁藏貯 加牛膝汁 效更速 亦有加羣藥者.

250 『本草彙英』「酒」, 地黃酒 補虛弱 壯筋骨 通血脈 治腹痛 變白髮 生肥地黃絞汁 同麴米 封密器中 五七日 啓之中有綠汁 眞精英也 宜先飮之 乃濾汁藏貯 加牛膝汁 效更速 有加群藥同釀者.

251 黃度淵, 『本草附方便覽』「雜記」, 地黃酒 補虛 壯筋骨 通血脈 生地黃汁 同麴米 封密器中 五七日 啓之中有綠汁 眞精英也 宜先飮之 乃濾汁藏貯 加牛膝汁 效更速 亦有加群藥者.

252 李昌雨, 『壽世秘訣』「地黃酒」, 補虛弱 壯筋骨 通血脈 治腹痛 變白髮 用生肥地黃擣汁 同麴米 封密器中 五七日 啓之中有綠汁 眞精英也 宜先飮之 乃濾汁藏貯 加牛膝汁(斗를교정) 效更速 亦有加群藥者.

253 楊禮壽, 『醫林撮要』「雜方」, 地黃酒 糯米一斗 生地黃 三斤細切 同蒸爛熟 入白麴 如常法拌釀 候熟 任意飮之 大能和血駐顔. 入門.

254 許浚, 『東醫寶鑑』「地黃酒」, 糯米一斗 生地黃 三斤細切 同蒸爛熟 入白麴 如常法拌釀 候熟任意飮之 大能和血駐顔.(入門); 許浚, 『東醫寶鑑』, 地黃酒方 糯米一斗 百度洗 生地黃 三斤細切 同蒸 拌白麴釀之 候熟取淸飮.(入門)

255 申曼, 『舟村新方』「雜法 酒方」, 地黃酒法 糯米一斗 生地黃 三斤細折 同煎爛熟 和白麴 如常法拌釀 熟後任意飮之 甚好 大能和血悅顔

256 洪萬選,『山林經濟』「服食」, 地黃酒 糯米一斗 生地黃 三斤細切 同蒸爛熟 入白麴 如常法 拌(半을 교정)釀 候熟飮之 大能和血駐(住를 교정)顔. 入門神隱.

257 斗庵老人,『民天集說』「地黃酒」, 糯米一斗 生地黃 三斤細切 同蒸爛熟 入白曲末 如常法 拌釀 候熟飮之 大能和血駐(住를 교정)顔.

258 徐命膺,『攷事新書』「地黃酒」, 糯米一斗 生地黃 三斤細切 同蒸爛熟 入白麴 如常法拌釀 候熟飮之 大能和血駐顔.

259 『酒饌』「地黃酒」, 糯米一斗 生地黃 三斤細切 同烝爛熟 入白曲 如常法拌釀 候熟任意飮 之(1자 삽입) 大能和血駐顔.

260 徐有榘,『林園經濟志』「滋補酒醴諸方」, 地黃酒 又地黃酒方 糯米 一斗百度洗 生地黃 三 (二를 교정)斤細切 同蒸 拌白麴釀之 候熟取清飮 大能和血駐顔.

261 『蘊酒法』「디황듀」, 싱디황 서근을 즐게 쓰더 뎜미 일두 빅셰ᄒᆞ야 흔듸 무르게 쪄 국 화 ᄒᆞ고 낫비츨 됴케 ᄒᆞᄂᆞ니라.

262 『鄕藥集成方』「地黃酒」, 地黃 味甘苦凉無毒 久服輕身不老 一名地髓 補五臟內傷不足 通 血脈 益氣力 利耳目 每米一斗 用生地黃三斤 同蒸 用白曲拌之 候熟任意用之 大能和血 駐(住를 교정)顔.

263 朱權,『活人心法』「地黃酒」, 地黃 味甘苦凉無毒 久服輕身不老 一名地髓 補五臟內傷不足 通血脈 益氣力 利耳目 每米一斗 用生地黃三斤 同蒸 用白曲拌之 候熟任意用之 大能和 血駐(注를 교정)顔.

264 陳自明,『婦人大全良方』, 地黃酒 治産後百病 未産一月先釀 産訖可服 地黃汁 好麴 好净 秫米(各二升) 右先以地黃汁漬麴令發 準家法釀之 至熟封七日 取清者服 常令酒氣相接 勿令絕 忌蒜生冷 鮓滑雞猪肉 一切毒物 婦人皆可服之 但夏三箇月不可合 春秋宜合 以地 黃汁并淬 內米中炊合用之 若作一碩十碩 準此一升爲率 先服當歸湯 後服此妙.

265 孫思邈,『備急千金要方』, 地黃酒 治産後百病 未産前一月 當預釀之 産訖夢中服之方. 地 黃汁(一升) 好麴 好米(各二升) 右三味 先以地黃汁漬麴令發 準家法醖之 至熟封七日 取 清服之 常使酒氣相接 勿令斷絕 慎蒜生冷酢滑猪雞魚 一切婦人 皆須忌之 但夏三月熱不 可合 春秋冬並得合 服地黃并淬 內米中炊合用之 一石十石 一準此一升爲率 先服羊肉當 歸湯三劑 乃服之佳.

266 『鄕藥集成方』「産後將護」, 地黃酒 治産後百病 未産一月先釀 産訖可服. 地黃汁 好麴 好 淨秫米 各二升 ○右先以地黃汁漬麴令發 準家法釀之 至熟封七日 取清者服 常令酒氣相 接 勿令絕 忌蒜生冷鮓滑雞猪肉 一切毒物 婦人皆可服之 但夏三箇月不可合 春秋宜合 以 地黃汁并淬 內米中炊合用之 若作一碩十碩 準此一升爲率 先服當歸湯 後服此爲妙.

267 『醫方類聚』「周頤傳授濟急方」, 地黃酒 治産後百病 未産壹月先釀 産訖可服 地黃汁 好麴 好淨秫米 各二升 右先以地黃汁漬麴令發 準家法釀之 至熟封七日 取清者服 常令酒氣相

接 勿令絕 忌蒜生冷酢滑鷄猪肉 一切毒物. 婦人皆可服之 但夏三箇月不可合 春秋宜合 以地黃汁幷滓 內米中炊合用之 若作一碩十碩 準此一升爲率 先服當歸湯 後服此妙;『醫方類聚』「虛損」, 地黃酒 治産後百病 未産前壹月 當預釀之 産訖 蓐中服之方. 地黃汁(壹升) 好麴 好米(各二升) 右三味 先以地黃汁漬麴令發 準家法釀之 至熟 封七日 取淸服之 常使酒氣相接 勿令斷絕 愼蒜生冷酢滑猪鷄魚 一切 婦人皆須忌(備急千金要方作服)之. 但夏三月熱不可合 春秋冬竝得合 服地黃幷滓 內米中炊合用之 壹石十石 一準此壹升爲率 先服羊肉當歸湯三劑 乃服之佳.

268 楊禮壽,『醫林撮要』「産後門」, 地黃酒 治産後百病 未産一月先釀 産後可服 地黃汁 好麴 好淨秫米 各二升 右先以地黃汁漬麴令發 准家法釀之 至熟封七日 取淸者服 常令酒氣相接 勿令絕 忌蒜生冷酢滑鷄猪肉 一切毒物 婦人皆可服之 但夏三月不可合 春秋宜合 以地黃汁幷滓 納米中炊合用之 若作一石十石 準此一(1자 삽입)升爲率 先服當歸湯 後服此.(集成方 婦人大全)

269 李時珍,『本草綱目』「地黃」, 産後百病 地黃酒 用地黃汁漬麴二升 淨秫米二斗 令發如常釀之 至熟封七日 取淸常服 令相接 忌生冷鮓蒜雞猪肉 一切毒物 未産先一月釀成 夏月不可造.(千金翼方)

270 王肯堂,『證治準繩』, 地黃酒 治産後百病 未産一月先釀 産訖可服 地黃汁 好麴 好淨秫米(蒸 各二升) 右先以地黃汁漬麴令發 準家法釀之 至熟封七日 取淸者服 常服令酒氣相接 勿令絕 忌蒜生冷鮓滑雞猪肉 一切毒物 凡婦人皆可服 但夏三月不可釀 春秋宜作 以地黃汁幷滓 內米中炊合用之 若作一石十石 準此一(二를 교정)升爲率(1자 삽입) 則先服當歸湯 後服此妙.

271 黃度淵,『本草附方便覽』「産後」, 地黃酒. 用地黃汁漬麴二升 淨秫米二斗 令發如常釀之 至熟 封七日 取淸常服 令相接 忌生冷鮓蒜鷄猪肉 一切毒物 未産先一月釀成 夏月不可造.

272 李昌雨,『壽世秘訣』「産後諸病」, 又見下行産後百病 地黃酒 用地黃汁漬麴二升 秫米二斗 如常釀之 至熟封七日 取淸常服 令酒氣相接 忌生冷鮮蒜鷄猪肉 一切毒物 未産前一月釀成 夏月不可造.

273 陳直,『壽親養老新書』, 食治老人 久風濕痺 筋攣骨痛 潤皮毛 益氣力 補虛止毒 除面皯 宜服 補腎地黃酒. 生地黃(一升切) 大豆(二升熬之) 生牛蒡根(一升切) 右以絹袋盛之 以酒一斗 浸之五六日 任性 空心溫服三二盞 恒作之尤佳.

274 『醫方類聚』「食治諸風方」, 補腎地黃酒 治老人風濕痺 筋攣骨痛 潤皮毛 益氣力 補虛乏 止毒 除面皯 宜服. 大豆(二升熬之) 生地黃(一升切) 生牛蒡根(一升切) 右以絹袋盛之 以酒一斗 浸之五六日 任性 空心溫服 常服一二盞佳.(必用之書 · 壽親養老新書 溫服三二盞 恒作之尤佳)

275 李昌庭, 『壽養叢書類輯』 『醫藥篇』, 補腎地黃酒方 取生地黃 一升切 大豆 二升熬之 生牛蒡根 一斤切 右以絹袋盛 酒一斗 浸五六日 空心溫服.

276 『四醫經驗方』 「老人諸病」, 久風濕痺 筋攣骨痛 生地黃一升切 大豆二升熬 生牛蒡根一升切 右以絹袋盛 以酒一斗 浸五六日 任性 空心溫服三二盃 潤皮毛 益氣力 補虛 止毒 除面皯.

277 徐有榘, 『林園經濟志』 「食治老人諸風方」, 地黃酒方 又治久風濕痺 筋攣骨痛 潤皮毛 益氣力 補虛 止毒 除面皯 補腎 生地黃 一升切 大豆 二升熬之 生牛蒡根一升切 絹袋盛之 以酒一斗 浸之五六日 任性 空心溫服三二盞 恒作之尤佳.

278 朱橚, 『普濟方』, 地黃酒(出聖惠方) 治腰脚疼痛. 生乾地黃(一觔細切) 白楊樹皮(半觔剉) 生薑(二兩碎切炒熟) 大豆(半升炒令熟) 右用絹袋盛 以清酒一斗 於瓷瓶中浸 密封 經七日開 每於食前 溫一小盞服.

279 『鄕藥集成方』 「腎腰諸方」, 地黃酒 治腰脚疼痛. 生乾地黃一斤細切 白楊樹皮半斤剉 生薑二兩碎切炒熟 大豆半升炒令熟 右用絹袋盛 以清酒一升 於瓷瓶中浸 密封 經七日開 每食前 溫一小盞服.

280 『醫方類聚』 「治腰脚冷疼不可忍方」, 治腰脚疼痛 地黃酒方 生乾地黃壹斤細切 白楊樹皮半斤剉生 薑二兩碎切炒熟 大豆半升(太平聖惠方 作斤)炒令熟 右件藥 用絹袋盛 以清酒壹斗 於瓷瓶中浸 密封 經七日開 每於食前 溫壹小盞服.

281 「酒饌」 「地黃酒」, 납평前期 白米一斗 百洗作末 熟調待最冷 曲末五升 調釀後 乾菊花 作末五斤 生地黃五斤 則擣碎 以布袋濾出其汁 地骨皮五斤 則水十斗 煎至五斗 而地黃汁入 注煎 납평內日 米五斗 百洗烝之 而以生地黃汁 地骨皮 水晷干灑 而烝之 待冷 始至납평日 調釀本酒 而生地黃汁 地骨皮水 菊花末 並調釀之 置于最冷處 又不裏之 只令快凉 而三十五日後 垂之.(此酒卽 西王母獻于漢武王酒也)

제4장

1 배영동, 「종가의 사당을 통해본 조상관」, 『한국민속학』 39집, 2004, 143쪽; 배영동, 『음식디미방』 저자 실명 '장계향張桂香'의 고증과 의의」, 『실천민속학연구』(19), 2012.

2 金思燁, 「閨壼是議方과 田家八曲」(資料), 『瀛西高秉幹博士 頌壽紀念論叢:人文社會篇』, 경북대학교, 1960, 671~705쪽.

3 金思燁, 앞의 글, 678쪽.

4 주로 자료의 복원과 관련된 연구 성과로는 다음과 같은 글이 있다. 손정자, 「음식디미방」, 『아세아여성연구』 15집, 1966; 황혜성 편, 『규곤시의방(음식디미방)』, 한국인서출판사, 1980; 貞夫人 安東張氏(황혜성 편), 『閨壼是議方 : 음식디미방』, 정부인기념사업

회, 1985; 한복려·한복선·한복진 엮음, 『다시 보고 배우는 음식디미방』, 궁중음식연구원, 1999; 경북대학교출판부 편집부, 『음식디미방』(고전총서 10), 경북대학교출판부, 2003; 백두현, 『음식디미방 주해』, 글누림, 2006.

5 국어사에서 이에 대한 연구로는 이광호, 「음식디미방의 분류 체계와 어휘 특성」, 『文學과 言語』 22집, 2000; 백두현, 「국어사에서 본 음식디미방」, 『음식디미방』, 경북대학교출판부, 2003; 장충덕, 「『음식디미방』의 표기와 음운 현상」, 『開新語文硏究』 20집, 2003; 백두현, 「진행 중인 음운변화의 출현 빈도와 음운사적 의미」, 『語文學』 90호, 2005 등이 있다.

6 식품학에서 연구한 성과는 다음과 같다. 김기숙 외, 「『음식디미방』에 수록된 면병류와 한과류의 조리법에 관한 고찰」, 『중앙대학교 생활과학논집』 12, 1999; 김기숙 외, 「『음식디미방』에 수록된 채소 및 과일류의 저장법과 조리법에 관한 고찰」, 『중앙대학교 생활과학논집』 12, 1999; 신민자 외, 「『음식디미방』에 수록된 전통음식의 향약성에 관한 고찰」, 『동아시아식생활학회지』 제11권 제5호, 2001; 한복려, 「음식사에서 본 음식디미방」, 『음식디미방』, 경북대학교출판부, 2003; 김희선, 「학술 어업기술의 발전 측면에서 본 음식디미방과 규합총서 속의 어패류 이용」, 『한국식생활문화학회지』 제19호 3권, 2004; 현윤옥, 「수산물 이용에 관한 문헌고찰: 음식디미방, 증보산림경제, 규합총서를 중심으로」, 공주대학교 석사학위논문, 2008; 김업식, 「조선시대 부식류의 조리법에 관한 문헌적 고찰: 음식디미방」·「규합총서」·「조선무쌍신식요리제법」을 중심으로」, 경희대학교 박사학위논문, 2008; 김업식 외, 「『음식디미방』·『규합총서』·『조선무쌍신식요리제법』에 수록된 시대적 흐름에 따른 부식류의 변화」, 『한국식생활문화학회지』 제24권 제4호, 2009.

7 배영동, 「『음식디미방』에 나타난 술의 다양성과 그 사회적 의미」, 『문화재』 제34호, 2001.

8 한복려, 앞의 글, 120~121쪽.

9 南蠻椒有大毒 始自倭國來 故俗呼倭芥子 往往種之 酒家利其猛烈 或和 燒酒以市之 飮者多死.(卷20 卉木部 木 南蠻椒)

10 주영하, 「고추의 상징화 과정에 대한 일고—考」, 『역사민속학』 제11집, 한국역사민속학회, 2000; 주영하, 「고추와 매운맛: 동북아시아 매운맛의 유행에 대한 연구」, 『比較民俗學』 제34輯, 비교민속학회, 2007; 주영하, 「한국음식의 매운맛은 어떻게 진화했는가—거슬러 올라가는 매운맛의 역사」, 『음식인문학—음식으로 본 한국의 역사와 문화』, 휴머니스트, 2011.

11 고추의 한국 자생설에 대한 오류를 지적한 글로는 김종덕, 「'고쵸'에 대한 논쟁」, 『농업사연구』 제8권 1호, 한국농업사학회, 2009; 주영하, 「한국음식의 매운맛 진화과정—역

사와 문화적 의미」, 『한국식생활문화학회 2011 춘계심포지엄 자료집』, 2011; 정병설, 「영조와 고추장」, 『한국 18세기학회 2012년 상반기 학술발표회』, 2012. 5. 19 등이 있다. 애당초 '고초'라는 말은 민간에서 후추나 산초와 같은 매운맛을 내는 것을 두루 일컫던 말이었다. 이 '고초'가 18세기 이후 아메리카 대륙이 원산지인 고추red pepper를 부르는 말로 자리잡았다.

12 가령 서유구의 필사본 『임원경제지』 『정조지』에서는 인용 문헌의 출처를 모두 밝혀두었다. 그럼에도 불구하고 이것이 마치 서유구 당대의 음식인 것으로 착각하는 일이 연구자들 사이에 종종 있다. 자세한 내용은 차경희, 「『임원경제지林園經濟志』 속의 조선 후기 음식飲食」, 『진단학보』 108집, 2009, 168~169쪽을 보기 바란다. 이 점은 빙허각 이씨가 1800년경에 집필한 것으로 여겨지는 필사본 『규합총서』에도 드러난다. 『임원경제지』 『정조지』와 달리 인용 문헌을 밝혀두지 않았기 때문에 이에 문헌 비고가 필수적이다.

13 김종덕, 「고쵸'에 대한 논쟁」.

14 1890년대에 경상북도 상주의 반가 부인이 집필했을 것으로 여겨지는 한글 필사본 조리서 『시의전서是議全書』 「음식방문」에 등장하는 음식들은 대부분 당시 서울에서 유행했던 것들이 주류를 이룬다. 이것을 두고 상주 지역 음식이라고 보기에는 무리가 있다.

15 주영하, 『음식인문학』, 27~28쪽.

16 이효지 교수가 그의 제자들과 함께 수행하고 있는 역사상 조리서 연구와 음식의 재현 작업은 대단한 노력과 연구비 투여의 결과다. 이효지, 『시의전서-우리음식 지킴이가 재현한 조선시대 조상의 손맛』, 신광출판사, 2004; 서유구, 이효지·조신호·정낙원·차경희 편역, 『임원십육지』, 『鼎俎志』, 교문사, 2007; 빙허각 이씨, 이효지 옮김, 『부인필지』, 교문사, 2010. 다만 사료 비판과 식재료에 대한 체계적 접근 그리고 응용의 가능성에 대한 부분은 좀 더 보완이 필요하다.

17 안의정·차경희·남길임, 「한글 필사본 음식조리서의 텍스트언어학적 연구」, 『어문논총』 54집, 2011.

18 三日入廚下, 洗手作羹湯. 未諳姑食性, 先遣少婦嘗.

19 백두현, 앞의 글, 57쪽. 다만 왕건의 한시와 『음식디미방』의 한시는 글자에서 약간의 차이를 보인다. 왕건의 한시는 다음과 같다. "三日入廚下, 洗手作羹湯. 未諳姑食性, 先遣少姑一作娘嘗." 밑줄 친 부분이 『음식디미방』의 내용과 다르다. 백두현은 "'시어머니'를 뜻하는 '姑'가 앞 행에 쓰였으므로 같은 글자를 피하기 위해 다른 글자로 바꾼 것이다"(백두현, 앞의 글, 58쪽)라고 보았다.

20 배영동, 앞의 글, 113~115쪽.

21 백두현, 앞의 글, 69쪽; 김미영, 「『음식디미방』을 둘러싼 전통의 오류와 왜곡」, 『한국유교문화심층연구 음식문화편 제4차 포럼 발제문』, 2011년 12월 20일.

22 장계향의 시아버지는 재령 이씨 이함李涵이다.
23 당시 서류부가壻留婦家가 관습이었지만, 장계향은 혼인을 하자마자 시집인 운악에 간 것으로 보인다. 그 이유는 이시명의 사망한 첫째 부인이 낳은 자식이 있었기 때문으로 보인다.
24 정동주, 『장계향 평전』, 경북여성정책개발원, 2011, 592쪽.
25 기장黍·피稷·차조秫·벼稻·삼麻·콩大豆·팥小豆·보리大麥·밀小麥을 가리킨다.
26 『太宗實錄』十五年: 初定麥田租稅法. 秋種大小二麥, 至翼年初夏收穫, 又種豆, 然舊例只收一年之租, 戶曹請再稅.
27 『世宗實錄』一年 4月 17日: 全羅道行臺監察崔閏溫來復命啓曰: "道內無飢饉人, 且兩麥甚盛."
28 『東國歲時記·流頭』: 以小麥麵溲而包豆荏和蜜蒸之曰霜花餠又碾麵而油煮包荏餡或包豆荏和蜜爲餡卷摺異形名曰連餠又皺作葉形包荏餡籠蒸浸醋醬以食之並以時食亦供祀按放翁詩拭盤堆連展註淮人以麥餌謂連展似此類也用小麥麵造麵如珠形名曰流頭麵染五色聯三枚以色絲穿而佩之或掛於門楣以禳之.
29 朝鮮總督部農事試驗場, 『朝鮮總督部 農事試驗場 二拾十五周年記念誌』, 朝鮮總督部農事試驗場, 1931, 106쪽.
30 『世宗實錄』「地理志·慶尙道」: 厥賦, 稻米[有白米, 糙米, 糯米, 粟米.]
31 경북대학교출판부 편집부, 앞의 책, 131쪽.
32 朝鮮總督府 勸業模範場 編, 『朝鮮總督府 勸業模範場 事業報告書』, 朝鮮總督府勸業模範場, 1923, 149~165쪽. 『산림경제』에 36종, 『임원경제지』에 68종이 기록되어 있다고 하지만, 여기에서도 품종은 대다수 고문헌에서 언급한 것이라 조선종을 구분하기가 쉽지 않다.
33 정연식, 「조선시대 이후 벼와 쌀의 상대적 가치와 용량」, 『역사와 현실』 69집, 2008, 298~299쪽.
34 정연식, 앞의 글, 319쪽.
35 네이버 백과사전, http://100.naver.com/100.nhn?docid=61491
36 종지와 같은 뜻이다.
37 한국민족문화대백과사전. http://terms.naver.com/entry.nhn?docId=533774&mobile&categoryId=1611
38 한국민족문화대백과사전. http://terms.naver.com/entry.nhn?docId=531215&mobile&categoryId=1611
39 『牧隱詩藁』卷315. 赤城兪瓚判事. 送冬瓜, 牛蒡. 戱謝.: 碩大冬瓜凍作氷. 牛蒡洗削可朝蒸. 忽思京邸肥魚饌. 自信吾非蔬筍僧.

40 忠州爲上. 形如冬瓜者爲佳.
41 김기연, 『경락미용』, 성보사, 2003, 354쪽.
42 한국민족문화대백과사전. http://terms.naver.com/entry.nhn?docId=559345&mobile&categoryId=1611
43 『燕山君日記』卷43, 1502년 4월 14일 셋째 기사: 承政院啓: "蓴榮令各道封進. 如慶尙, 全羅遠道, 貯水盛來, 非但易消, 弊亦不少." 傳曰: "此豈有弊於驛路? 供上之事, 不當如是言也."
44 『東國李相國集』卷14,「友人家食蓴」: 烹氷古未聞. 子忽誇能烹. 呼來細相見. 是之謂蓴羹. 似氷而不融. 遇烹而愈精. 所以曰烹氷. 令我聞之驚. 我生無點累. 自負心地淸. 口常食俗物. 喉底烟塵生. 今日啖此菜. 縷縷銀絲輕. 齒頰帶霜雪. 不覺失狂醒. 何必學張翰. 却向江東行.
45 『訓蒙字會』蔄: 게유목슉 苜蓿一名鶴頂草.
46 주영하,「[주영하의 음식 100년](15) 당면잡채」, 『경향신문』, 2011. 6. 14 입력.
47 『續東文選』卷5 田家詞十二首: 苜蓿进地蔓蒿短, 墊戶欲開天氣暖. 邑中高廩省春糶, 萬口疏糲無處憙. 今春來牟當及時, 欲種無種耕無資. 雲間朝日射芳甸, 玉鱗閃閃翻金犂. 東君次第傳消息, 阿槐花發黃金色.
48 경남산림환경연구소 신현탁·신재성, http://terms.naver.com/entry.nhn?docId=768588&mobile&categoryId=2699
49 尹耆獻,『長貧居士胡撰』.
50 전경목 외 옮김, 『儒胥必知』, 사계절, 2006, 224~225쪽.
51 전경목 외 옮김, 앞의 책, 226~229쪽.
52 전경목,「소를 잡아먹기 위한 편법들 -折脚所志를 중심으로-」, 한국고문서학회 제170회 연구발표회 발표문, 2011.
53 『국역승정원일기』고종 10년 계유년(1873) 3월 5일.
54 『續東文選』卷5.
55 熊掌. 山郡皆有之. 烹飪不適. 則失其眞. 味唯淮陽最善之. 義州, 熙川又次之.
56 왕런샹, 주영하 옮김, 『중국음식문화사』, 민음사, 2010, 106~107쪽.
57 呑, 俗字也. 名大口魚.
58 鄭東愈, 남만성 옮김, 앞의 책, 159쪽.
59 靑魚. 有四種. 北道産者. 大而內白. 慶尙道産者. 皮黑內紅. 湖南則稍小. 而海州所捉. 二月方至. 味極好. 在昔極賤. 前朝末. 米一升只給四十尾. 牧老作詩悼之. 謂世亂國荒. 百物凋耗. 故靑魚亦希也. 明廟以上. 亦斗五十. 而今則絶無. 可怪也.
60 『星湖僿說』「人事門·生財」

61 『국역승정원일기』 인조 10년(1632) 2월 15일.
62 김미영, 앞의 글.
63 영덕군 편, 『영덕군지』, 영덕군, 1981; 영덕군향토사편집위원회 편, 『영덕군향토사』, 영덕문화원, 1992.
64 다만 왜 이렇게 구분했는지에 대해서는 보다 진전된 연구가 필요하다.
65 한국정신문화연구원, 『예천 맛질 박씨가의 일기 I』, 한국정신문화연구원, 2002; 안병직 외, 『맛질의 농민들』, 일조각, 2001.
66 주영하, 「식사, 기호嗜好, 민족음식 : 음식에 대한 민속학적 조망」, 『비교민속학』 31집.
67 자세한 내용은 신우정, 「조선전기 대일 후추무역에 관하여」, 서울여자대학교 석사학위논문, 2000 참조.
68 정동준, 「13~15세기 향신료 직무역의 역사」, 『서양사학연구』 23, 2010, 12쪽.
69 『亂中雜錄[四]』庚子 萬曆二十八年宣祖三十三年: 蔬菜牟麥.盡種沙石之上. 長不滿數寸. 在平時只通我國之關市. 以資生理.黑角胡椒等物. 自南蠻出來.獺皮狐皮等物. 在倭國無用.故此奴賤買於虜中. 而貴賣於我國.若紗羅綾段蜀布金銀. 則其國之所重.
70 山崎峯次郎, 『香辛料-I-』, 東京:エンスビー食品株式會社, 1974, 48쪽.
71 주영하, 『차폰 잔폰 짬뽕-동아시아 음식 문화의 역사와 현재』, 사계절, 2009, 25~26쪽.
72 金榮鎭, 「『四時纂要抄』와 『四時纂要』의 비교연구」, 『농촌경제』 8-1, 1985.
73 造麴初伏後寅佳中伏後前次之小麥不拘多小磨擣取造麴劣致酒味薄率麥十斗取麵二斗爲准留麴先浸菉豆取汁取辣蓼_달엿피_與菉豆汁和造.
74 『규합총서』 서문: 기사근巳 가을에 내가 동호東湖 행정杏亭에 십을 삼아 집 안에서 밥 짓고 반찬 만드는 틈틈이 우연히 사랑에 나가 보고 옛글이 인생일용人生日用에 절실한 것과 산야에 묻힌 모든 글을 구하여 보고 손길 닿는 대로 펼쳐보아 오직 문견을 넓히고 심심풀이를 할 뿐이었다. 문득 생각하니 옛사람이 말하기를 총명이 무딘 글만 못하다 하니 그러므로 적어두지 않으면 어찌 잊을 때를 대비하여 일에 도움이 되리오.
75 신민자 등은 국수와 만두를 주식으로 보았다(신민자 외, 「『음식디미방』에 수록된 전통음식의 향약성에 관한 고찰」, 『동아시아식생활학회지』 제11권 제5호, 2001, 327쪽). 하지만 조선시대 국수와 만두가 주식의 역할을 했을 가능성은 거의 없다. 왜냐하면 밀과 메밀 혹은 어만두의 피가 되는 생선살이 주식이 될 만큼 많이 생산되기 어려웠기 때문이다.
76 『훈몽자회』: 菘〈비치숑俗呼白菜〉
77 전순의, 김종덕 역, 『식료찬요-우리나라 최초의 식이요법서』, 예스민, 2006, 194쪽.
78 全循義, 한복려 엮음, 『山家要錄-다시 보고 배우는 산가요록』, 사단법인궁중음식연구

원, 112쪽.

제5장
1 이성우, 『한국고식문헌 집성』, 수학사, 1992.
2 조애너 월리 코헨, 주민아 옮김, 「중화제국의 미각과 미식법」, 『미각의 역사』, 21세기북스, 2009.
3 현재 안동 지역 고조리서로는 『수운잡방』 『음식디미방』 『온주법』 등이 있다.
4 七八月眞麥任意多少淨洗熟蒸(…)千金木葉楮葉麻葉次鋪草席上席上鋪蒸麥厚覆前件木葉過十日後出曝乾揚置趂時多作藏之.
5 若駝駱卽沸盛沙缸納本駝駱 一小盞和之置溫處厚至夜半以木揷之黃水湧出卽置其器於凉處若無本駝駱則好濁酒一中鍾亦可本駝駱入時好醋少許幷入甚良.
6 장지현, 『한국전래 발효식품사 연구』, 수학사, 1989.
7 芋莖細一斗鹽小一握式和合納甕 每日以手壓之則漸小入他器者移納以熟爲限.
8 장지현, 앞의 책, 209쪽.
9 원대에 나온 작자미상의 몽고풍 가정요리 백서로서 갑집甲集에서 계집癸集까지 10책으로 구성되어 있다.
10 조맥황초법造麥黃醋法: 맥황麥黃(밀, 밀기울, 콩의 혼합하여 만든 것)으로 식초를 만드는 방법. 小麥不拘多少, 淘淨, 用淸水浸三日. 漉出控乾蒸熟, 於煖處攤開鋪放蘆席上, 楮葉盖之. 三五日黃衣上, 去葉曬乾. 簸淨入缸, 用水拌勻. 上面可留一拳水. 封閉四十九日可熟.(『거가필용』)
11 중국에 현존하는 가장 오래된 종합 농업기술서. 전10권. 북위北魏의 북양태수北陽太守였던 가사협賈思勰이 저술했으며, 6세기 전반에 간행했다.
12 빙허각 이씨, 정양완 옮김, 『규합총서』, 보진재, 2008, 69쪽.
13 「인문학자가 차린 조선왕실의 식탁」, 한국학중앙연구원 조선왕조 궁중음식 고문헌 아카이브 심포지엄, 7월 11일.
14 김정호, 『조선의 탐식가들』, 따비, 2011, 195쪽.
15 김호, 『허준의 동의보감 연구』, 일지사, 2003, 161쪽.
16 김호, 앞의 책, 36쪽.
17 『西厓集』別集 권4 「養生戒」.
18 『蘇齋集』 8책 內集下篇 庶幾錄 丁 「佑飮膳之節一」.
19 김호, 앞의 책, 36~38쪽.
20 김호, 「조선 왕실의 약선 전약 연구」, 『진단학보』 100집, 85~106쪽.

21 김호, 앞의 책, 32~40쪽.
22 나오미치 이시게·아사이 쇼고, 동아시아식생활학회 역, 『식의 문화 3-조리와 먹거리』, 광문각, 2009, 39쪽.
23 강인희, 『한국식생활사』, 삼영사, 1986.

선비의 멋 규방의 맛

ⓒ 한국국학진흥원 2012

초판인쇄 | 2012년 12월 24일
초판발행 | 2012년 12월 28일

지은이 | 이숙인 김미영 김종덕 주영하 정혜경
기　획 | 한국국학진흥원 국학연구실
펴낸이 | 강성민
편　집 | 이은혜 박민수 김신식
마케팅 | 최현수
온라인 마케팅 | 김희숙 김상만 이원주

펴낸곳 | (주)글항아리　출판등록 | 2009년 1월 19일 제406-2009-000002호
주　소 | 413-756 경기도 파주시 문발동 파주출판도시 513-8
전자우편 | bookpot@hanmail.net
전화번호 | 031-955-8891(마케팅) | 031-955-2670(편집부)
팩　스 | 031-955-2557

ISBN 978-89-6735-035-2　93900

· 이 책의 판권은 한국국학진흥원과 글항아리에 있습니다.
· 이 책 내용의 전부 또는 일부를 재사용하려면 반드시 양측의 서면 동의를 받아야 합니다.

· 글항아리는 (주)문학동네의 계열사입니다.

· 이 도서의 국립중앙도서관 출판시도서목록(CIP)은 e-CIP홈페이지(http://www.nl.go.kr/ecip)와 국가자료공동목록시스템(http://www.nl.go.kr/kolisnet)에서 이용하실 수 있습니다.
　(CIP제어번호: CIP2012006008)